Gärten & Parks

Hans-Dieter Reinke

Gärten & Parks

in Schleswig-Holstein und Hamburg

Ellert & Richter Verlag

Inhalt

Vorwort

Schleswig-Holstein und Hamburg verbindet man eher mit Strandurlaub, Segeln, Küstenerlebnis, Hafenrundfahrten und Kulturprogramm, allenfalls denkt man noch an ruhige Radtouren durch das landschaftlich reizvolle Binnenland, aber man erwartet nicht unbedingt, wie bei einem England- oder Italienbesuch, die Entdeckung interessanter Park- und Gartenanlagen. Und doch gibt es zwischen den Meeren im Norden und an der Elbe nicht nur zahlreiche, sondern auch außerordentlich vielfältige historische und moderne Parks und Gärten.

Von diesen grünen Oasen im Norden sind im vorliegenden Buch, ohne Anspruch auf Vollständigkeit, 42 interessante und besonders sehenswerte Parks und Gärten aus Schleswig-Holstein und Hamburg ausgewählt worden. Es werden nur öffentlich zugängliche Anlagen vorgestellt, wenngleich es auch viele sehr interessante private Gartenanlagen gibt, deren Besuchsmöglichkeiten aber meist eingeschränkt sind. Hier sei auf die Aktion „Offener Garten" verwiesen, bei der seit mehr als 20 Jahren Privatleute in Schleswig-Holstein und Hamburg ihre Gartenpforten an einem festgelegten Tag für die Öffentlichkeit zugänglich machen.

Häufig sind die öffentlichen Anlagen und historischen Parks kostenfrei und durchgängig zu besichtigen, aber bisweilen können sie auch kostenpflichtig sein, vor allem, wenn sie noch ein zusätzliches Angebot haben wie den Garten der Schmetterlinge mit seinen tropischen Schmetterlingsschönheiten oder das Freilichtmuseum Molfsee, das neben den ländlichen Gärten historische Bauten aus allen Landesteilen bietet.

Bei den einzelnen Vorstellungen werden neben der Geschichte und der Entwicklung vor allem die Besonderheiten, Attraktionen und Pflanzenspezialitäten der einzelnen Grünanlagen ausführlich dargestellt und es gibt jeweils Hinweise auf weitere interessante Sehenswürdigkeiten wie Museen, Schlösser, Tierparks oder

Wandermöglichkeiten sowie Tipps zu lohnenden Einkehrpausen innerhalb der Anlagen oder im direkten Umfeld. So kann man die meisten Parkbesuche durchaus mit einigen Ergänzungen oder der Kombination zusätzlicher Parkbesichtigungen zu interessanten Tagesprogrammen anfüllen.
Der Wert der Grünanlagen in Großstädten, in kleinen Orten oder auch auf dem Land ist bekannt, wenngleich unschätzbar. Es sind Orte der Ruhe, der Erholung und des Durchatmens sowie der Bewegung, des Naturerlebens und der Kontemplation. Hier findet in der Natur Kultur und Kommunikation statt und nicht nur Gartenkultur, sondern auch vielfältige Märkte, Musikveranstaltungen, Gruppenaktionen oder sei es nur die Jogginggruppe oder der spazierengehende Hundebesitzer, der einen anderen Hundefreund trifft. So locken Konzerte des Schleswig-Holstein-Musikfestivals (SHMF), Garten- und Handwerkermärkte, Frühlings-, Herbst- und Weihnachtsmärkte, Rosenfeste, Sonderführungen, Vorträge, Lichterfeste, Rhododendron-, Krokus- oder Lotosblumenblüten und Künstlerpräsentationen die Interessierten in die unterschiedlichen Anlagen. „Die Blume erweist sich als größerer Pionier eines neuen Verhältnisses zwischen Welt und Seele, als wir ahnen. Es gehen unvorstellbare Wirkungen von Gärten und Blumen aus.“ So sagte es bereits der bekannte Gärtner, Staudenzüchter und Gartenphilosoph Karl Foerster, der noch hinzufügte: „Wer der Gartenleidenschaft verfiel, ist noch nie geheilt worden.“
In diesem Sinne: Frönen Sie der unheilbaren Gartenleidenschaft und genießen Sie ein paar schöne, erholsame, beschauliche, lehr- und eingebungsreiche Stunden und Tage mit dem vielfältigen Park- und Gartenangebot in Schleswig-Holstein und Hamburg.

Hans-Dieter Reinke

Nordseeküste

Emil Noldes Blumengarten in Seebüll

Farbenpracht und Blütenreichtum

In der flachen nordfriesischen Landschaft in Seebüll, nahe der dänischen Grenze, hat einer der bekanntesten Künstler des 20. Jahrhunderts, der Expressionist Emil Nolde, sich ab 1927 ein Atelier-, Wohn- und Ausstellungshaus errichtet, das nach seinem Tod zu einem Museum geworden ist. Zu dem Museumsgelände gehört ein farbenprächtiger Blumengarten, den nicht nur der Maler selbst entwarf, sondern der ihn auch immer wieder inspirierte und anregte – nicht nur zu Blumenmotiven.

Das Nolde-Museum in Seebüll lockt viele Kunstfreunde an, aber es ist auch für Gartenfreunde ein beliebtes Ausflugsziel in der abgelegenen Marsch im äußersten Norden des Landes. Vom Parkplatz gelangt man zunächst zum Forum mit dem Empfangs- und Eingangsbereich, dem Museumsshop, einer biographischen Ausstellung über das bewegte Künstlerleben Emil Noldes und dem Café.

Auf einer kleinen Anhöhe in der flachen Marsch erhebt sich das ehemalige Wohn- und Atelierhaus, das Emil Nolde zusammen mit seiner Frau Ada bis zu deren Tod im Jahre 1946 gemeinsam bewohnte. Es gilt als herausragendes Künstlerhaus der Moderne und ist heute ein Museum.

Farbenprächtiger Garten

Sodann geht es in den historischen Garten mit seinen 500 zum Teil sehr alten Stauden, der sich noch heute in seinem Aufbau so zeigt, wie Nolde ihn dereinst entworfen hatte. Große Teile des Pflanzenbestandes hat sogar noch der Künstler in die Erde gegeben und es wird laufend weitergezüchtet.

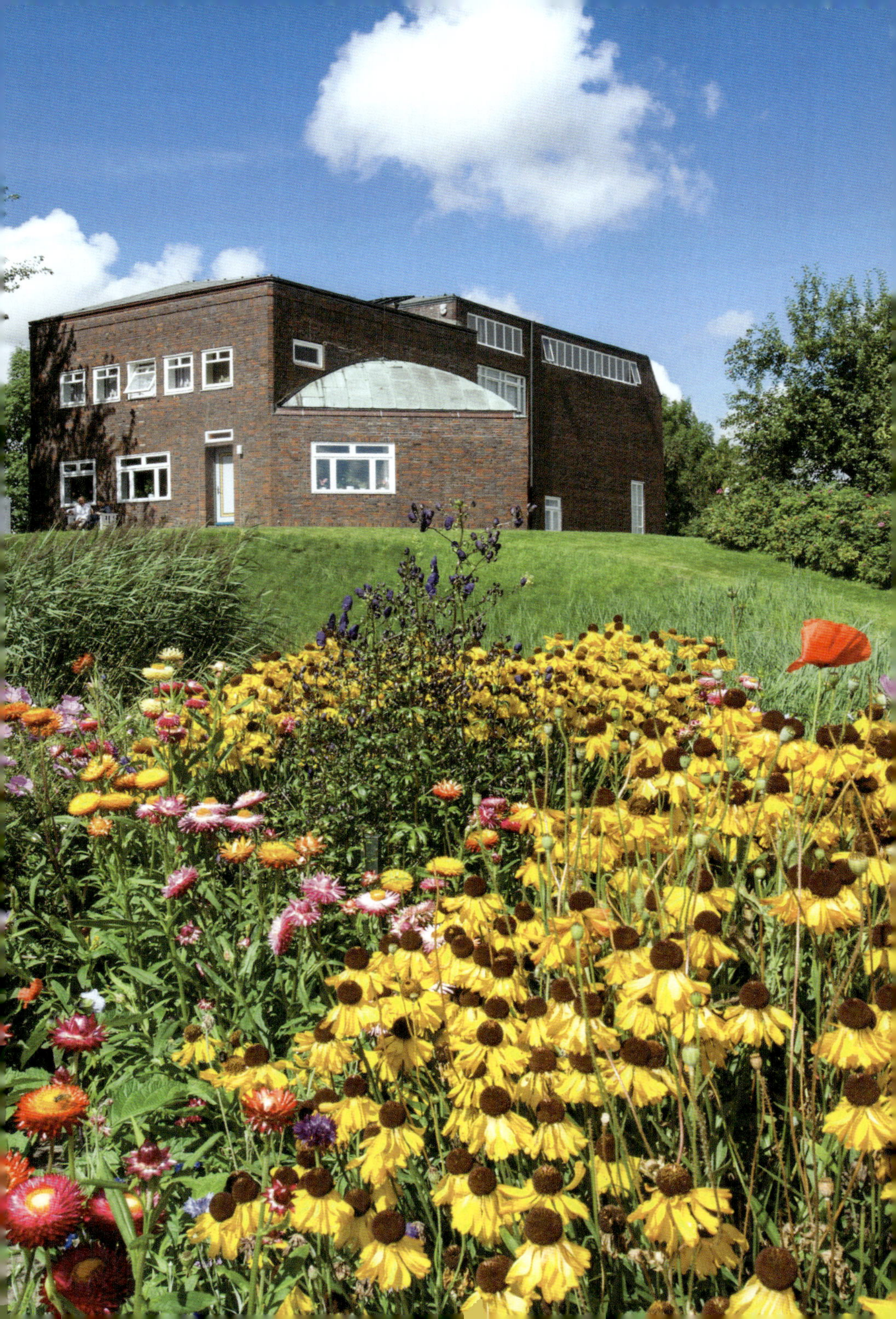

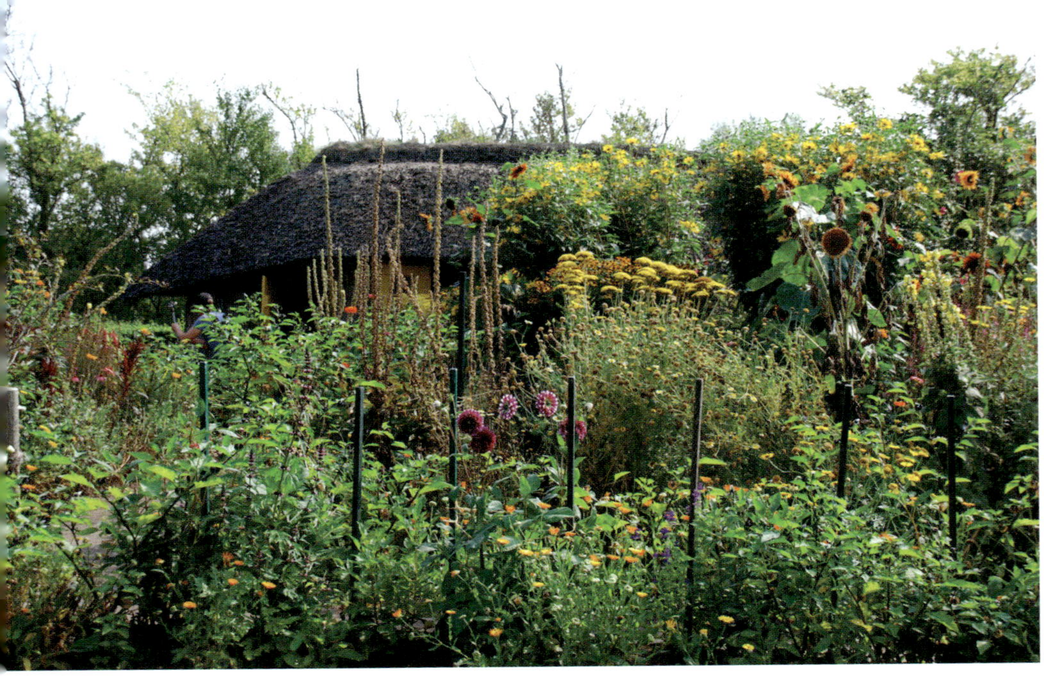

Noldegarten mit Blick auf das liebevoll „Seebüllchen" genannte reetgedeckte Gartenhäuschen der Noldes.

Ein Teil vom Wegenetz des etwa 2.000 m² großen Gartens zeichnet die Initialen von E und A nach, den Vornamen von Emil Nolde und seiner dänischen Frau Ada. Im Zentrum befindet sich ein kleiner, flacher Brunnen, der unter anderem als Vogeltränke dient. Der Eindruck, den der blütenreiche Garten auf Besucher macht, ist zunächst der von überwältigender Farbenpracht. Und das ist es auch, was der Maler an den Blumen und seinem Garten so liebte und was er auch als Anregung für seine expressionistischen Bilder zum Einsatz bringen konnte. „Die Farben der Blumen zogen mich unwiderstehlich an … die Reinheit dieser Farben, ich liebte sie …" sagte Nolde einmal. Und die Farbenpracht der Blüten wird durch wechselnde Blühaspekte von unterschiedlichen Zwiebelblumen, Sommer-Einjährigen, Staudenpflanzen und Herbstblühern die gesamte Vegetationsperiode über geboten. Dies entspricht auch in etwa der Öffnungszeit des Museums vom Anfang März bis Ende November.

So geht es im frühen Frühjahr mit violetten Kissenprimeln und leuchtend roten Tulpen der Sorte 'Ile de France' und weiteren los. Tränendes Herz und Türkischer Mohn sind die Sommerstauden, die später durch Garten-Storchschnabel und Blutweiderich ergänzt werden. Fette Henne, Kugeldisteln, Zinnien, Rittersporn, Lupinen, Schwertlilien, Rosen sind weitere wichtige Vertreter. Im Juli/August ist die Farbenpracht am intensivsten, aber auch der Herbstaspekt mit Stauden-Sonnenblumen, Kapuzinerkresse, Ringelblumen, Stockrosen, Rudbeckien, Dahlien und Astern hat in Noldes Blumengarten noch seinen besonderen Reiz.

Gartengehölze und Seebüllchen

Auch Gehölze beherbergt das Gelände, die als Schattenspender, Kulturgehölze, aber vor allem als Begrenzung und Windschutz besondere Funktionen ausüben. Heimische Silberpappeln, Weiden, Weißdorn und Mira-

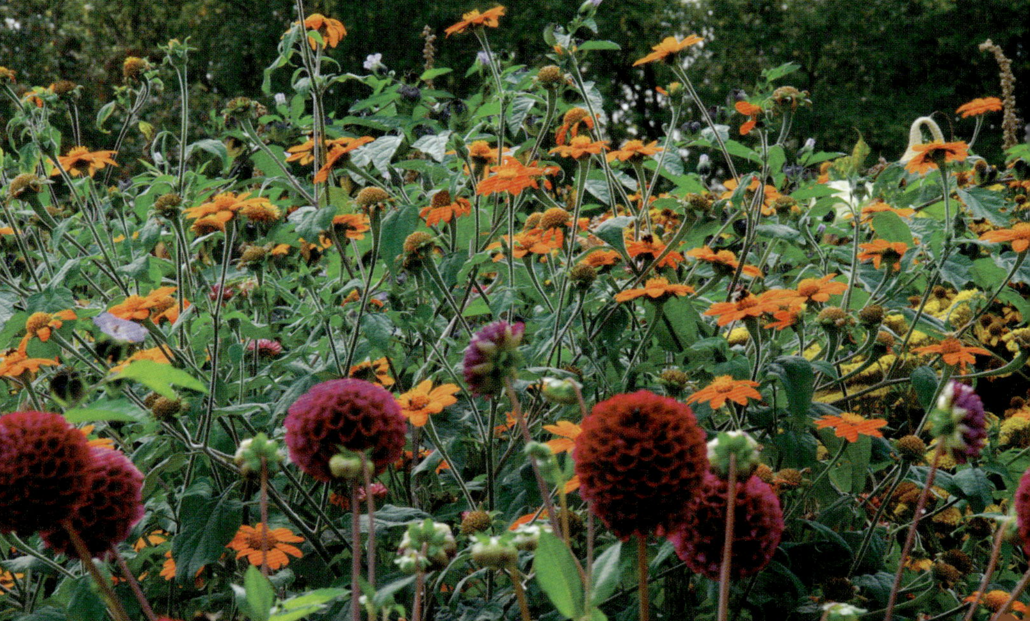

Dahlien und Sonnenbräute prägen hier die herbstliche Farbenpracht in dem Künstlergarten.

bellen säumen das Gelände, um vor dem rauen, über das flache Land wehenden Westwind zu schützen. Nutzgehölze wie Birne, Pflaume und Quitte wachsen und die seltenen und regionalen Apfelsorten wie 'Agathe von Klanxbüll' und 'Renette von Seebüll' werden sogar vermehrt und sind im Pflanzenverkauf des Museums für den heimischen Obstgarten zu erwerben.

Im Zentrum der Gartenanlage steht das von Nolde „sein kleines Paradies" genannte, geplante und realisierte reetgedeckte Gartenhäuschen, das von dem Ehepaar liebevoll als „Seebüllchen" bezeichnet wurde. Hier hat das Paar oft Kaffee getrunken und die Blütenpracht des Gartens und die umliegende Landschaft betrachtet, die Emil Nolde zu seinen Kunstwerken inspirierten. So kann der Besucher auf der Bank oder in dem kleinen Gartenhäuschen Platz nehmen und sich in die Zeiten zurück versetzt fühlen, als das Künstlerehepaar die Muße- und Arbeitsstunden im Garten genießen konnte. Die farbintensiven Aquarelle malte Nolde oft im Garten sitzend,

„Die Farben der Blumen zogen mich unwiderstehlich an … die Reinheit dieser Farben, ich liebte sie", soll Nolde einmal gesagt haben und nutzte diese Garten-Farbvielfalt als Inspirationsquelle für seine Malerei wie hier Mohn und Kornblume.

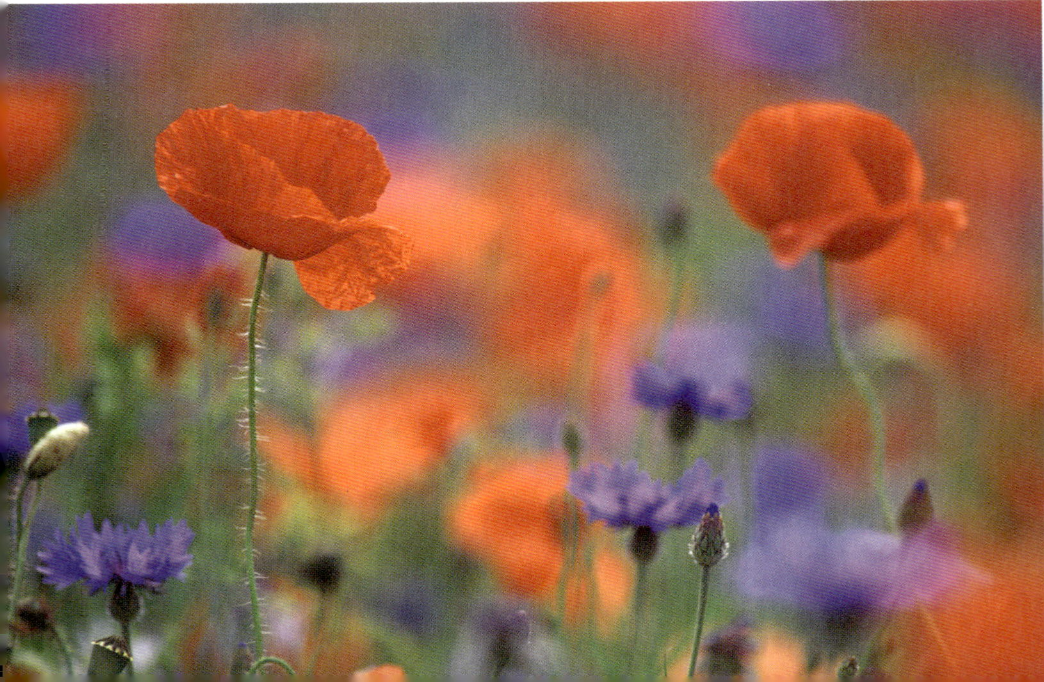

während die Pflanzen-Ölgemälde im Atelier angefertigt wurden.
Ada und Emil Nolde haben ihre letzte Ruhestätte wunschgemäß auch auf ihrem Anwesen gefunden. Diese liegt am westlichen Rand des Gartens und kann besucht werden. Ebenso wurde der Wunsch der Noldes umgesetzt, das künstlerische Werk und das Seebüller Anwesen in eine Stiftung zu überführen. Seither erhält und verwaltet die „Stiftung Seebüll Ada und Emil Nolde“ den umfangreichen Nachlass des Künstlers und versucht, im Sinne Noldes das Werk für die Nachwelt zu erhalten und zur Verfügung zu stellen. Und wo geht dies besser als in Seebüll und dazu trägt natürlich der Garten einen wesentlichen Teil bei.
Nolde fand das kulturelle Angebot der Städte und Zentren zu groß, überfrachtet und übermüdend. Er wünschte sich für sein Werk eine etwas andere Präsentation: „Ganz gegensätzlich diesem, sollen in unserem kleinen Gewese in ländlicher, einfacher Natur die Menschen unserer engeren Heimat einerseits, und andererseits – bildlich gesprochen – der suchende, geistige Wanderer aus allen Landen, eine bescheidene, besondere Stätte finden, wo ihm etwas Glück und künstlerisch-geistige Erholung gegeben wird.“

Botanicum und Museum

Ebenfalls am Rande des Gartenareals gelegen, befindet sich das Botanicum, das dem Erhalt und der Erforschung der authentischen Bepflanzung des Nolde-Gartens dient. Hier erhält man Samen und Setzlinge aus diesen Zucht- und Vermehrungsbemühungen der Garten-Mitarbeiter in Seebüll. Giftbeere, Sonnenauge, Eisenhut, Taglilie, Stockrose, Schafgarbe, Türkischer Mohn und andere wurden nach dem Pflanzenbestand des historischen Gartens vermehrt. Auch die erwähnten

Apfelgehölze, Quitten, Kartoffelrosen, Wildmirabellen und andere Gehölze stehen zum Verkauf.
Vom Garten aus hat man stets das auf einer Warft-Anhöhe gelegene Museumsgebäude im Blick, das Ada und Emil Nolde zwischen 1927 und 1937 als Wohn- und Atelierhaus errichtet haben. Seit 1957 ist es Museum und zeigt zahlreiche Werke des Künstlers und in jedem Jahr wechselnde Ausstellungen aus dem reichen Schaffensfundus Emil Noldes. Im Jahr 2022 wurde das Nolde-Haus nach zweijähriger aufwändiger und denkmalgerechter Sanierung wiedereröffnet. Bei der erfolgten Annährung an Noldes Entwürfe wurden vor allem Umbauten der 1960er Jahre wieder zurückgenommen und der Gesamteindruck von 1937 wiederhergestellt. Die 66. Jahresausstellung im Jahr 2022 zeigte unter dem Titel „Stille Welten" 120 Werke von Emil Nolde.
Neben Garten- und Blumenbildern finden sich in den Dauer- und Wechselausstellungen des Museums auch viele Landschaften, Meere, Menschen, Phantastisches und die religiösen Bilder. Ein Besuch des Seebüller Nolde-Museums ist mithin nicht nur für Blumen- und Gartenfreunde lohnend, sondern auch für den Kunst- und Kulturbegeisterten ein Muss.

Noldes Garten
Nolde Stiftung Seebüll
Seebüll 31, 25927 Neukirchen
nolde-stiftung.de/mein-paradies

Kräftig leuchtende Farben wie das Blau der Iris hat Nolde gern bei seinen künstlerischen Werken zum Einsatz gebracht.

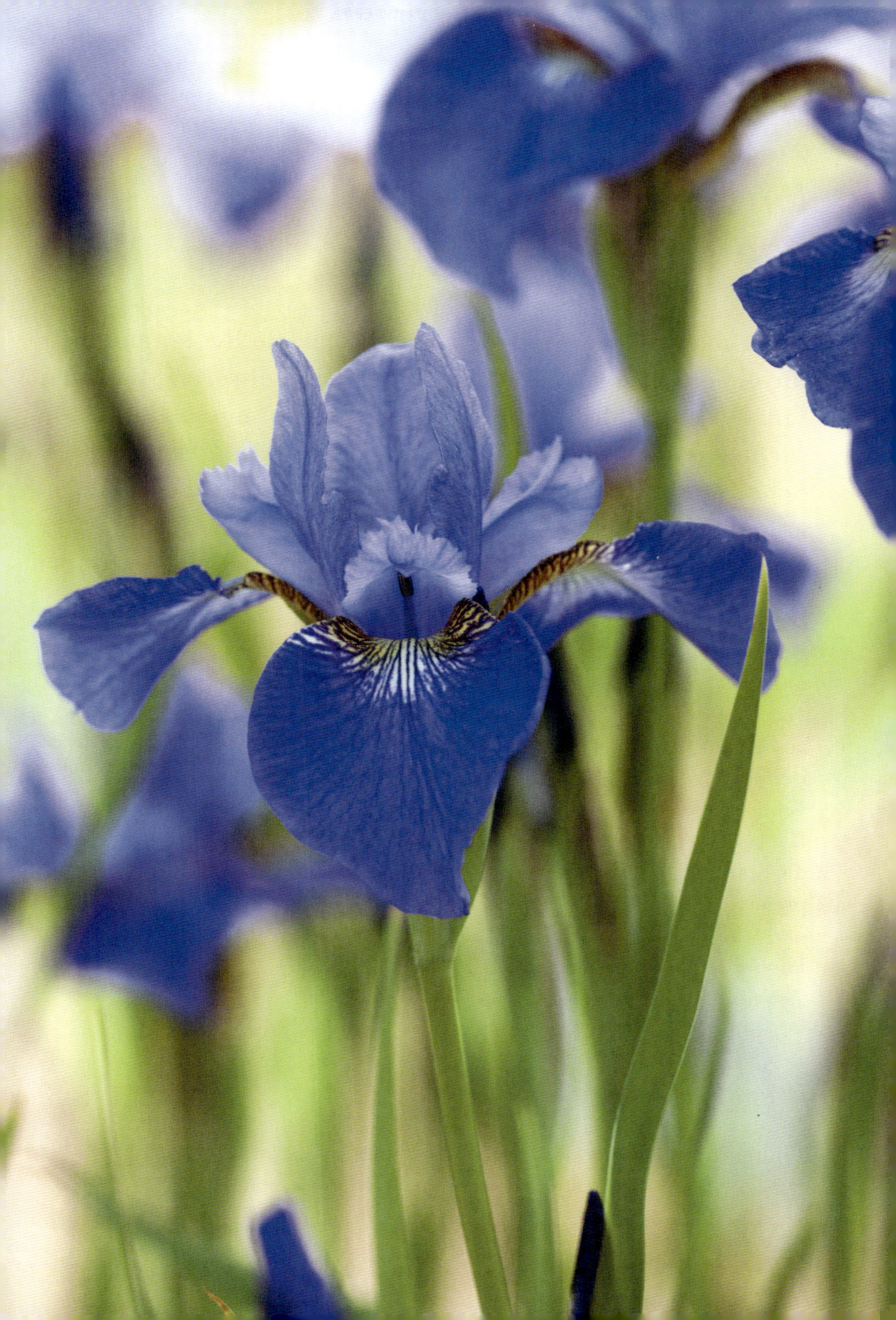

Der Husumer Schlosspark zur Krokusblüte
Farbenpracht und Blütenreichtum

Der Husumer Schlosspark ist weit über die Region hinaus für die eindrucksvolle Krokusblüte mit mehreren Millionen Einzelpflanzen bekannt. Im März/April kommen viele Besucher in die Thedor-Storm-Stadt, um das eindrucksvolle lila Schauspiel zu bewundern. Die innenstadtnahe Grünanlage am Husumer Schloss ist aber auch ganzjährig ein wichtiger Ort für Erholung, Ruhe und naturkundliche Beobachtungen.

Das Schloss vor Husum ist die einzige existierende Schlossanlage an der schleswig-holsteinischen Westküste und heißt so, weil es zur Zeit seiner Erbauung vor den Toren der Stadt lag. Heute befindet sich das 1577-1582 von Herzog Adolf von Schleswig-Holstein-Gottorf erbaute Renaissance-Gebäude zusammen mit dem 5 ha großen Schlosspark mitten in Husum.

Vier Millionen blühende Krokusse locken im frühen Frühjahr zahlreiche Besucher in das lila-farbene Blütenmeer im Husumer Schlosspark.

Die heutige Gestalt der Gartenanlage entstand, nachdem die Stadt im Jahre 1878 einen Teil der Anlage vom preußischen Staat, dem damaligen Besitzer von Schloss und Gartenanlage, erwarb und zu einem englischen Landschaftsgarten umgestalten ließ. Heute befindet sich die gesamte Grünanlage im Besitz und in der Verwaltung Husums.

Husumer Krokusblüte

Hauptattraktion und touristischer Anziehungspunkt des Husumer Schlossparks ist die frühjährliche Krokusblüte, bei der Millionen von Blüten – es mögen vier oder fünf

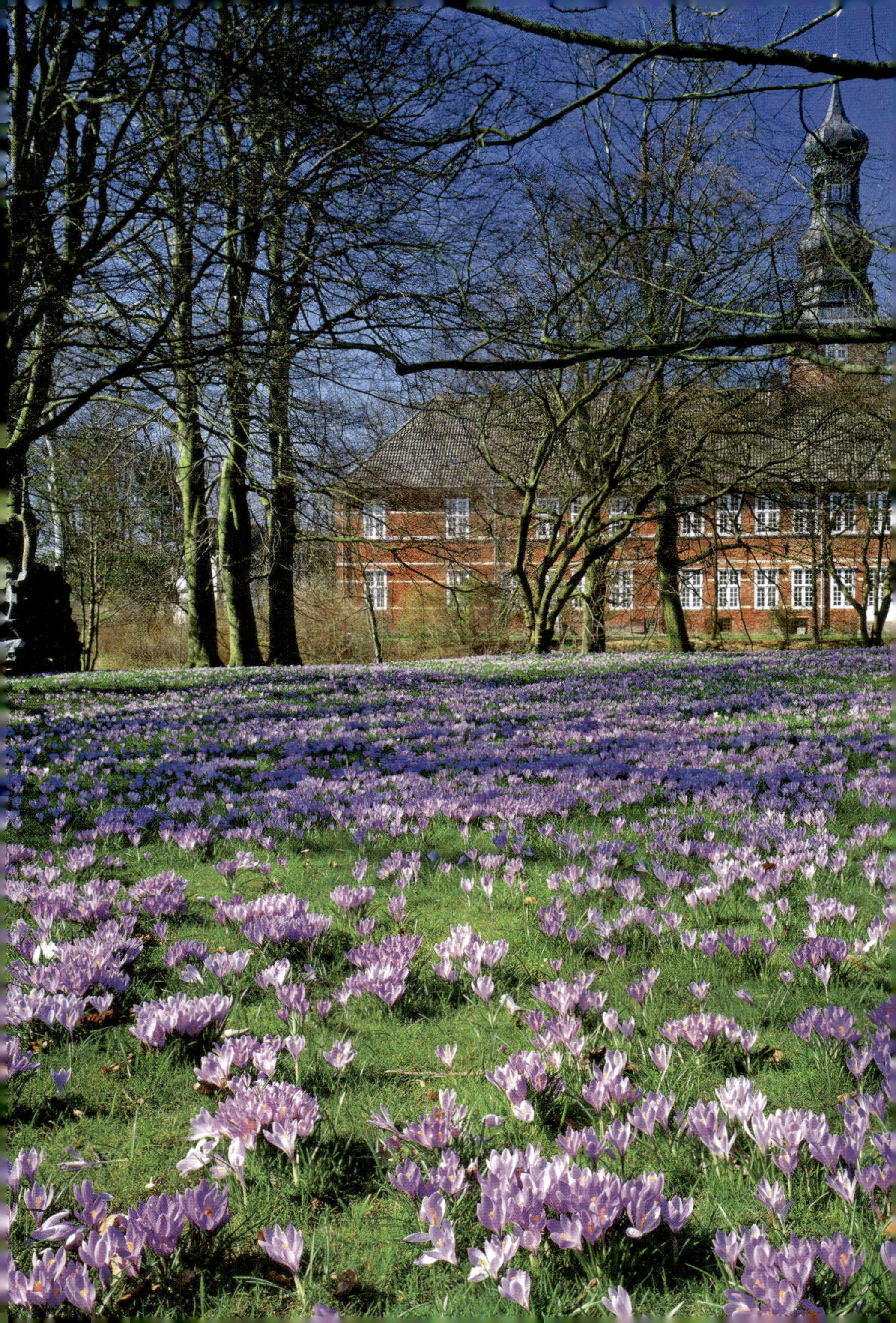

Millionen Exemplare sein – die Flächen in ein lilablaues Blütenmeer tauchen. Es handelt sich um Pflanzen der Art *Crocus napolitanus*, die in Italien und dem westlichen Balkan beheimatet ist. Für das Vorkommen dieser Art in Husum werden zwei Theorien vertreten: Erstere besagt, dass möglicherweise die Mönche des Grauen Klosters, das im 15. Jahrhundert an der Stelle des heutigen Schlosses stand, den Krokus angebaut haben, um Safran zum Färben ihrer liturgischen Gewänder zu gewinnen. Allerdings hätten sie dafür die Art *Crocus sativa* verwenden müssen, aus deren Blüten das teure Färbemittel und Gewürz gewonnen wird. Die zweite Theorie besagt, dass um 1660, als das Schloss Witwensitz der Herzogin Maria Elisabeth wurde, Krokusse angepflanzt wurden, um Safran für die Süßspeisenzubereitung und -veredelung herzustellen. Allerdings mit dem gleichen Misserfolg wie bei den Mönchen, da es sich um die falsche Krokus-Art handelte.

Krokusse gehören zusammen mit Winterlingen, Schneeglöckchen und einigen anderen Frühjahrsblühern zu den ersten Blumengrüßen der Natur in unseren Breiten.

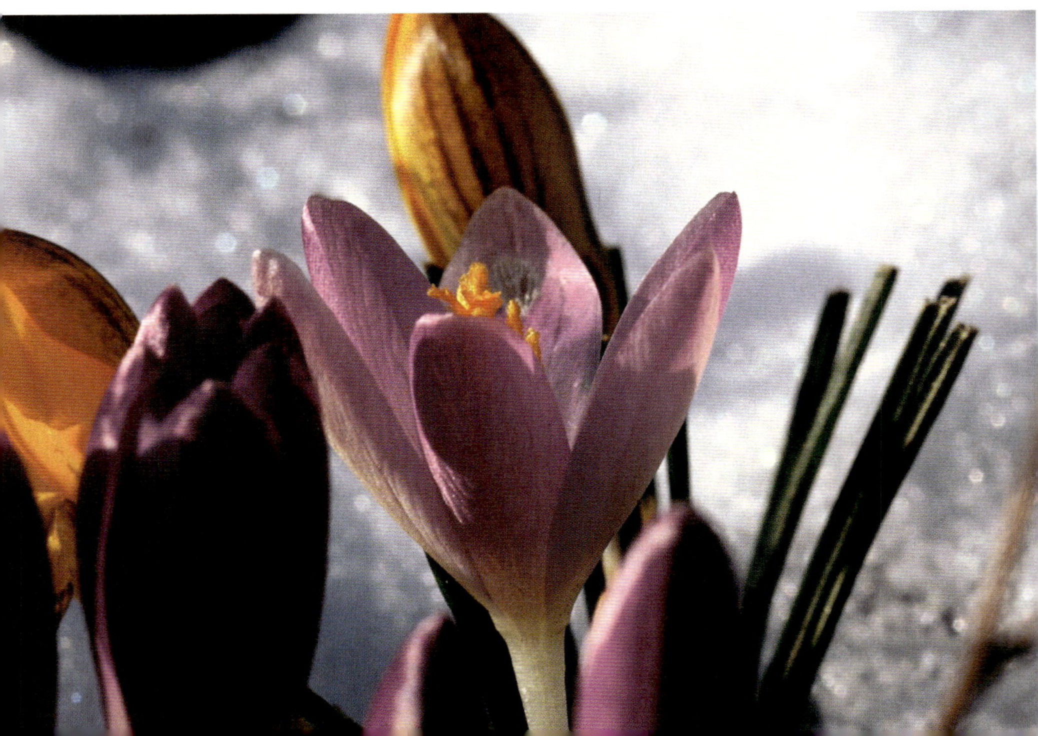

Beiden Theorien ist gemeinsam, dass die angebauten Exemplare wohl durch das wintermilde Klima an der Nordseeküste die Jahrhunderte gut überdauern konnten. Allerdings hat sich die rasante flächenmäßige Ausdehnung der Krokusbestände erst im frühen 20. Jahrhundert entwickelt.
So kann Husum nun immerhin alljährlich zahlreiche Besucher und Naturfreunde im Frühjahr in die Stadt locken und das Husumer Krokusblütenfest mit der Wahl der Husumer Krokusblütenkönigin, mit einem Kunsthandwerker- und Blumenmarkt und einem verkaufsoffenen Sonntag gebührend feiern.

Städtische Grünanlage für die Bürger

Der heute unter Denkmalschutz stehende Schlosspark ist aber auch außerhalb der Krokusblüte ein beliebter Erholungs- und Entspannungsort. Bei zwei Drittel der Baumarten handelt es sich um heimische Gewächse, vor allem Eschen, Eichen, Rotbuchen und Ahorne. Die ehemals reichlich vorhandenen Ulmen sind der Ulmenkrankheit zum Opfer gefallen. 1994 wurden die letzten Exemplare gefällt. Von den fremdländischen Arten seien Mammutbaum, Kaukasische Flügelnuss, Schwedische Mehlbeere und Esskastanie erwähnt. Insgesamt stehen über 500 Baumexemplare in der Parkanlage, von denen einige alte Linden noch aus der Anfangszeit der Landschaftsgartenentwicklung stammen. Geschwungene Wege auf dem Gelände und Rasenfreiflächen ermöglichen kontemplative Spaziergänge, Bewegungsaktivitäten und Naturbeobachtungen. So sind unter den vielen Park- und Gartenvögeln die Rabenvögel im Husumer Schlosspark prominent vertreten. Neben Elstern, Eichelhähern und Kolkraben brüten über 300 Paare Saatkrähen und rund 50 Dohlenpaare in den Bäumen des Husumer Schlossparks. Das ist vor allem im frühen Frühjahr mit

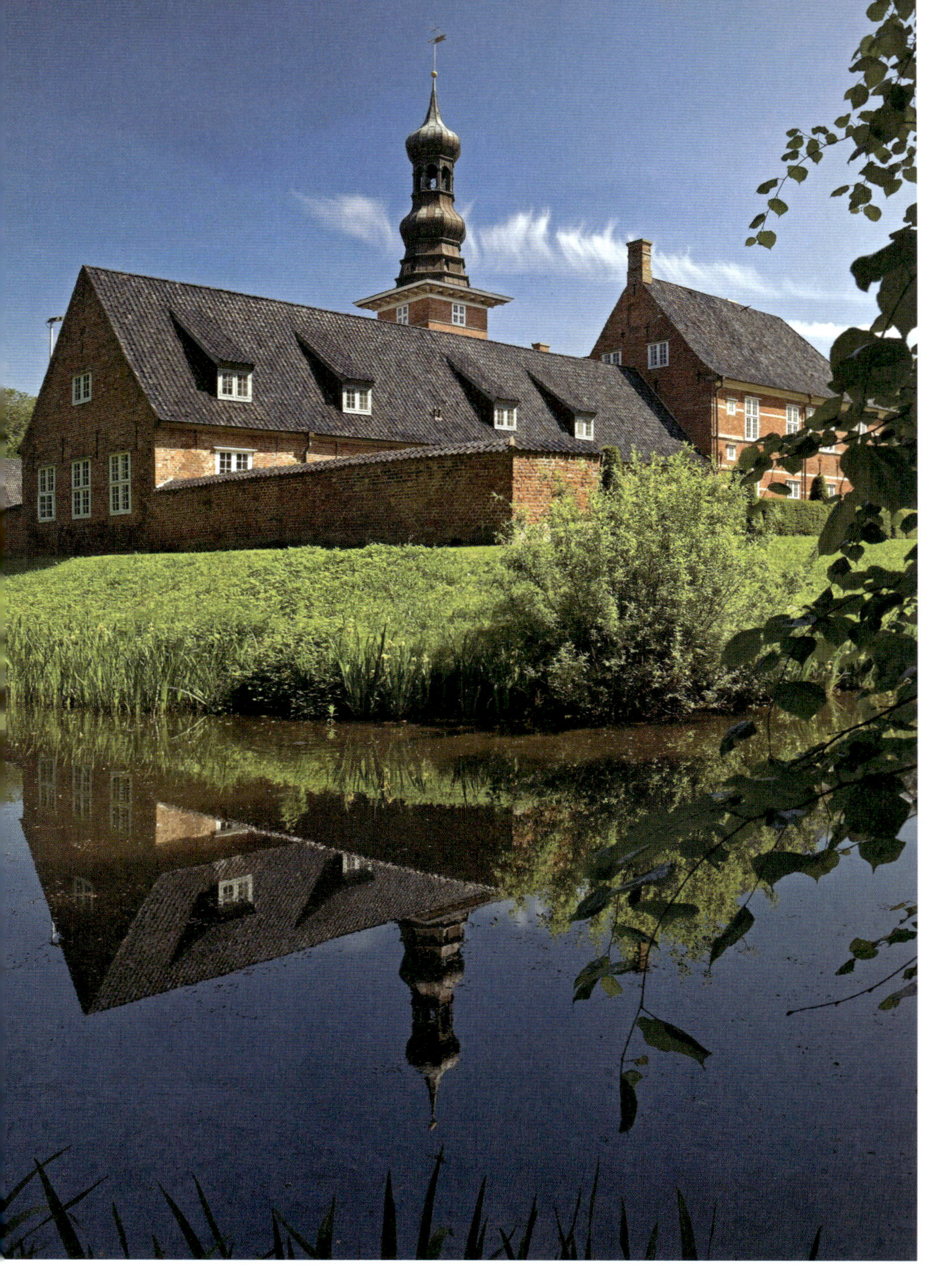

Ein kleiner Wassergraben trennt das heute als Kulturzentrum und Museum genutzte Husumer Schloss von dem anliegenden Schlosspark.

dem Beginn der Brutzeit ein eindrucksvolles, auch akustisches Schauspiel, wenngleich sich manch einer durch den Lärm und die Verunreinigungen gestört fühlt. Den repräsentativen Zugang zur Grünanlage bildet ein hübsches sandsteinernes Renaissance-Gartenportal aus dem 17. Jahrhundert. Nahe des Eingangs steht auf einem roten Granitpfeiler die 1898 enthüllte Bronze-Porträtbüste des Dichters Theodor Storm, der besonders eng mit seiner grauen Stadt am grauen Meer, wie es in einem seiner Gedichte heißt, verbunden war.
Auch einen Besuch der von einem Graben umgebenen Schlossanlage, des Museums und des Schloss-Cafés sollte man sich nicht entgehen lassen. Auf der Schlossinsel kann man den kleinen Herzoginnengarten, der 2008 neu angelegt worden ist, besichtigen. Der formal angelegte Zier- und Barockgarten entstand in Anlehnung an einen früheren schlossnahen Kleingarten der Herzogin Maria Elisabeth und ist vom Schlossmuseum aus zugänglich.

Husumer Schlosspark
Parkstraße, 25813 Husum
www.husum-tourismus.de/Media/Attraktionen/Schlosspark-Husum-Grosser-Garten

Das Theodor-Storm-Denkmal im Schlosspark ist nur eines der vielen Hinweise und Spuren in Husum, die auf den bedeutendsten Sohn der Stadt hinweisen. Bisweilen wird Husum daher auch nach dem in der Westküstenstadt geborenen Dichter als Storm-Stadt bezeichnet.

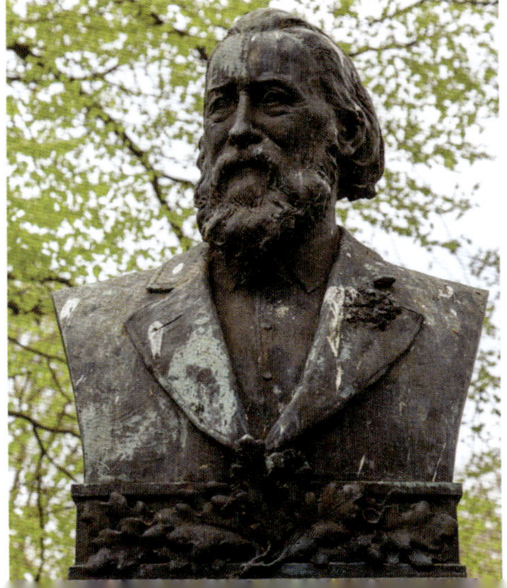

Park an der Mühle und Nordsee-Kurpark *Grünanlagen auf Föhr*

Die Nordseeinsel Föhr bietet neben dem maritimen Urlaubserlebnis, den Bademöglichkeiten und dem Kulturangebot auch zwei interessante Parkanlagen in der Inselhauptstadt Wyk: Der kleine Park an der Mühle, der nach geomantischen Gesichtspunkten entwickelt worden ist, lädt auf engem Raum in eine kleine Oase der Ruhe und Beschaulichkeit ein. Um den historischen, lange vernachlässigten Nordsee-Kurpark kümmert sich seit Kurzem ein Förderverein und bemüht sich um die Bewahrung und eine behutsame Revitalisierung der über hundert Jahre alten Kurgrünanlage.

Nicht weit entfernt von der geschäftigen Hauptstrandpromenade, dem Sandwall, in Wyk liegt in der Mühlenstraße/Ecke Feldstraße der Park an der Mühle. Namensgebend für den Park war die in Sichtweite und als Hauptsichtachse der Parkentwicklung genutzte Galerieholländermühle „Venti Amica“ (Freundin des Windes). Bekannteste Bewohnerin der 1879 erbauten Windmühle war die Föhrer Heimatdichterin Stine Andresen.

Im Zentrum des Parks an der Mühle steht ein Brunnen und die Hauptsichtachse weist auf die nahe gelegene Wyker Galerieholländermühle „Venti Amica“.

Geomantischer Park an der alten Ortsmühle

Bis 1999 wurde auf dem heutigen Parkgelände Tennis gespielt, danach war es mehrere Jahre eine grüne Wiese. Bereits 2002 allerdings entwickelte der Föhrer Landschaftsplaner und Gestalter Hermann Hinsberger

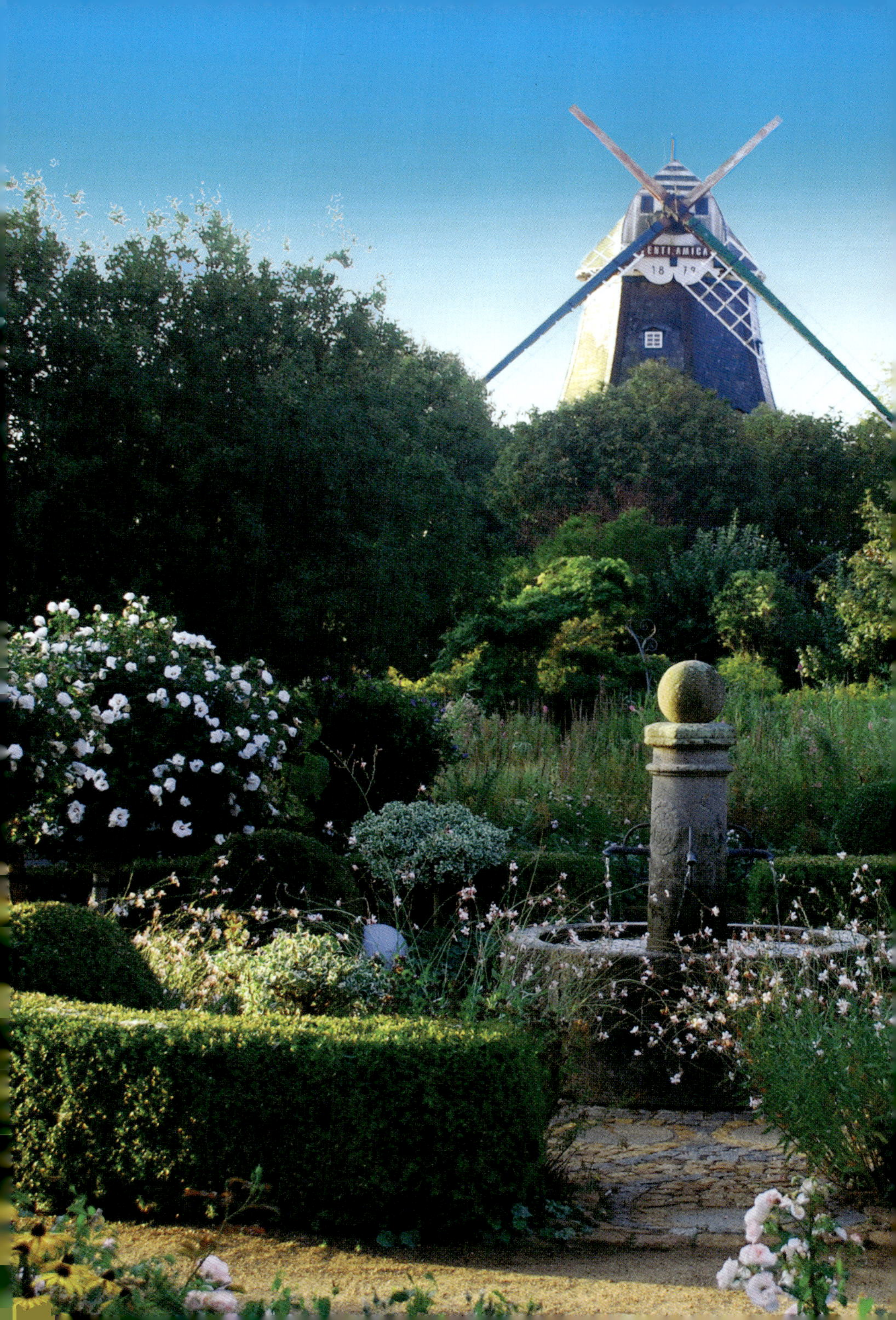

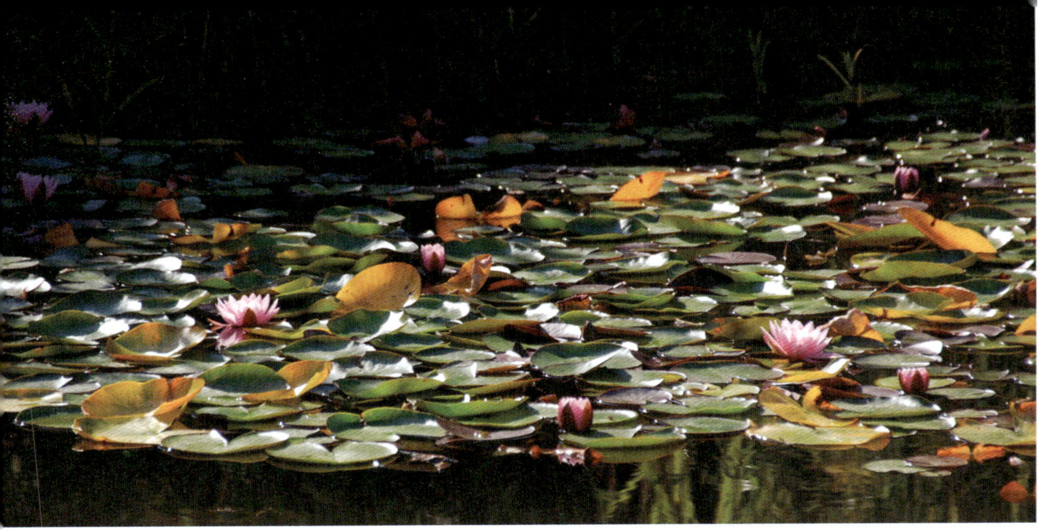

Ufer- und Wasserpflanzen wie Seerosen und Lotospflanzen lassen sich im kleinen Teichgewässer im Park an der Mühle beobachten.

die Idee, einen Park auf der Fläche anzulegen. Der im Jahre 2003 gegründete Verein Föhrer Impulse engagierte sich für die Idee und letztlich konnte 2005 der Park durch die finanzielle Unterstützung von Spendern und Förderungen der Stadt Wyk und dem Land Schleswig-Holstein im September des Jahres eröffnet werden. Die Unterstützung des Landes erfolgte vor allem, weil die Parkentwicklung nach geomantischen Besonderheiten des Terrains erfolgen sollte. Das bedeutet, dass die Kräfte der Erde gedeutet und mit eingeplant werden. Die Entwicklung der Anlage erfolgte nach den sieben Chakren, die entlang der menschlichen Wirbelsäule verlaufen. Ihnen sind je ein Element und eine Farbe zugeordnet, die zusammen den Regenbogen ergeben. So wurden auf dem Gelände ganz unterschiedliche Gestaltungselemente angelegt und entwickelt. Im Zentrum steht ein von weißen Strauchmalven umstandener Brunnen, dessen Abflüsse in die vier Himmelsrichtungen gehen. Ein Taufstein, ein Quellbrunnen und Torbögen sowie Spiralelemente finden sich ebenso auf dem Gelände wie ein von Wasserdost und Blutweiderich gesäumter Teich, auf dem Seerosen schwimmen und in dem die bekannte

Lotospflanze mit ihren selbstreinigenden Blattoberflächen im Wasser steht. Die Sonnenuhr ist ebenso geschwungen wie die von Obstbäumen, Staudenbeeten und Parkbänken gesäumten Wege. Auch ein dicht mit Heil- und Kräuterpflanzen besetztes Beet und eingefasste Hochbeete mit Gemüsepflanzen stehen auf dem Gelände und werden von im Herbst dicht mit Zieräpfeln besetzten Bäumen flankiert. Ein Storchennest überragt den Park, wo meist Tiere von der benachbarten Wildauffang- und Zuchtstation sitzen.
Das Innere des noch aus früheren Tennisplatz-Zeiten im Park stehenden Gebäudes wurde mittlerweile zu einem großen Ausstellungsraum ausgebaut, in dem vor allem jungen Künstlern Möglichkeiten für die Präsentation ihrer Arbeiten gegeben werden soll. So ist der kleine Park an der Mühle nicht nur ein beliebter und viel genutzter Rückzugsort und eine Oase der Ruhe, in der man auch Bezüge zur Geomantie erleben kann, sondern er hat sich auch zu einem kulturellen Anlaufpunkt auf Föhr entwickelt.

Auch verschiedene, gepflegte Beete mit Gewürz-, Kräuter- und Heilpflanzen säumen den Weg durch den Park.

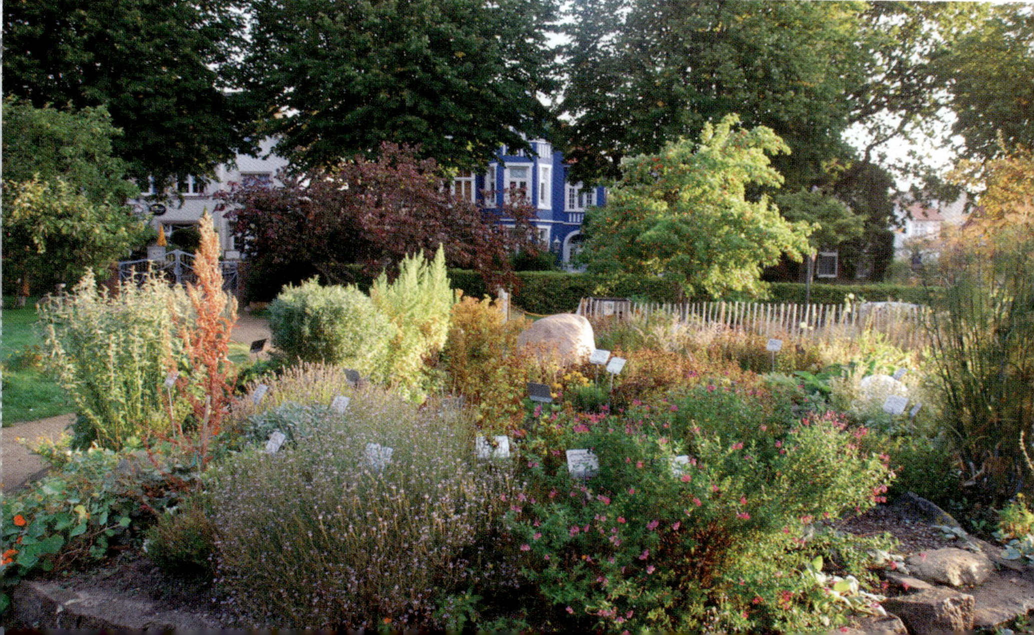

Der Nordsee-Kurpark

Am Wyker Südstrand liegt der Nordsee-Kurpark, den man direkt vom Watt und der Strandpromenade über ein Aufstiegsmauerwerk und eine Aussichtsterrasse durch einen kleinen, steinernen Torbogen betreten kann. Und schon ist man in einer anderen Welt. Das ist auch eine der Besonderheiten dieses historischen Küstenparks. Wo eben noch Strandhafer, Kartoffelrosen und Zitterpappeln sowie Dünensand den Weg säumten, stehen nun krüppelig gewachsene Kiefern, Weiden und Eichen, aber schon nach wenigen Schritten ist man inmitten eines dichten Waldes mit Buchen, Eichen, Kiefern und sogar mancherlei exotischen Gehölzen.
Der Tübinger Arzt Dr. Karl Gmelin begann im Jahr 1899/1900 mit der Entwicklung des Kurparks für die Gäste seines anliegenden Nordsee-Sanatoriums, das er kurz vorher gegründet hatte. In den Jahren 1901 bis 1930 wurde der Gärtner Wilhelm Bülow damit beauftragt, das Areal zu entwickeln. Es wurden Wege und ein weitläufiges Areal mit vielen heimischen und nicht-heimischen Gehölzen angelegt, in dem die Kurgäste spazieren gehen konnten, gemäß dem Motto von Gmelin: „Die Patienten sollen nicht liegen, sondern laufen."
Infolge der Weltwirtschaftskrise Ende der 30er Jahre des letzten Jahrhunderts begann der Niedergang der Einrichtung und 1976 wurde das Sanatorium endgültig geschlossen. Die Anlage und der Park verfielen zusehends; die Gebäude, darunter auch das bedeutende Jugendstil-Hauptgebäude wurden abgerissen. Lediglich einige der zeitgleich mit dem Kurpark etwa 1902 bis 1910 errichteten Blockhäuser, die für Familienkuren vorgesehen waren, stehen noch heute verteilt im Parkgelände. Sie heißen beispielsweise Villa Konrad oder Villa Ludwig und sind teilweise noch mit Jugendstil-Holzverzierungen versehen.

Alte Baumgestalten wie diese Kiefern prägen den Nordsee-Kurpark in Wyk.

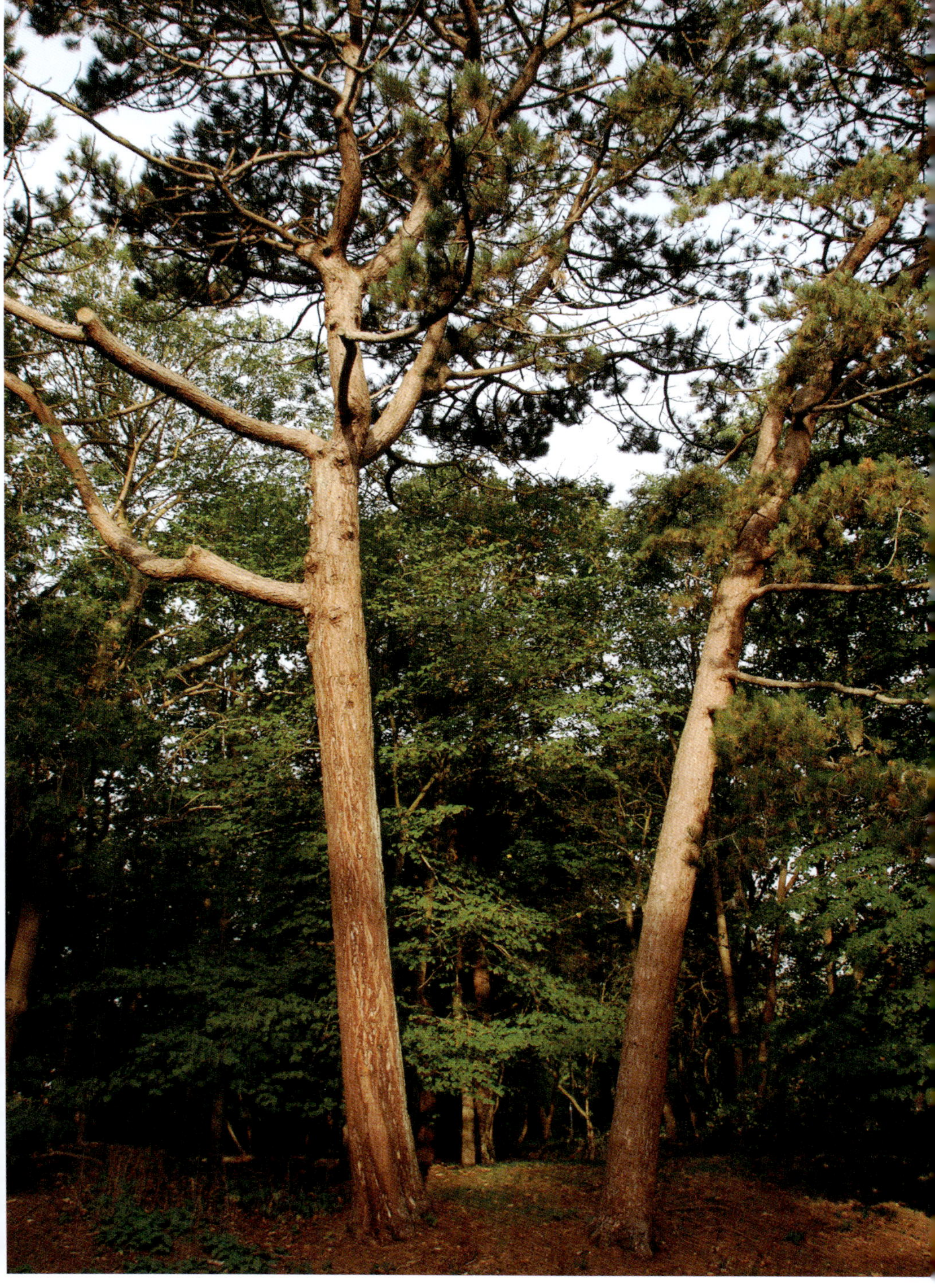

Nach langen Jahren des Dornröschenschlafs haben sich im Jahr 2019 engagierte Anlieger des Parks und Förderer zu einem gemeinnützigen Verein Nordsee-Kurpark zusammengefunden. Sie planen seither zusammen mit der Stadt Wyk, in deren Besitz das Parkareal 1983 übergegangen ist, dem Amt für Denkmalpflege und anderen Partnern, das Gartendenkmal zu erhalten, zu pflegen und im Sinne der Gründer zeitgemäß weiter zu entwickeln, sowie der Allgemeinheit zugänglich zu machen.
In seiner Glanzzeit war der Park ein Ort der Gesundheit, Erholung, Kultur und Begegnung mit Café, Liegeflächen und Musikpavillon, aber auch ein Ort der Meeresheilkunde, der Klimatherapie und der wissenschaftlichen Klimaforschung. Dies wollen die Vereinsmitglieder in mehreren Phasen im Rahmen ihrer Möglichkeiten entwickeln und neu gestalten, aber dabei auch das Vorhandene weitgehend erhalten und nutzbar machen. Schon heute flanieren die Gäste und

Kunstvolle Wildbienen-Nisthilfen bereichern das Gelände des Nordsee-Kurparks.

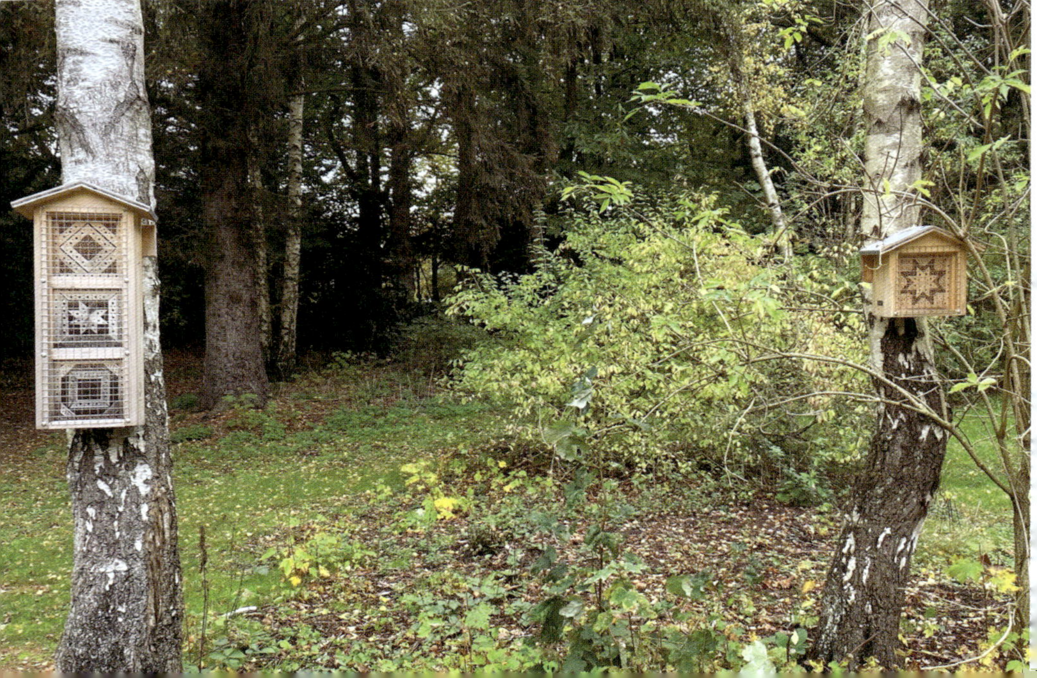

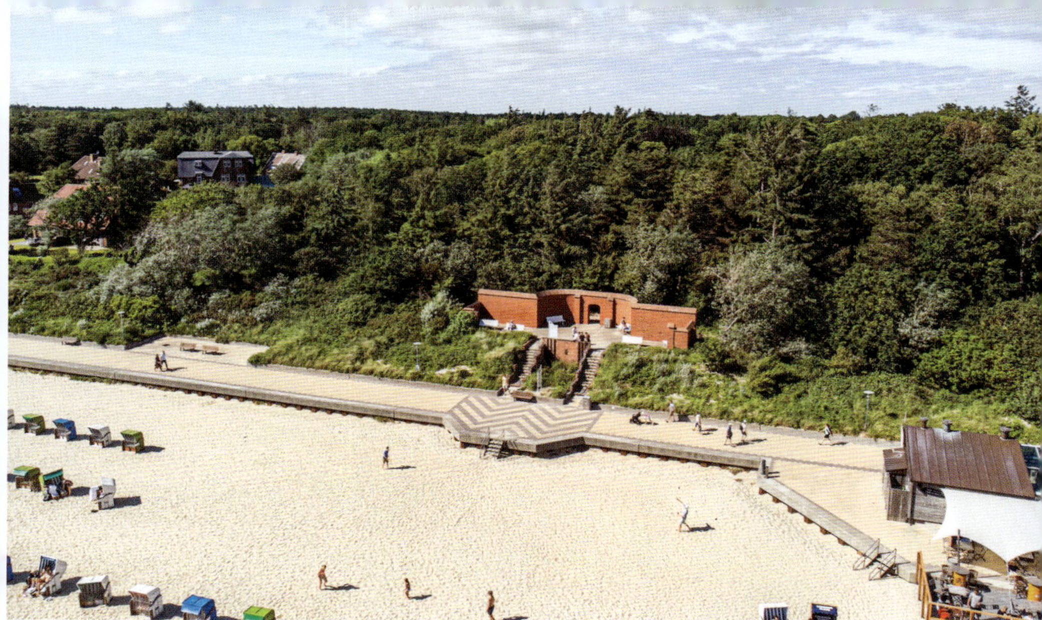

Blickperspektive einer fliegenden Möwe auf den Übergang vom Strand mit dem Aufstiegsmauerwerk und dem dahinter liegenden Nordsee-Kurpark.

Einheimischen gerne durch das Areal mit seinen alten Strauch- und Baumbeständen wie riesigen Sitkafichten, Waldkiefern, Esskastanien, Himalaya- und Libanon-Zedern, Eiben, sowie Berberitzen, Schneebeeren, Kirschlorbeer, Schneeball und Ilex. Das einzigartige Kultur- und Naturdenkmal wollen die Vereinsmitglieder nun in den nächsten Jahren restaurieren und ihm seine alte Schönheit, mit neuen zeitgemäßen Aspekten vermengt, wieder zurückgeben.

Park an der Mühle
Mühlenstraße, 25938 Wyk auf Föhr
www.fotogarten-foehr.de/garten/park-an-der-muehle

Nordsee-Kurpark
Gmelinstraße 25, 25938 Wyk auf Föhr
www.nordsee-kurpark.org

Ostseeküste Flensburg bis Kiel

Museumsberg, Alter Friedhof und Christiansenpark in Flensburg
Reste einer historischen Gartenanlage

Auf der Westlichen Höhe von Flensburg liegt weithin sichtbar der Museumsberg mit den eindrucksvollen Gebäuden der Städtischen Museen. Dahinter befinden sich in westlicher Richtung der Alte Friedhof und der Christiansenpark, die zum besuchenswerten Gesamtensemble dazu gehören und Reste einer ehemals größeren Gartenanlage darstellen.

Der heutige Christiansenpark mit Museumsberg und Altem Friedhof ist der Rest einer früher viel weitläufigeren Landschaftsgartenanlage der Kaufmannsfamilie Christiansen aus der ersten Hälfte des 19. Jahrhunderts. Diese entstand 1820 aus zwei Landschaftsgärten, nämlich dem westlich des Alten Friedhofs gelegenen, ab 1797 angelegten Landschaftsgarten des Kaufmanns Peter C. Stuhr und dem östlich des Friedhofs gelegenen damaligen Christiansenpark mit der 1799/1800 erbauten Boreas-Mühle, dem heutigen Museumsberg mit Fördehang. Beide waren schon früh öffentliche Gärten, zwischen die 1810 bis 1813 der erste kommunale Friedhof, heute Alter Friedhof, keilförmig eingeschoben wurde.
Das Handelshaus Christiansen war durch den Westindienhandel zu Reichtum gekommen und besaß ursprünglich 25 ha auf der westlichen Höhe. Mit dem Niedergang des Handelshauses wurden die Flächen parzelliert, aber einige der wesentlichen Elemente der einstigen Christiansengärten sind erhalten und gelten als wichtigstes bürgerliches Gartendenkmal der Aufklärungszeit im Norden.

Das Denkmal des Idstedter Löwen auf dem Alten Friedhof in Flensburg erinnert an die für Dänemark siegreiche Schlacht bei Idstedt, die am 25. Juli 1850 stattfand.

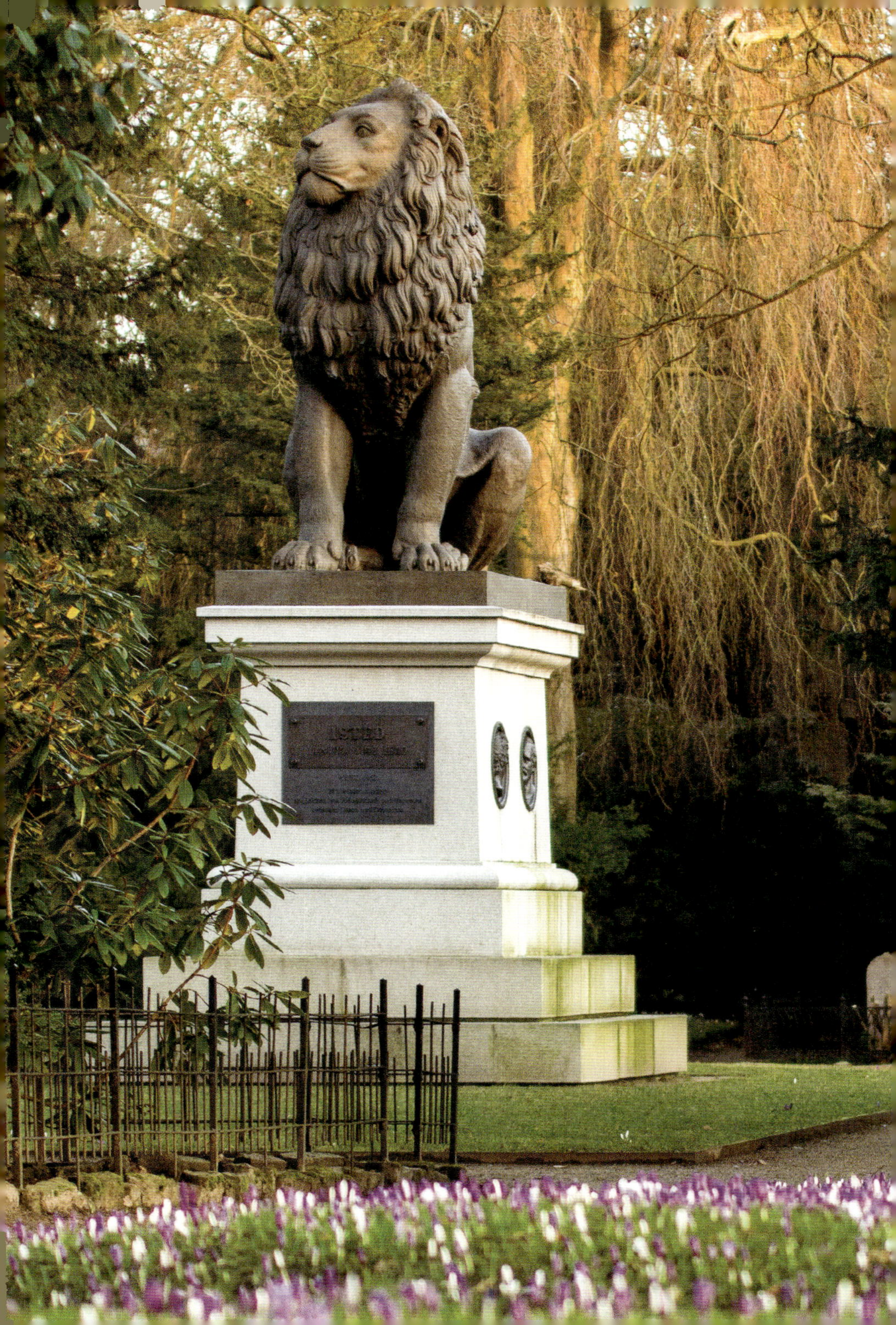

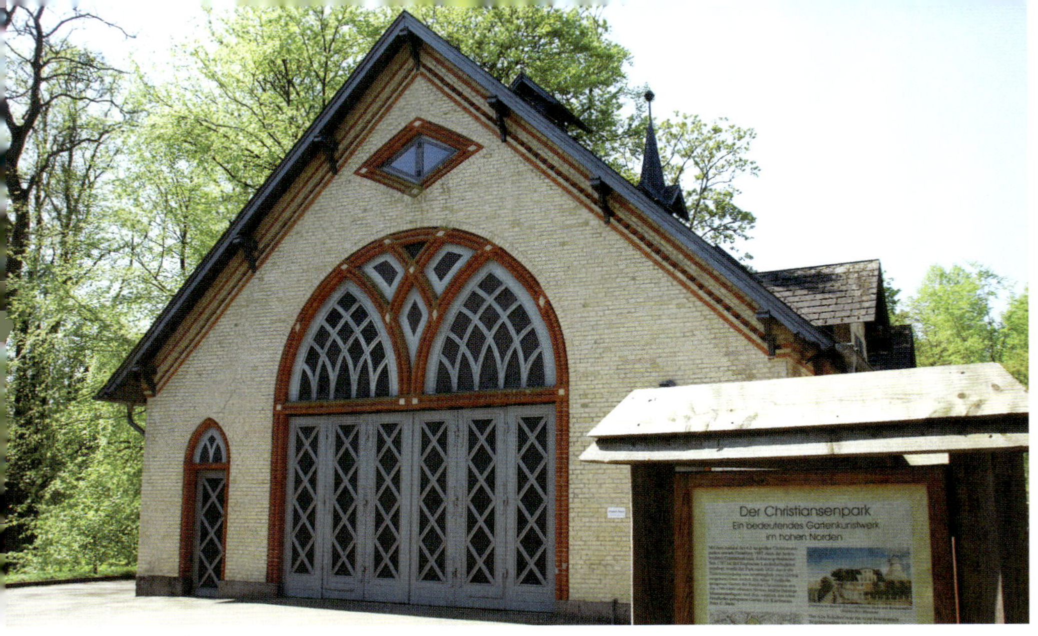

In dem denkmalgeschützten Gebäude von 1920 im Christiansenpark befindet sich das Eiszeitmuseum, in dem über die Erdgeschichte, die Geologie und die Auswirkungen der Eiszeiten informiert wird.

Historische Parkanlage mit Attraktionen

Die heute 4,2 ha große Parkanlage umfasst neben dem parkartigen Gelände auch das ehemalige repräsentative Landhaus (heute Hospiz), einige neugotische Wirtschaftsgebäude, drei Teiche, einen kleinen Wasserfall, einen Gartenpavillon aus dem frühen 19. Jahrhundert, den Gedenkstein zur Gartenbauausstellung im Juli 1874 und einige weitere Sehenswürdigkeiten. Als besondere und einzigartige Elemente der Gartenkunst gelten die beiden Grotten: die Mumiengrotte nahe den Teichanlagen und die Spiegelgrotte südlich des Museums, die auf Anfrage und bei Führungen besichtigt werden kann.
Die Mumiengrotte stammt aus der Zeit um 1800. In ihr liegt ein antiker, phönizischer, menschenförmiger Sarkophag aus der Zeit um 400 v. Chr., der vielleicht als Ballast mit Schiffen nach Flensburg gekommen ist und als schauerliche Attraktion im Landschaftsgarten in einer Grotte aufgestellt wurde. Die Spiegelgrotte ist ein unterirdischer, achteckiger Zentralbau, der ursprünglich

mit Spiegeln ausgekleidet war, die den Raum unendlich groß erscheinen ließen. Bis in die 1880er Jahre hinein war es eine der besonderen Attraktionen Flensburgs. Personen konnten sich unendlich oft sehen, auch in Ansichten, die dem Betrachter sonst verborgen bleiben. Die Grotte galt als Sinnbild für Sichtbares und Unsichtbares und diente als Mittel der Selbsterkenntnis und Persönlichkeitsbildung.

Alter Friedhof und Museumshäuser

Interessant ist auch ein Besuch des Alten Friedhofs, der bis 1872 die Hauptbegräbnisstätte Flensburgs war und auf dem bis 1953 etwa 25.000 Beisetzungen stattgefunden haben. Es findet sich dort neben zahlreichen, bedeutenden Grabmalen des 19. Jahrhunderts, Soldatengräbern der deutsch-dänischen Kriege auch das neugotische Grabmal mit unterirdischer Gruft der Familie Christiansen, das nach Entwürfen des preußischen Baumeisters Karl Friedrich Schinkel errichtet wurde.

Neben der Spiegelgrotte gehört die abgebildete Mumiengrotte, eine Felsengrotte mit einem antiken, phönizischen Mumiensarkophag im Innern, zu den Besonderheiten im Flensburger Park.

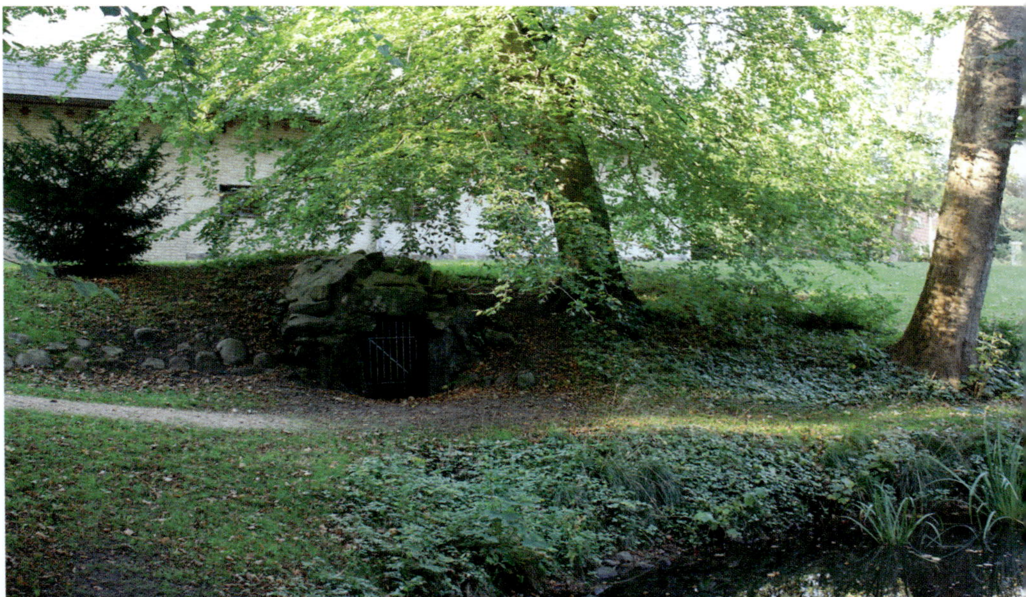

Die klassizistische Kapelle von1813 auf dem Gelände ist ein Spätwerk des dänischen Architekten Axel Bundsen und gilt als eines der Hauptwerke des Klassizismus in Schleswig-Holstein. Zudem befindet sich auf dem Friedhofsgelände das Denkmal des Idstedt-Löwen, ein Symbol der bewegten deutsch-dänischen Geschichte. Es erinnert an die siegreiche Schlacht der Dänen gegen die schleswig-holsteinischen Truppen im Jahre 1850. In preußischer Zeit gelangte das Löwendenkmal nach Berlin, nach dem Zweiten Weltkrieg nach Kopenhagen, um im Jahre 2011 endlich wieder an seinem ursprünglichen Standort in Flensburg feierlich enthüllt zu werden.

In den beiden Gebäuden des Städtischen Museums kann man sich über 800 Jahre Kunst- und Kulturgeschichte im deutsch-dänischen Grenzgebiet informieren und in einer Etage befindet sich das Naturwissenschaftliche Museum Flensburgs, das über die Lebensräume des Landes und ihre Tier- und Pflanzenwelt informiert.

Zu diesem Museumsteil gehört das im Christiansenpark

Der 1810 bis 1813 errichtete Alte Friedhof gilt als eines der bedeutendsten Denkmäler des Klassizismus in Schleswig-Holstein. Im Zentrum befindet sich die nach Plänen des dänischen Architekten Axel Bundsen erbaute Kapelle.

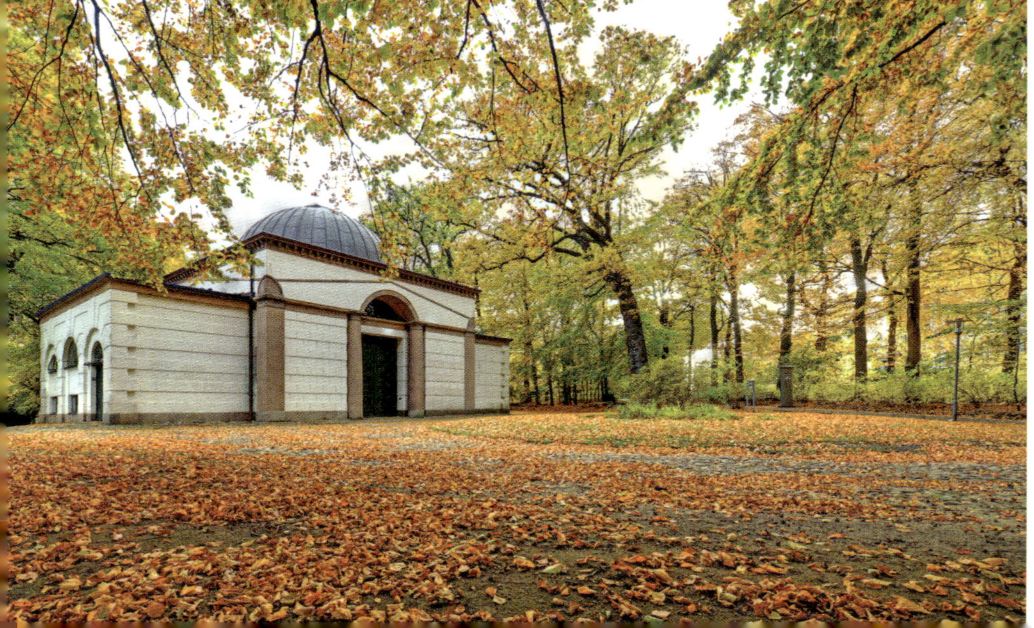

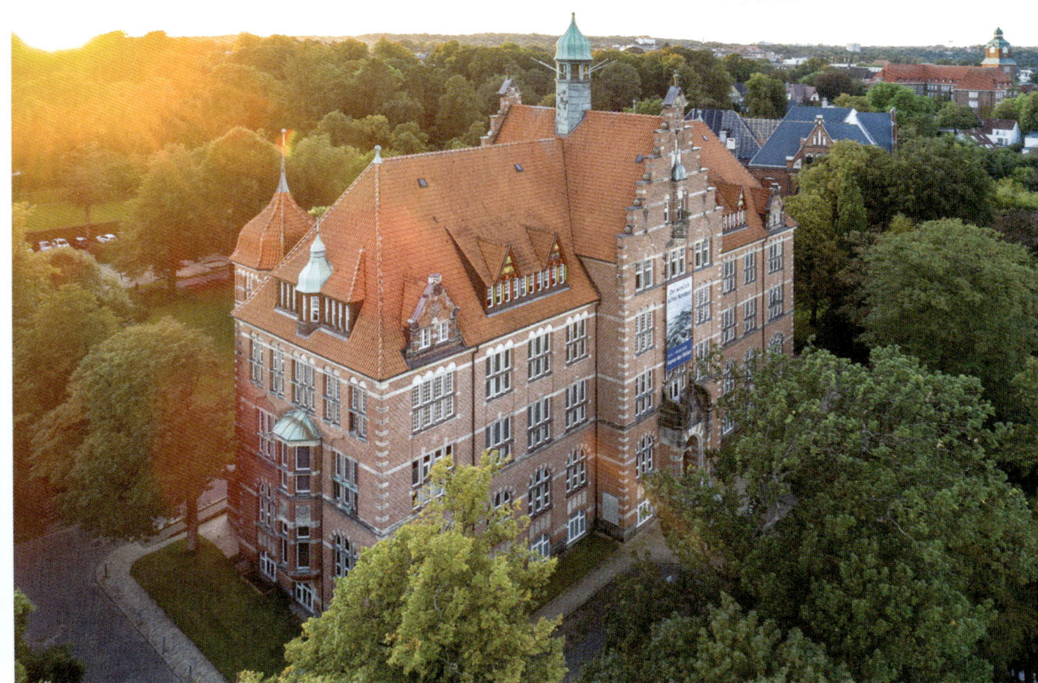

Im Westen Flensburgs liegt auf der Anhöhe des Museumsberges mit dem Heinrich-Sauermann-Haus und dem Hans-Christiansen-Haus eines der größten Museen Schleswig-Holsteins. Es befasst sich vor allem mit der Kunst- und Kulturgeschichte des Landesteils Schleswig.

in einem der denkmalgeschützten Wirtschaftsgebäude untergebrachte Eiszeithaus, wo es neben vielen Informationen zur eiszeitlichen Entstehungsgeschichte Schleswig-Holsteins interessante Exponate wie Gesteine und Fossilien zu besichtigen gibt.

Christiansenpark nebst Altem Friedhof und Museumsberg
zwischen Mühlenstraße und Stuhrsallee
24937 Flensburg
www.christiansenpark.de

Schlosspark und Rosarium
Glücksburger Grün- und Blumenanlagen

Es ist eines der bekanntesten Bildmotive Schleswig-Holsteins und zudem eines der bedeutendsten Renaissance-Wasserschlösser Nordeuropas: das auf einer Insel im Schlossteich gelegene, weiße Glücksburger Schloss. Nördlich der Schlossanlage bis zum Orangerie-Gebäude erstreckt sich der Schlosspark, der zu einem kontemplativen Spaziergang einlädt. Ebenfalls sehr sehenswert ist das auf dem Gelände des ehemaligen Küchengartens und der alten Schlossgärtnerei zu Beginn der 1990er Jahre eingerichtete Rosarium Glücksburg, das heute der Verschönerungsverein des Ortes betreut.

Was man vielleicht eher an der Loire in Frankreich erwarten würde, ragt an der Flensburger Förde plötzlich im nahen Hinterland der Ostsee bei Glücksburg auf: ein Wasserschloss, das zudem zu den schönsten Deutschlands gezählt wird. Der quadratische, dreigeschossige Baublock mit drei gleichartigen Paralleldächern und vier achteckigen Türmen steht im aufgestauten Teich der Schwennau.

Das über einen schmalen Damm erreichbare Schlossgebäude ließ Herzog Johann der Jüngere von Schleswig-Holstein-Sonderburg, ein Bruder des dänischen Königs, auf dem Gelände des abgebrochenen Rudeklosters zwischen 1582 und 1587 errichten. Am Portal finden wir die Buchstaben G.G.G.M.F. (Gott gebe Glück mit Frieden) eingraviert, deren Motto auch für die Gründung des Ortes namensgebend war. Das Schloss

Das historische Wasserschloss in Glücksburg aus dem Jahr 1587 gehört zu den bekanntesten Sehenswürdigkeiten Schleswig-Holsteins und ist eines der bedeutendsten Renaissanceschlösser Nordeuropas.

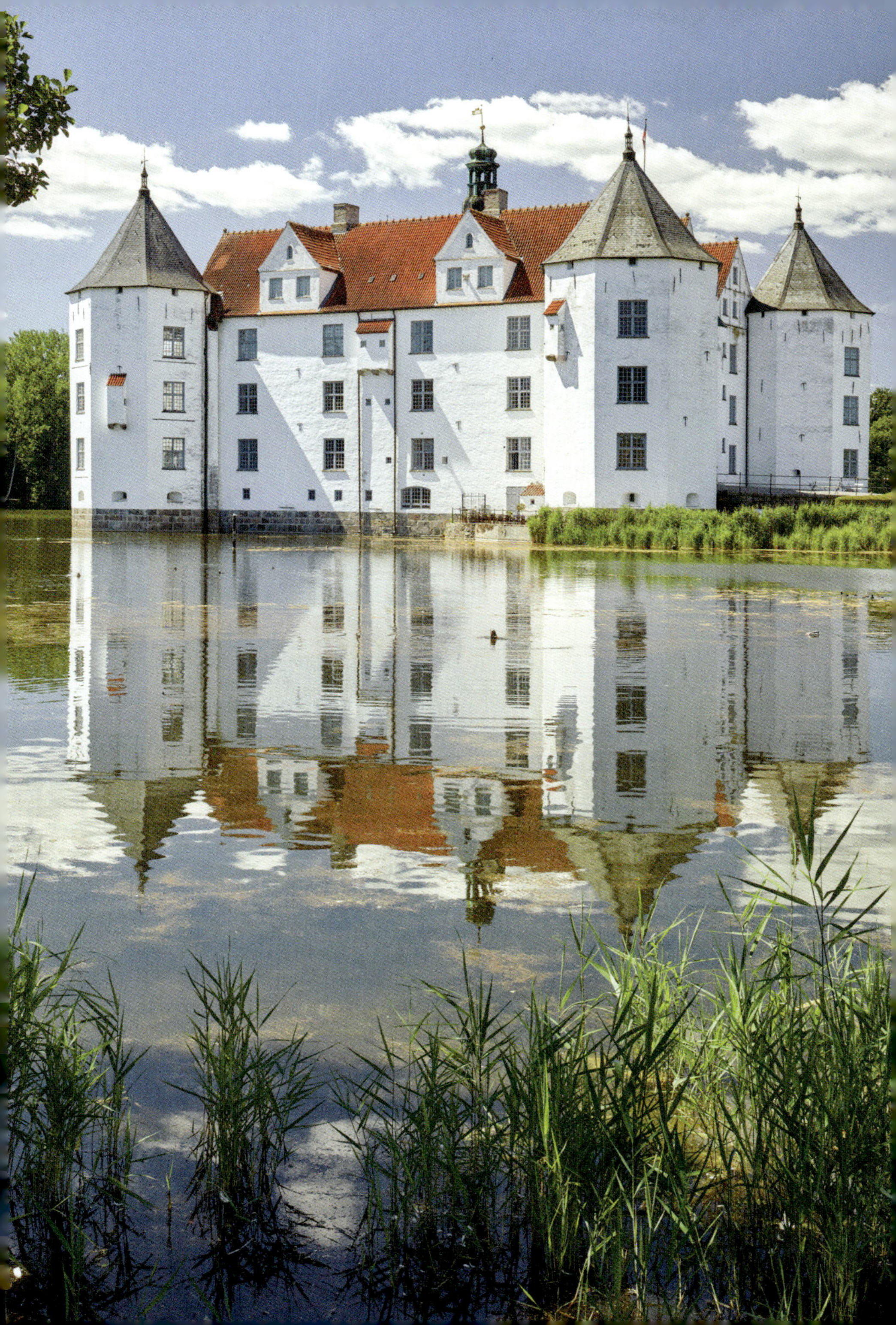

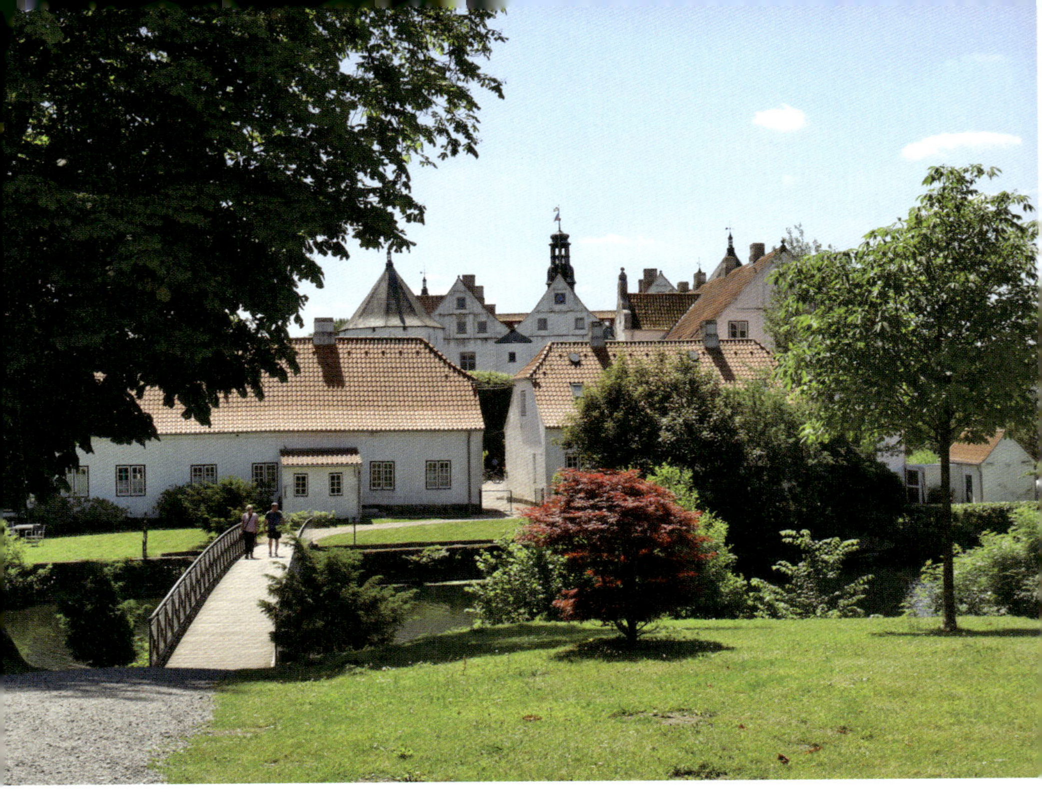

Über eine Brücke kann man vom Schlosspark aus das Wasserschloss und den Innenhof direkt erreichen.

Glücksburg – neben dem in Ahrensburg das bedeutendste Renaissanceschloss des Landes – war Sitz der Herzöge von Schleswig-Holstein und zeitweise auch Regierungssitz der dänischen Könige. Das Schloss ist seit 1922 Ort kultureller Veranstaltungen und Museum. Es wurde in eine gemeinnützige Stiftung überführt, die die wirtschaftlichen und kulturellen Aufgaben des Anwesens organisiert und als Ziel den Erhalt des unschätzbaren historischen und kunsthistorischen Werts des Schlosses für die Besucher formuliert hat.

Der Schlossgarten

Von einem vermutlich bereits anfänglich vorhandenen Renaissancegarten sind keine Überlieferungen vorhanden und erste Belege eines Barockgartens in

Glücksburg gibt es ab 1706. Die Außenanlagen wurden ab 1733 unter Herzog Friedrich als Barockgarten im französischen Stil errichtet mit Alleen, Orangerie, Nebenbauten, Gartenskulpturen und Wasserspielen. Unter der Herzogin Anna Carolina hielt allmählich der englische Gartenstil Einzug. Einzelne Bereiche wurden nicht mehr streng symmetrisch gehalten, sondern es wurde eine lockerere Wegstruktur entwickelt. Bäume und Sträucher wurden weniger beschnitten, mehr Obstgehölze gepflanzt und auch die Pflanzen des Orangenhauses allmählich verkauft. Die Orangerie wurde später abgerissen. Ein um 1770 von der Herzogin eingerichteter, kleiner, privater Waldpark auf der anderen Seite des Schlossteichs erhielt später ihr zu Ehren den Namen Carolinenlund. Im 19. Jahrhundert wurde die vorsichtige Umwandlung in einen englischen Landschaftsgarten fortgesetzt, wobei verschiedene Alleen, Baumgruppen und Sichtachsen früherer Zeiten doch beibehalten wurden.

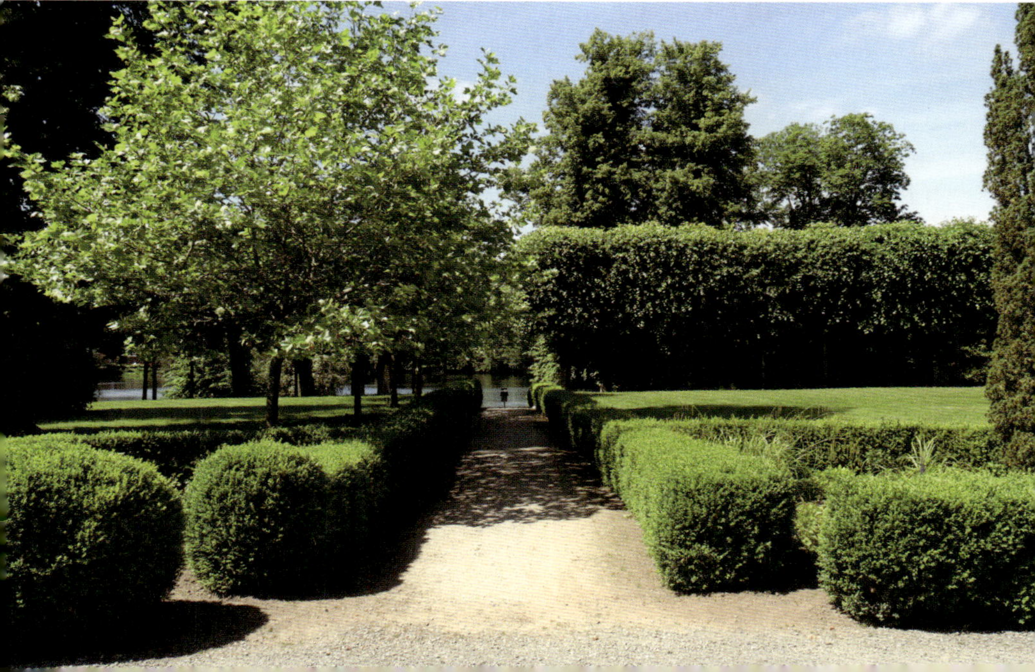

Wegbegleitende Hecken, Alleen und Baumsolitäre auf den Rasenfreiflächen laden die Besucher des Schlossparks in Glücksburg zu einer kleinen Wanderung ein.

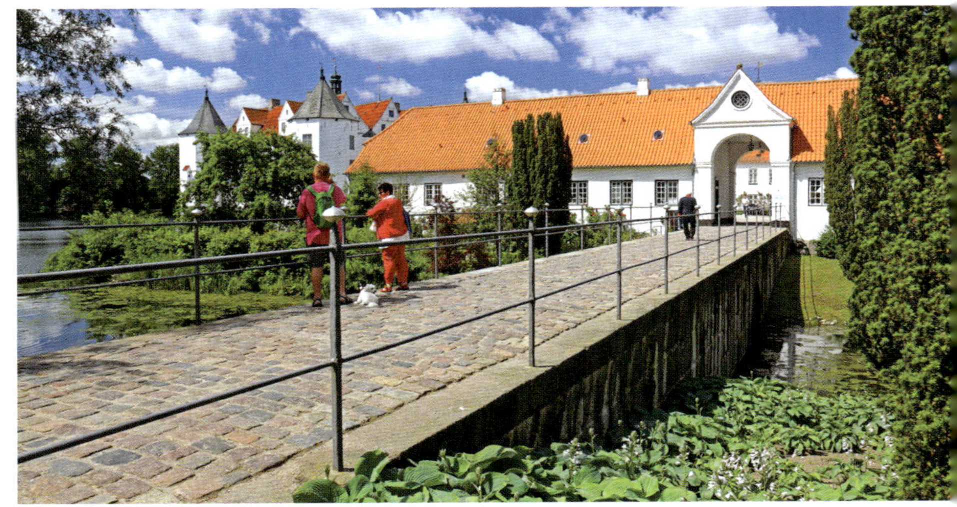

Über die Schlossteichbrücke – heute eine Granitbrücke, ehemals eine Zugbrücke – erreicht man durch das im 17. Jahrhundert erneuerte Torhaus den Wirtschaftshof, der dem Schloss vorgelagert ist.

Anstelle der abgerissenen Orangerie wurde im Jahre 1827 ein neues klassizistisches Gartenhaus errichtet, das noch heute im Norden der Gartenanlage mit kiesbelegtem Vorplatz zu sehen ist und als Ausstellungs- und Veranstaltungsgebäude Verwendung findet. Es wird noch immer als Orangerie bezeichnet, wenngleich es seit der Neuerrichtung niemals mehr als Überwinterungsort für empfindliche südländische Pflanzen genutzt wurde. Von dem Gartenhaus erreicht man heute über die direkte Wegachse das Schloss und kommt vorbei an Linden-Baumgruppen, Platanen, Esskastanien, Rosskastanien, Ilex, Eiben, Roteichen, Tulpenbäumen, Rhododendronsträuchern und anderen locker gepflanzten Gehölzen. Direkt am Schlossteich entlang kann man auch die historische Lindenallee entlanggehen. An vielen Stellen gibt es Sitzmöglichkeiten unter schattigen Baumkronen. Eine Brücke führt über den Ringgraben in den Innenhof der Schlossanlage, wo es Karten für die Besichtigung des Schlossmuseums gibt. In dem kleinen Imbiss kann man sich mit einer Stärkung versorgen.

Das Rosarium

Östlich vom Schlossgarten gelegen, befinden sich der ehemalige Küchengarten und die ehemalige Schlossgärtnerei, auf deren Gelände in den Jahren 1990/91 der Rosenzüchter Ingwer J. Jensen durch den Hamburger Landschafts- und Gartenarchitekten Günther Schulze einen Rosengarten anlegen und gestalten ließ. Das Rosarium war spezialisiert auf Historische Rosen und Austin-Rosen, die auch heute noch einen Schwerpunkt der Rosenausstellung bilden. Die Anlage wird aktuell durch den Verein „Schönes Glücksburg“ betreut, der aber auch noch von dem Gründer und Rosenkenner Jensen beraten wird. Ziel des Vereins ist der Erhalt und die Verschönerung des Stadt- und Landschaftsbildes in und um Glücksburg. Der Verein kümmert sich um alles, was den Ort und seine Umgebung für die Bewohner und seine Gäste attraktiver und lebenswerter macht. Traditionelle und regionaltypische Bau-, Landschafts- und Gartenanlagen

Das nahe dem Schlosspark gelegene Rosarium beherbergt iber 500 historische ınd moderne Kulturrosensorten, larunter Kletter-, Beet- und Wildrosen ınd vor allem zahlreiche Englische Rosen.

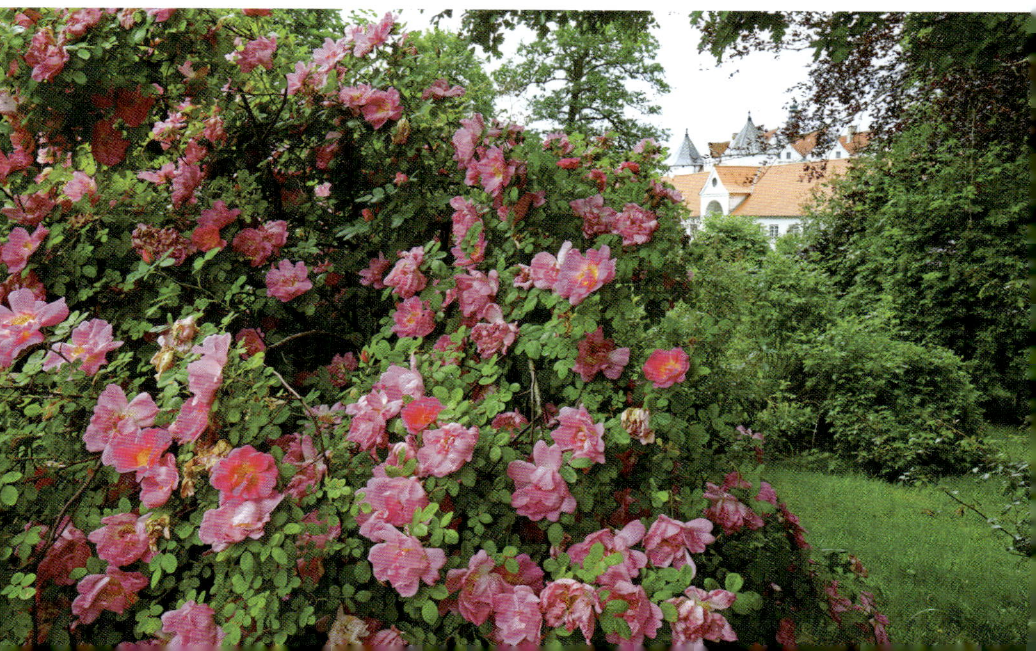

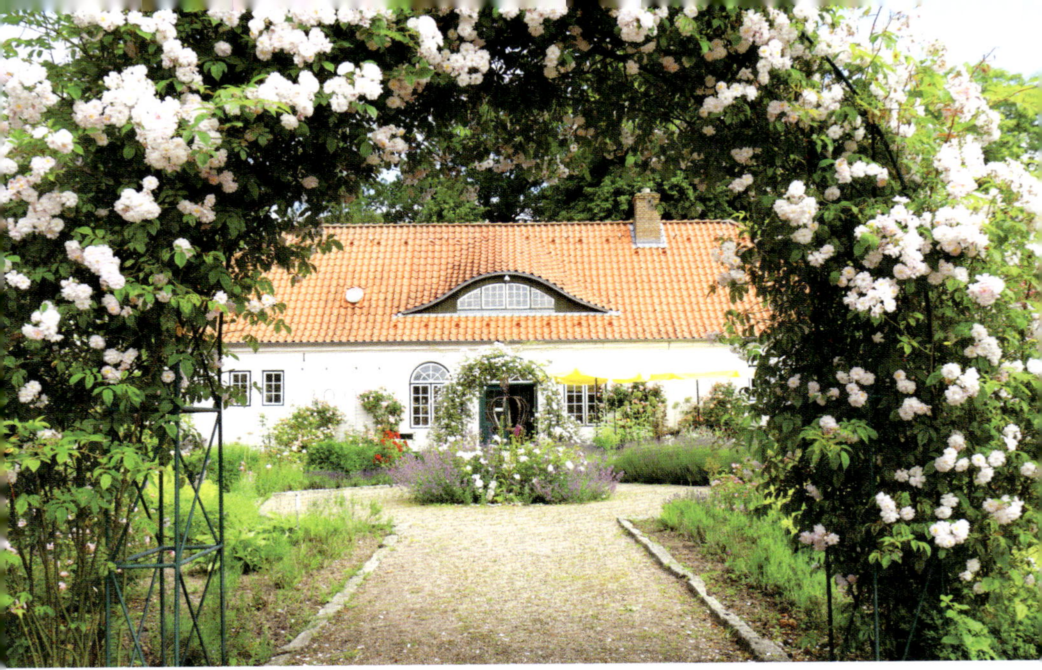

20 hintereinander angeordnete, umrankte Rosenbögen überspannen den zentralen Weg im Rosarium, der auf das ehemalige Gärtnerhaus nahe dem Eingang zuführt.

werden zusammen mit jeweils unterschiedlichen Partnern und Unterstützern gefördert. Dazu gehört als eines der Hauptprojekte das Rosarium des Ortes.
So erwarten den Besucher auf einer Fläche von etwa 1,7 ha ungefähr 550 Sorten historischer und moderner Rosen, Wild- und Kletterrosen und vor allem englische Rosen der Rosenfirma Jensen. Sie stammen überwiegend von dem berühmten Rosenzüchter David C. H. Austin aus dem englischen Albrighton. Es gibt aber auch eigene Glücksburger Züchtungen zu bewundern wie die 'Glücksburger Klosterrose', die 'Rosarium Glücksburg' oder die Sorte 'Schloss Glücksburg'.
Neben den über 100 Kletterrosensorten, die die Wege säumen, kommen über 200 Begleitstauden und Kletterpflanzen sowie einzelne Gehölzpflanzen hinzu. Zahlreiche Skulpturen, ein Goldfischteich, Wasseroasen, ein Bienenstand, Hochbeete und anderes lockern das Gelände auf. Diverse Sitzmöglichkeiten laden den

Die blau blühende Ramblerrose 'Donau' ist eine der Blütenschönheiten im Rosarium. Die fein duftende Rose besitzt ein weißes Zentrum und leuchtend gelbe Staubgefäße.

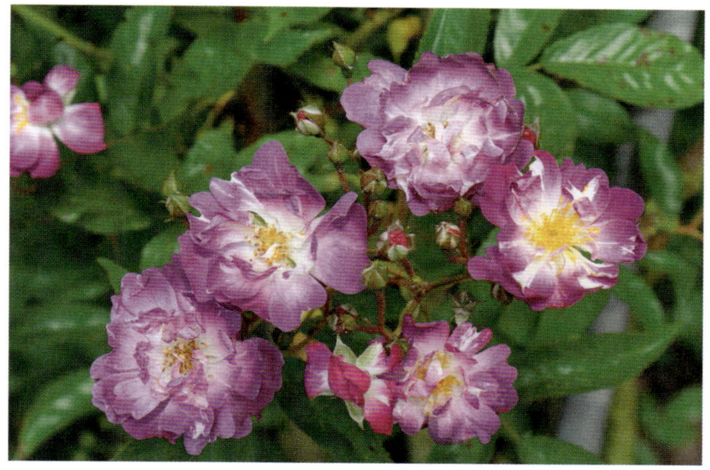

Besucher zum Verweilen und zum Genuss der Blütenvielfalt und der betörenden Rosendüfte ein. Als besonders eindrucksvoll erweist sich der Gang durch 20 hintereinander liegende Rosenbögen, deren Achse direkt auf das ehemalige Gärtnerhaus zuführt. Hier am Eingang sitzt nicht nur die Verwaltung, sondern es ist zusammen mit der Galerie am Glashaus der Ort, an dem die etwa 140 Mitglieder des Glücksburger Verschönerungsvereins viele ihrer Veranstaltungen und Angebote wie Lesungen, Bilderausstellungen, Konzerte, Kino und zahlreiche weitere stattfinden lassen. Ob der Verschönerungsverein allerdings das Gärtnerhaus nach den aktuellen Renovierungsarbeiten weiter nutzen kann, ist derzeit ungewiss.

Sehr beliebt ist das jährlich veranstaltete Rosenfest mit Rosenkönigin, Live-Konzerten, Kinderprogramm und kulinarischem Angebot. Für Besucher, die ihren eigenen Garten durch eine attraktiv blühende Rose bereichern möchten, gibt es einen kleinen Rosenverkauf auf dem Gelände des Rosariums und für eine Stärkung mit Kaffee und Kuchen bietet sich das am Rosariumeingang gelegene gemütliche Terrassencafé, das Café am Schloss, an.

Attraktionen in der Umgebung

Wer noch etwas wandern möchte, kann sich beispielsweise auf den fünf Kilometer langen Dolmenpfad im Glückstädter Friedeholz begeben und die dortigen Grabstätten der Jungsteinzeit und Bronzezeit besichtigen. Ebenso lohnt sich der Skulpturenweg, der vom Strand (Promenade) durch den Wald führt und von rund einem Dutzend Kunstwerken gesäumt wird. Oder man umrundet den Schlossteich (knapp vier Kilometer), von dessen Uferweg aus man immer wieder neue Ansichten des Wasserschlosses erhält. Der am Schloss beginnende Rundweg kommt am gegenüber liegenden Ufer an der Königseiche vorbei, an der sich der Lieblingsplatz König Friedrichs VII. von Dänemark befand, und führt durch den Schlosspark wieder zum Damm, der auf die Schlossinsel hinübergeht.
Für Garten- und Kulturfreunde gibt es entlang der Flensburger Förde viel Weiteres zu entdecken. Interessant ist beispielsweise das gemeinsame Tourismus- und Kulturprojekt im deutsch-dänischen Grenzgebiet „Blumen bauen Brücken (BBB)“, wozu vor allem die Städte Flensburg und Glücksburg in Deutschland sowie Apenrade und Sonderburg auf dänischer Seite gehören. Zu dem Projekt gehören unter anderem die schwimmenden Gärten in der Flensburger Hafenspitze, wo zehn bepflanzte Pflanzenkübel auf Schwimminseln zu sehen sind, die wilde Gartenlandschaft nahe dem Schloss Gravenstein (zwischen Flensburg und Sonderburg an der Flensburger Förde), der Sommerresidenz der dänischen Könige, oder die Erzähltreppe in Apenrade, wo am Hang im Übergang zum Park des Ortes nur heimische Wildpflanzen präsentiert werden. Eine Schloss- und Gartenroute (www.bbbprojekt.eu/schloss-gartenroute) führt zu den attraktiven Schlössern und Gärten der Region beiderseits der Grenze – darunter natürlich auch das Schloss Glücksburg nebst Park und Rosengarten.

Neben der Umrundung des Schlossteichs lohnt auch eine Wanderung auf dem Skulpturenpfad des Ortes, wo man beispielsweise der Holzskulptur „Rumpelstilzchen“ von Hartmut Mahler begegnet.

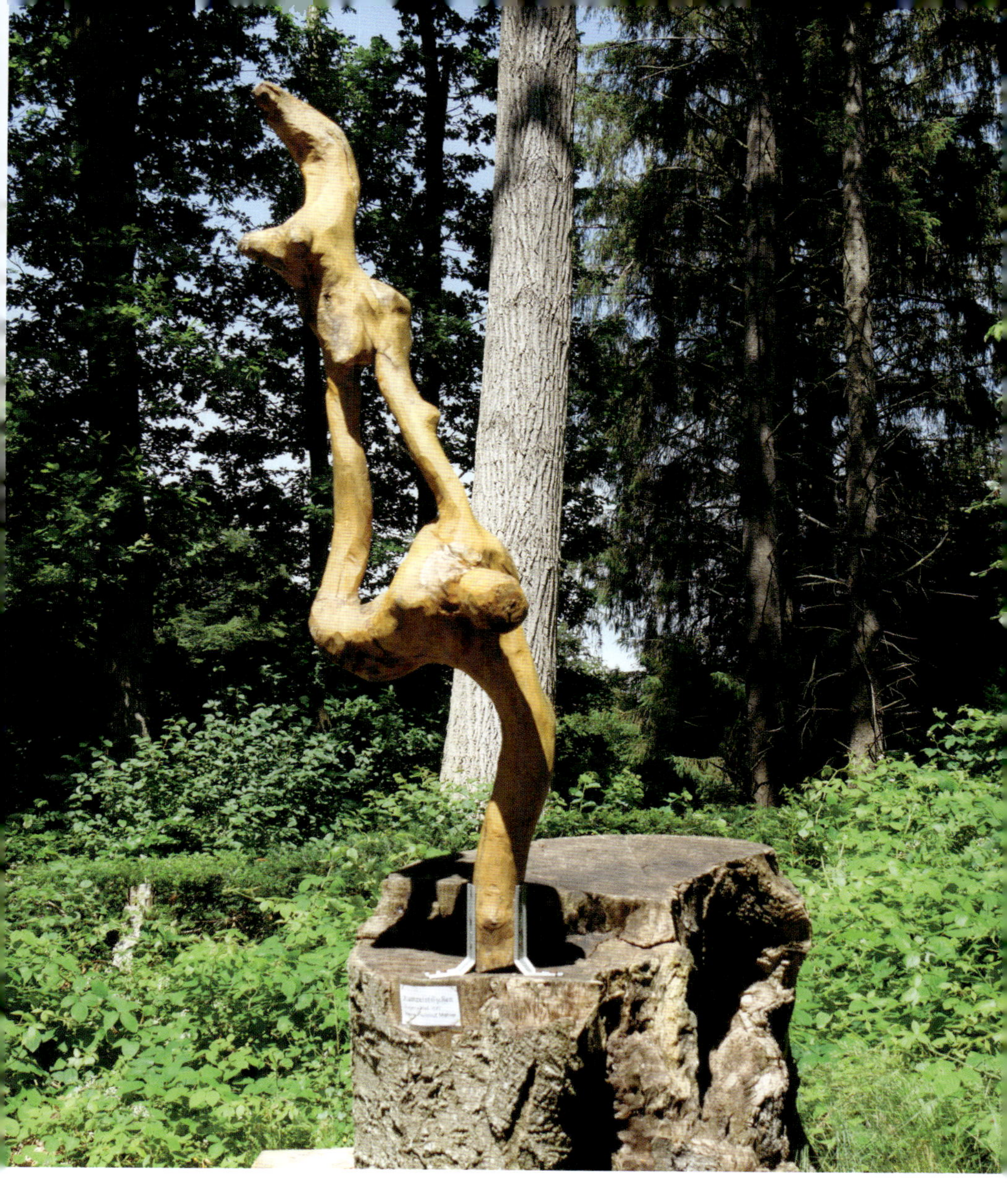

Rosarium Glücksburg
Am Schlosspark 2b, 24960 Glücksburg
www.schoenes-gluecksburg.de/rosarium
www.schloss-gluecksburg.de

Gottorfer Barockgarten und Globus

Rekonstruierte alte Gartenanlage und technisches Wunderwerk

Der wiederhergestellte Gottorfer Barockgarten in Schleswig gilt als europäisches Gartendenkmal von besonderem Rang. Er gewährt Einblicke in die Gartenkultur des kleinen Herzogtums Schleswig-Holstein-Gottorf um 1700. Zur damaligen Zeit war es der erste Terrassengarten italienischen Zuschnitts in Mitteleuropa. Der ebenfalls rekonstruierte Gottorfer Globus, der sich im neuen Globushaus inmitten der Parkanlage befindet, war zu seiner Zeit eine Weltsensation und gilt als frühestes Planetarium der Welt.

Vom Parkplatz des Schlosses Gottorf ist es ein etwa 800 m langer Fußmarsch bis zum Globushaus und dem Barockgarten. Im Eintrittspreis für das Globushaus ist neben der achtminütigen Fahrt im Inneren des Globus ein Audioguide eingeschlossen, der den Besuchern an 18 Stationen neben den Informationen zum Gottorfer Globus auch Wissenswertes zu einzelnen Attraktionen im Garten vermittelt. Die Virtual-Reality-Story (VR), die in einem 360-Grad-Film die Entstehungsgeschichte des Globus erzählt, gehört zu den bundesweit modernsten Museumspräsentationen.

Hinter der im Spiegelteich stehenden Herkules-Figur mit der Hydra erstrecken sich das Globushaus und dahinter die Terrassen des restaurierten Barockgartens.

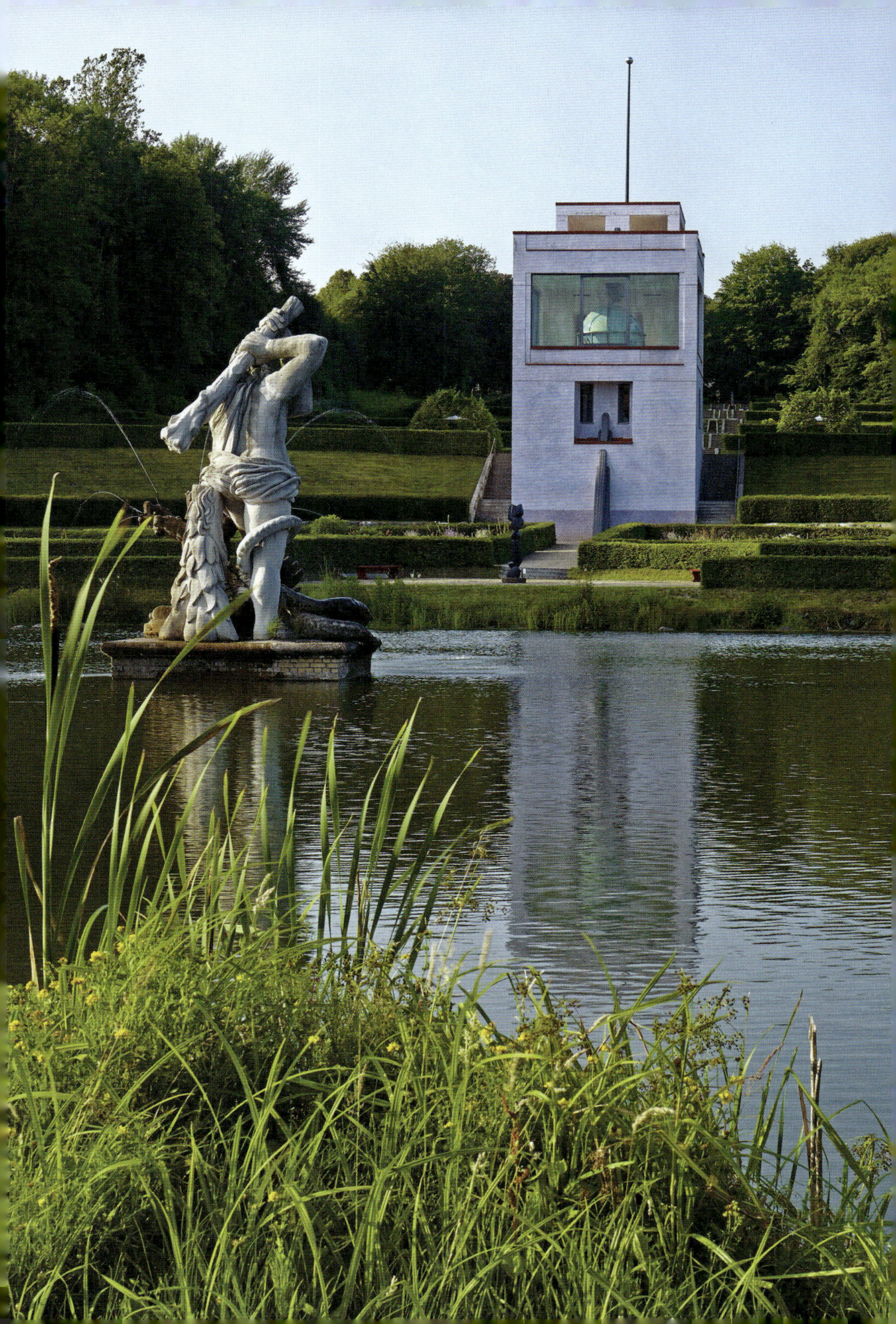

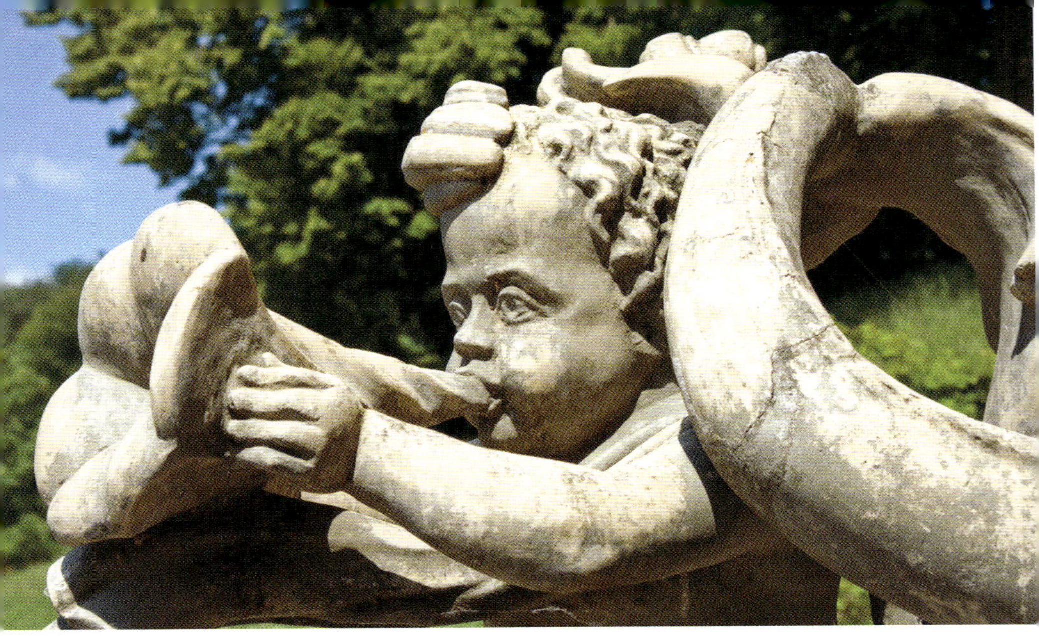

Die kleine Kaskade am Eingang des Neuwerkgartens ist mit verschiedenen Skulpturenelementen verziert.

Barockgarten und Artenvielfalt

Der Barockgarten wurde ab 1637 als sogenanntes Neues Werk von Herzog Friedrich III. geplant und begonnen. Etwa 25 Jahre später hat Herzog Christian Albrecht (übrigens der Gründer der nach ihm benannten Kieler Universität) die Anlage erheblich erweitert. Der Garten war weit über die Region hinaus bekannt und vermittelte mit seiner prächtigen Terrassenarchitektur, Lustschlösschen, Teich, Wasserspielen, Skulpturen und vielen nicht-heimischen Pflanzenarten einen besonderen Zauber, der zur Bekanntheit und zum Ruhm des kleinen Herzogtums beitrug. Bekannt ist die Vielfalt der exotischen, nicht-heimischen Pflanzenarten der Gartenanlage, die im berühmten Gottorfer Codex dargestellt ist. In dem vierbändigen Bildband finden sich 363 Tafeln mit 1.180 Pflanzenbildern des Hamburger Blumenmalers Hans Simon Holtzbecker, die auch heute noch durch ihre Farb- und Detailtreue begeistern.

Geschichte des Gottorfer Globus

Auch der ab 1651 geplante und gebaute Globus von drei Metern Durchmesser galt für die damalige Zeit als technisch-wissenschaftliches Wunderwerk. Es vereinigt die Darstellung von Himmel und Erde. Auf der Außenseite wurde die bis dahin bekannte Erdoberfläche einschließlich der geografischen Fehler der damaligen Zeit kartografisch korrekt wiedergegeben. Im Inneren wurde das erste dreidimensionale Modell des Sternenhimmels präsentiert. Es war damit das wohl erste Planetarium der Welt.

Doch der Zauber, den die ganze Anlage ausstrahlte, war bald vorüber, als nach einer militärischen Niederlage der mit Schweden verbündeten Gottorfer gegen eine Allianz Dänemarks mit Russland im Nordischen Krieg im Jahr 1713 der Niedergang der Anlage begann. Der Globus wurde nach Russland abtransportiert, Orangerie, Globushaus und Lustschlösser wurden im Laufe der Zeit abgerissen. Als Gottorf 1864 nach den

Bei einer Fahrt im originalgetreuen Nachbau des Gottorfer Globus, dem ersten Planetarium der Welt, finden in dem begehbaren Globus bis zu zwölf Personen Platz und können sich von der gleichzeitigen Darstellung von Himmel und Erde faszinieren lassen.

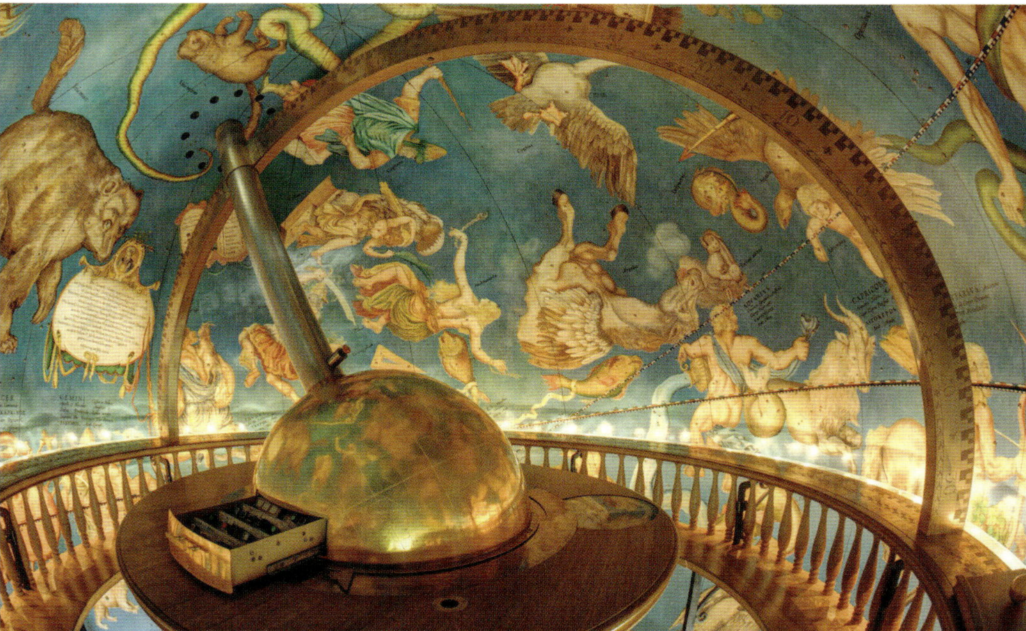

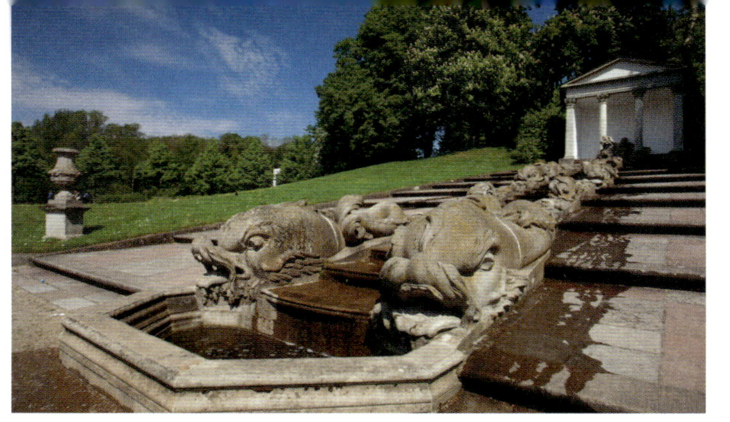

Mit dem Tempel und der Wiederherstellung der Kleinen Kaskade mit den Delfinverzierungen begann ab 1984 die Restaurierung der gesamten barocken Anlage in Schleswig.

deutsch-dänischen Auseinandersetzungen zur preußischen Garnison wurde, überbaute das Militär die Reste des Gartens endgültig zugunsten einer großen Reitanlage.

Restauration von Globus und Barockgarten

In den Jahren 1999 bis 2007 wurde die Anlage nach alten Plänen, Inventaren und Ergebnissen archäologischer Grabungen rekonstruiert und in das Jahr 1690, dem Jahr der größten Prachtentfaltung des Gartens, zurück verwandelt. Durch die Unterstützung der Hermann Reemtsma Stiftung Hamburg konnte das Globushaus rekonstruiert und im Mai 2005 der Öffentlichkeit zugänglich gemacht werden. Bei der Wiederherstellung der barocken Gartenanlage, die im August 2007 eröffnet wurde, waren die ZEIT-Stiftung Ebelin und Gerd Bucerius, die Deutsche Bundesstiftung Umwelt, die Deutsche Stiftung Denkmalschutz und andere Förderer wesentlich beteiligt.
So kann der Besucher heute ein rekonstruiertes und bedeutendes europäisches Gartendenkmal von besonderem Rang besichtigen. Vom Spiegelteich mit der Herkulesstatue geht es über erste symmetrische Blumenbeete zum Globushaus im Zentrum, auf dessen Höhe sich zu beiden Seiten die Spiegelmonogramme von

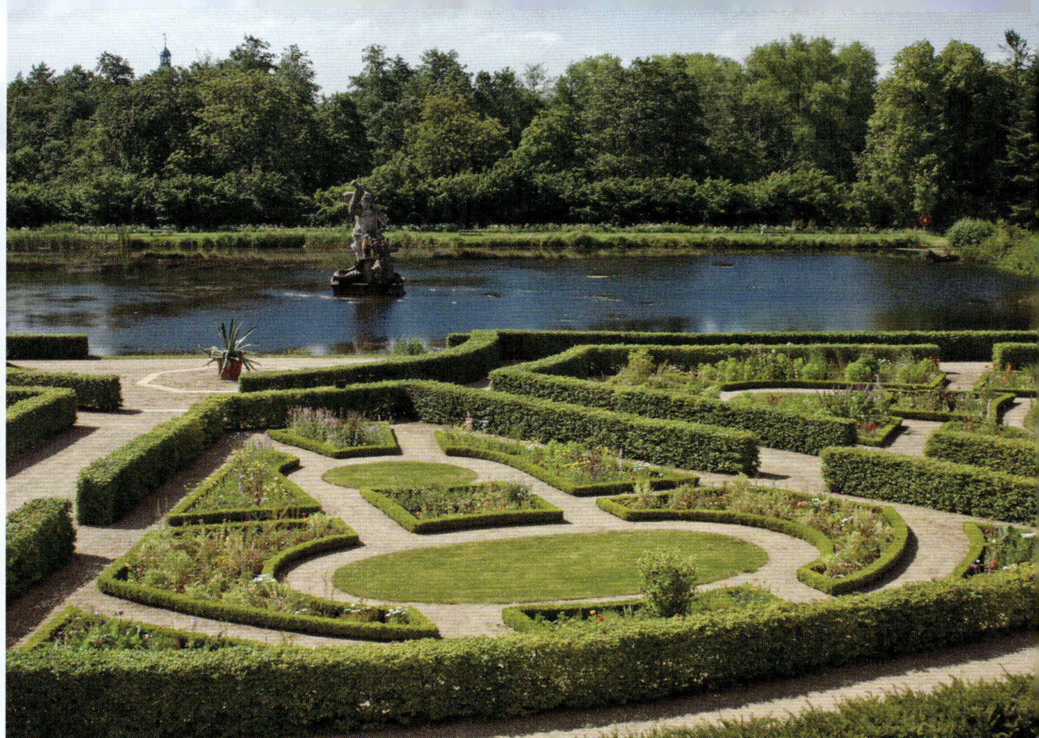

Vom Globushaus schweift der Blick über einige der barocken Beetanlagen hinüber zum Spiegelteich mit der Herkules-Statue.

Herzog Christian Albrecht (CA) und seiner Gemahlin Frederike Amalie (FA) sowie die Jahreszahl 1690 dargestellt finden. Es folgen mehrere quadratische Beet-Terrassen mit geometrisierenden Binnenstrukturen, die aus Buchsbaum und anderen Pflanzen sowie Wegen und Schotterarealen dargestellt sind.
Beim Blick vom Balkon des Globushauses hat man nicht nur einen herrlichen Blick auf die gesamte Gartenanlage, sondern auch hinüber zur Schleilandschaft und dem Gottorfer Schloss, dessen umfänglichen Ausstellungen der Kunst- und Kulturgeschichte vom 11. bis zum 21. Jahrhundert man vielleicht auch noch einen Besuch abstatten sollte.

Gottorfer Globus und Barockgarten
Schlossinsel 1, 24837 Schleswig
www.gottorfer-globus.de

Der Bibelgarten in Schleswig
Pflanzen, Tiere und Propheten der Bibel

Auf dem Holm vor Schleswig liegt das St.-Johannis-Kloster, eine der am besten erhaltenen Klosteranlagen in Schleswig-Holstein. Das 1994 dort eingerichtete Bibelzentrum betreibt einen 2.000 m² großen Bibelgarten, in dem wichtige, in den heiligen Schriften erwähnte Pflanzen wachsen. Hinzu kommt ein Skulpturenpark mit Tieren der Bibel, Propheten und in Bodensteinplatten eingravierte Bibelsprüche.

Durch ein helles Holztor gelangt man in den ersten geschlossenen Teil des Bibelgartens am Kloster, der durch die Wege in der Form eines Kreuzes angelegt ist, wie es für mittelalterliche Klostergärten üblich ist. Im Zentrum befindet sich ein Findlingsbrunnen, der an die biblische Geschichte erinnert, wie Mose auf Geheiß Gottes mit seinem Stab Wasser für das durstige Volk Israel aus dem Felsen schlägt.

Nahe dem St.-Johannis-Kloster befindet sich der 1996/97 angelegte Bibelgarten, der die typische Form eines Klostergartens besitzt, wobei die Wege ein Kreuz bilden. Im Zentrum steht ein Findlingsbrunnen.

Pflanzen der Bibel

An der Hauswand des anliegenden Probstenhauses, in dem das Bibelzentrum seinen Sitz hat, wächst Wein, der nicht nur eine der ältesten Kulturpflanzen des Menschen ist, sondern auch vielfach in der Bibel Erwähnung findet. Ebenso rankt hier an der Mauer eine bekannte Symbolpflanze der jüdisch-christlichen Tradition, die Passionsblume, deren Frucht essbar ist. Sie symbolisiert das Leiden Christi, wobei die drei Griffel die Nägel darstellen, mit denen Jesus gekreuzigt wurde, die fünf

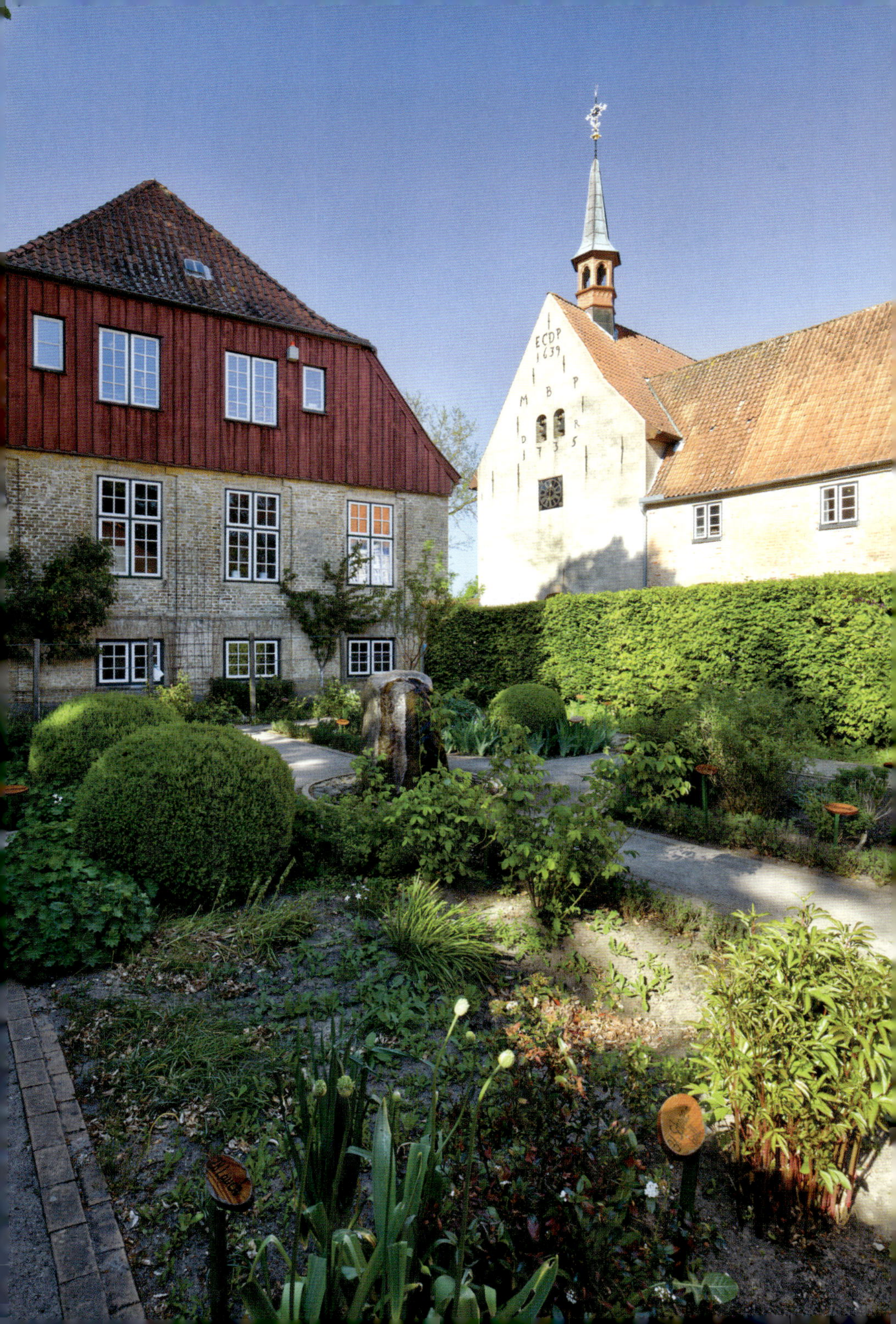
ECDP
1639

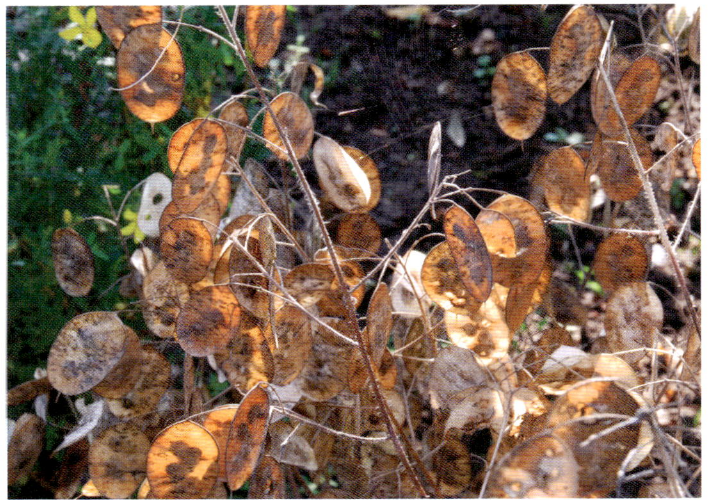

Das Silberblatt, auch als Judassilberling bezeichnet, besitzt silberglänzende, durchscheinende Früchte, die an Silbertaler erinnern und damit den Hinweis auf den Geldlohn geben, den Judas, einer der Jünger Jesu, für seinen Verrat erhielt.

Staubblätter stehen für die fünf Wunden Jesu, die bunten Kronblätter ähneln der Dornenkrone und die Deckblätter symbolisieren die Jünger, die bei der Kreuzigung dabei waren.
In den Beeten finden wir diverse weitere Bibelpflanzen, die jeweils mit Schildern versehen sind. Ebenso wie zu den Skulpturen liegt auch zu den Pflanzen der Bibel ein Ansichtsheft mit Erläuterungen aus. Viele der alten Kulturpflanzen finden in der Bibel Erwähnung und sind ausgestellt: Dazu gehören beispielsweise ein Mandelbaum, verschiedene Getreidesorten – Hirse, Gerste und Weizen –, Flachs, Linse, Papyrus, Olive, Feige, Puffbohne, Granatapfel und Zitrone. Hinzu kommen wichtige Kräuter und Gewürze wie der Ysop, Minze, Senf, Kümmel und Dill. Kostbare Duftpflanzen waren in früheren Zeiten Weihrauch und Myrrhe, die zusammen mit Gold die drei Kostbarkeiten der Weisen aus dem Morgenland darstellten, die dem Jesuskind als Geschenk dargebracht wurden. Myrrhe wird aus dem Harz des gleichnamigen Strauches gewonnen und Weihrauch war nicht nur ein Tempelschatz, sondern

auch wichtiger Bestandteil des Räucherwerks. Er wird aus den Blättern oder dem ausgeschiedenen Harz des Weihrauchstrauches gewonnen. Im Bibelgarten ist das Weihrauchkraut ausgestellt, das im Duft Ähnlichkeit mit dem echten Weihrauch, der nur in wenigen Gegenden im Süden wächst, besitzt.

Im Bibelgarten finden sich auch weitere Symbolpflanzen, wie die erwähnte Passionsblume eine ist. Hierzu gehören die Rose, die Iris, der Frauenmantel, die Christrose, die Mariendistel, das Johanniskraut, der Judasbaum und der Judassilberling sowie der Aronstab. Dessen stabförmiger Blütenstand wird auch Judenstab genannt. Stäbe und Stöcke sind hierbei oft Symbole der Macht und geistigen Führerschaft. Im Buch Mose wird der Hirtenstab Arons erwähnt, wo es heißt: „Am nächsten Morgen, als Mose in die Hütte des Zeugnisses ging, da grünte der Stab Aarons und die Blüte ging auf und trug Mandeln.“

Vor der Erfindung von Papier war Papyrus das entscheidende Beschriftungsmaterial und die ersten schriftlichen biblischen Geschichten wurden auf Papyrusrollen niedergeschrieben.

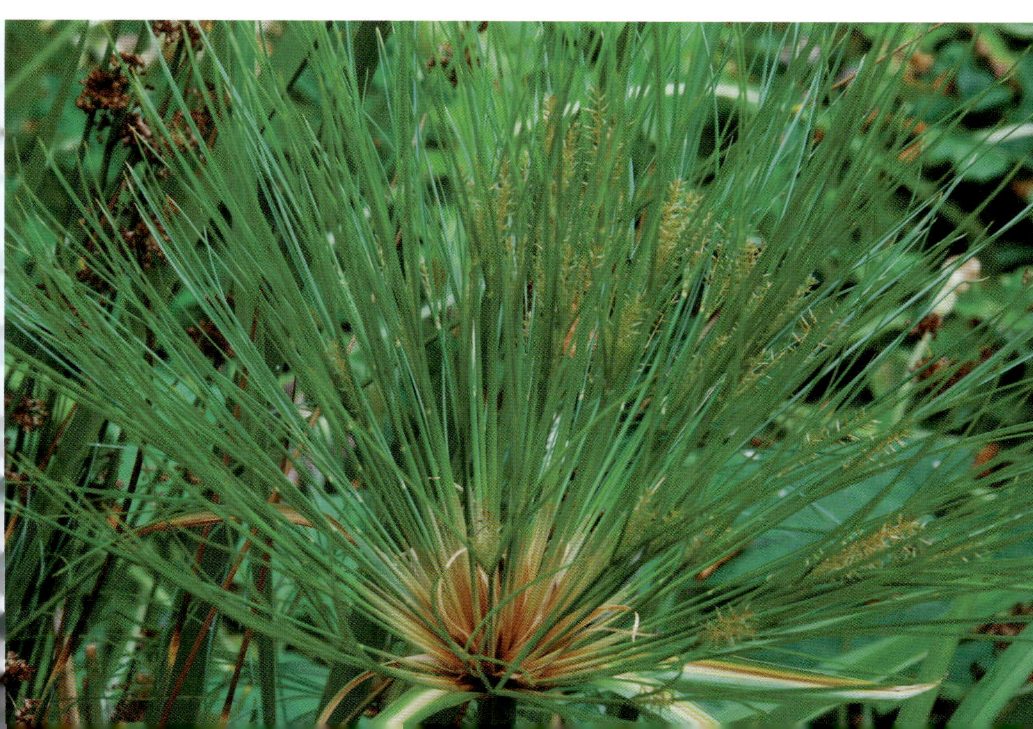

Im Garten am Haus wächst auch der Diptam, der als brennender Dornbusch in der Bibel erwähnt ist. Die an heißen Tagen abgesonderten ätherischen Öle dieser Pflanze können sich leicht selbst entzünden.

Skulpturen und Tiere der Bibel

Durch das Kunstwerk „Tor“ betritt man den hinteren Teil des Bibelgartens, wo zunächst verschiedene Skulpturen „Propheten im Garten“ und in Stein gemeißelte Prophetenworte zu finden sind. Außerdem gibt es weitere Pflanzen und Symbolpflanzen. Apfel- und Walnussbaum, Zeder, Zypresse, Kiefer, Maulbeerbaum und Johannisbrotbaum gehören dazu, ebenso Kapuzinerkresse, Engelwurz, Pfaffenhütchen, Efeu oder Tamariske. Die Tamariske beispielsweise kommt in mehreren Arten als Baum oder Strauch in den Wüstengebieten vor und ist als Schattenspender und für das Vieh als Futter geschätzt. Manche Forscher vermuten sogar, dass das in der Bibel erwähnte Manna auf Ausscheidungen von auf der Tamariske lebenden Blattläusen zurückgeht. Das Sekret dient der Wüstenbevölkerung seit Jahrhunderten als wichtiges Süßungsmittel.
Geht man noch weiter in den von hohen Linden und Rotbuchen herrlich beschatteten Gartenbereich hinein, kommt das Skulpturenareal mit Tieren aus der Bibel. Fünf Künstler haben hier Adler, Lamm, Leviatan, Löwe und Schlange, die allesamt in biblischen Schriften erwähnt sind, künstlerisch umgesetzt. Da sind zum Beispiel der drei Meter hohe und sieben Tonnen schwere Adler mit seinen weit ausgestreckten Flügeln des Künstlers Jan Koblasa oder der Löwenkopf auf einer hoch aufragenden Stele von Annette Streyl. Während der Adler als ein Symbol göttlicher und menschlicher Macht und Stärke gilt, steht der Löwe für das Böse, für Gott und die Auferstehung.

Neben der Pflanzenwelt der Bibel findet man im hinteren Teil des Bibelgartens in Schleswig Gartenkunst mit Skulpturen von Propheten und Tieren der Bibel.

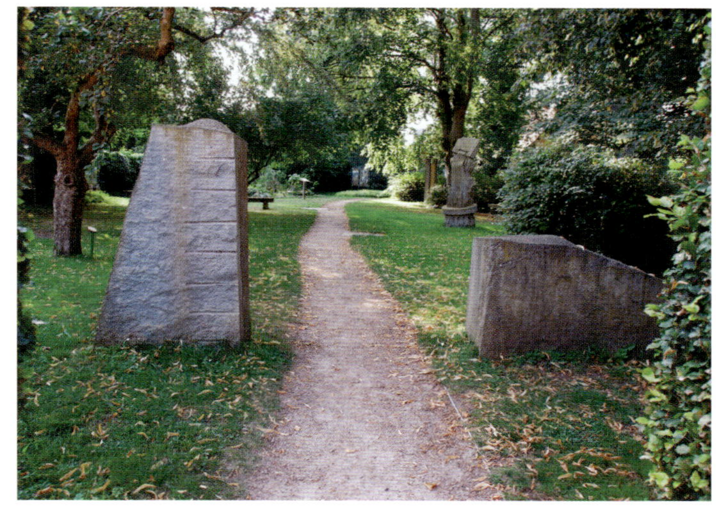

Neben den Dauerausstellungselementen finden auch Sonderausstellungen im Bibelgarten statt. Der ganzjährig geöffnete und frei zugängliche Bibelgarten bietet nicht nur viele Informationen zu der Pflanzenwelt der Heiligen Schrift und den erwähnten Tieren und Propheten, sondern gibt auch Denkanregungen und Inspirationen für die Beschäftigung mit diesem Buch. Man kann aber auch einfach einen ruhigen und meditativen Spaziergang durch die Gartenanlage unternehmen.

Ein Besuch der gut erhaltenen, mittelalterlichen Klosteranlage St.-Johannis oder der Fischersiedlung des Holms ist ebenfalls lohnend. Ebenso kann man an Veranstaltungen, Führungen und Jesusboot-Fahrten des Bibelzentrums oder an Lesungen und Konzerten im anregenden Ambiente des Klosters teilnehmen.

Bibelgarten und Skulpturenpark
Bibelzentrum Schleswig
Am St. Johanneskloster 4, 24837 Schleswig
www.bibelzentrum-schleswig.de/unser-garten

Freimaurergarten Louisenlund
Historischer Landschaftspark an der Schlei

Etwa zehn Kilometer östlich von Schleswig entfernt befindet sich direkt an der Schlei das Schloss Louisenlund, das der Mittelpunkt auf dem Bildungscampus der 1949 gegründeten Internatsstiftung Louisenlund ist. Die angrenzende Parkanlage auf dem historischen Gelände mit einem freimaurerischen Erleuchtungsweg gilt als größter Freimaurerpark Europas. Einige Reste davon sind erhalten oder auch wiederhergestellt.

Der Landgraf Carl von Hessen-Kassel, Statthalter der dänischen Krone in Gottorf, heiratete 1766 die Tochter Louise des dänischen Königs Friedrich V. Sie brachte die Gutsanlage an der Schlei, die sie als Geschenk erhalten hatte, mit in die Ehe. Der Landgraf ließ Louisenlund, wie das Schloss nach seiner Frau fortan benannt wurde, ab 1770 als Sommerresidenz für Louise ausbauen.
Der zweigeschossige Bau gilt als spätbarocke Anlage, die im Laufe der Zeit durch klassizistische und moderne Umbauten verändert wurde, die bis zum Jahre 1820 reichten. Seither wurden keine wesentlichen baulichen Änderungen und Ergänzungen mehr vorgenommen.

Schleigarten, Landschaftspark und Lindenalleen

Wer an dem südlichen Ufer der Schlei entlang radelt, passiert an der Großen Breite das Schlossgelände Louisenlund, auf dem etwa 400 Schüler aus ganz Deutschland und aus dem Ausland unterrichtet werden. Auffallend sind die eindrucksvollen Lindenalleen und

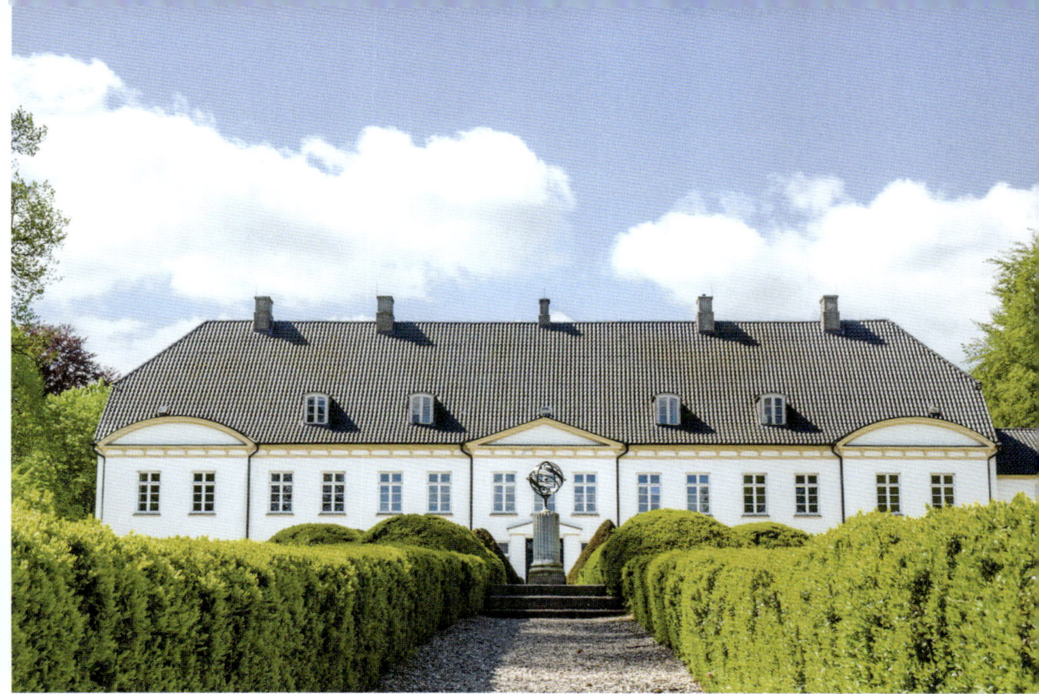

Von der Schlei, an deren Großer Breite sich das Herrenhaus Louisenlund befindet, blickt man durch geschnittene Heckenwege mit einer Sonnenuhr im Zentrum auf das früh-klassizistische Gebäude.

alten Eichen. Sehr schön gestaltet sich der Blick vom Herrenhaus in Richtung Schlei, wo ein symmetrisch angelegtes Rasenparterre den Blick des Betrachters auf sich zieht. Mit den geschnittenen Buchs- und Eibengewächsen, kleinen Hecken und Rasenflächen sowie Rosenbeeten hat die Szenerie einige Anklänge an barocke Zeiten.

Inmitten dieser Anlage steht eine besondere Sonnenuhr, eine sogenannte Armillarsphäre, die neben der Zeitangabe mit einem Modell des Kosmos verbunden ist. Neben einem kleinen Schüler-Café befinden sich nahe der Schlei Bootsanlagen. Die Bildungseinrichtung besitzt ein eigenes Forschungsschiff und andere Boote verschiedener Bootsklassen, mit denen die Schüler die Schlei befahren können. Darüber hinaus besitzt das Technische Hilfswerk (THW) auf dem Gelände einen Stützpunkt. Ansonsten werden das Herrenhaus und sämtliche historischen und neu errichteten Gebäude für schulische Zwecke und

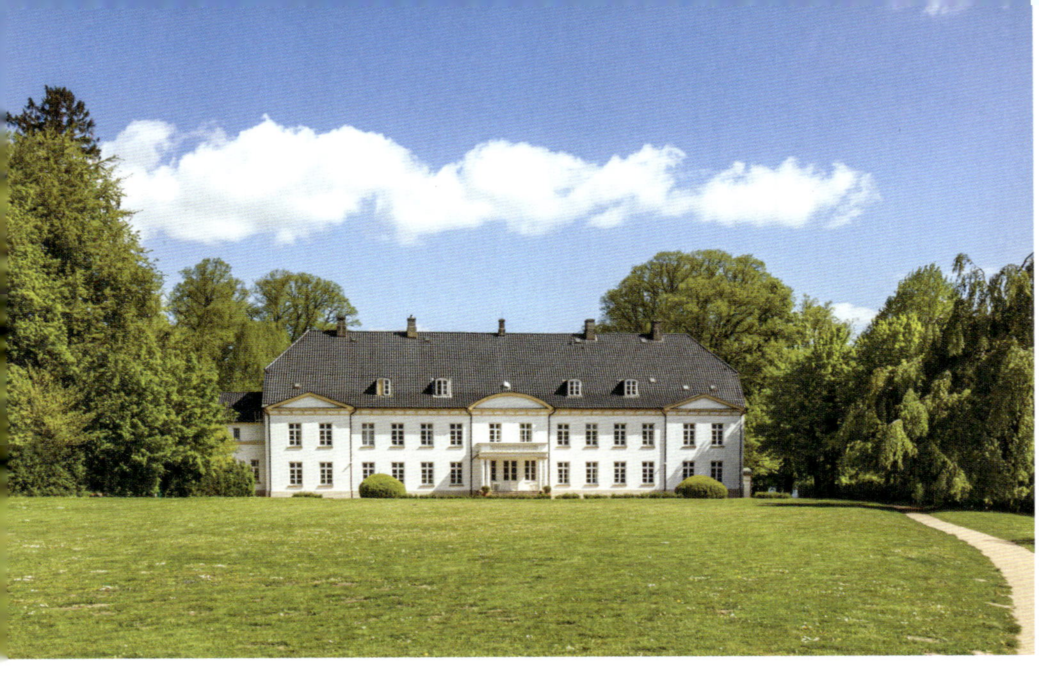

Ein Landschaftsgarten mit Bäumen und Rasenfreiflächen befindet sich im rückwärtigen Teil des Herrenhauses, das wie die übrigen Gebäude des Areals zur Bildungseinrichtung der Stiftung Louisenlund gehört.

Wohnmöglichkeiten der Schüler genutzt. So dient die ehemalige Orangerie heute als Bibliothek.
Während in den Anfängen des Schlossparks noch barocke Strukturen errichtet wurden, ließ Landgraf Carl bereits ab den 80er Jahren des 18. Jahrhunderts die meisten Teile allmählich im englischen Stil eines Landschaftsparks umwandeln. Auf der Schlei-abgewandten Seite des Schlosses wurden neben Wiesen geschwungene Wege, Pflanzungen und Baumsolitäre als sogenannter Pleasureground angelegt. Der Landschaftspark ist erhalten und bietet zusammen mit dem Herrenhaus und der Schlei hübsche Ansichten. So stehen hier beispielsweise eine alte knorrige Blutbuche, Rosskastanien, eine große Esskastanie, Tulpenbäume, säulenförmig gewachsene Eiben, Ahorne und Linden zusammen mit Neupflanzungen von Ginkgo, Linde und Trauerweide auf den rasenartigen Freiflächen.
Daneben entstanden Staffagebauten, die aus Carls Leben berichten, aber auch sein Denken und Handeln als

Vertreter der Freimaurer im Louisenlunder Park widerspiegeln. Carl war aufklärerischen Ideen aufgeschlossen und der Mystik der Freimaurer zugewandt. Er nutzte den Park in vielfältiger Weise für die geheimnisumwobene Tempelarbeit seiner Loge.

Wer waren die Freimaurer?

Die Ursprünge der Freimaurerei liegen in den Verbindungen der Kirchenbauer des 17. und 18. Jahrhunderts, die ihre Baugeheimnisse innerhalb ihrer verschworenen Gemeinschaft, zu der Handwerker, Künstler, Architekten, Verwalter und andere Berufsstände gehörten, bewahren wollten. Standesunterschiede oder sonstige Unterschiede waren in diesen Gemeinschaften unbekannt und sie bezeichneten sich gegenseitig als Brüder. Als das Gründungsjahr der modernen Freimaurerei gilt das Jahr 1717, in dem die erste Freimaurergroßloge in England entstand. Jedermann kann auch heute ungeachtet von Position, Bildung, Beruf oder Religion Mitglied der Gemeinschaft der Freimaurer werden, wenn er von den Mitgliedern aufgenommen wird. In Deutschland gibt es etwa 15.000 Ordensbrüder in über 500 Logen. Freimaurer sind weltweit anzutreffen. Sie üben jahrhundertealte Rituale aus, die dazu dienen, einen guten Menschen noch besser zu machen, wie sie es nennen. Es handelt sich um ein Netzwerk und eine alte und erfolgreiche, aber zu gewissen Zeiten auch wegen der Verschwiegenheit nach außen und Verfolgungen geheimnisumwitterte Bruderschaft. Wichtige Werte der Freimaurer sind Freiheit, Gleichheit, Brüderlichkeit, Toleranz und Humanität. Der Freimaurer arbeitet mit Hilfe von Ritualen und Symbolen in der Bruderschaft beständig an sich selbst und strebt nach Licht und Wahrheit. Viele bedeutende Persönlichkeiten der Weltgeschichte waren dem Freimaurertum zugeneigt oder Mitglied, so

Wolfgang Amadeus Mozart, Carl von Ossietzky, Johann Wolfgang von Goethe, George Washington (insgesamt waren 14 der US-Präsidenten Freimaurer), Winston Churchill, Friedrich der Große, Louis Armstrong, Mark Twain und eben der Landgraf Carl von Hessen.

Freimaurerische Aspekte in Louisenlund

Verschiedene Kleinarchitekturen und Bauten mit freimaurerischem Symbolgehalt und mythologischer Bedeutung entstanden zu Zeiten des Landgrafen in Louisenlund.
So stößt man nahe dem Waldparkplatz bei der Anreise auf das in der Nähe gelegene Nordische Haus (heute Waldkapelle), das als Spielort für die gräflichen Kinder diente. Das Holzgebäude erinnert an die Zeit Carls in Norwegen. Ein angelegter See mit Überlauf und Wasserfall bereicherte die Szenerie und nahebei befand sich eine Grotte für freimaurerische Rituale. Es war eine Eremitage für den Rückzug des Menschen in die Natur.
Nahe der langen Lindenallee zum Schlossgelände in Richtung Herrenhaus befindet sich auf einer Anhöhe der Felsenberg, der auch als Steingarten bezeichnet wird. Die Erhebung wurde aus groben Findlingen aufgeschichtet. Der steile Aufstieg symbolisiert den Aufstieg zum Licht der Tugend, der (Selbst-)Erkenntnis und zu Gott und steht damit auch für das Streben nach geistiger Entwicklung.
Auf der anderen Seite des Sportplatzes sieht man vom Zufahrtsweg in der Ferne etwas erhöht die Mariensäule. Dieser dreiteilige Obelisk erinnert an die Eheschließung von Marie Sophie Frederike, der Lieblingstochter Carls von Hessen, mit dem dänischen Kronprinzen Frederik. Die Inschrift zeigt das Datum der Hochzeit im Jahre 1790. Der Altar symbolisiert die Pflicht zu lebenslanger Treue in der Ehe, aber auch unter den Freimaurer-Brüdern. Die Initialien F und M stehen für Frederik und

Marie, aber wohl auch für Free Mason (Freimaurer).
Im Wald stehen noch die Louisensäule mit ihren aufstrebenden Formen, die Irdisches mit dem Göttlichen verbindet sowie die Reste des ehemaligen Freimaurerturms. Diese wurden vor einiger Zeit freigelegt und der Wiederaufbau ist vielleicht einmal vorgesehen. Der ehemals dreigeschossige Turm mit Laborkeller für alchemistische Experimente und einem Logenraum besaß eine Zinnenplattform, die den Blick über die Schlei eröffnete. Für Carl von Hessen war das 1770 erbaute Gebäude auch ein Symbol für den Aufstieg zum Licht. Das Phönixtor vom Eingang des Freimaurerturms mit altägyptischen Motiven ist erhalten und findet sich heute in einer Mauer des Marstalls verbaut. Zu den freimaurerischen Aspekten der Parkanlage werden im Sommerhalbjahr Führungen von der Stiftung Louisenlund angeboten.
1848 gelangte Louisenlund durch Erbschaft an die Herzöge von Schleswig-Holstein-Sonderburg-Glücksburg, in deren Besitz sich Herrenhaus und umliegende Flächen noch heute befinden. Mit der 1949 von Herzog Friedrich zu Schleswig-Holstein gegründeten Stiftung Louisenlund und der Einrichtung einer Bildungsanstalt befindet sich heute noch immer eines der bekanntesten Internate Deutschlands an der Großen Breite der Schlei.
Eine schöne Ergänzung eines Parkbesuches in Louisenlund kann eine Wanderung oder Radtour an der Schlei sein, die einen bis nach Schleswig zu einem Besuch des bekannten Wikingermuseums Haithabu oder zum Schloss Gottorf führen kann.

Stiftung Louisenlund
Louisenlund 9, 24357 Güby
www.louisenlund.de

Der Alte und der Neue Botanische Garten Kiel

Über 350 Jahre Botanische Gärten

Seit über 350 Jahren gibt es den Botanischen Garten in Kiel. Das 350-jährige Jubiläum wurde im Jahr 2019 mit zahlreichen Vorträgen, Aktionen und Sonderveranstaltungen gebührend gefeiert. Der Garten wurde im Laufe der Jahrhunderte an fünf verschiedenen Standorten im Stadtgebiet eingerichtet. Die beiden letzten Standorte, der vierte und fünfte, existieren noch und sind als Alter Botanischer Garten und Neuer Botanischer Garten bekannt und gleichermaßen besuchenswert. Während der Alte Botanische Garten eine öffentliche Parkanlage ist, werden den Besuchern des Neuen Botanischen Gartens Kiel auf einer Fläche von acht Hektar nicht nur die Besonderheit und Schönheit der Höheren Pflanzen, sondern auch ihre eindrucksvolle Vielfalt nahe gebracht. 14.000 Pflanzenarten werden im Freiland und in den Gewächshäusern gehalten.

Der bereits vier Jahre nach Gründung der Christian-Albrechts-Universität zu Kiel (1665) im Jahre 1669 eingerichtete Hortus medicus (der erste botanische Garten der Stadt) ist einer der ältesten botanischen Gärten Deutschlands und befand sich in einem Teil des damaligen Schlossgartens. Nach einer Verlegung in den Bereich des Kieler Klosters wurde der dritte botanische Garten ab etwa 1802 beim Akademischen Krankenhaus angesiedelt. Ab 1883 war dann die abermalige Verlegung an den noch heute zu besichtigenden vierten

Nahe der Kieler Förde befindet sich der vierte Standort in der über 350-jährigen Geschichte des Botanischen Gartens in Kiel, heute bekannt als der Alte Botanische Garten, in dem manch exotische Pflanzen und alte Bäume zu bestaunen sind.

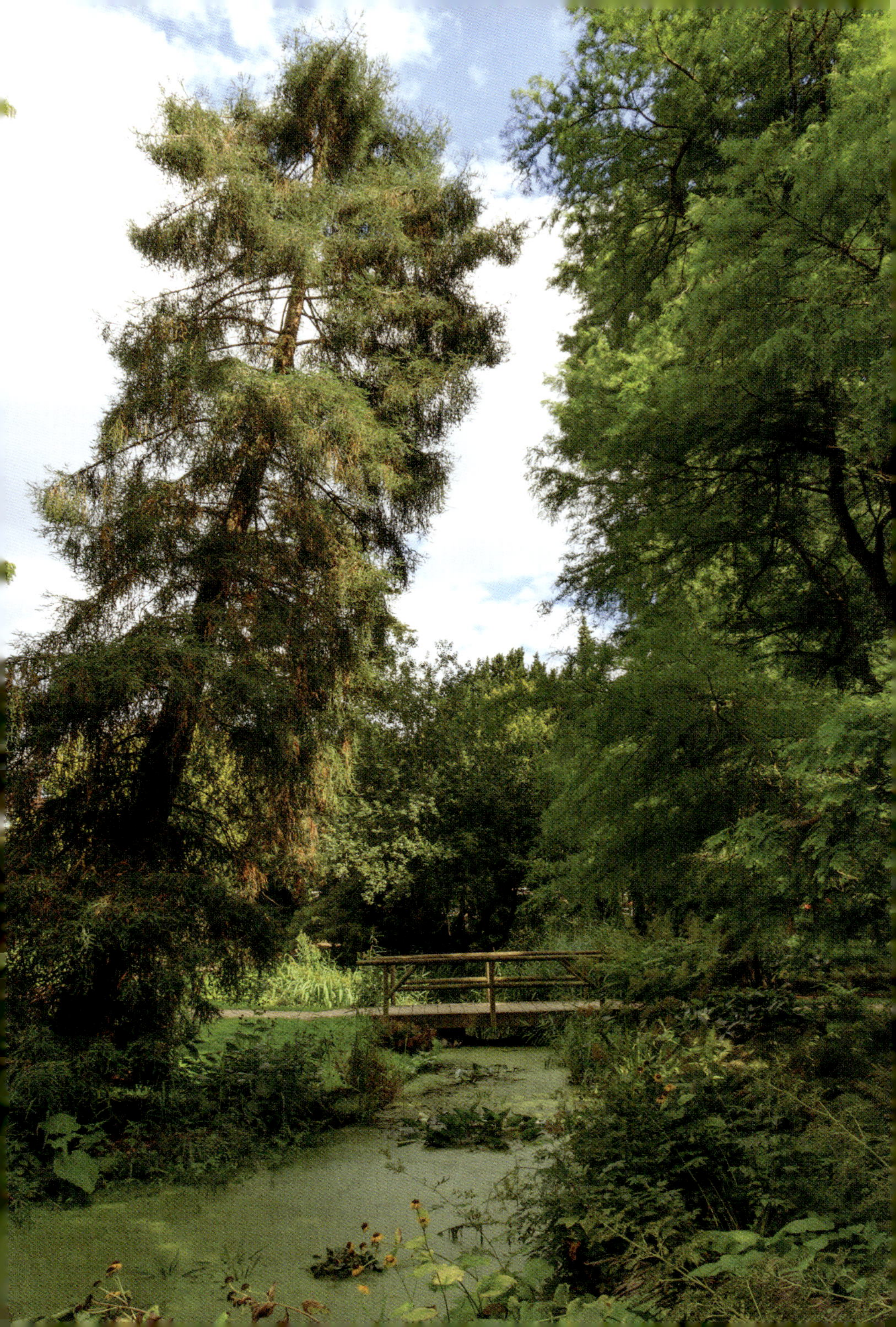

Standort nahe der Kieler Förde vollendet. Mit der Verlagerung zahlreicher Universitätsinstitute in weiter außerhalb des Stadtzentrums gelegene Areale wurde mit dem Biologiezentrum auch der Botanische Garten in den 70er und 80er Jahren des letzten Jahrhunderts nochmal neu an seinem heutigen Standort eingerichtet. Die Eröffnung erfolgte am 6. Juni 1985, was noch immer im Juni alljährlicher Anlass zu einem feierlichen Tag der offenen Tür im Botanischen Garten ist.

Der Alte Botanische Garten Kiel

Der Alte Botanische Garten Kiel ist ein Natur- und Kulturdenkmal, das nahe der Kieler Förde gelegen ist. Er wurde 1825 als englischer Landschaftsgarten angelegt und wurde 1878 bis 1884 als Gelände des vierten botanischen Gartens entwickelt. Von da an bis 1985 war er der botanische Garten der Universität und ist seither öffentliche Parkanlage. Das ist nicht selbstverständlich, und es ist den Bemühungen des auch heute noch aktiven „Verein zur Erhaltung und Förderung des Alten Botanischen Gartens Kiel“ zu verdanken. Sonst hätte den vierten Standort vermutlich das Schicksal seiner drei Vorgänger ereilt und er wäre zügig überbaut und anderweitig genutzt worden.
So können wir heute in dem zweieinhalb Hektar großen Parkareal einen historischen, wertvollen und höchst artenreichen Gehölzbestand genießen. Da finden wir beispielsweise Küsten- und Urweltmammutbaum, Amur-Korkbaum, Sumpfzypressen und andere. Insgesamt wachsen 280 Gehölzarten auf dem Gelände. Im Frühling breiten sich üppige Bestände von blühenden Zwiebelpflanzen an den Hängen aus. Ein Besuch der Gartenanlage lohnt das ganze Jahr über. Neben dem Gebäude des Literaturhauses, das sich in vielfältiger Weise der Literatur und dessen Förderung im Lande widmet,

Das ehemalige Pumpenhäuschen im Alten Botanischen Garten, das heute als Gerätehaus genutzt wird, ist im Fachwerkstil gehalten, ebenso wie das ebenfalls auf dem Gelände befindliche Literaturhaus Schleswig-Holstein, in dem regelmäßig Veranstaltungen mit Autorinnen und Autoren stattfinden.

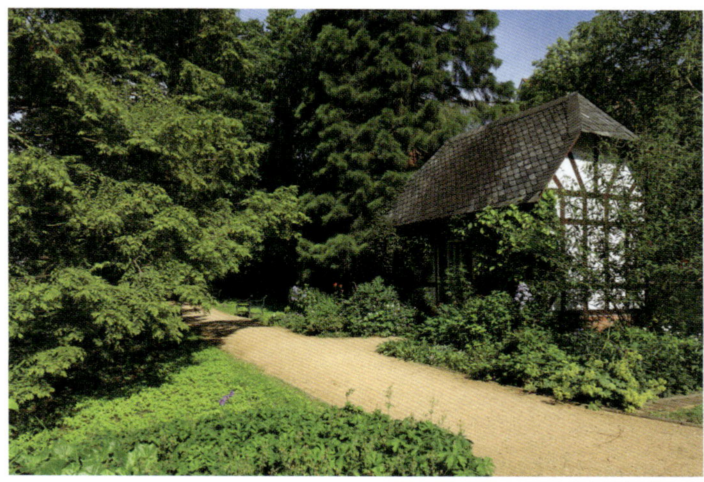

befindet sich auch das Topfhaus auf dem Gelände. Der denkmalgeschützte Klinkerbau von 1884/85 ist ein bedeutendes kulturhistorisches Dokument, das durch die Arbeit der Topfhaus-Stiftung seit 2016 restauriert wird und wieder in Nutzung genommen werden konnte. Sehr schön ist der Ausblick über den Garten und zur Kieler Förde vom am höchsten Punkt des Gartens 1891 errichteten Pavillon, der oben mit einer Kuppel und einer schmiedeeisernen Krone versehen ist.

Neuer Botanischer Garten

Der ganzjährig täglich geöffnete Garten bietet botanisch, natur- und gartenkundlich Interessierten nicht nur zahlreiche Informationen und Anregungen, sondern lädt auch zum kontemplativen und erholsamen Genießen inmitten der mannigfaltigen Pflanzenwelt ein. Vom kleinen Mauerblümchen und der winzigen Zwergwasserlinse bis zum Mammutbaum, zur Riesenseerose und zur regelmäßig im Botanischen Garten blühenden größten Blume im Pflanzenreich, der

Titanenwurz, ist alles vertreten. Der Neue Botanische Garten befindet sich auf dem Gelände der Universität am Ende der Leibnizstraße.
„Forschung und Lehre, Arterhaltung, Bildungs- und Öffentlichkeitsarbeit sind die Hauptaufgaben des Botanischen Gartens“, so Dr. Martin Nickol, der Gartenkustos des Neuen Gartens, der weiter betont, dass die Aufgaben sich im Laufe der Jahre auch wandeln würden. So spielte vor 30 Jahren der Arterhalt der Pflanzen noch eine viel geringere Rolle als in der Biodiversitätskrise unserer Tage. Außerdem sei bei vielen Besucherinnen und Besuchern zu bemerken, dass einerseits die Artenkenntnis geringer sei als früher, aber andererseits ein Bedürfnis bestehe, sich mit den Pflanzen im Garten zu beschäftigen und auch botanische Zusammenhänge zu erfahren. „Dem tragen wir durch eine ausführlichere Beschilderung, Info-Broschüren und durch unsere verstärkte Öffentlichkeitsarbeit Rechnung, zu der auch zahlreiche Angebote mit Führungen, Vorträgen und Aktionstagen gehören“, sagt der Gartenkustos.

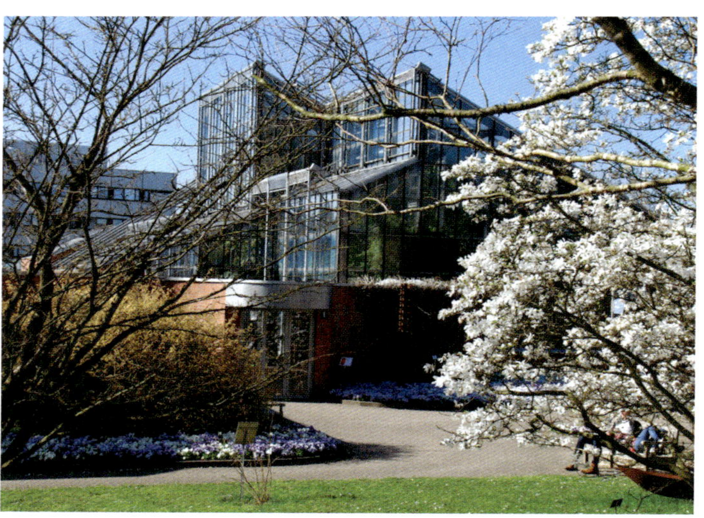

In der Schaugewächshausanlage des Botanischen Gartens wird das ganze Jahr über die Pflanzenwelt der warmen Regionen der Erde präsentiert.

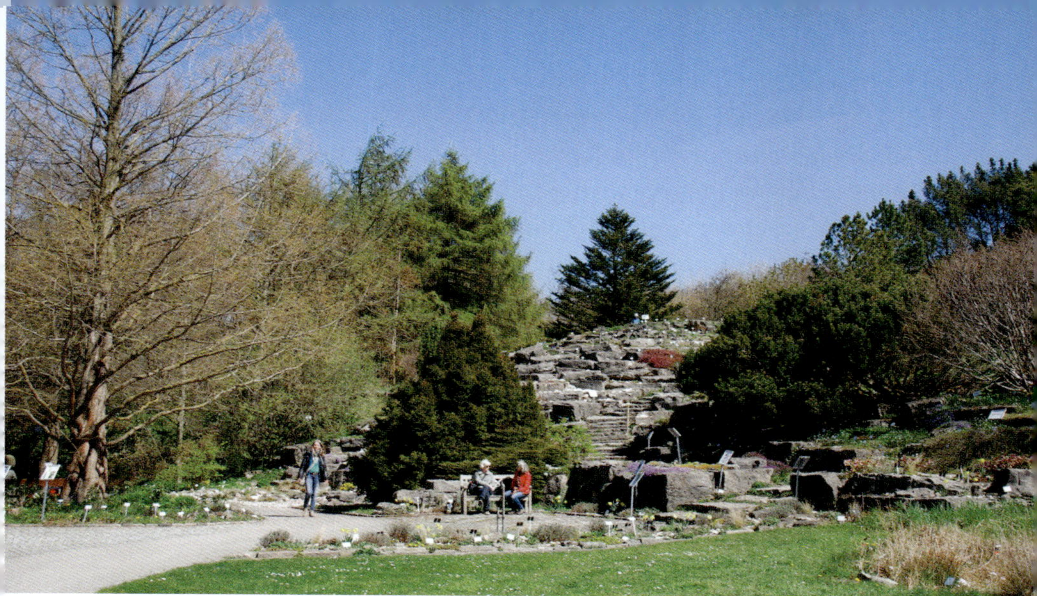

Auf engstem Raum kann man im Alpinum die Hochgebirge der Welt durchwandern und wesentliche Elemente ihrer Flora kennenlernen.

Die ganze Welt in einem Garten

Um die Pflanzen der Erde kennenzulernen, bräuchte man die Welt nicht zu bereisen. Der Botanische Garten bietet auf engstem Raum, durch zehn Kilometer Wege erschlossen, die typischen, besonderen und schönen Pflanzen aus ganz verschiedenen Ecken der Erde. So gibt es im Freiland Areale der Flora Amerikas, Europas und Asiens. Im Alpinum werden die Hochgebirgspflanzen aus den Alpen, den Pyrenäen, den Hochlagen Amerikas, aus den Bergen Südafrikas und Neuseelands, dem Himalaya und dem Kaukasus präsentiert.

Auch die heimische Flora ist in Mini-Lebensräumen wie der Nord- und Ostsee mit Strand, Dünen und Salzwiesen zu erleben, aber ebenso sind Heide, Moor und Erlenbruch vertreten. Sonnentau, Krähenbeere, Glockenheide, Sumpfporst und Moorlilie sind nur einige der typischen Pflanzen, die hier beispielsweise im Moor zu finden sind.

Das Herzstück eines jeden botanischen Gartens, das System der Pflanzen, ist im Kieler Garten zentral mit vielen Beispielen vertreten. Hier kann der Besucher auch die Verwandtschaften der eigenen Zimmer- und Gartenpflanzen erfahren.
Ein Spielareal für Kinder, Teichanlagen, arrangierte Blumenbeete, ein Arzneigarten mit wichtigen Heil- und Giftpflanzen nach Wirkungsfeldern geordnet und eine ökologische Abteilung zu Blütenbestäubungs- und Ausbreitungsmechanismen der Pflanzen runden das Freilandangebot ab.

Ausflüge in die Pflanzenwelt der Tropen, der Nebelwälder, des Mittelmeergebiets, der Subtropen und der Wüsten Afrikas und Amerikas sind beim Gang durch die Schaugewächshäuser möglich.

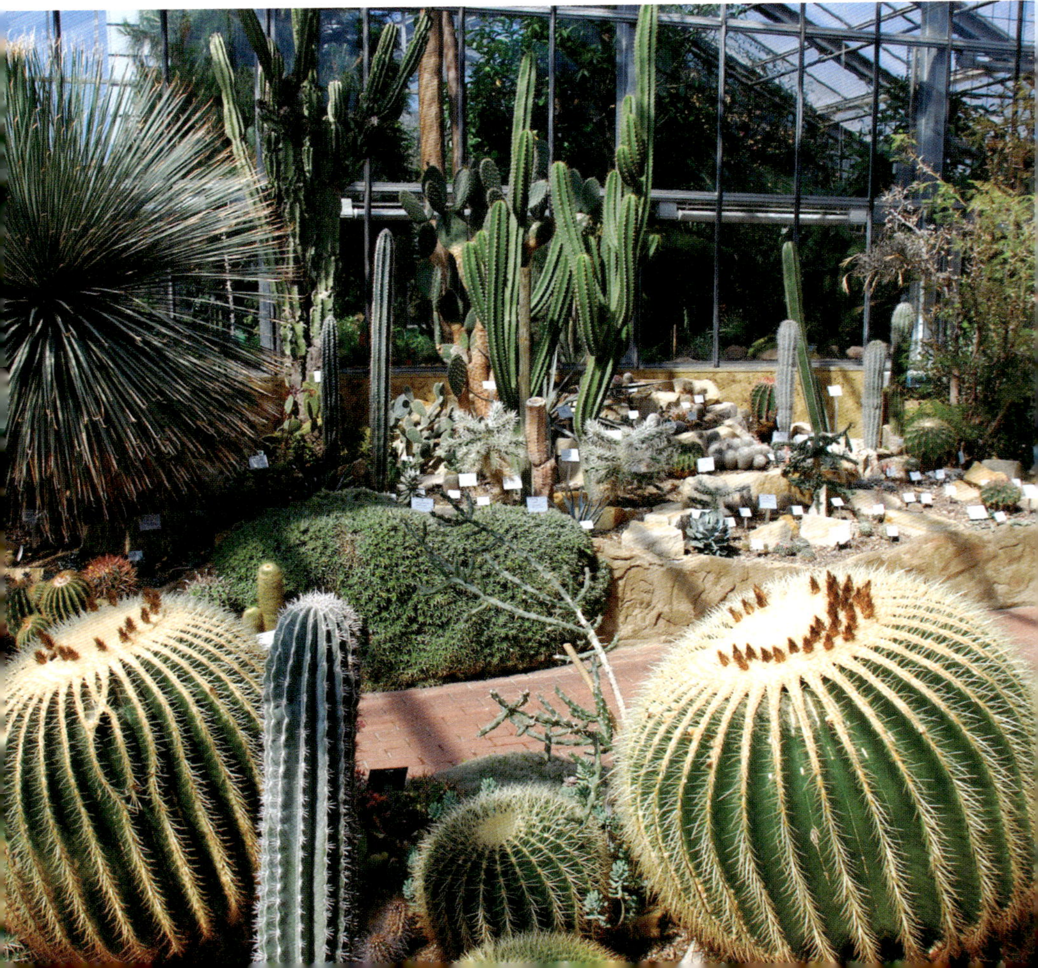

Tropische und aride Welt unter Glas

In den sieben Schaugewächshäusern wird die Flora der warmen Regionen der Erde präsentiert: das Tropen-, Nebelwald- und Mediterranhaus oder das Subtropenhaus, in denen Besuchern zum Beispiel wichtige Nutzpflanzen wie Tee, Sesam, Erdnuss, Zitrone und Kaffee in natura gezeigt werden. In den Aridhäusern zu Amerika und Afrika lernen wir die vielfältigen Anpassungen der Pflanzen an Trockenheit kennen, wie sie bei Agaven, Bromelien, Akazien, Lebenden Steinen und Kakteen zu beobachten sind. Im Victoriahaus sind die tropischen Wasserpflanzen zu finden, wo neben Riesenseerosen (Victoria) und Lotospflanzen auch Mangroven und Kulturpflanzen wie Reis, Zuckerrohr, Papaya und Papyrus zu bestaunen sind.
Der Freundeskreis Neuer Botanischer Garten der CAU unterstützt die Aktivitäten und Aktionen, die im Neuen Garten stattfinden, sodass es immer wieder besondere Attraktionen wie Skulpturensommer, Tropennacht, Führungen, Botanische Vorträge, Schmetterlingsausstellungen und Orchideen-, Lenzrosen- und Pilztage sowie weitere Veranstaltungen im umfänglichen Programm des Botanischen Gartens gibt.

Botanischer Garten der Christian-Albrechts-Universität zu Kiel (CAU)
Am Botanischen Garten 1-9
24118 Kiel
www.botanischer-garten.uni-kiel.de

Alter Botanischer Garten Kiel
Düsternbrooker Weg 17-27 (Ecke Schwanenweg)
24105 Kiel
www.alter-botanischer-garten-kiel.de

Freilichtmuseum Molfsee
Ländliche Hausgärten in Schleswig-Holstein

Das Freilichtmuseum Molfsee in der Nähe von Kiel ist vor allem für seine historischen Gebäude aus allen Landesteilen Schleswig-Holsteins bekannt. Auf dem 40 ha großen Areal wird nicht nur die frühere Wohnkultur gezeigt, sondern mit den dazwischen liegenden Gehölzgruppen, Weihern und Feldern mit grasenden Haustieren wird der lebendige Gesamteindruck einer historischen Kulturlandschaft vermittelt. Hierzu tragen in besonderem Maße auch die liebevoll gepflegten ländlichen Hausgärten und weitere Gartenanlagen auf dem Gelände bei.

Die Landbevölkerung in Schleswig-Holstein ernährte sich bis ins 19. Jahrhundert fast ausschließlich von selbst erzeugten Lebensmitteln, vor allem Getreide, Fleisch, Milch und Eiern. Gemüse, Kräuter und Obst lieferte der häusliche Nutzgarten, der noch bis ins 20. Jahrhundert oft als Kohlhof bezeichnet wurde, weil der Kohl sowohl beim Anbau als auch bei der Ernährung eine zentrale Rolle spielte. Mit einer kleinen Gartenbank und hübschen Zierblütenpflanzen dürften die Gärten auch für die Erholung und Entspannung der Hausbesitzer von einiger Bedeutung gewesen sein.

Nahe der 1778 erbauten Wassermühle aus Rurup befinden sich das Gartenhaus des Müllers und ein anliegender Rosengarten.

Ländliche Gärten früherer Zeiten

Da ist zum Beispiel der Altenteilergarten am Haus aus Negenharrie, in dem neben vielen unterschiedlichen

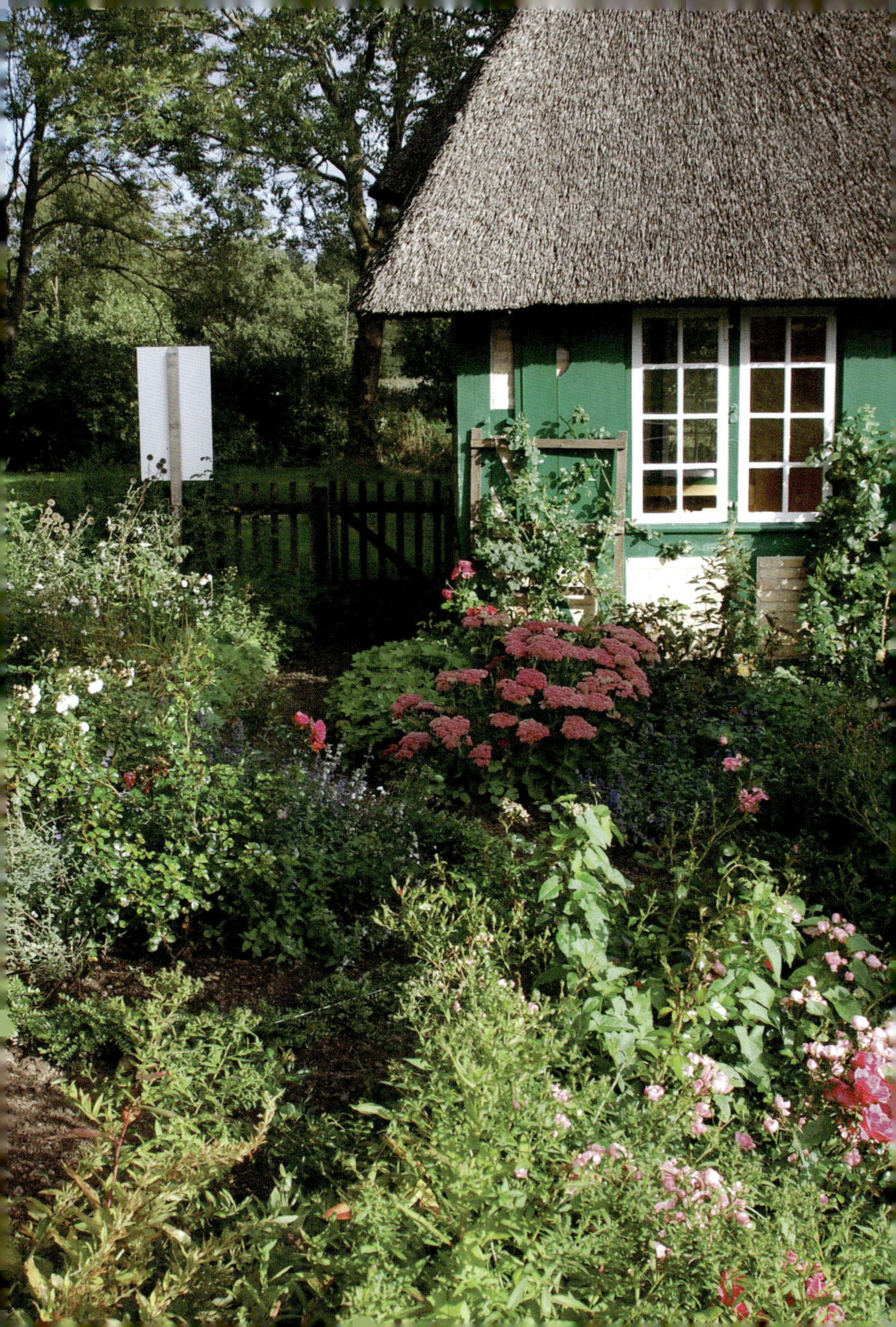

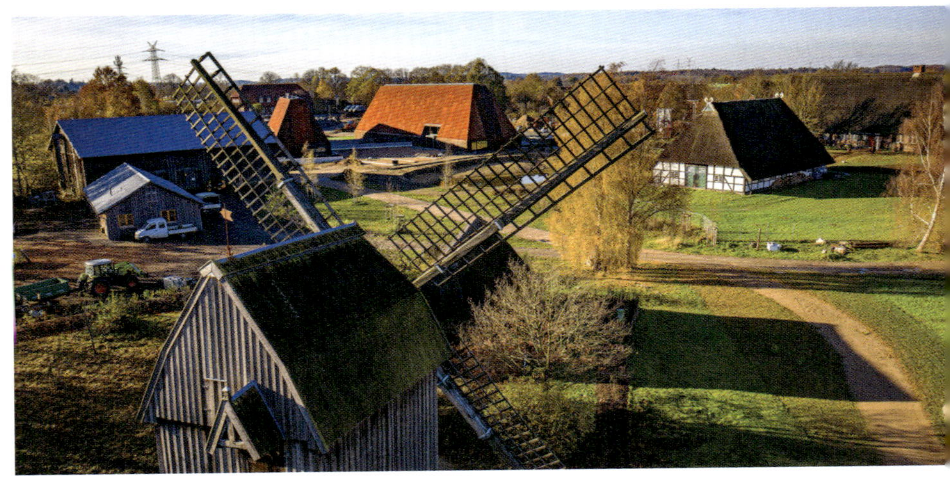

Zahlreiche historische Gebäude aus allen Landesteilen Schleswig-Holsteins geben Einblicke in das Landleben früherer Zeiten und machen das Freilichtmuseum in Molfsee zu einem zentralen Erlebnis- und Erinnerungsort der Kultur- und Alltagsgeschichte des Landes.

Gemüsepflanzen auch Beete mit ein- und zweijährigen Sommerblumen, aber auch Staudenblumen wie Dahlien zu finden sind. An der Hauswand wächst eine prächtige Kletterrose, deren Duft bei der Blüte ins Hausinnere strömt.

Nicht weit entfernt davon, in der Abteilung der Gebäude aus der Region Bordesholm, befindet sich am Haus aus Großharrie das Beispiel eines formalen Gartens, der sich am historischen Gartenideal vom Ende des 19. Jahrhunderts orientiert. Barocken Vorbildern entsprechend laufen die Wege axial von einem zentralen Rondell nach außen. Wege und Beete sind mit geschnittenen Buchsbaumpflänzchen flankiert und Rittersporn, Rosen, Gartenstrohblume, Fingerhut, Goldlack, Lupinen und andere Gartenblumen wachsen neben Salbei, Lavendel, Dill und Borretsch. Angrenzend, aber etwas abseits, liegt hier der Gemüsegarten.

Nahe der Bockwindmühle von 1766 aus Algermissen befindet sich das um 1650 erbaute Haus Storm aus Elsdorf-Westermühlen, an dessen Küchenseite sich der älteste Garten des Geländes vom Anfang des

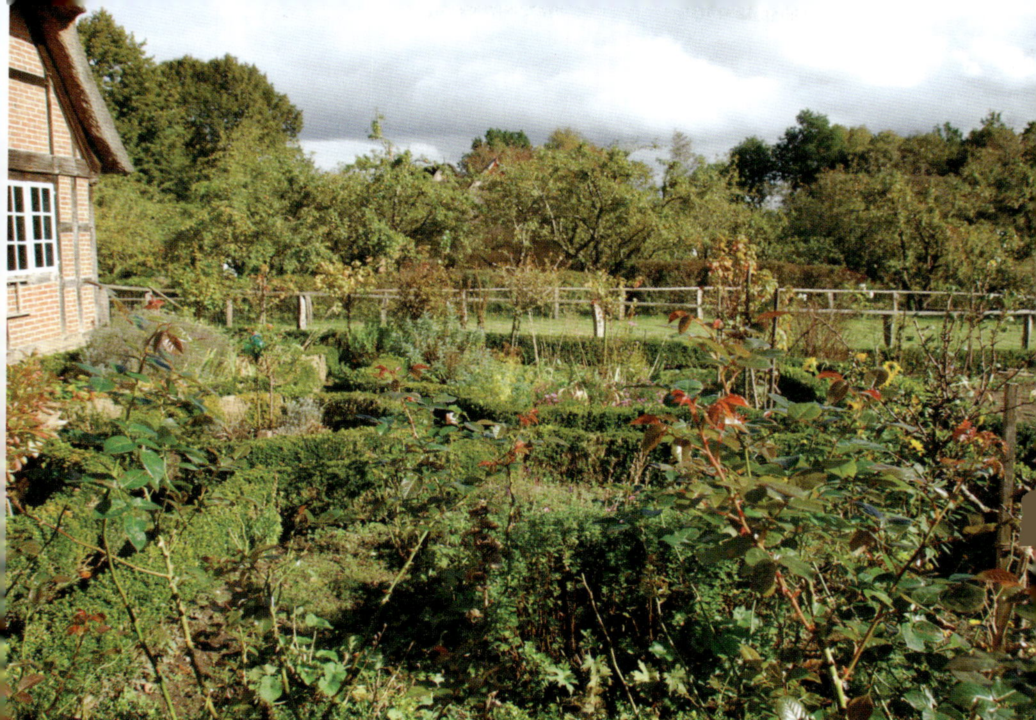

Neben den originalgetreuen Häusern und Nebengebäuden vermitteln auch einige angelegte ländliche Gärten, wie der mit Buchsbaumhecken gesäumte formale Garten aus Großharrie, Eindrücke des früheren Landlebens.

19. Jahrhunderts befindet. Kohl war eine wichtige Nahrungspflanze ebenso wie Topinambur, der erst später durch den Kartoffelanbau verdrängt wurde. Die Garteneinfassung ist durch einen Zaun aus Naturmaterialien wie Weide oder Haselnuss vorgenommen.

Am Hauptweg passiert man den Appelhof an der Kate Göttsch aus Krummbek. Solche Obstgärten entstanden im 19. Jahrhundert als eingezäunte, oft hausnahe Parzellen vielerorts in Schleswig-Holstein, und die

Apfel-, Pflaumen-, Birnen- und Kirschbäume sowie andere Gehölze lieferten eine willkommene Bereicherung des Speiseplans. Bei kleineren Gärten standen oft einige Obstbäume am Rande des Gartens. Die Grünflächen zwischen den Bäumen konnte man mit Gänsen, Schafen und Jungvieh beweiden.

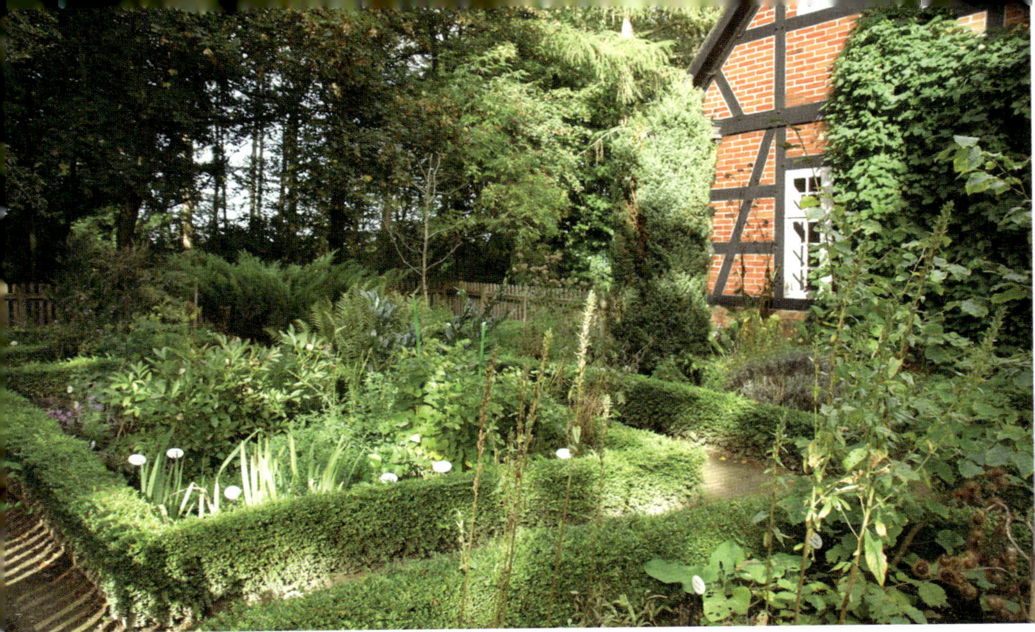

Am Nachbau einer Apotheke aus der Mitte des 19. Jahrhunderts aus Cismar befindet sich ein Apothekergarten mit verschiedenen Arznei- und Heilpflanzen.

Nicht weit entfernt, am Haus aus Schipphorsterfeld in der Probstei, liegen ein Gemüsegarten und ein weiterer formaler Garten, bei dem die Buchsbaum-gesäumten Wege nicht mehr axialsymmetrisch angelegt sind, sondern sternförmig vom Haus abgehen. Die Bepflanzung erfolgte hier mit Tulpen, Taglilien, Funkien, Primeln, Iris und Farnen.

Hinter dem Areal der Probstei liegt am Hauptweg ein Landarbeitergarten am Haus aus Dahmsdorf (Kreis Stormarn). Der zum Haus gehörige Zier- und Gemüsegarten wurde in den 1950er Jahren am originalen Standort von einem Landarbeiter und seiner Familie bewirtschaftet.

An dem stattlichen Hof Schmielau aus Süderdithmarschen können wir einen hübschen Vorgarten mit Buchsbaumeinfassungen und niedrigen Obstgehölzen bewundern, der wohl bereits in der ersten Hälfte des 19. Jahrhunderts den Garten dieser wohlhabenden Familie in Dithmarschen prägte.

Vorgärten, die vor 1850 noch ziemlich unüblich waren,

ermöglichten es den Hausbesitzern, Besucher mit attraktiven Gestaltungen und Bepflanzungen zu beeindrucken.

Apothekergarten und Rosengarten

An der Abteilung mit den Gebäuden aus Nordfriesland biegen wir die Anhöhe hinauf in den Bereich der Gebäude aus Angeln, wo auch die nachgebaute Museumsapotheke im Zustand von 1840 aus Cismar im Kreis Ostholstein steht. Im Inneren kann man eine pharmaziehistorische Ausstellung besichtigen und angrenzend an das Gebäude befindet sich der Apothekergarten. Die einzelnen Gartenquartiere, die hier ebenfalls von Buchsbaum eingefasst sind, beherbergen die Heilpflanzen nach ihren Anwendungsgebieten wie Herz/Kreislauf, Haut, Nerven, Atmungsorgane, Blase/Niere und andere. Wegen der den Buchsbaum befallenden Krankheiten mussten hier wie auch in manchen anderen Bereichen des Freilichtmuseums alternative niedrige

Im Verkaufsraum und Labor der ländlichen Apotheke um 1840 wurden nicht nur die Kunden bedient, sondern auch die speziellen Heilpflanzen und Arzneidrogen verarbeitet und hergestellt.

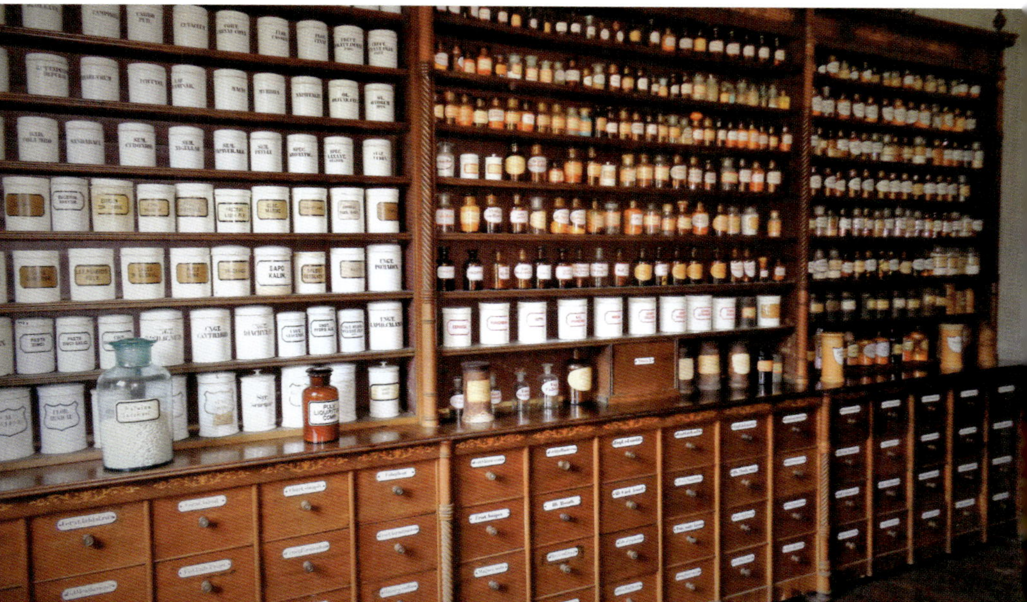

Heckenbepflanzungen, wie beispielsweise mit der Japanischen Stechpalme (*Ilex crenata*), auch Heckenmyrte genannt, vorgenommen werden. Im Rondell steht eine Sonnenuhr von 1840 und in den Beeten finden wir Herbstzeitlose, Königskerze, Salbei, Ringelblume, Spitzwegerich, Wegmalve und diverse weitere Arznei- und Heilpflanzen.
In der angrenzenden Meierei aus Voldewraa im nördlichen Angeln kann man sich über die Verarbeitung der Milch in früheren Zeiten informieren, den Vorgarten der Meierei bewundern oder zu einer kleinen Pause im hinteren Garten bei Kaffee und Kuchen oder einem Gläschen Milch oder Joghurt einkehren. Auch der Wild- und Honigbienengarten mit seinem reichen Blütenangebot nahe der Meierei bietet sich bei schönem Wetter für die Beobachtung von Bienen und anderen Blütenbesuchern an.
Ein letzter Garten liegt noch auf dem Rückweg, wenn man an den Gebäuden aus Dithmarschen abbiegt und zur Wassermühle aus Rurup (Kreis Schleswig-Flensburg) gelangt. Dort befindet sich das 1967 wiederaufgebaute Gartenhäuschen des Müllers, das an einem kleinen Rosengarten mit alten Rosensorten und anderen Blütenpflanzen liegt. Neben Strauchrosen, Polyantharosen und Kletterrosen wächst am Zaun die nach Myrrhe duftende *Rosa arvensis splendens*.

Ehrenantliche Hilfe und Gartenmärkte

Die Pflege der Gartenbereiche auf dem Gelände des Freilichtmuseums wird von Ehrenamtlichen durchgeführt, die sich unter anderem um die Bodenbearbeitung, Aussaat, Pflanzung und Unkrautbekämpfung kümmern, wie beispielsweise Renate Voß, die je nach Jahreszeit oft mehrere Stunden auf den Gelände arbeitet – und das fast täglich und seit 20 Jahren.
Das Gesamtareal bietet nicht nur einen schönen

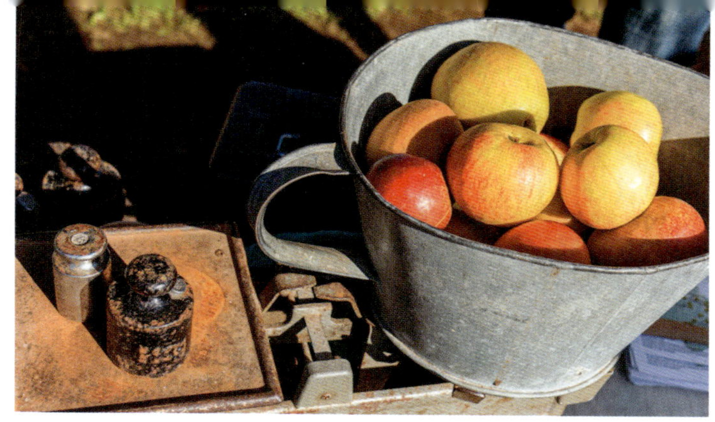

Bei den Märkten und Veranstaltungen im Freilichtmuseum Molfsee werden alte Handwerks- und Verarbeitungstechniken gezeigt, aber auch der Verkauf und das Auswiegen werden wie in alten Zeiten mit passenden Gewichten durchgeführt.

Einblick in die Gartenkultur, den Aufbau und die Nutzung der ländlichen Gärten in Schleswig-Holstein, sondern die etwa 60 Gebäude, die zum Teil auch originale Inneneinrichtungen und frühere landwirtschaftliche Gerätschaften zeigen, vermitteln eindrucksvoll die Alltags- und Kulturgeschichte des ländlichen Schleswig-Holsteins. Hinzu kommen die auf dem Gelände weidenden Nutz- und Haustiere, Präsentationen alter handwerklicher Tätigkeiten und ein buntes Programm unterschiedlicher Führungen und Veranstaltungen, von denen bei Gartenfreunden der Gärtnermarkt im Frühjahr und der mehrtägige Herbstmarkt besonders beliebt sind. Hier kann man sich informieren und beraten lassen und nicht nur Pflanzen, Samen und landwirtschaftliche und handwerkliche Produkte, sondern auch jede Menge unterschiedliche Dekoartikel für Haus und Garten erwerben. Aufgrund der Beliebtheit dieser Veranstaltungen herrschen bei schönem Wetter allerdings auch erheblicher Trubel und Gedränge auf dem Ausstellungsgelände.

Ländliche Hausgärten in Schleswig-Holstein
Freilichtmuseum Molfsee
Hamburger Landstraße 97, 24113 Molfsee
www.freilichtmuseum-sh.de/de/der-naturraum

Kieler Forstbaumschule, Diederichsenpark und weitere Gehölze
Grünanlagen mit Fördeblick

Die Forstbaumschule ist nicht nur eine der beliebtesten Grünanlagen der Kieler für Erholung und Entspannung, sondern mit ihrer Garten-Gastronomie eines der viel besuchten städtischen Ausflugsziele in der Landeshauptstadt. Der Park beeindruckt durch seine Historie, alte Baumgestalten und die Nähe zur Ostsee. Zum Ensemble gehören auch der nahe Diederichsenpark, das Düsternbrooker Gehölz und die Krusenkoppel, die allesamt durch einige steile Hänge und die attraktive Fördenähe ausgezeichnet sind.

Das 1980 ausgewiesene Landschaftsschutzgebiet „Kieler Fördeumgebung“ ist das älteste Schutzgebiet dieser Art in Kiel. 63 ha groß ist das Areal und umfasst im Wesentlichen das im Vorspann genannte Ensemble. Viele Hügel, Rasen- und Waldflächen und mitunter steil zum Fördeufer abfallende Hänge prägen das durch die Kräfte der letzten Eiszeit gebildete Gebiet, das an den Steilufern besonders durch die Aktivitäten der Ostsee beeinflusst wurde.

Rastplätze unter alten Bäumen sind in der Kieler Forstbaumschule an vielen Stellen im Park zu finden.

Forstbaumschule

Die 1788 von Johann Christian August Niemann angelegte Baumschule für Forstpflanzen diente der Ausbildung von Förstern. Die Lehranstalt beherbergte um die 600 verschiedene Gehölzpflanzenarten, darunter auch diverse fremdländische Arten. Sie wurden hier

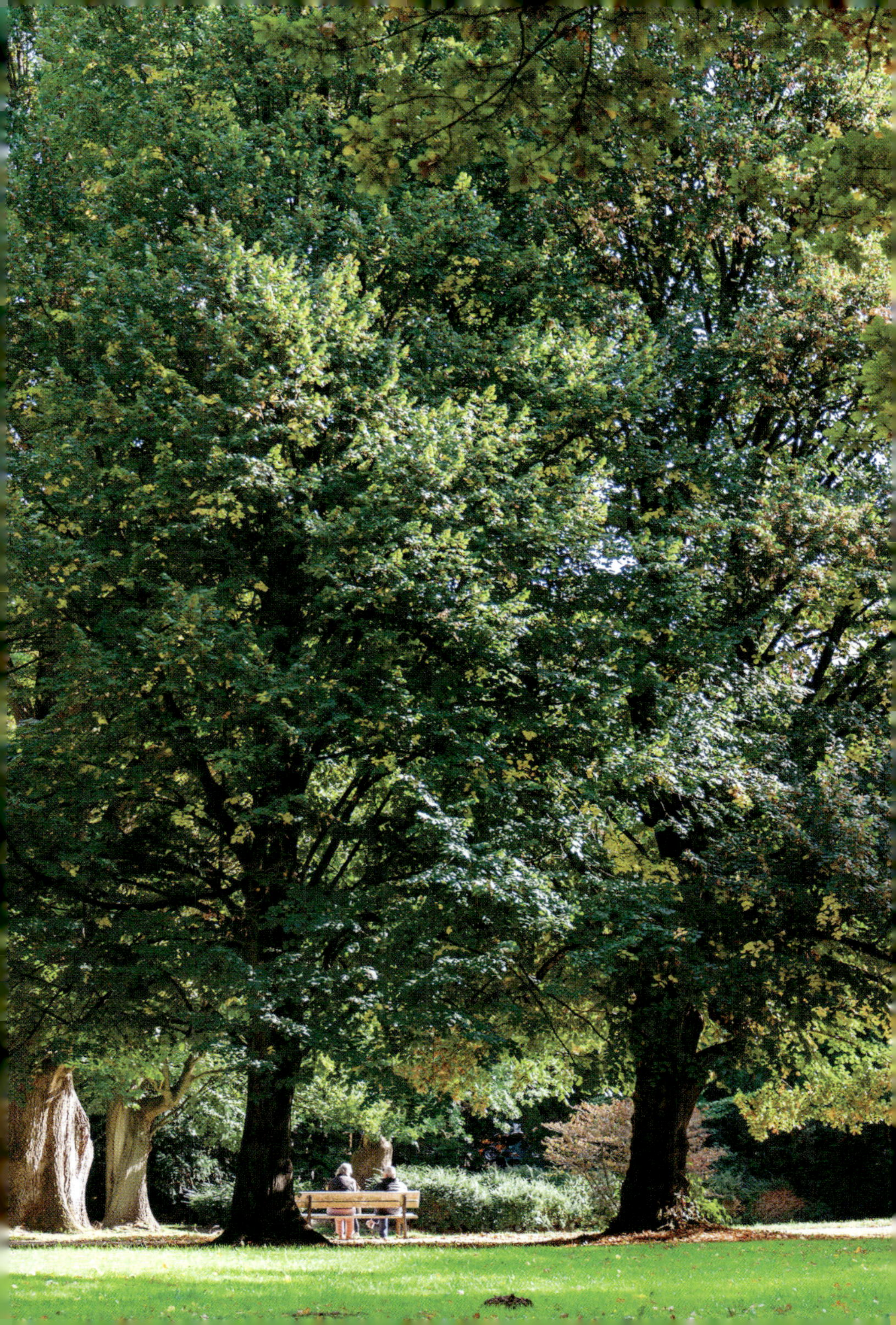

gepflanzt, vermehrt und für einen möglichen Einsatz in der Forstwirtschaft getestet. Nach dem Tod Niemanns wurde die Lehranstalt als öffentliche Handelsschule in dänischem Besitz weitergeführt. Später in preußischer Zeit ging die Anlage an die Staatsforstverwaltung und verfiel mit dem Verkauf des Pflanzenbestandes zusehends. Die Stadt Kiel erwarb das Areal 1874 und entwickelte es zu einem Park im Stil eines englischen Landschaftsgartens, Liegewiesen und Kleingewässer wurden ergänzt. Die öffentliche Grünanlage wurde 1900 Kiels erster Volkspark.

Manch wertvolle, über 200 Jahre alte Baumexemplare sind bis heute aus der Forstbaumschulenzeit und in dem daraus entwickelten Landschaftspark erhalten. So stammen die beiden Linden am Forsthaus, dem heutigen Ausflugslokal, aus Niemanns Zeiten. Weitere Bäume des Parks, mit zum Teil stattlicher Größe, sind Berg- und Spitzahorn, Rotbuche, Stieleiche, Säuleneiche, Sommerlinde, Holländische Linde, Flügelnuss, Esskastanie, Rosskastanie, Goldbirke, Hainbuche, Bruchweide, Mammutbaum, Sumpfzypresse, Platane,

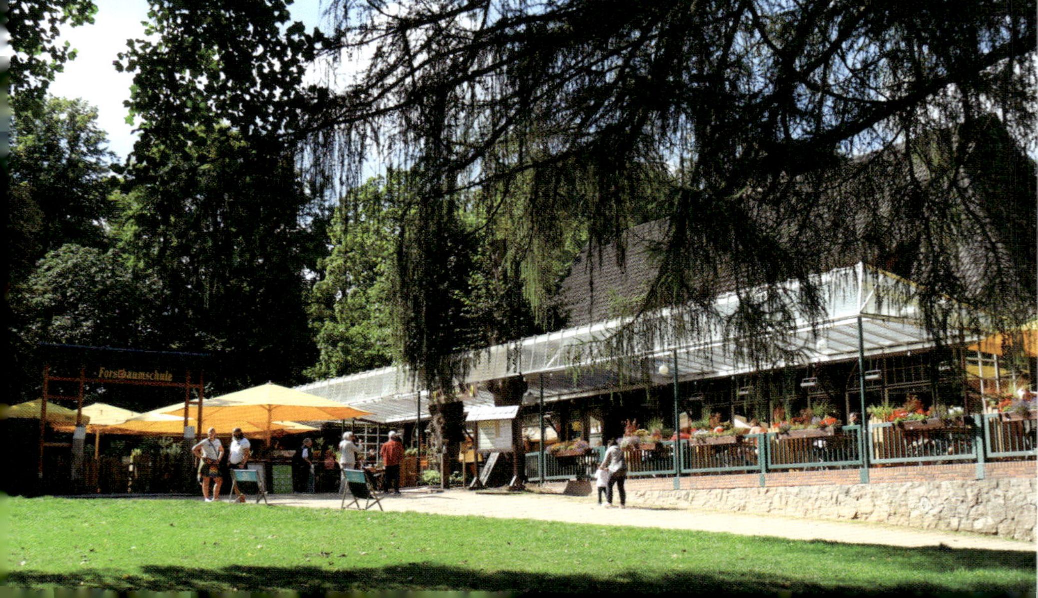

Nach dem Spaziergang durch die Parkanlage bietet sich das in der Grünanlage befindliche Restaurant und Parkcafé Forstbaumschule für eine kleine Einkehr an.

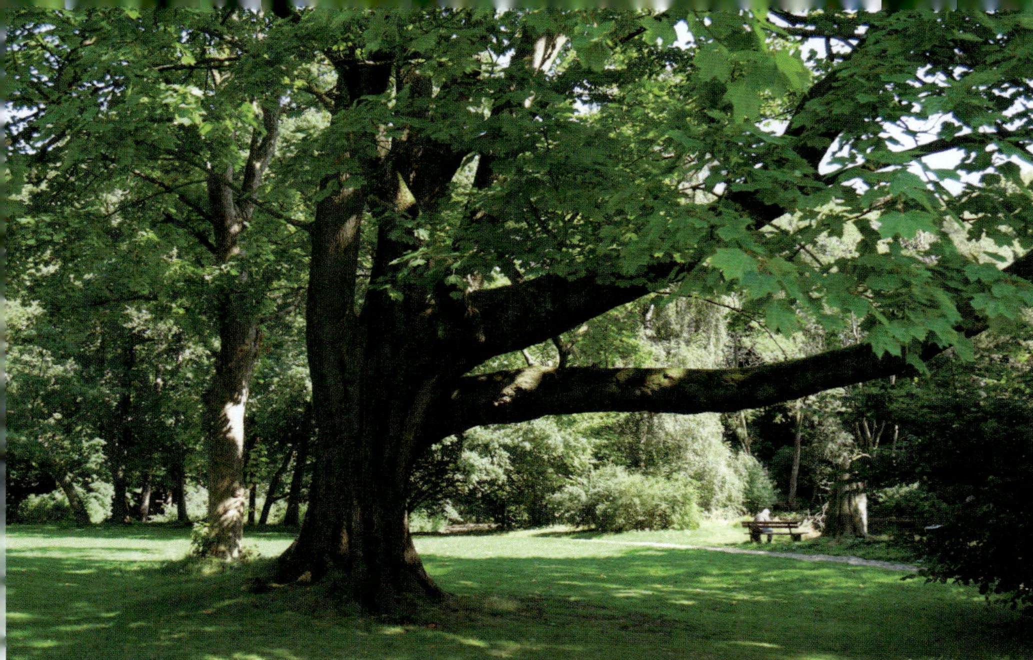

Mit ihren alten Bäumen wie hier ein Ahorn stellt die Forstbaumschule eine wichtige grüne Lunge des Kieler Stadtbereichs dar.

Eibe, Riesen-Lebensbaum und Österreichische Schwarzkiefer. Auch Sträucher wie Magnolie, Schneebeere, Kornelkirsche, Hasel, Riesenbuchsbaum, Judasbaum, verschiedene Rhododendren und weitere Arten sind in dem Park zu entdecken.

Die Forstbaumschule ist zu jeder Jahreszeit geeignet für ruhige Spaziergänge, während die Freiflächen beliebte Liege- und Spielwiesen bei warmem Wetter darstellen. Ebenso bekannt wie beliebt ist die Forstbaumschule durch das gleichnamige Gartenausflugslokal. An schönen Sommernachmittagen kann es mitunter sehr voll sein und trotz des außergewöhnlich großen Terrassenbereichs bekommt man nicht immer sofort ein freies Plätzchen – was für die Attraktivität der Gastronomie, das besondere Umfeld und die Beliebtheit spricht.

Ein kleines Gasthaus für Ausflügler hatte sich bereits frühzeitig im ehemaligen Forstaufseherhaus etabliert. Nach dem Abriss dieses Hauses wurde an gleicher Stelle

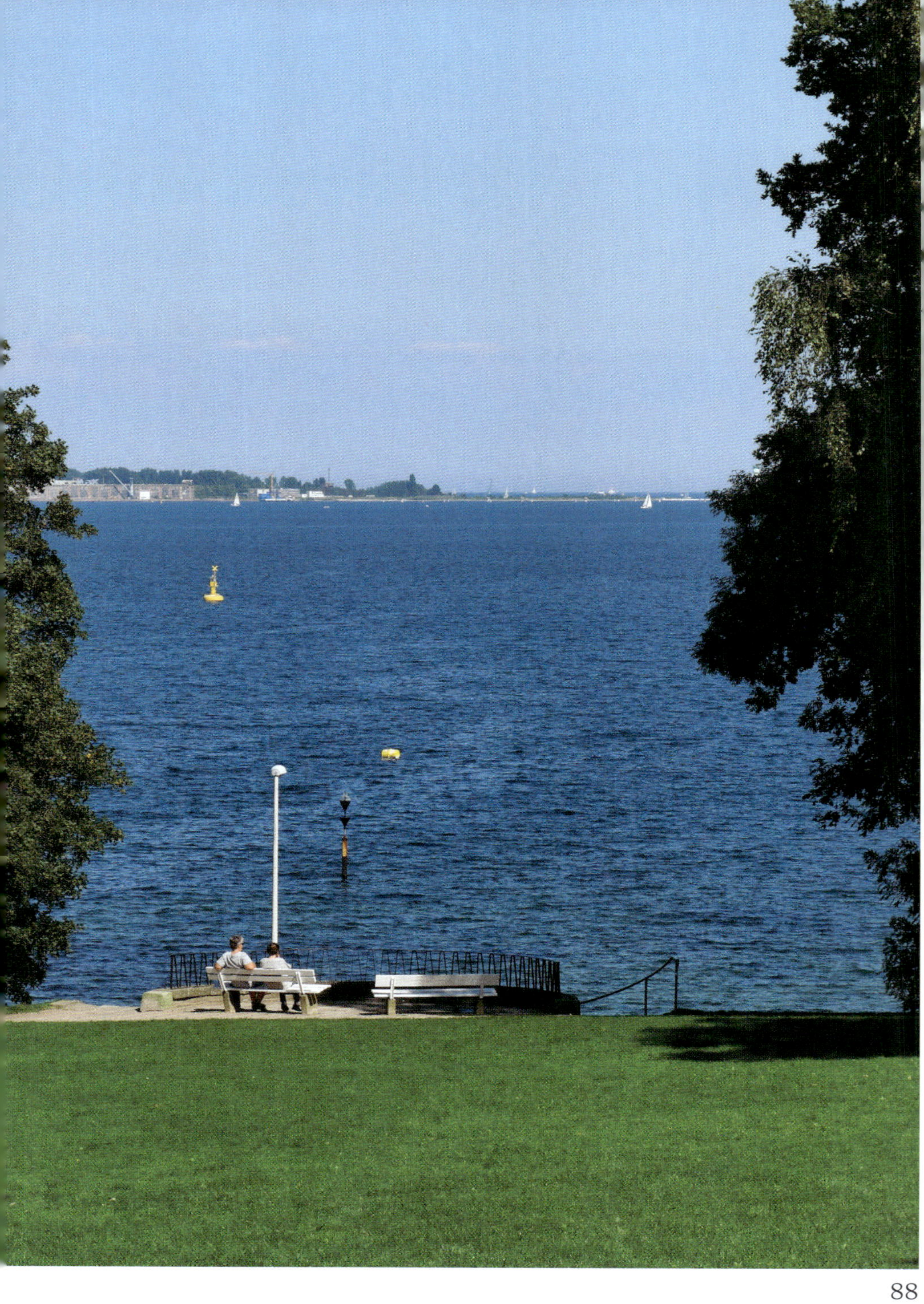

Die Meeresnähe macht sich an der Sichtachse im Diederichsenpark bemerkbar, die den Blick direkt auf die Kieler Förde eröffnet.

ab 1904/05 ein neues Restaurationsgebäude im Stil eines schleswig-holsteinischen Bauernhauses errichtet, das mit seiner Gastronomie, aber auch Modenschauen, Gartenkonzerten mit Großkapellen, Maskenbällen und Tanzveranstaltungen zu einem beliebten Ausflugsziel der Kieler wurde. Der heutige Pächter betreibt das Lokal seit 1984. Ebenso wie der Park steht auch das jetzige Forstbaumschulen-Gebäude unter Denkmalschutz.

Diederichsenpark

Dem etwa 14,5 ha großen Park der Forstbaum-schule schließt sich der Diederichsenpark an.
Der Kieler Kaufmann und Konsul Dr. h. c. Heinrich Diederichsen war der letzte Besitzer eines direkt an der Förde gelegenen Grünareals und wurde dessen Namensgeber. Das viereinhalb Hektar große Gelände wurde nach dem Tod Diederichsens von der Stadt Kiel erworben, die es 1957/58 zu einem öffentlichen Park entwickelte. Es ist das Gelände einer ehemaligen Fruchtbaumschule von 1784, die also etwa zur gleichen Zeit wie die

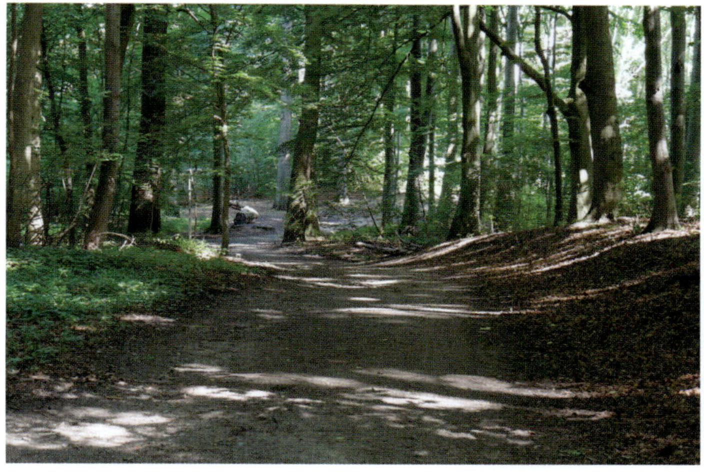

Das Waldgebiet des Düsternbrooker Gehölzes gehört zusammen mit der Krusenkoppel, dem Diederichsenpark und der Forstbaumschule zum Landschaftsschutzgebiet „Kieler Fördeumgebung“.

Forstbaumschule entstanden ist. Die Bäume wurden zur Verbesserung der Nahrungssituation an königliche Bauern, Beamte und Schulmeister kostenlos abgegeben, Privatleute konnten die Obstgehölze käuflich erwerben. Das steil zur Förde abfallende Gelände bietet einen herrlichen Ausblick bis hinüber zum anderen Fördeufer. Schon der Besitzer, der die nach der Fruchtbaumschule eingerichtete Handelsbaum-schule betrieb, besaß eine Gastronomie auf der Anhöhe mit Aussichtspunkten und einem Aussichtspavillon. Wegen des schönen Weitblicks wird diese Stelle, an der sich seit 1972, dem Jahr der Segel-Olympiade in Kiel, das Maritim-Hotel befindet, „Bellevue" genannt. Das Areal gehört nicht zum Park, aber man hat von dort einen schönen Blick den steilen, grasbewachsenen Hang hinunter auf die Förde. Von dem einst auf der Anhöhe befindlichen Haus Forsteck, das im Zweiten Weltkrieg zerstört wurde, sind noch die Grundmauern im Diederichsenpark erhalten.

Vor der Belaubung der Rotbuchen im Düsternbrooker Gehölz kann man den typischen Frühjahrsblühaspekt im Buchenwald beobachten mit Buschwindröschen, Waldsauerklee und dem leuchtend gelb blühenden Scharbockskraut.

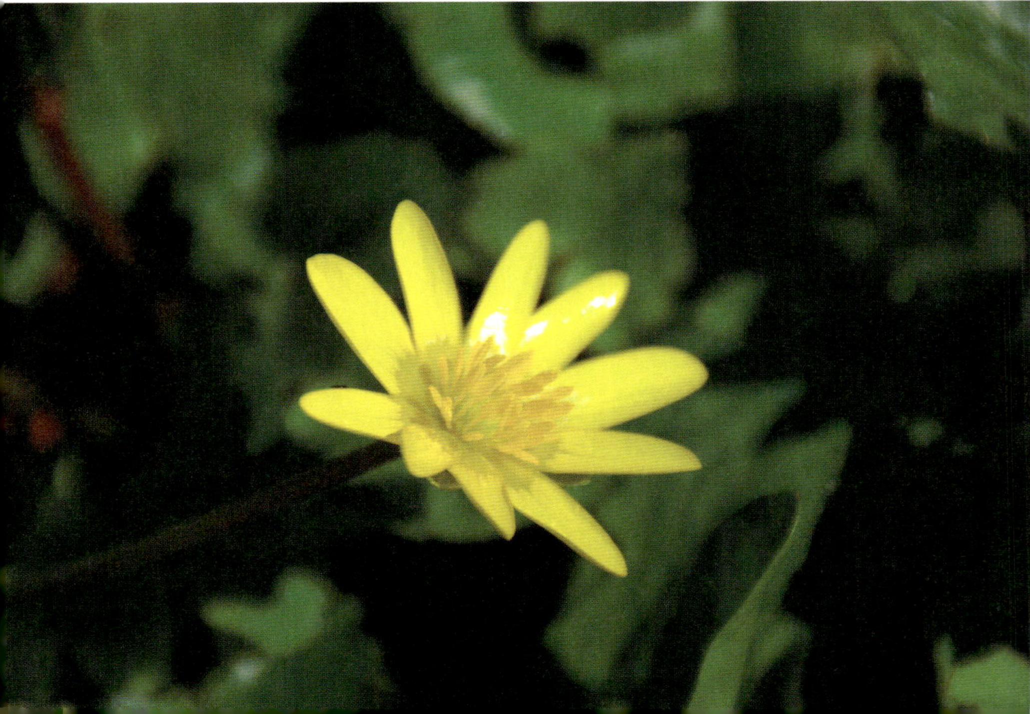

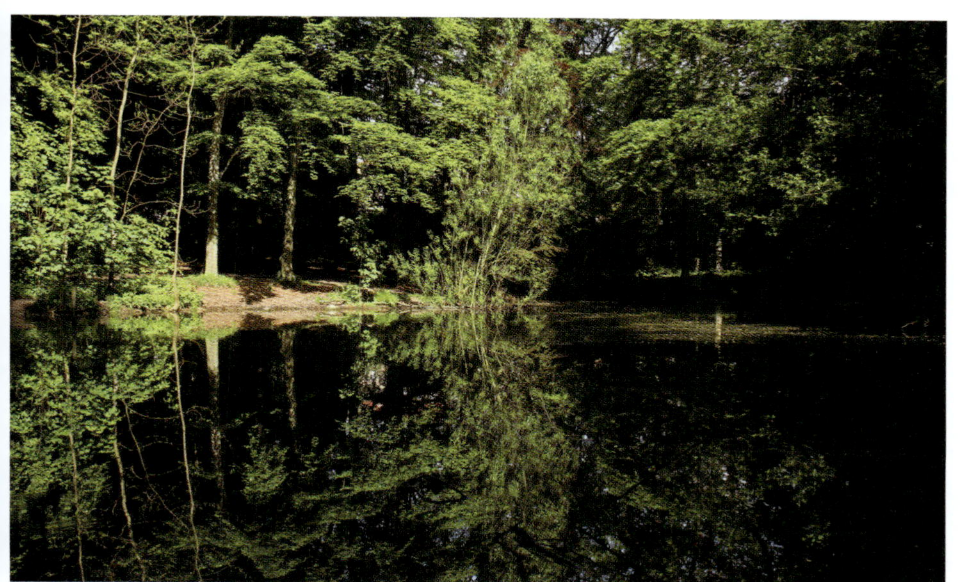

Neben dem ausgedehnten Waldareal lockern auch einige Wasserflächen im Düsternbrooker Gehölz das fördenahe Wandergebiet zwischen Forstbaumschule und Krusenkoppel auf.

Düsternbrooker Gehölz

In Richtung Süden, gen Kieler Innenstadt schließt sich parallel zur Förde ein 21 ha großes Waldgebiet an, das Düsternbrooker Gehölz. Dominante Baumart ist die Rotbuche, deren größte Exemplare bis 30 m Höhe erreichen und aus dem Jahr 1839 stammen. Weitere Baumarten sind: Ahorn, Stieleiche, Vogelkirsche, Linde und Wildobstarten. In der Krautschicht finden sich typische Waldpflanzenarten wie Hexenkraut, Buschwindröschen, Scharbockskraut, Waldmeister, Lerchensporn und verschiedene Waldgräser. Durch Wege erschlossen und mit zum Teil steil zur Förde abfallenden Bereichen kann man das Areal durchwandern, das auch durch zwei kleine Teiche, dem Mondspiegel und dem Dianenspiegel, aufgelockert wird. Die Skulptur „Angesichts des Waldsterbens“ von dem Künstler Harald Thoms säumt den Weg, der schließlich am Ende auf die Krusenkoppel stößt.

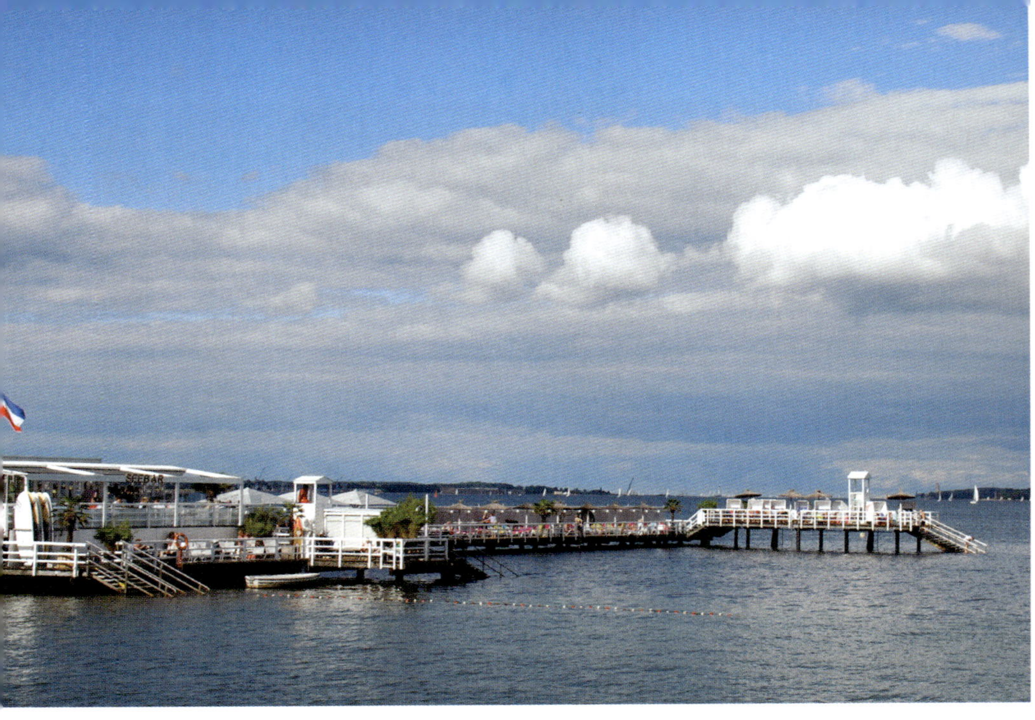

Neben den Seebadeanstalten in Heikendorf und Holtenau gibt es in der Kieler Förde nahe dem Diederichsenpark eine dritte in Düsternbrook, die sogar eine eigene gastronomische Einrichtung, die Seebar, besitzt.

Krusenkoppel

Dieser zur Förde hin abfallende Hang wurde in früheren Zeiten landwirtschaftlich genutzt und war im Besitz des Landwirts Heinrich Wilhelm Kruse, der das Areal 1883 der Stadt Kiel vermachte mit der Auflage, dass das Areal über 100 Jahre nicht verkauft oder parzelliert werden dürfe. Die Stadt legte einen öffentlichen Park im Stil eines englischen Landschaftsgartens an, in dem auch eine große Freilichtbühne aufgebaut wurde. Hier finden unter anderem zur Kieler Woche Konzerte statt und die Krusenkoppel ist dann mit der Spiellinie auch das größte Kinderkulturangebot Europas. Eine als „zwölf Apostel" bezeichnete Gruppe von zwölf Sommerlinden, von denen einige noch aus dem Jahr 1824 stammen, gehören ebenso wie eine größere Einzellinde, eine Esskastanie und eine Eiche auf der Krusenkoppel zu den Naturdenkmalen der Stadt Kiel.

Weitere Unternehmungen

Wer noch unternehmungslustig ist, kann unten an der Förde in Richtung Süden und Innenstadt den Spaziergang fortsetzen. Man kommt unter anderem vorbei am Kieler Institut für Weltwirtschaft (IfW Kiel), am Landeshaus und einigen Ministerien, verschiedenen Einkehrmöglichkeiten, am Aquarium mit dem Seehundsbecken, an der Kunsthalle und etwas zurückgesetzt am Zoologischen Museum. Über den kleinen Schlossgarten und die Dänische Straße gelangt man direkt in die Altstadt. Als Rückweg zu den Ausgangs-Parkanlagen geht man am besten die Kiellinie direkt an der Förde entlang und genießt den herrlichen Ausblick auf die Ostsee, die Stadt und das gegenüberliegende Fördeufer. Wer die Badehose oder den Badeanzug eingepackt hat, kann auch der nahegelegenen Seebadeanstalt Düsternbrook noch einen Besuch abstatten ebenso wie der angeschlossenen Seebar. Das Schwimmbad ist im Sommer täglich geöffnet, aber auch im Winter besteht zumindest für Seebad-Clubmitglieder die Möglichkeit zu einem erfrischenden Bad in der Ostsee.

Park und Restaurant Forstbaumschule
Düvelsbeker Weg 46, 24105 Kiel
www.forstbaumschule.de

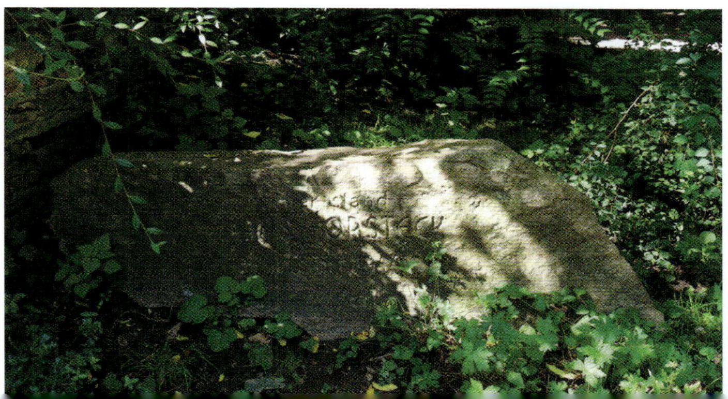

Im Diederichsenpark erinnert ein Gedenkstein an das im Zweiten Weltkrieg 1944 zerstörte Haus Forsteck.

Ostseeküste
Kiel bis Lübeck

Künstlermuseum und -garten Heikendorf-Kieler Förde

Kunst und Natur

Seit dem Jahre 2000 gibt es im Osten Kiels nahe der Ostsee das Künstlermuseum Heikendorf-Kieler Förde, das im ehemaligen Wohn- und Atelierhaus des Künstlers Heinrich Blunck und einer neu errichteten Ausstellungshalle untergebracht ist. Neben der Präsentation von Werken der Heikendorfer Künstlerkolonie finden regelmäßig Wechselausstellungen regionaler und europäischer Kunst statt. Zusammen mit dem Museum wurde auch der anliegende Blunck'sche Garten als Künstlergarten entwickelt und bietet heute für die Besucher zusammen mit der Kunstausstellung ein schönes Gesamterlebnis aus Natur und Kunst.

Das heutige Museumsgebäude in Heikendorf wurde 1865 als zweigeschossiger Ziegelbau errichtet und konnte 1923 zusammen mit dem großen, von Hecken und Knicks begrenzten Grundstück und dem Fachwerkschuppen von dem Künstler Heinrich Blunck (1891–1963) und seiner Frau Käte (1901–1991) erworben werden. Durchgeführte Erweiterungsbaumaßnahmen, wie der zweigeschossige Atelieranbau und die kleine Veranda sind heute noch gut erkennbar.

Für Kunst- und Gartenfreunde gleichermaßen interessant: Das als Kunstmuseum genutzte ehemalige Wohn- und Atelierhaus des Künstlers Heinrich Blunck in Heikendorf mit dem anliegenden Künstlergarten.

Das Kunstmuseum

Ideen und Bemühungen, das Wohnhaus zu einem Künstlermuseum zu entwickeln und eine entsprechende Stiftung zu gründen, gab es relativ frühzeitig und sie

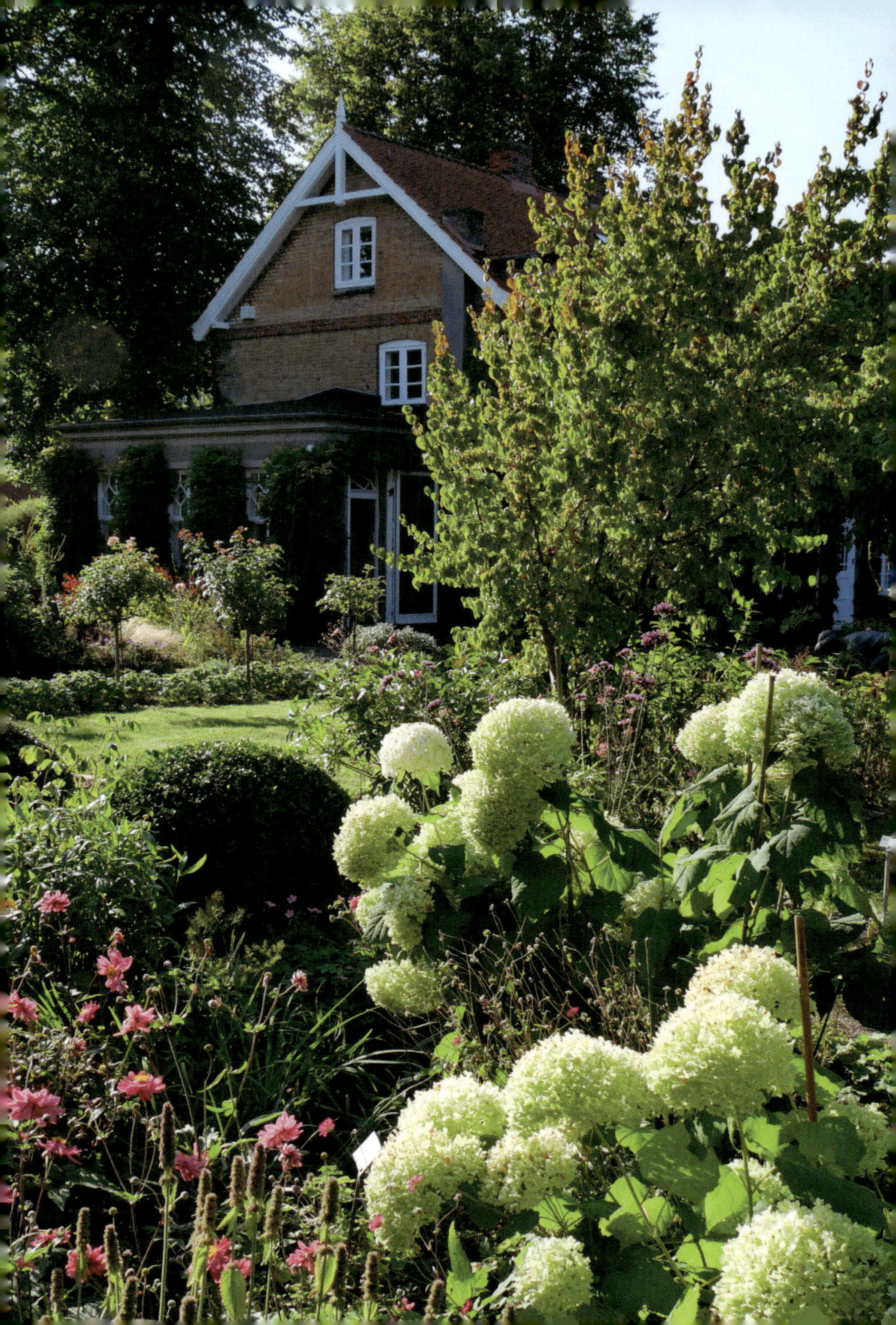

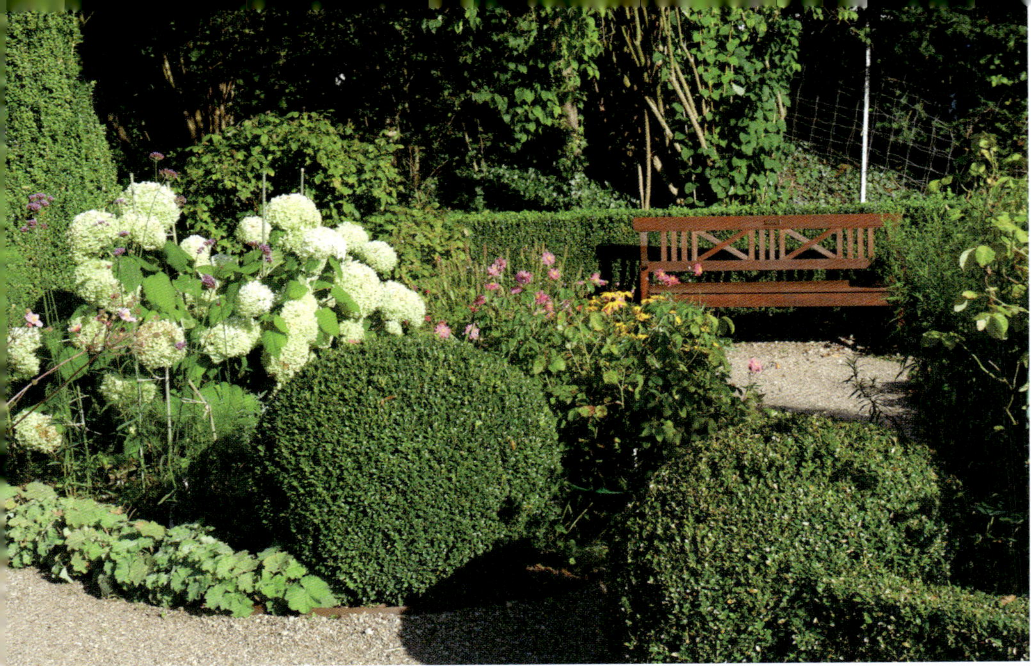

Blütenreiche Beete, Gehölze, Parkbänke und einzelne Außenskulpturen laden zum Verweilen im Künstlergarten Heikendorf ein.

wurden von der 1991 verstorbenen Witwe des Künstlers unterstützt, zumal damit auch die Verwaltung, Erhaltung und Präsentation des Gesamtwerks Heinrich Bluncks und anderer Heikendorfer Künstler verbunden sein sollten. Die 1995 vom Land anerkannte gemeinnützige Heinrich-Blunck-Stiftung ist Trägerin des heutigen regionalen Kunstmuseums, das nach umfangreichen Restaurierungsarbeiten am Wohnhaus und dem Neubau einer Ausstellungshalle im September 2000 eröffnet werden konnte.
Im restaurierten und umgebauten Wohnhaus und den historischen Atelierräumen des Künstlers Heinrich Blunck, das im Jahre 2014 unter Denkmalschutz gestellt wurde, kann man heute in einer Dauerausstellung am authentischen Ort die Geschichte der Malerei vom norddeutschen Impressionismus bis zum ausklingenden Expressionismus nacherleben. Neben Blunck, dem Meister der feurigen Farben, ist die Zeit etwa um die Jahrhundertwende bis ins 20.

Jahrhundert hinein mit weiteren Namen der sogenannten Heikendorfer Künstlerkolonie verbunden, zu denen Georg Burmester, Rudolf Behrend, Werner Lange, Oscar Droege und Karin Hertz als weitere wichtige Vertreter gehören. Werke und Arbeitsstätten dieser Künstlergruppe sind im historischen Gebäude zu besichtigen, in dem auch eine Lithografiewerkstatt im Erdgeschoss vorhanden ist. Hier können zu bestimmten Workshop-Terminen auf der hundert Jahre alten Steindruckpresse Druckarbeiten durchgeführt werden. Über den Hof, vorbei an dem rot-weißen Fachwerkschuppen, der heute als eines der ältesten Gebäude Heikendorfs gilt, gelangt man zur neu erbauten Ausstellungshalle, die heute insgesamt eine Ausstellungsfläche von 150 m² aufweist. Hier finden thematische Wechselausstellungen europäischer und internationaler Kunst und Malerei statt. Zugehörige Magazin- und Lagerräume ermöglichen die Sammlung und Lagerung der Werke von Blunck und anderen regionalen Künstlern, um sie bei Bedarf in neu konzipierten Ausstellungen präsentieren zu können.

Der Künstlergarten in Heikendorf ist neu konzipiert, aber schon das Ehepaar Blunck nutzte den Garten am Atelierhaus zur Selbstversorgung sowie zur Erholung und Inspiration, auch für die Malerei des Künstlers.

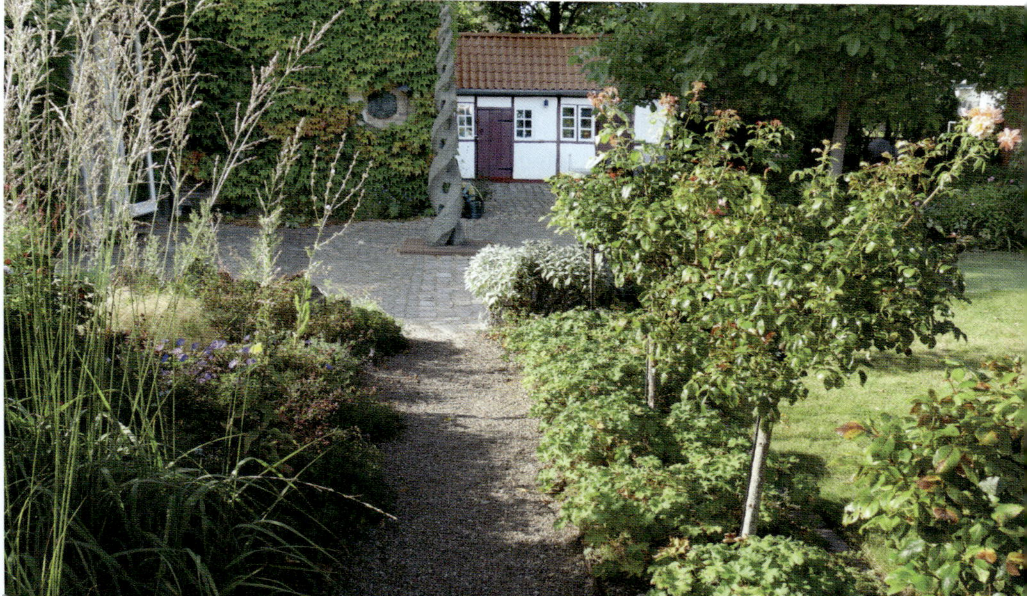

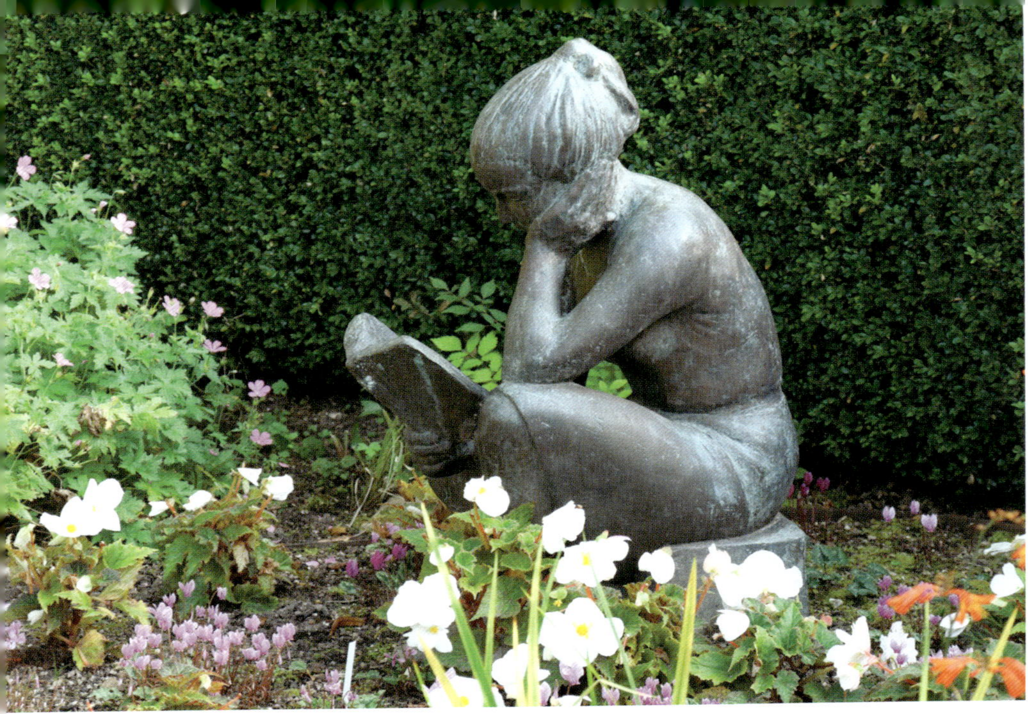

Die Skulptur „Große Lesende“ von Karin Hertz steht inmitten der Blumenbeete des Künstlergartens Heikendorf.

Der Künstlergarten

Zusammen mit der Einrichtung des Museums wurde auch der umliegende Garten entwickelt, den Käte Blunck bis zu ihrem Tod liebevoll gepflegt hat. Er wurde als Museumsgarten konzipiert. Bluncks diente der Garten mit Obstbäumen, Blütenpflanzen und Gemüsebeeten zur Selbstversorgung, aber auch zur Erholung, Kontemplation und Inspiration. Ähnlich wie Emil Nolde in seinem Blumengarten bei Seebüll nahm auch Blunck manch prächtige Farbmotive von Blüten wie Mohn, Rittersporn oder Feuerlilie in seine Malerei auf.

Einige der präsentierten Pflanzen stammen wohl noch aus dem ehemaligen Blunck'schen Garten wie die Großen Schneeglöckchen (*Galanthus elwesii*), die gelben Darwintulpen, die rote Kletterrose an der Vorderseite des Hauses sowie mache Stauden wie die alten

Stockrosen. Gleiches gilt für den mittlerweile wieder prächtig blühenden Blauregen an der Hausfassade und den im Herbst leuchtend rot gefärbten Wilden Wein am Atelieranbau. Auch die Linden am Eingang stammen aus früherer Zeit, wobei sie damals wohl als sogenannter durchgehender, in Haushöhe geschnittener Riegel als Windschutz für das Gebäude dienten.

Der Garten wird von einem Team ehrenamtlicher Kräfte betreut und entwickelt. Die Heikendorferin Heike Meyer war von Anfang an dabei und leitete über 20 Jahre, unterstützt von ihrem Mann Rolf Meyer, die Gartengruppe. Im Jahre 2019 hat sie die Leitung an ihre Nachfolgerinnen Regina Hoffmann-Müller und Hannelore Löwe abgegeben, aber steht noch immer beratend und mitunter auch tatkräftig zur Verfügung. Einige Preise und Anerkennungen sind im Laufe der Zeit zusammengekommen, zum Beispiel im Jahre 2013 der Christian C. L. Hirschfeldpreis der Bürgerstiftung Kiel und der Brunswiker Stiftung an das ehrenamtliche Team des Künstlergartens.

Für den Besucher ist der Garten heute einerseits ein Ort, an dem man nachempfinden kann, woraus Blunck manche seiner Inspirationen empfangen hat, aber andererseits bietet er dem Museumsbesucher die Möglichkeit für Ruhe und Entspannung. Denn das Ensemble offeriert neben dem Kunstgenuss auch die Schönheit und Vielfalt der Natur in ihren unterschiedlichen Facetten. Heike Meyer wollte möglichst ganzjährig einen gewissen Blühaspekt erreichen: „Gemäß dem Motto des Staudenzüchters und Gartenphilosophen Karl Foerster, es werde durchgeblüht, haben wir versucht, ganzjährig Blühendes zeigen zu können", so die Gartenexpertin, die von den letzten Winterastern über die Winterblüher bis zu den ersten Frühjahrsblühern hinein in die Hauptvegetationsperiode stets attraktive Blüten anbietet.

Neben dem prägenden Walnussbaum zwischen Künstlerhaus und Ausstellungshalle gibt es einige weitere Gehölze in den unterschiedlichen Beeten. Dazu gehören neben einem Ginkgo Zierapfel, Kornelkirsche, Rotblättrige Blasenspiere, Hamamelis, Buchsbaum, Schlitzblättriger Holunder und andere. Neben vielen unterschiedlichen Stauden- und Zwiebelblumen sowie Einjährigen finden sich diverse alte Rosensorten im Künstlergarten, die meist nur einmal blühen, aber viel Farbe und auch Duft in den Garten bringen. „Die alten Rosensorten, die wir im Garten finden, duften alle und wie heißt es so schön: Eine Rose, die nicht duftet, ist ein gebrochenes Versprechen", sagt Heike Meyer, die schätzt, dass um die 200 Pflanzenarten im Heikendorfer Künstlergarten zu finden sind.
Zahlreiche Blumen des Jahres wie die Akelei, die Stranddistel, die Karthäusernelke, die Echte Küchenschelle, die Wegwarte, die Wildtulpe oder die Schachblume sind im Loki-Schmidt-Beet zu finden, eines von 90 Beeten in unterschiedlichen Einrichtungen, das die Gattin des ehemaligen Bundeskanzlers Helmut Schmidt und engagierte Naturschützerin zu ihrem 90. Geburtstag bekommen hat.
Regina Hoffmann-Müller, eine der beiden Nachfolgerinnen, betont aber auch, dass es sich bei dem Heikendorfer Künstlergarten um einen Naturgarten handele, in dem möglichst viele Insekten und Vögel Existenz- und Nahrungsmöglichkeiten finden sollen, und sagt: „Trockene Samenstände werden von uns nicht sofort entfernt, sondern bieten Vögeln Nahrung und können im Winter bei Raureif auch interessante Ansichten liefern."

Kunst im Garten

Für die Museumsbesucher geht der Kunstgenuss auch im Garten weiter. So finden sich über die Flächen verteilt eine ganze Reihe von Skulpturen, vor allem von

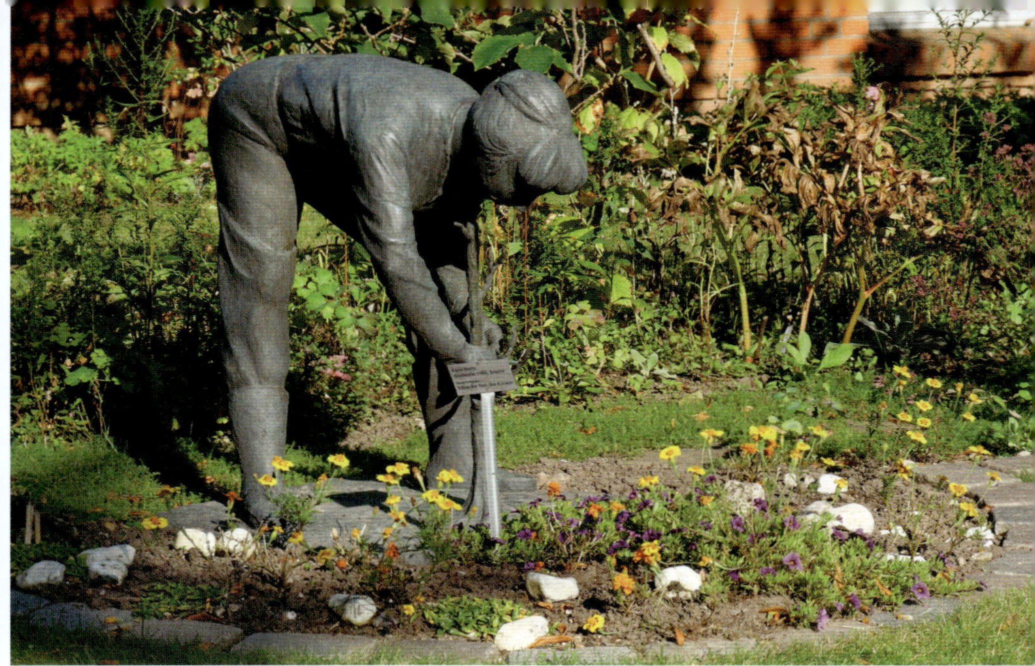

Neben weiteren Kunstwerken im Garten ist passenderweise auch die Bronzeskulptur „Gärtnerin“ von Karin Hertz am Rande eines Blumenbeetes im Künstlergarten zu entdecken.

der mit dem Museum stark verbundenen Künstlerin Karin Hertz. Zu diesen dauerhaft im Garten postierten Kunstwerken gehören beispielsweise „Die Gärtnerin“ (von 1968), die sich lebensecht gebückt im Beet stehend um eine Pflanze kümmert, die „Große Lesende“ (von 1982) oder die Bronzeskulptur „Der Wächter“ (1961), ein aufrecht sitzender, offensichtlich sehr aufmerksamer, stilisierter Hund, der scheinbar über Museumsgelände und Gartenareal wacht. Hinzu kommen Reliefs an den Mauern wie „Die Tafelrunde“, das Essende eines Waisenhauses zeigt. Aktuell sind aber auch andere Künstler vertreten wie der Bildhauer Ben Siebenrock mit seinem „Torso“ (2003) oder Jo Kley mit seiner Skulptur „Grazie“ aus dem Jahre 1999, die aus Anröchter Dolomit gefertigt wurde.

Künstlermuseum und -garten Heikendorf
Teichtor 9, 24226 Heikendorf
www.kuenstlermuseumheikendorf.eu/garten.htm

Gutspark Hagen und historischer Irrgarten
Gartenattraktionen in Probsteierhagen

Das eindrucksvolle, renovierte Anwesen des Schlosses Hagen befindet sich im Besitz der Gemeinde Probsteierhagen und ist deren Kulturzentrum. Um das Gelände und den anliegenden viereinhalb Hektar großen Schlosspark kümmert sich ein engagierter Förderverein. Nach einem erholsamen Spaziergang durch die Parkanlage kann man noch eine abenteuerliche Tour durch den über 90 Jahre alten Irrgarten unternehmen, der sich ebenfalls im Ort befindet.

Die Region östlich der Kieler Förde heißt Probstei, in deren Zentrum sich der Ort Probsteierhagen befindet. Das Schloss Hagen inmitten des Ortes liegt ausgeschildert in einer kleinen Seitenstraße, der Schloßstraße. Die im Volksmund verwendete Bezeichnung Schloss Hagen ist eigentlich nicht korrekt, da das Anwesen niemals Residenz oder Nebenresidenz eines der Landesherren gewesen ist, aber es hat sich trotzdem eingebürgert, sodass neben der Bezeichnung Herrenhaus auch die Benennung als Schloss gebräuchlich wurde.

Nach dem Passieren einer eindrucksvollen Reihe alter Rosskastanien erreicht man über eine ehemalige Brücke mit schmiedeeisernem Geländer, von der aus noch Reste des alten Burggrabens zu sehen sind, den Vorplatz des barocken, zweigeschossigen und dreiflügeligen Herrenhauses. Auf dem sogenannten Ehrenhof sieht man die bei Sanierungsarbeiten im Jahre 2004 freigelegten großen Quadranten aus Lesesteinen.

Das im Volksmund auch als Schloss bezeichnete Herrenhaus Hagen ist im Besitz der Gemeinde und wird in vielfältiger Weise genutzt, unter anderem als Kultur- und Veranstaltungszentrum der Region.

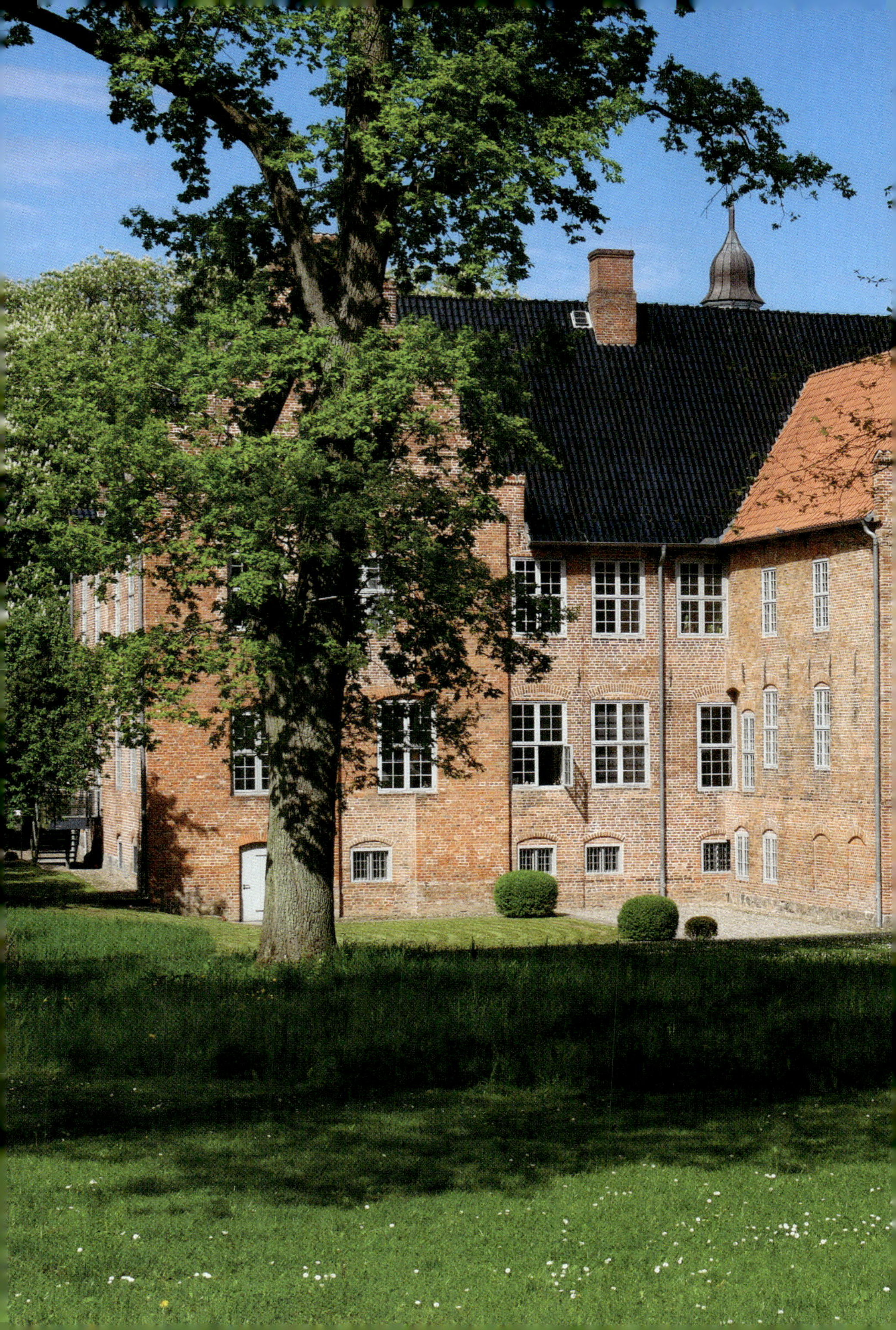

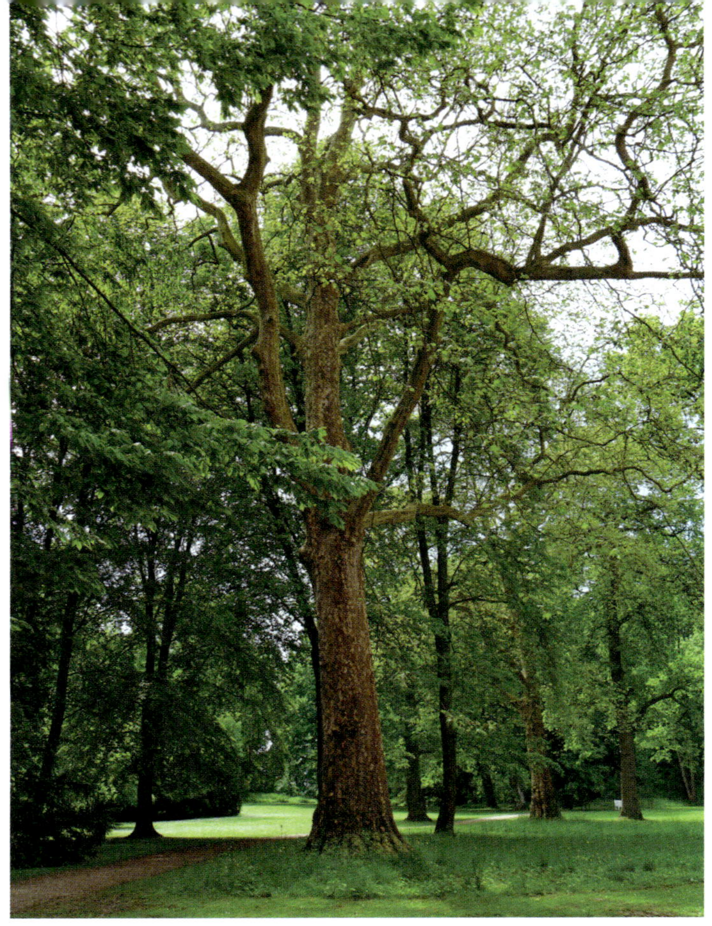

Um den Schlosspark in Probsteierhagen und den Erhalt sowie die Pflege des Denkmals Herrenhaus Hagen kümmert sich in Zusammenarbeit mit der Gemeinde der engagierte Förderverein Schloss Hagen.

Der Haupteingang am etwas vorragenden Turm am Hauptflügel ist mit einem Sandsteinportal und Wappen geschmückt.

Landschaftspark

Den Gutspark des Herrenhauses erreicht man nach Umwandern des Gebäudes auf der östlichen Seite, wo sich am Eingang auch eine Informationstafel zur Geschichte und Bedeutung der Anlage findet. Die Parkanlage, wie wir sie heute als Landschaftspark vorfinden, stammt allerdings erst aus den Jahren 1865 bis 1869, nachdem Friedrich von Heintze-Weißenrode, ein Urenkel des letzten Gutsherrn, mit seiner Familie 1864 in dem Anwesen einzog. Er ließ die zuvor landwirtschaftlich genutzte Fläche südlich des Schlosses von dem späteren königlich preußischen Hofgärtner Albert Rosenberg in eine Parklandschaft mit geschwungenen Wegen, Bäumen und Sträuchern umgestalten.

Herrenhaus Hagen

Das Herrenhaus ist deutlich älteren Datums. Hier haben in den Jahren 1647 bis 1649 der Landrat und Amtmann Hinrich Blome und Lucia von Pogwisch, die das Gut Hagen in die Ehe mit einbrachte, kurz nach ihrer Heirat das heute noch vorhandene dreiflügelige Herrenhaus Hagen erbauen lassen. Der ursprünglich nördlich der Anlage gelegene barocke Lust- und Küchengarten, der auf alten Karten zu sehen ist und in dem sich später die Gutsgärtnerei befand, wurde in den 1970er Jahren überbaut. Es sind heute keine Reste mehr vorhanden. Ähnliches gilt für die Gartenanlage im südöstlichen Teil des Herrenhausareals, die Wulf Blome d. Ä., der 1684 bis 1735 Herr auf Hagen war, anlegen ließ und den Lustgarten im unbewaldeten Teil der Hagener Au, die nicht weit entfernt vom Herrenhaus entlang fließt. Die über Brücken in der Au verbundenen Alleen führten zu Rundwegen und einem Lustwald mit herrlichem romantischen Ausblick über den Kasse-Teich. Der litauische Reiseschriftsteller J. Taillefas, der 1817 die Region Holstein und besonders die Probstei bereiste, lobte die „alten Buchen, die schönsten Holsteins“ und die „dunklen Tannen“ in diesem Areal. Seit der Aufsiedelung des Gutes im Jahre 1930 gehören sowohl das Herrenhaus als auch das Parkgelände der Gemeinde Probsteierhagen, die hier zunächst eine Schule einrichtete. Im Krieg wurde das Herrenhaus zu

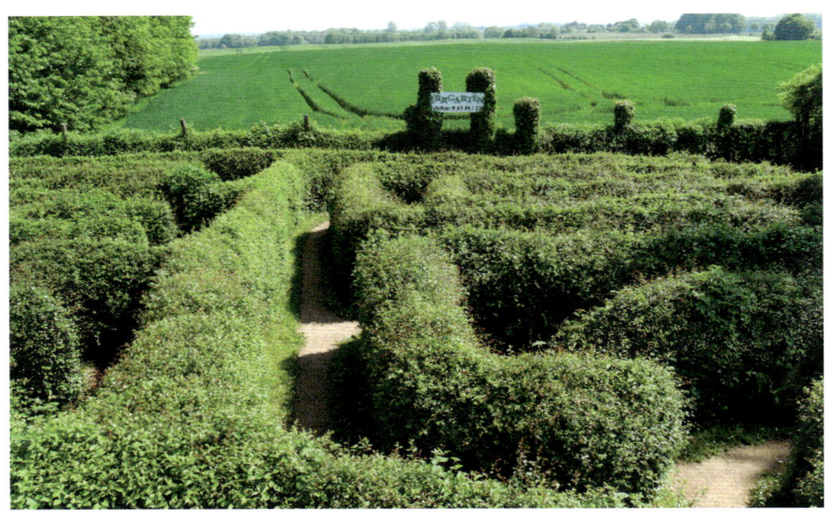

Wenn man den Weg durch den historischen Irrgarten in Probsteierhagen gefunden hat, landet man auf einem kleinen Turm, von dem aus man das Labyrinth überblicken kann.

einem Lazarett für die Marine und danach hielt wieder die Volksschule Einzug und blieb bis 1969 darin untergebracht. Seither nutzt die Gemeinde das 1986 unter Denkmalschutz gestellte Schloss Hagen mit Unterstützung des engagierten Fördervereins als Kulturzentrum, in dem nicht nur private Feiern, Hochzeiten und andere Feste stattfinden können, sondern auch regelmäßige Lesungen, Konzerte, Handwerkermärkte sowie (Kinder-)Flohmärkte. Besonders beliebt und gut besucht sind die alljährlichen Frühlings-, Sommer-, Herbst- und Weihnachtsmärkte. Teile des Gebäudes sind aber auch zu Wohnzwecken und als Arztpraxis vermietet.

Bei der ab 2006 durchgeführten vierjährigen grundlegenden Sanierung wurden nicht nur die repräsentativen Innenräume und der Gewölbekeller restauriert, sondern auch die wertvolle Innenausstattung, sodass man bei Führungen durch das Schloss unter anderem eindrucksvolle Stuckdecken, Wandmalereien, Supraporten, Zierkamine und verschiedene Gemälde bewundern kann.

Gutspark Hagen

In dem im Jahre 2008 als Kulturdenkmal ausgewiesenen Schlosspark kann man nach verschiedenen Baumfällungen mit Herstellung wichtiger Sichtachsen auf das Herrenhaus sowie vielen Nach- und Neupflanzungen beschauliche Rundwanderungen unternehmen. Hält man sich nach Betreten des Parks sogleich links, erreicht man über einen mit alten Linden, Rosskastanien, Eschen und Ahornbäumen bestandenen Damm eine Brücke über die Hagener Au. Der Weg führt zu einem 2013 wiederhergestellten Freisitz mit Findlingsmauerwerk, die sogenannte Grotte, von wo aus eine Sichtachse zum Herrenhaus vorhanden ist. Nach abermaliger Überquerung der Hagener Au gelangen wir an die Stelle, wo es linker Hand in den ehemaligen frühromantischen Lustwald ging, von dem aber keine Reste mehr existieren. Rechts abbiegend gelangen wir wieder in den Hauptteil des Schlossparks, wo man auf Parkbänken verweilen und den Blick auf das Herrenhaus genießen kann. Hier gibt es Parkwaldbereiche mit Eichen und Buchen sowie Solitären von Linden und Rosskastanien.
Neben einer 1960 am Tag des Baumes gepflanzten Doppeleiche steht ein Gedenkstein für Willi Kloth, der von 1958 bis 1974 Bürgermeister der Gemeinde war und ein bedeutender Förderer des Parks gewesen ist. Wir finden eine prächtige Platane, eine Eibengruppe, in deren Mitte ein Tulpenbaum wächst, sowie ein wachsendes Denkmal für die Deutsche Einheit, das nach 25 Jahren Deutscher Einheit gepflanzt wurde. Es besteht aus einer den Osten symbolisierenden Linde, einer Buche für den Westen und einer Eiche für das vereinte Deutschland. Die zentrale Wiesenfreifläche und der Pleasureground werden durch neu gepflanzte Einzelbäume und Sträucher wie Schneebeere, Roter Hartriegel, Heckenkirsche, Falscher Jasmin und andere

gesäumt. Im Frühjahr findet man Scharbockskraut und Waldmeister sowie dichte Teppiche von Buschwindröschen zwischen den Bäumen und auf den Freiflächen.

Historischer Ortsrundgang

Nach dem Besuch des Schlosses und der zugehörigen Parkanlage kann man sich auf Entdeckungstour durch Probsteierhagen begeben. Ein Historischer Pfad der 2,8 km langen Tour durch die Gemeinde führt zu 29 verschiedenen Stationen, die Hinweise auf die Geschichte des Ortes geben. Neben dem Schloss, alten Gastwirtschaften, dem Feuerwehrgerätehaus, der 1259 erstmalig erwähnten St. Katharinen-Kirche und der alten Wassermühle geht es neben weiteren Attraktionen zum Irrgarten, der sich am Ortsende in Richtung Schönberg befindet.

Historischer Irrgarten

Neben einem 1914 errichteten Holzhaus im Blockhausstil, das noch heute das Wahrzeichen der Einrichtung ist, wurde 1927 ein Labyrinth aus Maulbeerhecken angelegt, das zu dem Namen Irrgarten führte. In dem bereits damals der Öffentlichkeit zugänglich gemachten Heckenareal wurde eine Seidenraupenzucht etabliert. Die Seidenraupen, aus deren Fäden der kostbare Natur-Seidenstoff gewonnen wird, ernähren sich ausschließlich von Maulbeerpflanzen. Nachdem durch einige strenge Winter die Maulbeersträucher nach und nach eingingen, wurde das Labyrinth indes erhalten und vor allem mit Weiß- und Rotdornbüschen bepflanzt, heute zum Teil auch ergänzt durch Schlehe, Hasel, Wilden Wein, Hainbuche, Holunder und anderen Rank- und Heckenpflanzen.
In den 40er Jahren des vergangenen Jahrhunderts begann auch die Nutzung als Schankwirtschaft, die

langsam immer weiter ausgebaut wurde und sich heute mit dem Restaurant „Irrgarten“ bereits seit über 90 Jahren in der vierten Generation im Besitz der Familie Biermann befindet. Einkehren kann man hier zu gutbürgerlicher Küche und beispielsweise Aal, Matjes oder Sauerfleisch genießen. Ebenso gibt es hausgemachte Torten, Eisbecher und erfrischende Getränke, die bei geeignetem Wetter auf der gemütlichen Gartenterrasse mit Kübelpflanzen, Beeten und rankender Pergola serviert werden. Hauptattraktion ist natürlich nach wie vor der Irrgarten, in dem es auf einer Fläche von etwa 2.000 m² darum geht, durch das Naturheckenlabyrinth den Eingang zu dem in der Mitte aufragenden Turm zu finden – und dann natürlich auch wieder hinaus aus dem Irrgarten. Ein großer Spaß für Kinder und Erwachsene, aber auch gut für die Schulung des Orientierungssinnes. Sowohl ein Besuch des großzügigen Kinderspielplatzes als auch der Minigolfbahn erfreuen das Kinderherz nach erfolgreicher Rückkehr aus dem Irrgarten. Bei schlechtem Wetter kann man sich eine der sechs Bundeskegelbahnen reservieren. Auch wer mit dem Elektroauto anreist, hat keine Probleme: Eine E-Ladestation auf dem Parkplatz ist eine der neuesten Errungenschaften. Die seit 1927 existierende Ausflugseinrichtung mit Irrgarten und dem zugehörigen Restaurant geht mit der Zeit.

Schloss Hagen und Gutspark
Schloßstraße 16, 24253 Probsteierhagen
www.schloss-hagen.de

Irrgarten
Alte Dorfstraße 100, 24253 Probsteierhagen
www.irrgarten.biz

Pfarrhof und liturgischer Garten Schönwalde

Meditieren an Kreuzweg und Baumpfad

In dem kleinen Ort Schönwalde am Fuße des Bungsberges befinden sich nahe der Kirche des Ortes auf dem Pfarrhof verschiedene historische Gebäude sowie ein kleiner liturgischer Garten, in dem die Blüten zur Vegetationszeit vor allem die Farben des Kirchenjahres, Weiß, Rot, Violett und Grün, abbilden. Weitere Gartenareale, ein Naturerlebnisraum und ein Kreuzweg runden das vielfältige Angebot für die Besucherinnen und Besucher ab.

Die erste urkundliche Erwähnung der Ortskirche stammt aus dem Jahre 1240. Der auffällige dreigeschossige, schlanke Kirchturm wurde in seiner heutigen Form 1852–59 im neugotischen Stil errichtet. Auf dem von einer Feldsteinböschung und einem Lindenkreis umgebenen Kirchengrundstück befinden sich alte Grabmale, die bis in das Jahr 1870 zurückreichen, sowie die 1939 erbaute ehemalige Leichenhalle, die, eingeweiht am Volkstrauertag 2019, zu einem Gedenkort für die Opfer von Krieg und Gewalt umgewidmet worden ist. Gedenktafeln verweisen auf die Kriege des 19. und 20. Jahrhunderts. Es ist ein Mahn- und Gedenkort für den Frieden und für die Opfer aller Kriege und Gewaltaktionen.

Im Pfarrhof in Schönwalde wurde ein liturgischer Garten eingerichtet, in dem die Blüten vor allem die Farben des Kirchenjahres, Weiß, Rot, Violett und Grün, abbilden und in dessen Mitte sich ein Taufstein befindet.

Der liturgische Garten

Über einen kleinen Durchgang gelangt man zum etwas tiefer gelegenen Pfarrhof, in dessen vorderem Bereich

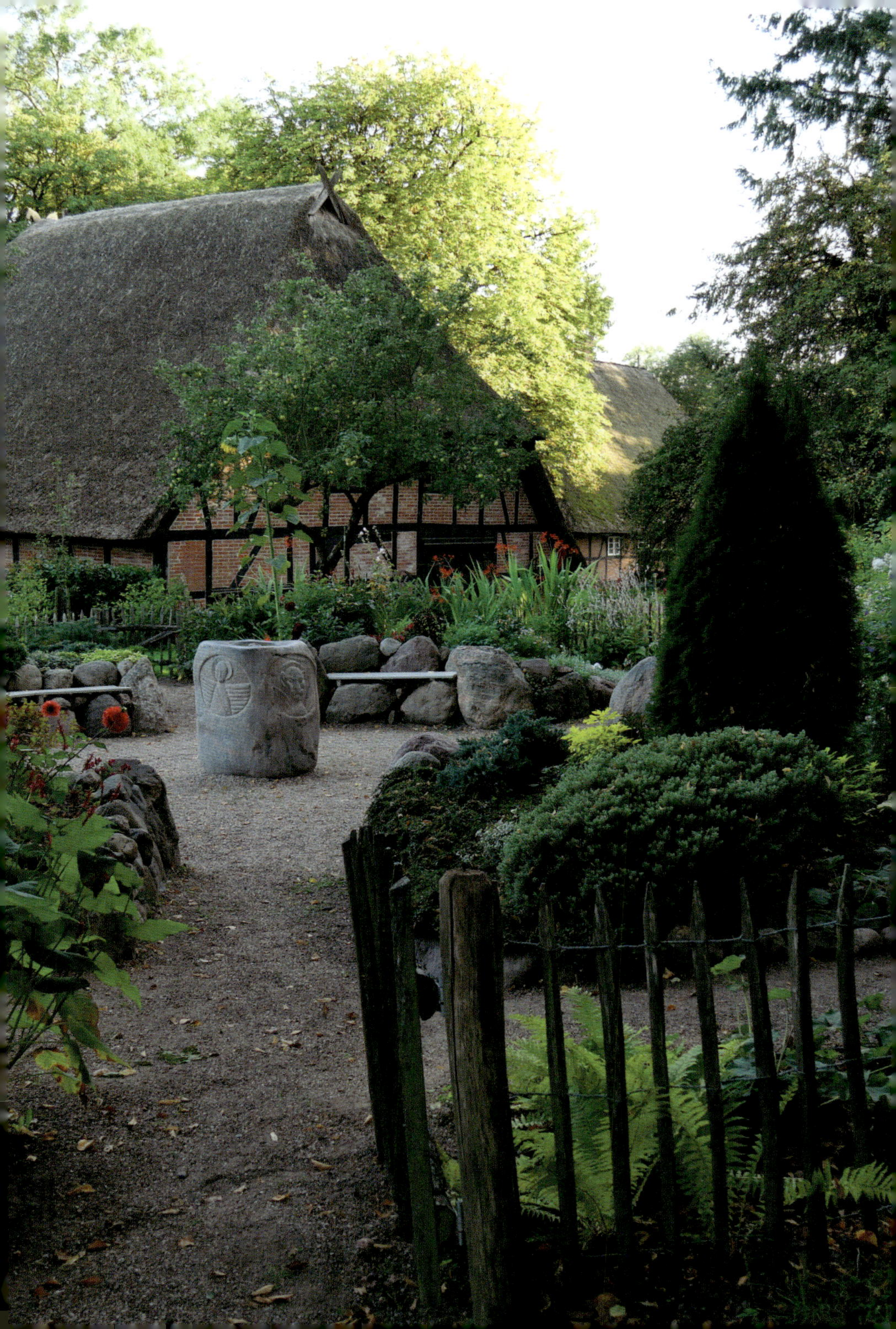

sich der kreisrunde liturgische Garten befindet. Er präsentiert in seinem Blühaspekt vor allem die liturgischen Farben des Kirchenjahres, die hier allerdings gleichzeitig blühen: Weiß für die Freude der hohen Christusfeste Ostern und Weihnachten, Violett für Fastenzeiten der Advents- und Passionszeit, Rot für Pfingsten als Symbol für das Feuer des Geistes, aber auch Gedenktage der Märtyrer und Heiligen sowie Grün als Farbe für die übrige Zeit des Kirchenjahres und als Farbe des (auch geistlichen) Wachstums. So blühen dort weiße Rosen, Stiefmütterchen und Kamille, violetter Storchschnabel, Lavendel, Lauch oder Platterbsen, rote Taglilien oder Dahlien sowie der grünblütige Frauenmantel und die Grüne Nieswurz. Manche Pflanzengruppen wie Rosen, Dahlien, Phlox, Stockrose und andere haben das ganze oder zumindest fast das ganze Blühspektrum der liturgischen Hauptfarben in ihrem Programm, so auch die Tulpen, die bereits im Frühjahr das Beet zieren und die es in weiß, rot, violett und grün im Angebot gibt.
In der Mitte des Liturgischen Gartens befindet sich ein von dem in Nordfriesland lebenden Bildhauer Ulrich Lindow gestalteter Findling, der mit Symbolen der vier Evangelisten verziert ist. Mit der eigens dafür geschaffenen Bronzeschale wird er für Taufzeremonien eingesetzt. Zudem dient der Taufstein als Vogeltränke. Das aus Findlingen gesetzte Rondell wird als Versammlungsort genutzt und ist ein Picknick-Point der Tourismusagentur Holsteinische Schweiz. Den anliegenden kleinen Kräuter- und Gemüsegarten nutzt der Pastor privat.
In der Nähe wachsen Obstbäume, darunter ein stattlicher Quittenbaum. Die blühenden Obstgehölze sind ebenso wie die Blühwiesen und Blütenpflanzen in den Gärten Nahrungsgrundlage für Bienen, Schmetterlinge, Fliegen und Käfer. Hierbei spielen auch angelegte vertikale Blühstrukturen für Blütenbesucher

mit Jelängerjelieber, Goldwaldrebe und verschiedenen Kletterrosen eine wichtige Rolle.

Der Pfarrhof

Neben einem alten Baumbestand prägt ein Ensemble von denkmalgeschützten Gebäuden des 19. Jahrhunderts den Pfarrhof als Stätte der Kultur und Begegnung. Neben dem Pastoratsgebäude finden sich auf dem Areal das Gemeindehaus im historischen Stallgebäude sowie die ehemalige Pfarrscheune, die zu einem neuen Veranstaltungsgebäude entwickelt wurde. Auf der benachbarten Aussichtsterrasse kann Kaffee ausgeschenkt werden. Ein Teil des Hauses wird von der Künstlerin Käte Huppenbauer als Atelier genutzt, wo sie Holz- und Steinskulpturen fertigt, die zum Teil auf dem Areal ausgestellt werden. Das historische Toilettenhäuschen wurde zu einer Büchertauschbörse umfunktioniert und das alte Backhaus mit anliegendem Zeltplatz kann die Pfadfindergruppe des Ortes nutzen. Der Kindergarten der Kirchengemeinde hat Ställe und

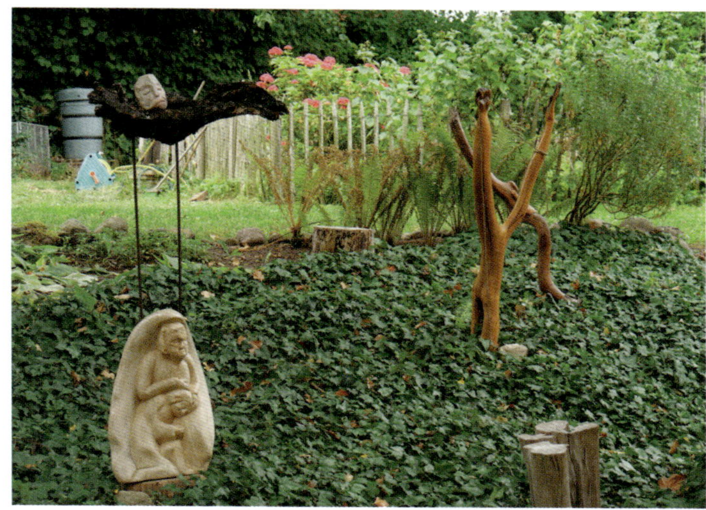

Holz- und Steinskulpturen sind zum Teil nahe der Atelierräumlichkeiten der Künstlerin Käte Huppenbauer im Pfarrhof aufgestellt.

Gehege angelegt und betreibt im Rahmen seiner tiergestützten Pädagogik einen kleinen Kita-Tiergarten, wo auch die Besucher Laufenten, Hühner, Meerschweinchen, Kaninchen und andere Tiere besichtigen können.

Der Kreuzweg

Herzstück des Pfarrhofes ist der zu Pfingsten 2013 eingeweihte Kreuzweg auf dem Gelände, der sich auch über den 2012 eingerichteten Rundweg des Naturerlebnisraumes „Pfarrhof Schönwalde" erstreckt. Der in der Tradition eines geistlichen Kreuzweges gestaltete Pfad ist angelehnt an einen Text von Jörg Zink, einem der meist gelesenen evangelischen Theologen seiner Zeit, aus dessen Buch von 2011 „Die goldene Schnur. Anleitung zu einem inneren Weg". Seine dortige Kreuzwegmeditation über die Passionsgeschichte Jesu ist stark bezogen auf die biblische Darstellung. Zink geht über den Karfreitag hinaus und schließt Ostern, Himmelfahrt und Pfingsten mit ein. Daher besteht dieser Kreuzweg aus 15 Stationen. Er wird gern von Pilgern, die unter anderem

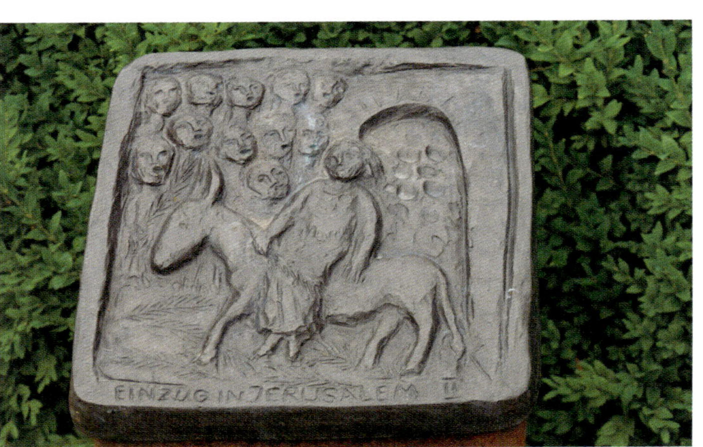

Die Bronzereliefs der 15 Stationen des Schönwalder Kreuzweges wurden von dem Künstler Ulrich Lindow geschaffen; hier der Einzug Jesu in Jerusalem.

den nahe vorbeiführenden Mönchsweg bereisen, besucht, aber auch von kirchlichen Gruppen der Nordkirche oder spirituell suchenden Einzelgästen. Die Meditationsobjekte wurden von dem Bildhauer Lindow geschaffen, der auch den erwähnten Bronzestein des Liturgischen Gartens entwickelt hat. Die auf Stelen montierten Bronzereliefs des Künstlers stehen in Verbindung mit der umgebenden Natur und den Texten Zinks. Die erste Station des Kreuzweges beginnt nahe dem Liturgischen Garten und führt durch die Obstbäume und die Niederung des Naturerlebnisraumes wieder zum Pfarrhof. Die Stationen 11 und 12 (Tod am Kreuz) führen in Richtung Kirche und die letzten drei Stationen 13 (Auferstehung, Ostern), 14 (Himmelfahrt) und 15 (Pfingsten) befinden sich nahe dem Kircheneingang.

Der Biologe, Pflanzen- und Baumkenner Dr. Jürgen Eigner hat in einer kleinen Broschüre „Am Schönwalder Kreuzweg mit Bäumen Leib und Seele heilen" das spirituelle Erleben des christlichen Kreuzweges mit dem spirituellen, auch meditativen Erleben verschiedener Baumarten in Verbindung gebracht. „Bäume können uns Trost, Gelassenheit, Zielfindung und Einsicht in den eigenen Weg vermitteln", so Eigner in seiner Einführung. Ebenso können Bäume uns mit dem Himmel verbinden oder erden, sie können heilen und Botschaften vermitteln. So werden der Fröhlichkeit und Jugendlichkeit vermittelnde Apfelbaum ebenso vorgestellt wie die Energie, Lebenskraft und Inspiration vermittelnde Eiche, der Ahorn als Trost- und Wohlfühlbaum oder der Haselstrauch als Gehölz der Lebensfreude und Lebensbejahung. Auch werden die Rosskastanie, die Esche, die Winterlinde, der Lebensbaum, der Efeu und weitere mit ihren Wirkungen, Eigenschaften und Besonderheiten dargestellt und mit dem Kreuzweg von Zink und Lindow in Beziehung gesetzt.

Der Naturerlebnisraum

Der erwähnte viereinhalb Hektar große Naturerlebnisraum lässt sich durch einen beschaulichen Rundweg nachgehen. Auf diesem befinden sich auch wesentliche Teile des Kreuzweges und des meditativen Baumpfades. Seit 2016 ist der Naturerlebnisraum offiziell anerkannt und die eiszeitliche Gletschersenke wurde wieder vernässt, was ebenso wie andere Naturschutzmaßnahmen von der Stiftung Naturschutz begleitet wurde. So haben sich verlandende Wasserflächen, Röhrichte, Hochstaudensümpfe, Großseggenrieder, Weidengebüsche und weitere Feuchtareale entwickelt, die zeitweilig von Robustrindern beweidet werden. Auf festen Bohlenwegen durch die Feuchtgebiete mit kleinen Plateaus zum Verweilen kann man die Natur genießen und manche Tiere und Pflanzen entdecken: neben Amphibien – unter anderem die gefährdete Rotbauchunke –, Eidechsen, Insekten und verschiedene Vogelarten. Zudem säumen auch interessante Pflanzen den Weg durchs Feuchtgebiet. Hierzu gehören Sumpfdotterblume, Gelbe Schwertlilie, Kalmus, Rohrkolben, Wolfstrapp, Sumpf-Lappenfarn, Blutweiderich und weitere. Die Biologin Dr. Kathrin Romahn konnte bei Erfassungen sechs in Schleswig-Holstein gefährdete Pflanzenarten feststellen. Röhriger Wasserfenchel, Schildehrenpreis und Kuckuckslichtnelke gehören dazu. Ein Waldkauz brütet auf dem Dachboden eines der reetgedeckten Gebäude und der Turmfalke, der im Turm der Kirche brütet, ist bisweilen jagend über der Niederung zu beobachten.

Veranstaltungen und Aktivitäten

Der Schönwalder Pfarrhof hat sich zu einem Ort des Zusammenkommens und vielfältiger Veranstaltungsmöglichkeiten entwickelt. Es finden Gemeindefeste

Ein Bohlenweg führt durch die Feuchtareale des viereinhalb Hektar großen Naturerlebnisraumes „Historischer Pfarrhof Schönwalde“.

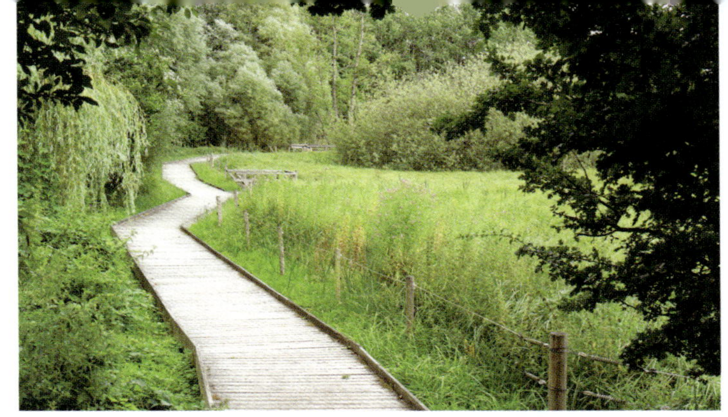

drinnen und draußen statt, ebenso Jugend- und Pfadfindertreffen, kirchliche und nicht-kirchliche Aktivitäten, auch Gartenfeste und -musiken, Seminare, Andachten, naturkundliche Führungen, Vorträge, Kirchenmusiken, Diskussions- und Bildungsveranstaltungen, Lesungen und Filmfestivals.
Der Pastor Dr. Arnd Heling der evangelisch-lutherischen Kirchengemeinde in Schönwalde ist zusammen mit vielen weiteren Aktiven Hauptinitiator und auch Organisator der zahlreichen transdisziplinär angelegten Aktivitäten, wie er es nennt.
Neben einem Besuch der Kirche kann man auch das idyllisch am Dorfweiher gelegene Dorf- und Schulmuseum des Ortes besichtigen. Für Wanderfreudige bietet sich eine kleine Wanderung auf den mit 168 m höchsten Berg Schleswig-Holsteins, den Bungsberg, an. Dort gibt es ein Erlebnisareal für Kinder über die vier Elemente Feuer, Wasser, Erde, Luft und Aussichtsmöglichkeiten sowie die deutsche Küche in dem dort befindlichen Café und Restaurant 168 ü. NN.

Kirche und Pfarrhof, Liturgischer Garten
Kirchenbüro im Pastorat, Jahnweg 2,
23744 Schönwalde *a. B.*
www.kirche-schoenwalde.de/naturerlebnisraum/
liturgischer-garten

Die Alte Gutsgärtnerei Sierhagen
Historisches Gartenambiente

Etwas versteckt im holsteinischen Hinterland, rund zehn Autominuten von Neustadt an der Ostseeküste entfernt, liegt das Gut Sierhagen, auf dessen Gelände sich die letzte fast vollständig erhaltene Gutsgärtnerei in Norddeutschland befindet. Sie steht seit dem Jahr 2000 unter Denkmalschutz. Im historischen Umfeld kann man dort Schaugärten, afrikanische Skulpturen und eine Verkaufsgärtnerei besichtigen und sich neue Anregungen für die Gestaltung des eigenen Gartens besorgen. Beschaulich ausklingen kann man den Besuch im gemütlichen Palmenhaus-Café oder auf dessen Terrasse.

Das Gut Sierhagen wurde bereits im 12. Jahrhundert im Zusammenhang mit einer Klostergründung erwähnt und macht auch heute noch mit dem umgebenden Wassergraben und den beiden Zugängen über die jeweiligen Torhäuser einen wehrhaften Eindruck. Das klassizistische dreigeschossige Herrenhaus stammt in seiner heutigen Form aus dem Jahre 1825. Der moderne Gutsbetrieb bewirtschaftet eine Fläche von rund 1.500 ha und ist bekannt für diverse Veranstaltungen wie Antik- und Trödelmärkte, den Weihnachtsbaumverkauf und die jährlich stattfindende Ambienta, bei der mehr als 150 Aussteller aus allen Bereichen des schönen und genussvollen Lebens Tausende von Besuchern anlocken. Typisch für Gutsanlagen und Schlösser war ein Küchengarten zur Versorgung der Bewohner mit

Im Pflanzenverkauf der Gärtnerei kann der Gartenfreund mancherlei Raritäten entdecken wie beispielsweise unterschiedliche Akelei-Sorten.

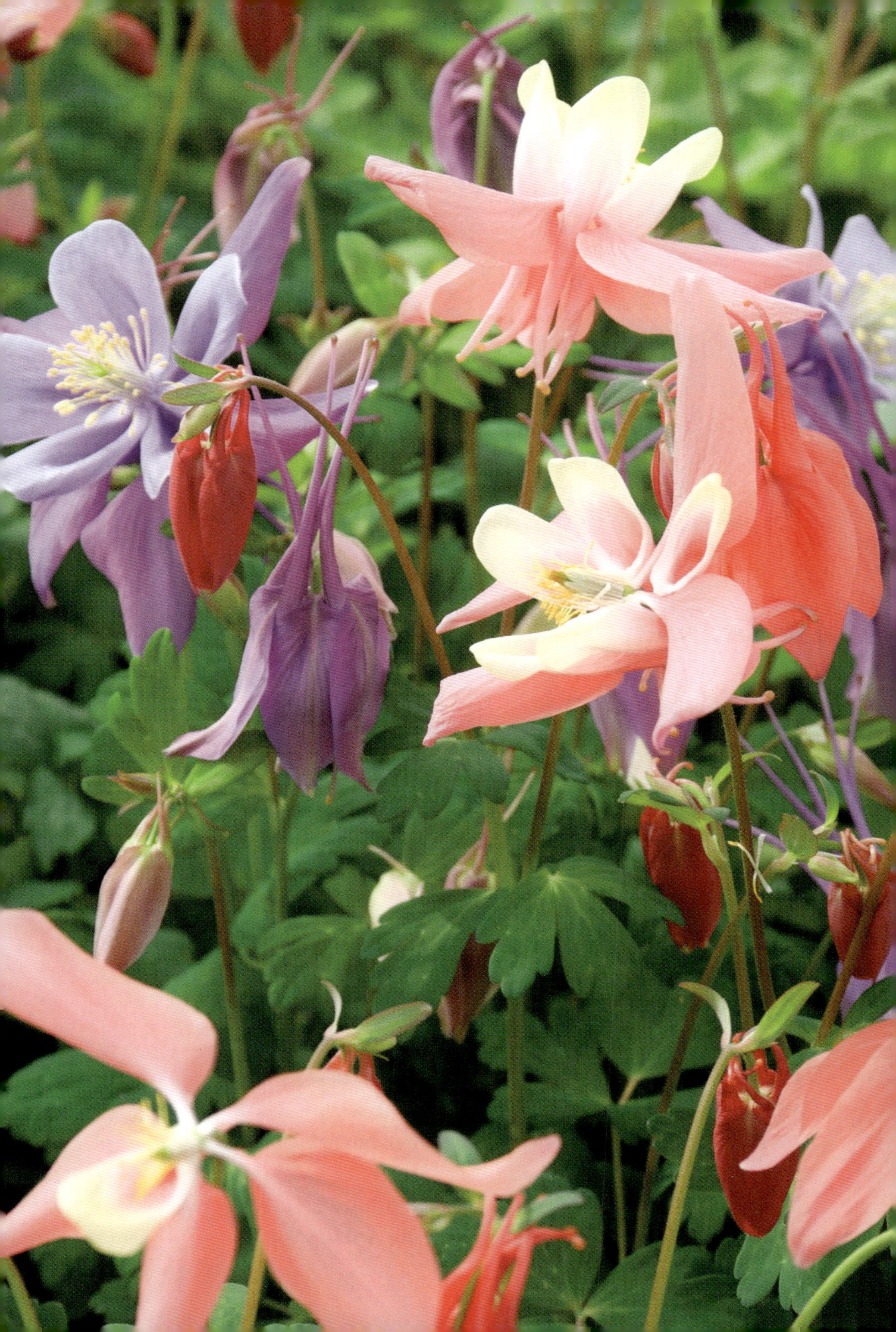

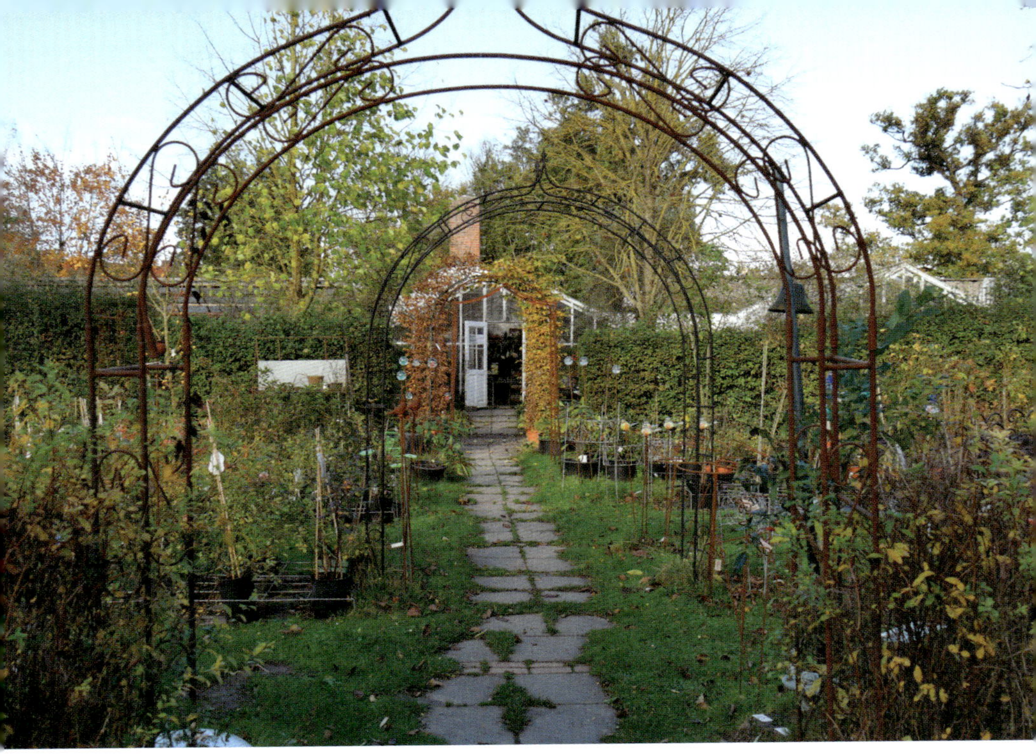

Auf dem historischen Gelände der Alten Gutsgärtnerei in Sierhagen kann sich der Gartenfreund vom Angebot an Pflanzenbesonderheiten inspirieren lassen.

frischem Gemüse, Kräutern und Obst. Zudem lieferten die Blütenpflanzen geeignete Dekorationsmöglichkeiten von Blumenschmuck für die Räumlichkeiten des Herrenhauses und festliche Veranstaltungen sowie Trockenpflanzen für die ganzjährige Dekoration.

Vielfältiges Angebot in der Alten Gutsgärtnerei

Die Anfänge der Gärtnerei liegen weit vor 1900. Die historische Ummauerung, alte Gewächshäuser und das Palmenhaus für die Überwinterung von Palmen und anderen frostempfindlichen Kübelpflanzen des gräflichen Parks sind noch vorhanden. Bis 1964 wurde die Gärtnerei durch angestellte Gärtner bewirtschaftet und verfiel hernach zusehends.
Als Anke Cosmus, die heutige Besitzerin und Betreiberin der Alten Gutsgärtnerei die Anlage vor 21

Jahren entdeckte, war das Areal in keinem guten Zustand, aber die heute 60-Jährige war sofort begeistert. „Die Gärtnerei strahlte etwas Faszinierendes aus. Ich habe sie gepachtet, ein Nutzungskonzept erarbeitet und aufgebaut.“, sagt die Diplom-Biologin, die ihr Studium an der Christian-Albrechts-Universität zu Kiel mit botanischem Schwerpunkt absolviert hat und zudem gelernte Staudengärtnerin ist. Diese Doppelqualifikation bot eine günstige Voraussetzung für die Entwicklung dessen, was heute auf dem Gelände zu besichtigen und zu bewundern ist.
In dem Ausstellungs- und Schaugarten befinden sich neben Bauerngartenelementen mit Gemüse, Obst, Kräutern, Zwiebel- und Sommerblumen sowie Stauden auch eine Apothekerschlange, Wildobsthecken, Sträucher, Bäume und eine Küchenmauer mit Ranken und mediterranen Gehölzen. Hier werden mit Unterstützung des Fördervereins Alte Gutsgärtnerei Sierhagen nicht nur Führungen, Kurse und Seminare durchgeführt, sondern es finden auch Ausstellungen, Lesungen, Feste und Aktionen auf dem Gelände statt. Hier kann Anke Cosmus ihr umfangreiches Wissen

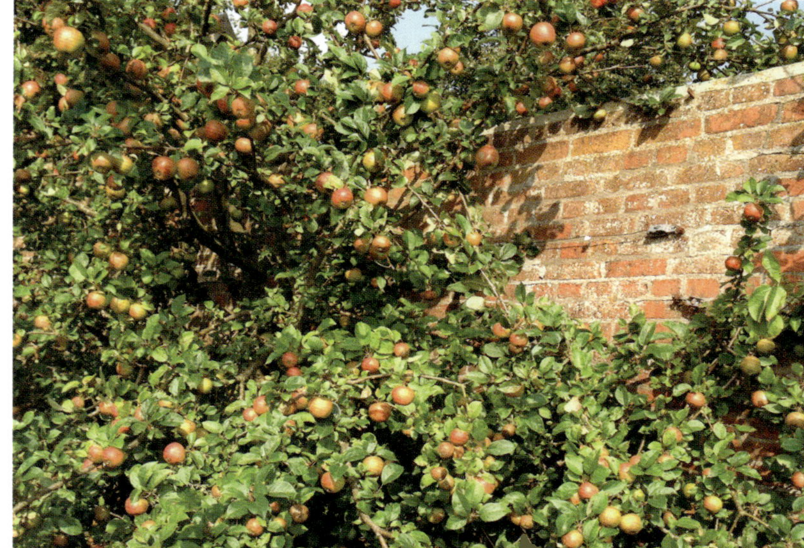

)ie vorhandene ıistorische Um-nauerung der alten ;utsgärtnerei sorgt ür ein günstiges ʗlima für die 'flanzenentwicklung ɪnd lässt die Äpfel ɪn Baum gut edeihen.

weitergeben und die Zusammenhänge, die zu bestimmten Phänomenen in Gärten führen, erklären. So geht es um Natur und Umwelt, die Geschichte der Gutsgärtnerei, aber auch um Gartenkultur und die Pflege von Pflanzen wie den Umgang mit Nützlingen und Schädlingen und deren Ökologie. Aber auch die Düngung im Garten ist immer wieder ein wichtiges Thema. „Ich versuche den Gartenbesitzern zu vermitteln, sich die passenden Pflanzen für ihr Habitat zuzulegen und nicht das Habitat an die gewünschten Pflanzen anzupassen“, erklärt die Biologin, die bei ihren Führungen und in der angeschlossenen Verkaufsgärtnerei gerne den Besuchern mit Rat und Tat zur Seite steht. Man kann auch mal eine erkrankte Pflanze mit in die Gärtnerei bringen und die Chefin und ihr Team versuchen dann, die Symptome zuzuordnen und Tipps für eine Behandlung zu geben.
Bei dem umfangreichen Verkaufssortiment, das aus Spezialgärtnereien in Schleswig-Holstein und eigener Produktion stammt, wird besonderer Wert auf gesunde, kräftige, an das norddeutsche Klima angepasste Pflanzen und hohe Qualität gelegt. Zur umfänglichen Pflanzenauswahl gehören Stauden, Sommerblumen, Gräser, Kräuter- und Heilpflanzen, Zwiebelpflanzen, aber auch Blüh- und Obstgehölze, Wasserpflanzen sowie ausgewählte historische Rosen, die vor allem an das Klima im Norden Deutschlands angepasst und entsprechend robust sind.
Da kann man durchaus manche Rarität oder Besonderheit im Sortiment entdecken und hat die Möglichkeit, sich auch gleich nach den entsprechenden Ansprüchen der Pflanzen zu erkundigen. Das Faible von Cosmus für Duftstauden jeglicher Art erweist sich als einer der Schwerpunkte im Angebot: Es finden sich Agastachen, Phlox, vegetativ vermehrte Rittersporne, Monarden, Salbei, Paeonien, Storchschnäbel und Euphorbien neben verschiedensten Dolden- und

Korbblütlern. Auch bei den Gehölzen gibt es allerlei Duftsträucher wie Jasmin, Flieder und Schneeball. „Bei den Gehölzen liebe ich die umfangreiche Gattung der Schneebälle in ihrer Vielfalt, ebenso wie die Gattung der Hartriegel", erläutert die Biologin und Fachgärtnerin einen der weiteren Sortimentsschwerpunkte in der Alten Gutsgärtnerei.

Gartenzubehör und afrikanische Kunst

Neben den Pflanzen gilt es auch das eine oder andere Gartenzubehör zu entdecken. Töpfe, Gartenkeramik für Innen und Außen, Rankhilfen, Gartendeko, Skulpturen, historische Gartenelemente und eine kleine, aber ausgesuchte Auswahl an Gartengeräten laden die Gartenfreunde zum Stöbern ein.
Auch Freunde afrikanischer Kunst kommen in

Die zu den Primelgewächsen gehörende Götterblume (*Dodecatheon*) ist auch als Sternschnuppenblume bekannt und wird im Pflanzenverkauf der Alten Gutsgärtnerei bisweilen angeboten.

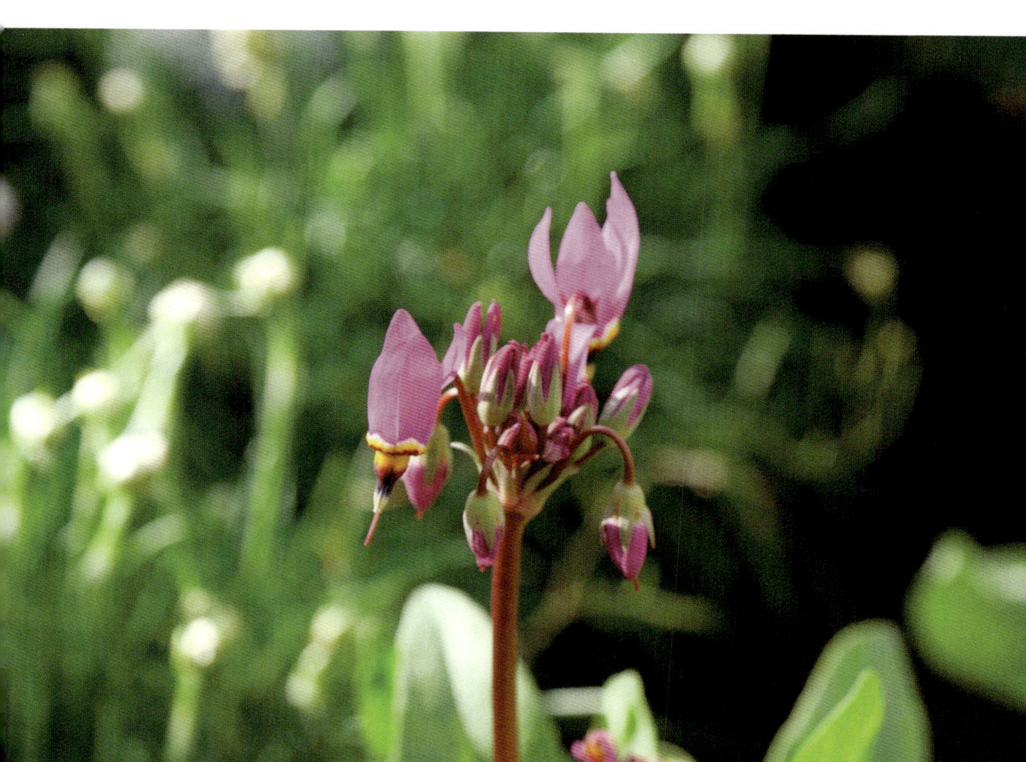

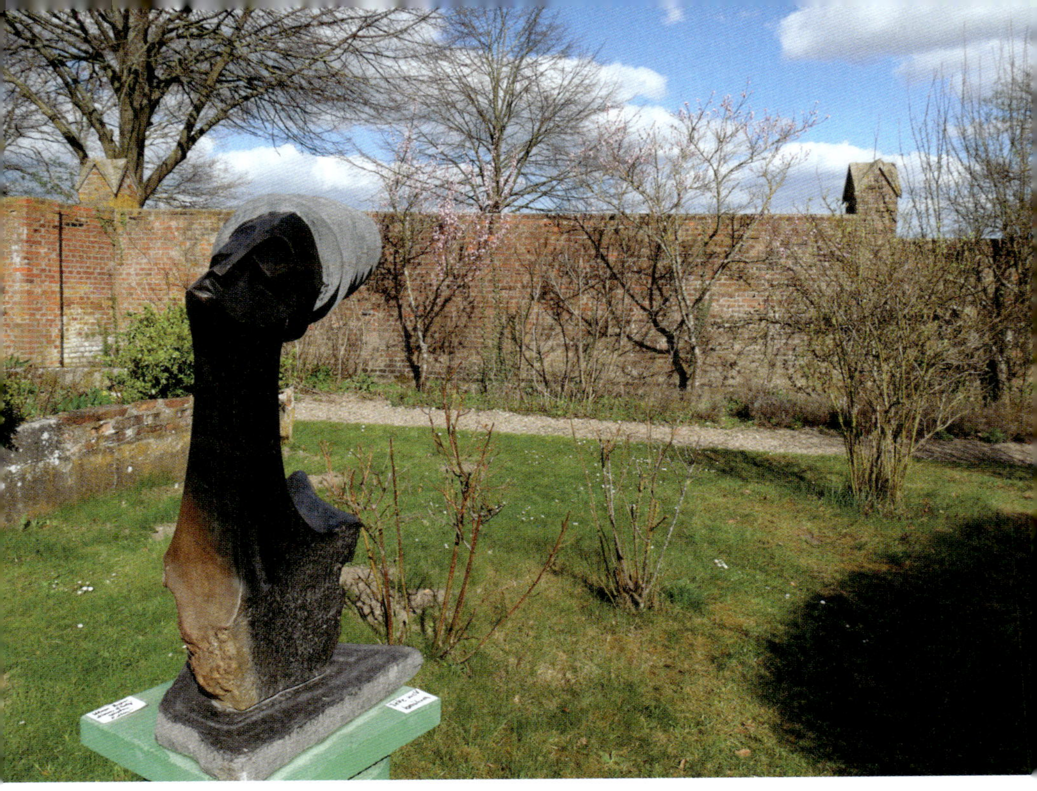

Sierhagen auf ihre Kosten. Über das gesamte Areal verteilt säumen zahlreiche Kunstobjekte aus Zimbabwe der Galerie ZimArt die Beete und Wege. Die 1990 von Dr. Dörte Sievers gegründete Hamburger Galerie (ehemals Galerie Shona) stellt seit 2006 dauerhaft Skulpturen aus Zimbabwe in der Alten Gutsgärtnerei aus. Die Kunstwerke können von den Besuchern käuflich erworben werden, sodass sich das Sortiment ständig ändert. Mindestens jährliche Reisen nach Afrika durch die Galeristin garantieren enge Kontakte zu den Künstlern und einzigartige Originalarbeiten. Sie sichern ein laufend aktualisiertes und frisches Angebot auch in der Sierhagener Gartenanlage.
Nach den vielen Garten-, Pflanzen- und Kunstbesichtigungen kann man noch einen kleinen Besuch der Gutsanlage mit einem Blick auf das

Für Freunde afrikanischer Kunst gibt es ein wechselndes und stets erneuertes Angebot von Skulpturen aus Zimbabwe in der Alten Gutsgärtnerei zu entdecken.

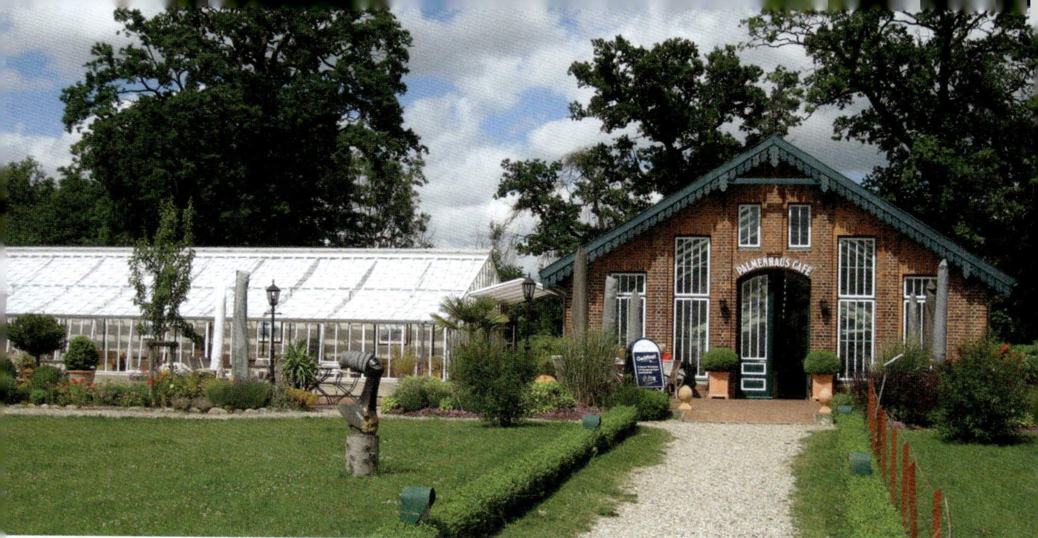

Nahe der Gutsgärtnerei liegt das hochgelobte und weit über die Region hinaus bekannte Palmenhaus-Café, das sich in dem ehemaligen historischen Gartengebäude für frostempfindliche Pflanzen wie Palmen und Zitrusgewächse befindet.

Herrenhaus anschließen oder man besucht die ebenfalls auf dem Areal befindliche Ausstellung „Field and Fun", eine landwirtschaftliche Miniaturwelt mit allerlei Spielmöglichkeiten, die vor allem für die mitreisenden Kinder eine besondere Attraktion bietet.
Einen schönen Besuchsausklang ermöglicht das 1900 erbaute Palmenhaus-Café, von dessen Glashaus, in dem früher die nicht frostharten Pflanzen und Kübelgewächse überwintert haben, oder der einladenden Terrasse, von der man den Blick auf das umgebene Gartenareal und die dahinter sich erstreckende weite Agrarlandschaft genießen kann. Zudem bekommt man eine erlesene Kuchen- und Tortenauswahl geboten. Die Zeitschrift „Der Feinschmecker" wählte das Palmenhaus-Café 2014 und 2018 zu einem der besten Cafés in Deutschland und in der Begründung heißt es unter anderem: „Mehr Idylle im Hinterland der Ostsee geht nicht."

Alte Gutsgärtnerei Sierhagen
Heidberg 1, 23730 Altenkrempe
www.gutsgaertnerei-sierhagen.de

Klosterpark und Klostergarten Cismar
Kultur der alten Mönche

Das Kloster Cismar, nahe der Ostsee bei Grömitz gelegen, gehört zu den bedeutendsten Bauwerken lübischer Frühgotik im Lande. Die umliegende Parkanlage des Klosters mit Klostercafé lädt zu einem kleinen Spaziergang ein und lässt sich zudem auf einem angelegten Naturlehrpfad erkunden. Ein Abstecher ins nahe gelegene Haus der Natur ist ebenfalls lohnend. Neben der größten Schnecken- und Muschelsammlung Deutschlands finden wir dort einen nach historischen Vorbildern angelegten Klostergarten.

Die mittelalterlichen Klostergärten dienten den Mönchen nicht nur zur Selbstversorgung mit Gemüse und Obst, sondern gewiss auch für kontemplative und meditative Rundgänge. Die Unabhängigkeit von außen mit Nahrung, Pflanzenmaterialien, aber auch medizinischen Heilpflanzen spielte eine große Rolle. Allerdings gibt es nur wenige archäologische Befunde und auch kaum erhaltene schriftliche Aufzeichnungen über die Gartenanlagen der Klöster. Bekannt ist aber, dass die Klöster viele Kontakte untereinander hatten. Sie pflegten einen regen Austausch von Samen, Pflanzenteilen, Büchern und Schriften und es verbreitete sich auf diese Weise so manches Wissen über Pflanz- und Anbaumethoden und die erfolgreiche Kultur von Gemüse, Obst, Gewürz- und Heilkräutern. Ihre Erfahrungen und ihr Wissen haben die Mönche vor allem in den anliegenden Klostergartenanlagen erlangt.

Das 1231 gegründete Kloster in Cismar gilt als eines der bedeutendsten Bauwerke lübischer Frühgotik.

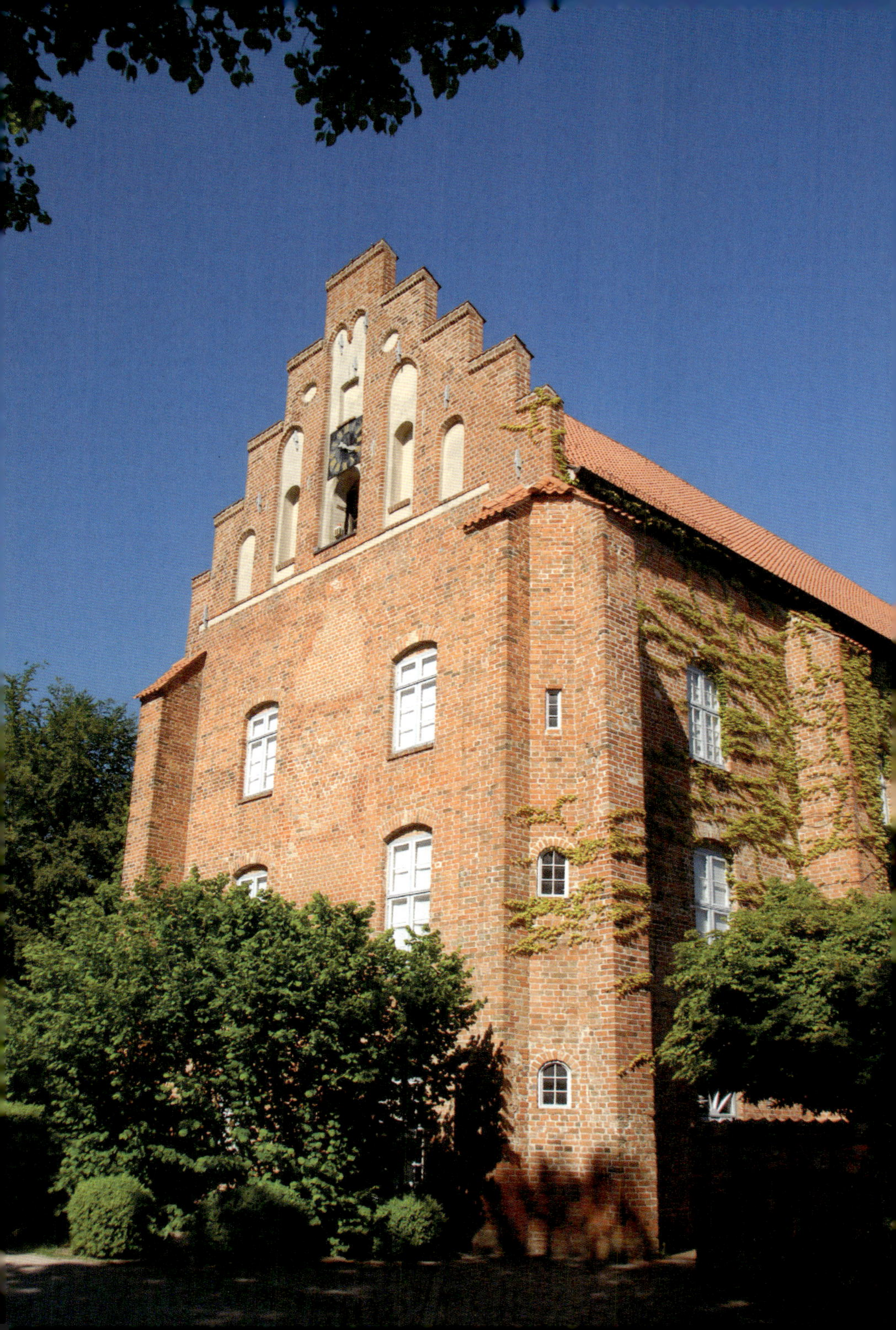

Das Kloster Cismar

1231 wurden die Benediktinermönche aus dem Lübecker Johanniskloster in die Einöde von Cismar verbannt – es wurde ihnen vorgeworfen, in dem Lübecker Doppelkloster allzu eng mit den Nonnen zusammenzuleben. 1238 begannen sie mit dem Bau des Klosters, heute als bedeutendes Bauwerk der Frühgotik bekannt. Der geschnitzte Flügelaltarschrein (1310/20) gilt als der älteste, den die Kunstgeschichte kennt.

Als die wechselvolle Klosterzeit, unter anderem als bedeutender Pilgerort, vor 450 Jahren zu Ende ging, wurde das Kloster säkularisiert und war 400 Jahre Amtssitz, also Landratsamt. In dieser Zeit wurde mit der Umsiedelung von David Reinhold von Sievers von St. Petersburg als Amtmann nach Cismar das

Das Klosterinnere zusammen mit dem wertvollen geschnitzten gotischen Flügelaltarschrein, der nach 1300 in Lübeck erschaffen wurde und ein einmaliges Kunstwerk ist, kann nur zu bestimmten Zeiten und im Zusammenhang mit Führungen besichtigt werden.

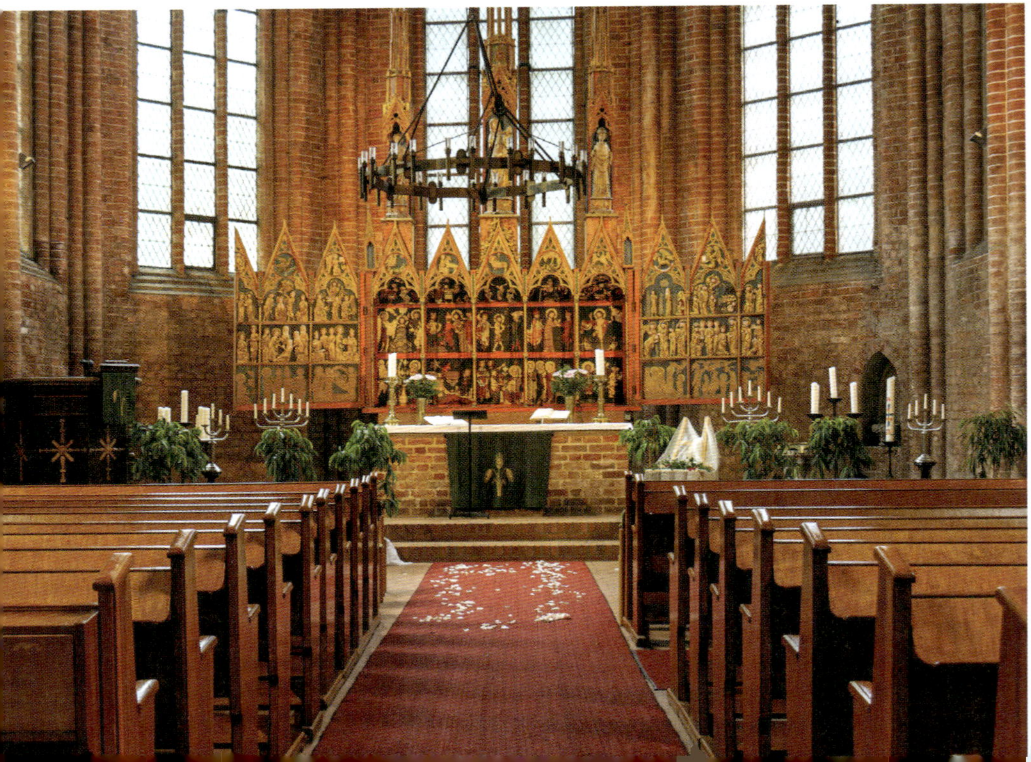

Laienschiff des eigentlichen Klostergebäudes zum Schloss umgebaut. Die Frau von Amtmann von Sievers entstammte der Familie des schleswig-holsteinischen Landesherren Herzog Karl-Friedrich und damit auch der Familie des russischen Zaren. Heute gehört das Kloster zu den Landesmuseen Schleswig-Holsteins und zeigt wechselnde Kunstausstellungen. Die Kirche und die innere Klosteranlage sind im Rahmen von Führungen zu besichtigen, lediglich der Vorraum der Kirche ist während der Saison zu betreten. Es finden Gottesdienste, Feste, Klosterführungen, Kirchenmusiken, Konzerte, Kunst- und Kulturtage statt.

Der Klosterpark

Der Klosterpark in Cismar ist ein ungefähr fünf Hektar großes Areal mit schönem alten Baumbestand. Er bietet Erholungs- und Beobachtungsmöglichkeiten rund um das ehemalige Benediktinerkloster. Die Klosteranlage umfasst vor allem die historischen Backsteingebäude auf der Halbinsel, die von einem Graben- und Ringwall-System umschlossen ist. Der innere Ringwall ist ein beliebter Spazierweg. Die meisten pflanzlichen Bewohner des Klosterparks sind typische Organismen der kalkreichen Buchenwaldstandorte des Östlichen Hügellandes wie das Gelbe Windröschen oder der Mittlere Lerchensporn, die als ursprüngliche Bewohner des Klosterparks gelten. Die Parkanlagen gehörten später zum Sitz des Amtmanns und vielleicht entstammen dieser Zeit die Ansiedelungen von Schnee- und Hasenglöckchen und Nickendem Milchstern. Die großen Bestände des Milchsterns waren in der Umgebung so bekannt, dass die Art von den älteren Einheimischen liebevoll "Klosterblume" genannt wurde. Auf den Tafeln des vom Haus der Natur eingerichteten Naturlehrpfades werden nicht nur die genannten Frühjahrsblüher dargestellt, sondern auch weitere

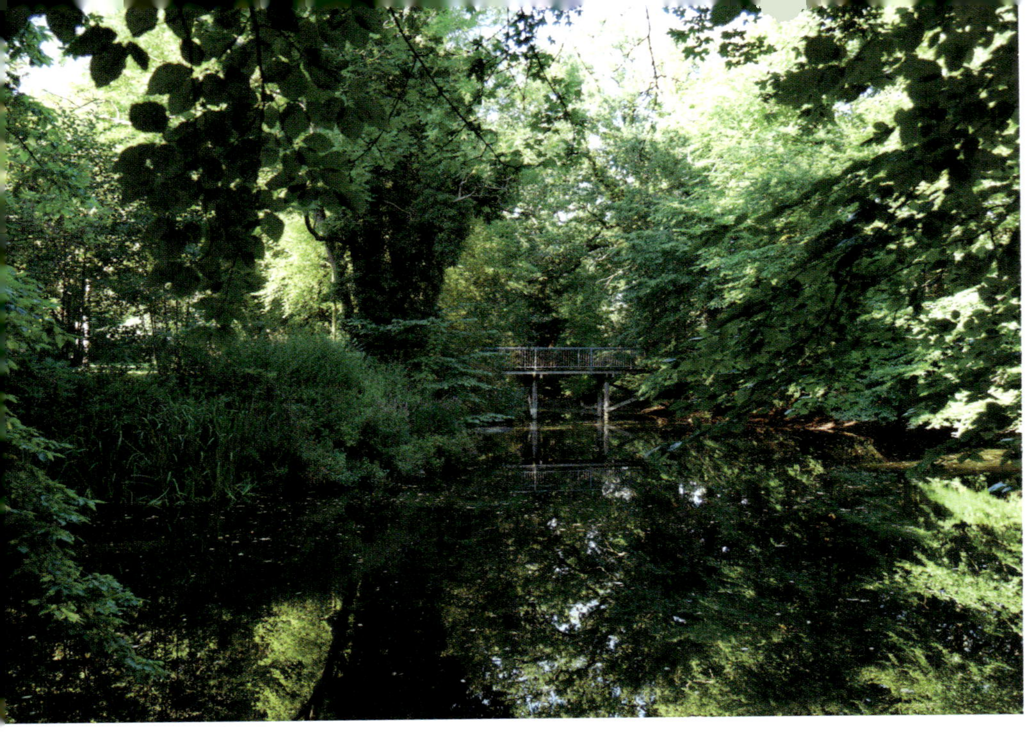

Ein Wassergraben und mit Bäumen bewachsene Erdwälle umgeben das Klosterareal. Ein kleiner Naturpfad mit Infotafeln lädt zu einem Rundgang ein.

Organismengruppen wie die Reptilien und Amphibien, die Totholz bewohnenden Insekten oder die Wasser- und Singvögel des Gebietes. Wichtige Baumarten sind Rotbuche, Esche, Hainbuche, Bergulme, Feldahorn und Stieleiche, von denen die größte in der Südwestecke des Parks steht und etwa 400 Jahre alt sein dürfte. Noch älter sind nur die auf dem anliegenden Friedhof stehenden, als Naturdenkmal geschützten Eiben. Von den Sträuchern seien Weißdorn, Hasel, Holunder, Schneebeere, Kartoffelrose und Roter Hartriegel erwähnt. Im Park machen vor allem die Baumbewohner wie Buntspecht, Kleiber oder Gartenbaumläufer auf sich aufmerksam, denn der alte Baumbestand weist vielfältige Höhlungen und Löcher auf. Außerdem wurden zahlreiche Nisthilfen aufgehängt, um den Park noch attraktiver für Tiere zu machen.
Zu einer kleinen Stärkung kann man sich in das Klostercafé begeben, das sich in einem Nebengebäude

des Klosters befindet. Dort pflegten dereinst schon die Mönche zu speisen. Bei geeignetem Wetter kann man von der anliegenden gemütlichen Terrasse den hausgebackenen Kuchen oder warme Mahlzeiten wie Suppen und Eintöpfe aus der Bistro-Küche genießen.

Der Mühlenteich

Naturkundlich interessant ist auch der dem Kloster gegenüber auf der anderen Seite der Bundesstraße liegende, gestaute Mühlenteich. Er hieß bei den Mönchen Küchenteich, denn sein Fischbestand wurde für die Küche benutzt. Das Gewässer kann man von der Straßenseite aus gut beobachten: Vor allem Enten, Gänse, Rallen und Reiher sind häufig zu sehen, Kormorane übernachten am Mühlenteich, Rohrweihen brüten hier und der Seeadler sucht seine Nahrung. Gelegentlich ist der farbenprächtige Eisvogel zu bewundern.

Haus der Natur und Klostergarten

Nicht weit vom Klostergelände entfernt befindet sich das sehenswerte Haus der Natur, ein mit viel Engagement privat betriebenes Museum, das vor allem durch seine umfängliche Sammlung an Weichtieren, also Schnecken, Muscheln sowie Tintenfischen, weit über die Region hinaus bekannt ist. Hier kann man die ganze Vielfalt der bizarren Formen, faszinierenden Farbgestaltungen und zahlreichen ökologischen Besonderheiten des artenreichen Tierstammes erleben. Es gibt zudem viele weitere Exponate, Präparate, Infotafeln und Ausstellungsstücke, die Einblicke in die heimische Flora und Fauna geben.
Im Außenbereich hat das Haus der Natur an seinem Museumsgebäude einen kleinen Kräutergarten nach historischem Klostervorbild angelegt. Der Rechteck-

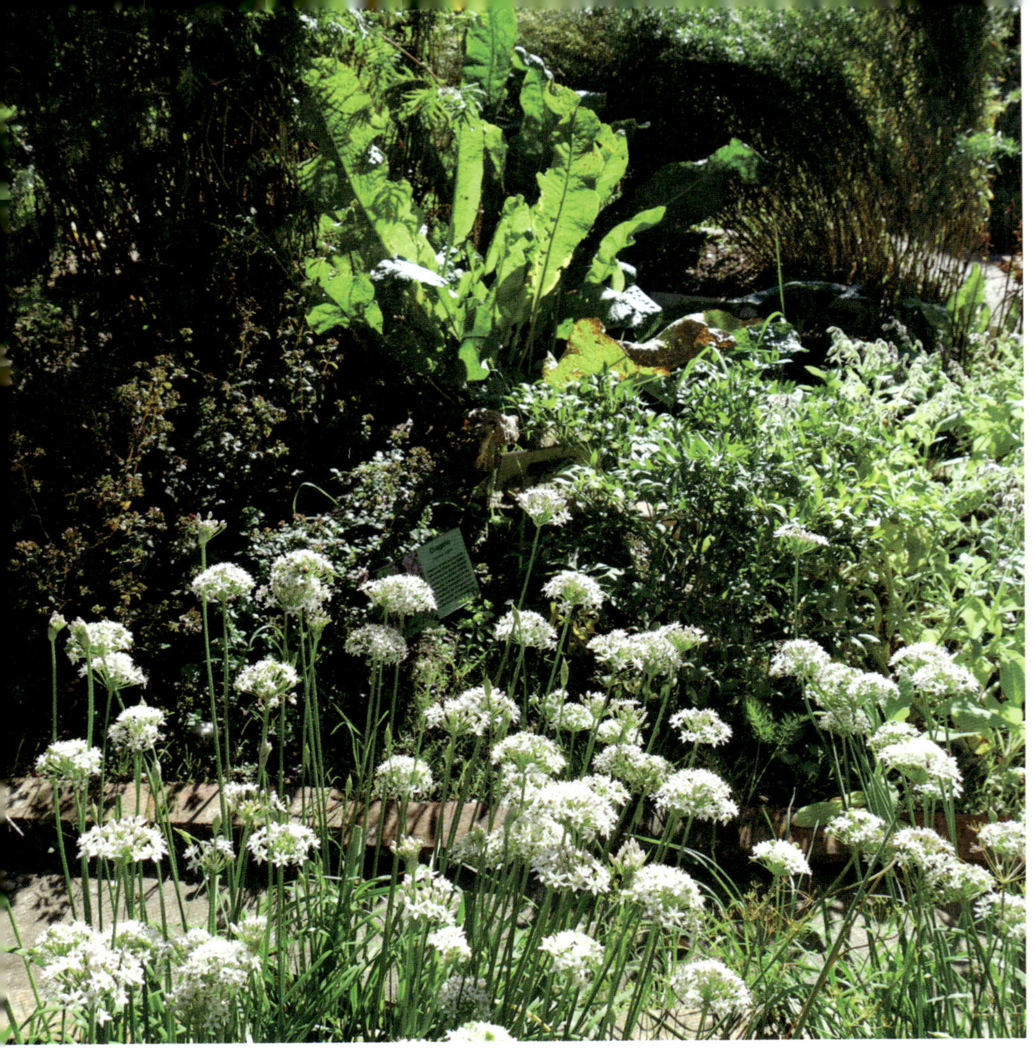

aufbau der Beete dieses kleinen „Herbularius“ lässt mit der Ziegelsteineinfassung und der den Garten umschließenden Hecke noch ein bisschen Klostergartengefühl aufkommen. Heute werden neben den klassischen ungefähr 20 Klostergarten-Kräutern zahlreiche weitere und auch modernere Kräuter für die Küche kultiviert. Ein paar Heilkräuter sind mit dabei. Auf der Beschilderung sind jeweils kurze Angaben zur Verwendung und zur Geschichte der Pflanzen angegeben.

Das Haus der Natur in Cismar, das sich in seiner naturkundlichen Ausstellung vor allem mit Weichtieren (Schnecken und Muscheln) beschäftigt, hat im Außenbereich einen kleinen Klostergarten nach historischen Vorbildern angelegt.

Kunst und Kultur im Umfeld des Klosters

Bekannt ist das Kloster Cismar für seine kulturellen Veranstaltungen wie die Kunst- und Kulturtage im Juni oder das Klosterfest mit mehr als 100 Ständen von Künstlern und Kunsthandwerkern. Man kann aber auch so auf Entdeckungstour gehen und die zahlreichen Ateliers und Werkstätten der Künstler und Kunsthandwerker im Umkreis des Klosters aufsuchen, wie beispielsweise die Kleine Werkstatt im ehemaligen Jägerhaus auf dem Klostergelände, wo Gaby Marschall Kreatives aus Holz und Stoff sowie Dekoratives für Haus und Garten anfertigt und anbietet. Es gibt aber auch Skulpturen und Plastiken, japanische Keramiken von Jan Kollwitz (Urenkel der Künstlerin Käthe Kollwitz), Fotografien, Malkurse und Bildausstellungen, kunstvoll gefaltete Papiere, Vintage-Möbeldesign, maritime Skulpturen aus der Pottery Werkstatt, alte Schriftkunst und manches mehr.
Wenige Kilometer vom Kloster entfernt in Grönwohldshorst liegt der biologisch-dynamisch bewirtschaftete Hof Klostersee, in dessen Hofladen Brote und Gebäck aus der eigenen Bäckerei, Käse wie die pikanten Rotschmiere-Käsesorten und Milchprodukte aus der eigenen Hof-Käserei erworben werden können. Hinzu kommen zahlreiche weitere Produkte aus einem umfänglichen Naturkost-Sortiment. In dem kleinen Café mit Terrasse gibt es dann, weil der Besuch des Klostercafés bereits so lange zurückliegt, nochmals Kaffee und hausgemachten Kuchen.

Kloster Cismar
Bäderstraße 42, 23743 Grömitz
www.kloster-cismar.de

Haus der Natur
Bäderstraße 26, 23743 Grömitz
www.hausdernatur.de

Alter und Neuer Kurpark Timmendorfer Strand

Parkanlage mit Blick aufs Meer

Der mondäne Touristenort Timmendorfer Strand in der Lübecker Bucht ist seit 1951 Ostseeheilbad. Und ein Kurort, der etwas auf sich hält, besitzt einen Kurpark. Timmendorfer Strand hat derer sogar zwei, nämlich den Alten und Neuen Kurpark. Der besondere Reiz der Anlagen liegt in der Nähe zur Ostsee und bietet aber gleichzeitig eine schöne und geruhsame Abwechslung zum quirligen und hektischen Strand-, Einkaufs- und Veranstaltungsgeschehen.

Lediglich der Strand und die Strandpromenade in Timmendorfer Strand trennen den Neuen Kurpark, der auch als Strandpark bezeichnet wird, von der Ostsee. Hier gibt es also mal einen Kurpark, der mit Meeresblick unter Schatten spendenden Bäumen den direkten Anschluss an das Strandgeschehen liefert. Und das nutzt man in Timmendorfer Strand. Bei Veranstaltungen wie Strandkonzerten, Strandkino, Strandpolomeisterschaften wird das Areal des Neuen Kurparks gern mit einbezogen. Das geht hin bis zu Großveranstaltungen wie den Stars am Strand oder den Beach-Volleyball-Meisterschaften, bei denen das größte Strandstadion Deutschlands auf dem Strand vorm Kurparkgelände errichtet wird.

Nicht weit entfernt von Strand, Promenade und Ostsee liegt der Neue Kurpark von Timmendorfer Strand, wo auch eine Reihe höherer Bäume wie diese Robinie die Szenerie auflockern.

Der Neue Kurpark

Der Neue Kurpark, zwischen Strandpromenade und Kurpromenade gelegen, der seit den 1960er Jahren

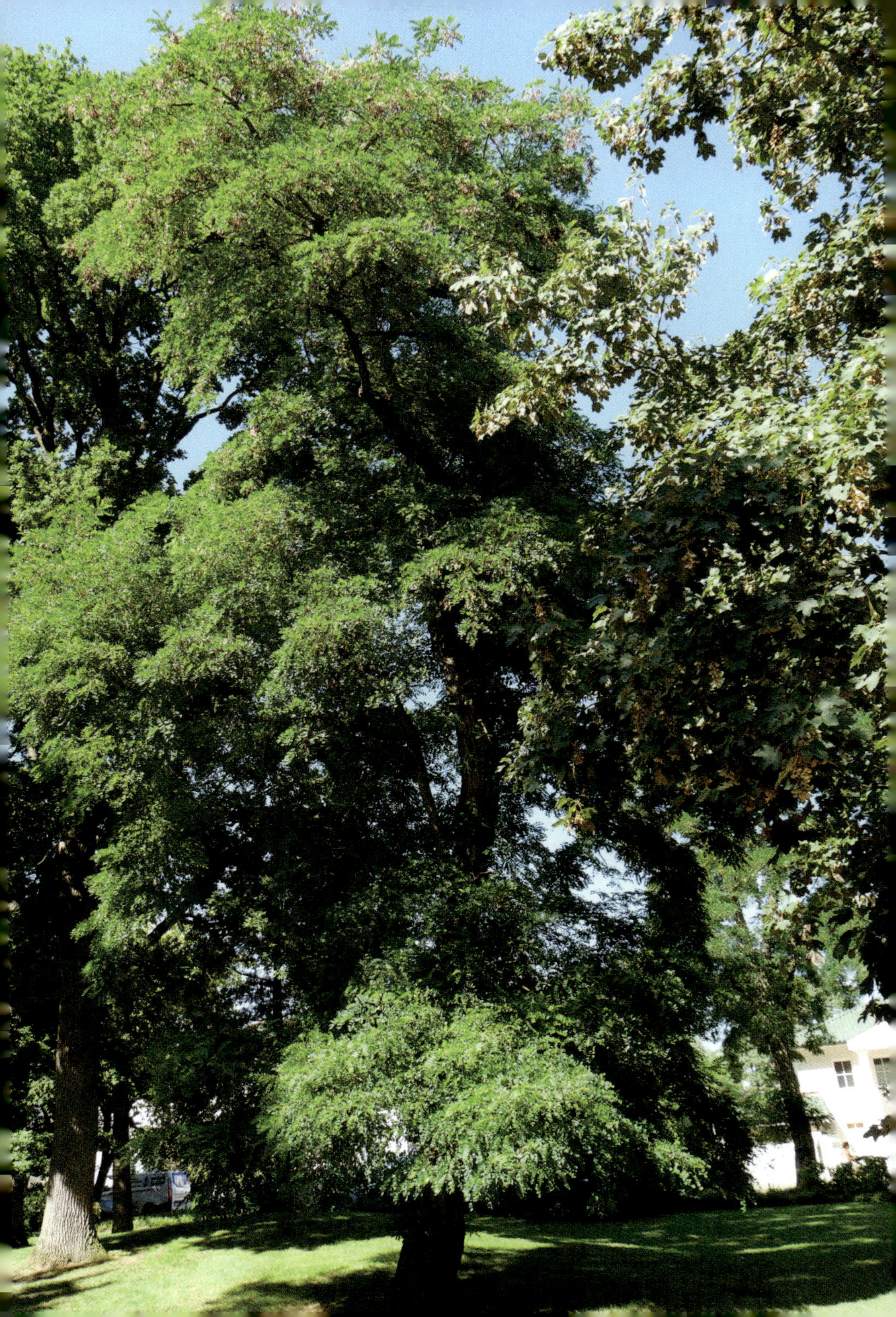

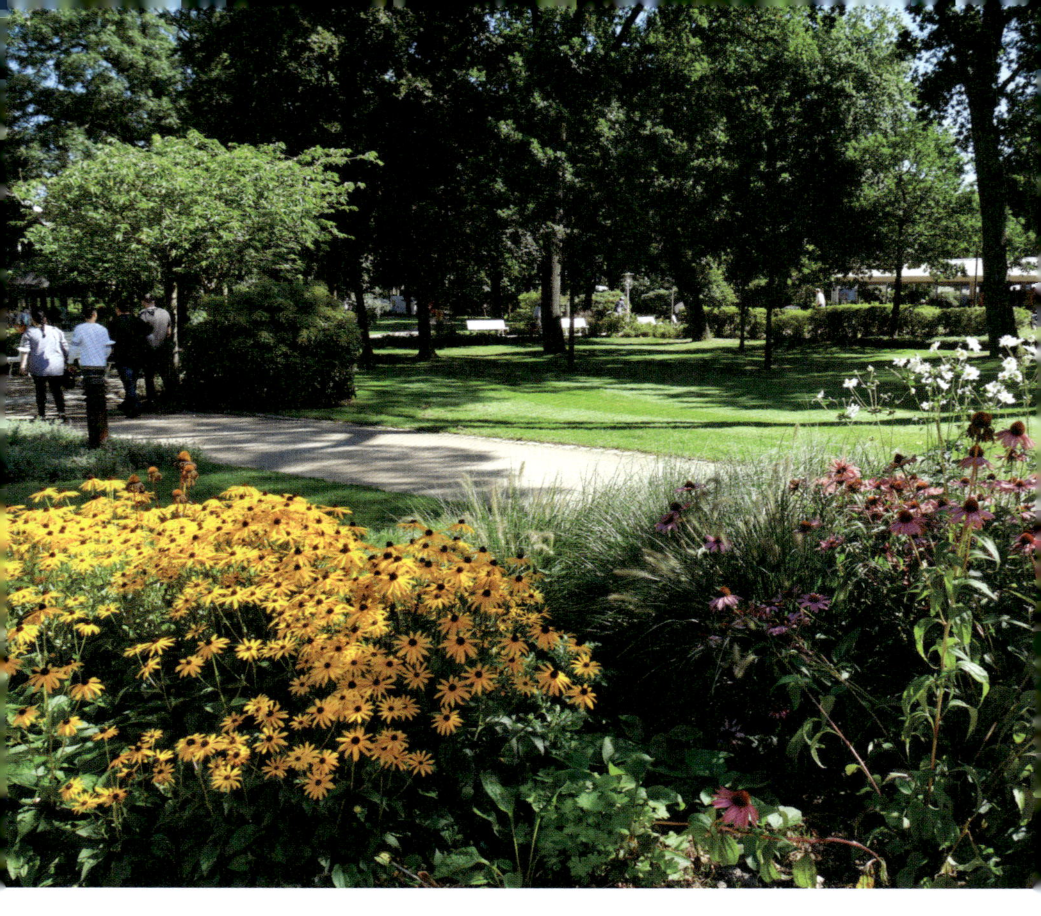

mehrfach umgestaltet worden ist, wird im Norden durch das Maritim Hotel und im Süden durch die Aquarien-Großanlage Sea Life Timmendorfer Strand und einen größeren Spielplatz begrenzt. Vor allem ein Areal lichter Kiefern mit dazwischen liegenden sandigen Grasflächen prägt diesen Park und erlaubt durch den lockeren Bewuchs der Bäume an einzelnen Stellen den Blick in Richtung Meer. Vereinzelt stehen Eichen, selten auch Ahornbäume und Birken. Ein einzelner, nahe dem Maritim stehender kalifornischer Riesenmammutbaum besitzt sogar ein Schild mit dem Hinweis, dass er 1984 von Käthe und Günther Friedrich aus Kalifornien, USA, gepflanzt worden sei.

Neben den Bäumen, Sträuchern und Rasenflächen säumen mit Blütenpflanzen besetzte Beete die Wege im Kurpark. Im Vordergrund blühen Sonnenhut und Echinacea.

Aufgelockert wird das gut besuchte Kurparkgelände auch durch Sträucher wie Rhododendren, Hortensien, Großes Johanniskraut, Rosen und andere. Früher befand sich an dieser Stelle der alte Rosengarten. Heute prägen neben einigen Blumenbeeten beispielsweise mit Katzenminze, Fetthenne, Salbei, Rudbeckien, Sonnenhut und Anemonen vor allem die alte Trinkkurhalle und der Seepferdchenbrunnen das Gelände des Neuen Kurparks.
Die 1952 als Rundbau errichtete Trinkkurhalle ist heute denkmalgeschützt und beherbergt neben einer Außenstelle der Touristeninformation einen Souvenirverkauf. Es finden wechselnde Ausstellungen zu künstlerischen, geschichtlichen und kulturellen Themen statt. Bei der Aktion „Lichtermeer", einem der Highlights im Timmendorfer Veranstaltungskalender, ist neben anderen Arealen des Kurortes und der Kurparkbereiche auch die Trinkkurhalle reich illuminiert. Das Seepferdchen wird von den Tourismusverantwortlichen bereits seit den 1950er Jahren nicht nur als Sympathieträger und Logo verwendet, es ist auch zum Wahrzeichen des Ortes geworden. Lebend ist es im Sea Life Aquarium zu beobachten und als Kunstwerk schweben einige Seepferdchen als Bronzefiguren-Gruppe des Möllner Künstlers Karlheinz Goedtke seit 1982 über dem Brunnen des Kurparks.
Geht man die Kurpromenade, die den Neuen Kurpark vom Alten Kurpark trennt, ein kleines Stück in Richtung Ortsmitte, gelangt man nach wenigen hundert Metern zum Timmendorfer Platz, um den sich neben dem alten Rathaus zahlreiche Geschäfte und gastronomische Einrichtungen erstrecken. Dazu gehören das Café Wichtig (ehemals Café Engels Eck) und das Café Fitz, wo es heißt „sehen und gesehen werden". Man kann hier nicht ausschließen, dass man auf den einen oder anderen Prominenten trifft. Til

Schweiger, Udo Lindenberg, Otto Waalkes, Ireen Sheer und manch andere Prominenz ist gelegentlich zu Gast in Timmendorfer Strand.
Wer es etwas beschaulicher und ruhiger mag, der geht in den etwas weiter in Richtung Binnenland und abseits von Strandtrubel gelegenen Alten Kurpark.

Alter Kurpark

Der Alte, an der Bergstraße gelegene, Kurpark wurde 1934-36 von dem Gartenarchitekten Harry Maasz (1880-1946) angelegt. Er ist einer der Orte in Norddeutschland, wo Maasz seine Planungsvorstellung von einem „Volkspark der Zukunft" realisieren konnte. So kann bis heute jeder durch die geschwungenen Anlagen des Kurparks flanieren und sich erholen. Im Mittelpunkt der rund fünf Hektar großen Parkanlage stehen drei von überwiegend gestutzten Weiden gesäumte Teiche. Sie dienen unter anderem der Entwässerung, da der Park auf einem ehemaligen Feuchtwiesenareal angelegt wurde, wie sich an manchen unbearbeiteten Randbereichen noch erkennen lässt. Im Winter ist bei ausreichendem Frost Schlittschuhlaufen auf den Eisflächen der Teiche möglich.
Die 1950 angelegte Freilichtbühne wurde 2013 entfernt, nachdem sie aufgrund von Protesten der Anwohner wegen des Lärmes bei Veranstaltungen kaum noch genutzt wurde. Auch das 1994 errichtete, zentral im Park gelegene Kurmittelhaus findet kaum noch Verwendung und wurde zuletzt als Corona-Testzentrum Ostsee eingesetzt. Gut genutzt werden der angrenzende Minigolf-Parkour mit Fahrradverleih und die Flächen für die Möglichkeit, Großschach zu spielen. Die aus den 1930er Jahren stammende Skulptur, die nahe dem Kurmittelhaus steht und eine Amazone auf einem Pferd zeigt, stammt von dem Düsseldorfer Künstler Rudolf Zieseniss.

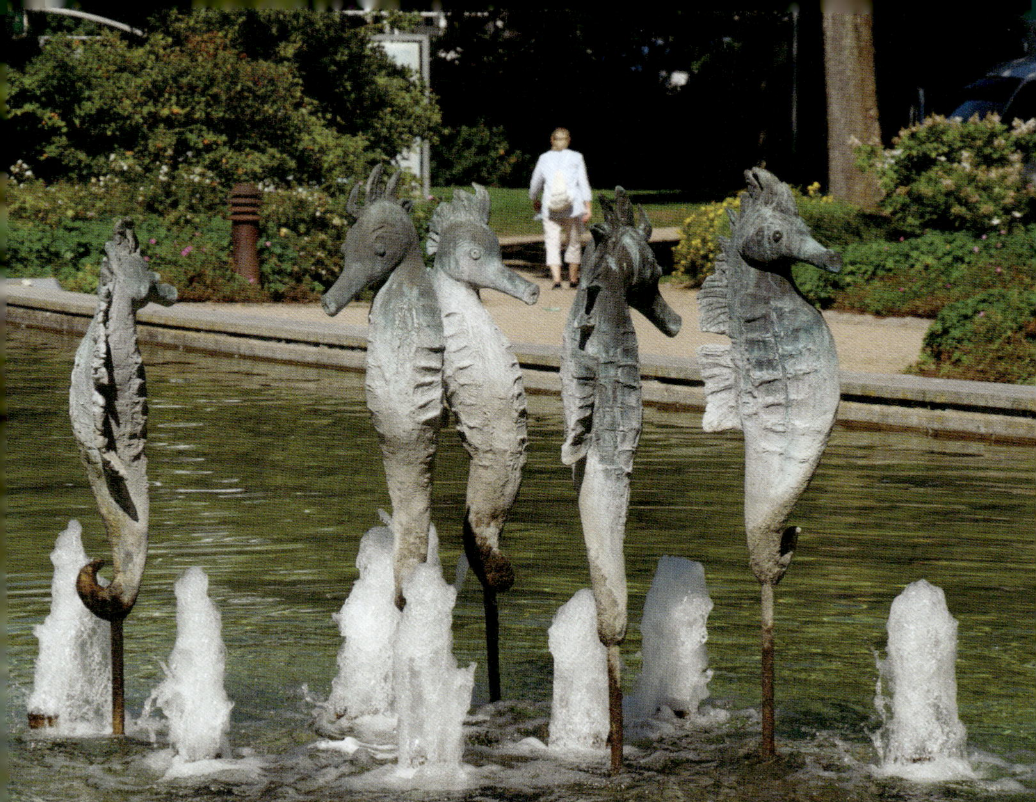

)as Seepferdchen ist :as Symboltier 'immendorfer trands und man egegnet ihm oft in er Werbung und uch Gestaltung des)rtes wie an dem eepferdchen-runnen im Kurpark nit der Bronze-igurengruppe des ünstlers Karlheinz oedtke.

Seit dem Beginn der 2000er Jahre hat es einige Bemühungen um den Erhalt und die Auffrischung des Alten Kurparks gegeben. So wurden die Holzbrücken ersetzt und neue Grünanlagen geschaffen. Seit 2019 gibt es Licht- und Wasserspiele, so kann man zu manchen Zeiten die Springbrunnen plätschern sehen und hören. Zudem wurden im Jahr 2021 auch Mittel für neue und ergänzende Baumpflanzungen genehmigt, wobei vor allem Arten zum Zuge kommen sollen, die auch gegen mögliche kommende, durch den Klimawandel bedingte Hitze- und Trockenheitsperioden gewappnet sind.

Heute prägen vor allem die teichnahen Trauer-, Silber- und Kopfweiden das Areal. Es gibt aber auch Gruppen von Hainbuchen, Fichten sowie solche mit Rotbuchen

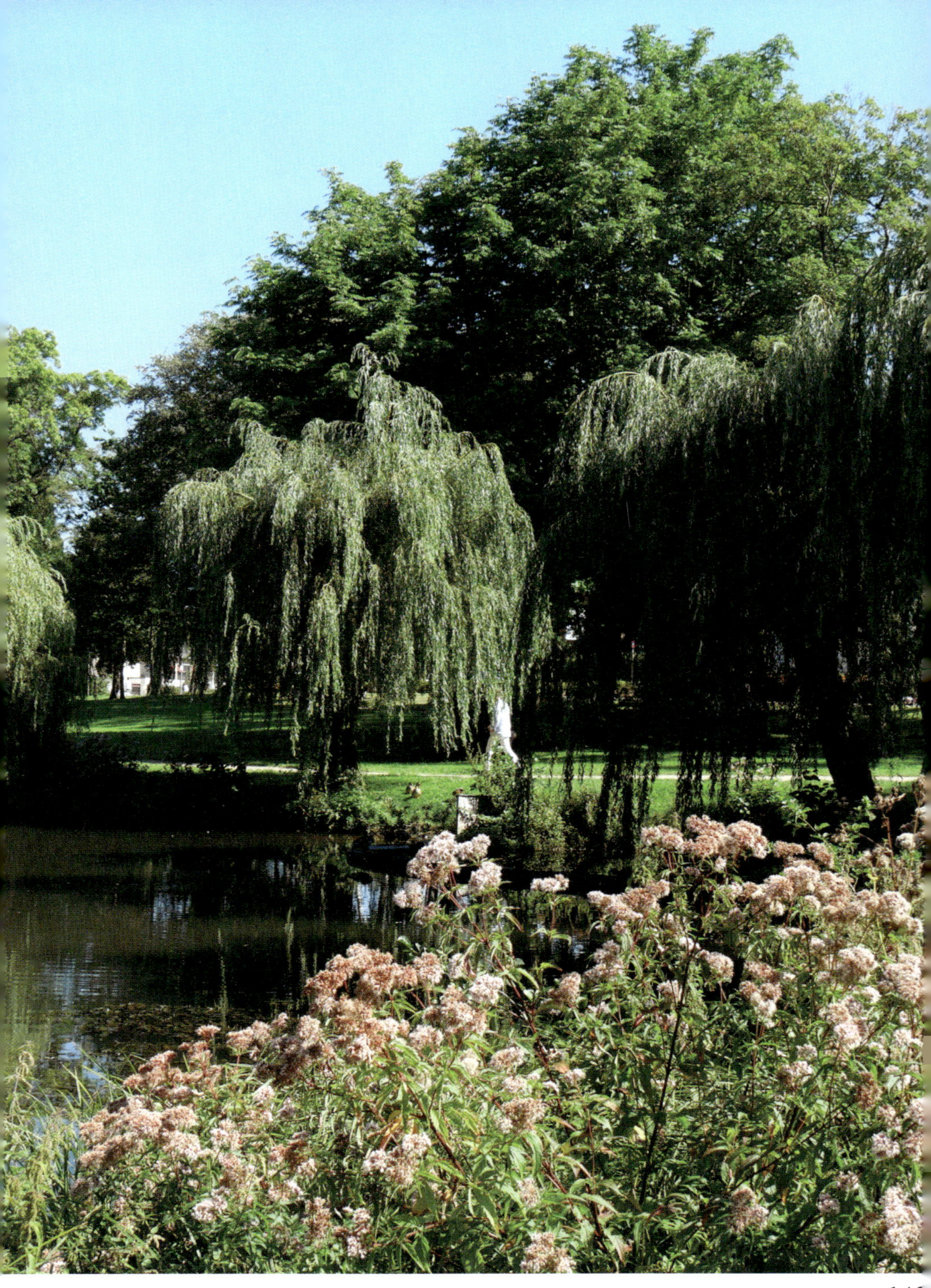

Die Teiche und der Uferbewuchs mit rosafarbenem Wasserdost und anderen Uferpflanzen sowie großen Trauerweiden prägen zusammen mit anderen Baumarten den Bereich des Alten Kurparks.

und Birken. Hinzu kommen einzelne Exemplare von Zierapfel, Ulmen, Ahornen (auch Zucker- und Silberahorn), Flügelnuss, Platane, Gleditschie, Sumpfeiche, Robinie, verschiedene Sträucher sowie einer nach Westen hin den Park begrenzenden Rosskastanienallee. Am Ufer der Teiche kommen Erlen und verschiedene Feuchtigkeit liebende Weidenarten hinzu. Außerdem wachsen Blutweiderich, Kohldistel, Wasserdost und Mädesüß und zum Teil Schilf an den Ufern. Auf den Wasserflächen wachsen Wasserpflanzen und einige Wasservögel tummeln sich dort.

Ausflüge

Wer die Kurparkanlagen in Timmendorfer Strand erkundet hat, kann sich hernach noch ins Strandleben stürzen oder nutzt das umfängliche Einkehr- und Einkaufsangebot des Ortes. Ein Besuch des Sea Life lohnt für den naturkundlich Interessierten, ebenso wie eine Besichtigung des nahe gelegenen Vogelparks Niendorf, wobei man auch den idyllischen Hafen des Ortes mit einbezieht. Wer noch mehr Zeit mitbringt, macht eine Wanderung oder Radtour zum Brodtener Steilufer bis zur Erlebnis-Gastronomie Hermannshöhe oder sogar bis Travemünde. Auch der Besuch der Aalbeek-Niederung bis zum Hermann-Löns-Turm ist beliebt, die man als Wanderung oder Radtour sogar in eine Umrundung des Hemmelsdorfer Sees ausdehnen kann.

Neuer Kurpark
Um die Trinkkurhalle
Kurpromenade 3, 23669 Timmendorfer Strand

Alter Kurpark
Am Kurpark, 23669 Timmendorfer Strand
www.ostsee.de/timmendorfer-strand/kurpark.html

Stadtökologiepfad und Schulgarten *Stadtnatur und Gärten in Lübeck*

Im Lübecker Stadtgebiet gibt es mehrere kleinere und größere Park- und Grünanlagen. Eine schöne Wanderung mit Eindrücken und Erläuterungen zur Stadtökologie bietet der Öko-Stadt-Pfad Lübeck, der zum Immengarten am Museum für Natur und Umwelt und über die historischen Wallanlagen führt. Lohnend ist ebenso ein kleiner Abstecher in den nahe der Wakenitz gelegenen Schulgarten.

Der Laubengang führt im Lübecker Schulgarten in Richtung der Skulptur „Dorothea“ (das Wasser schöpfende Mädchen).

Der 2019 eingeweihte Öko-Stadt-Pfad Lübeck führt die Besucher über elf Stationen durch die nahe gelegene Stadtnatur im Domviertel und die angrenzenden Wallanlagen. Es handelt sich um die Neuerstellung eines bereits vor 20 Jahren auf ähnlicher Strecke angelegten Stadtökologiepfades. Die zweieinhalb Kilometer lange, an allen Stationen beschilderte Rundtour startet und endet am Museum für Natur und Umwelt, das im Süden der Altstadtinsel Lübecks nahe dem Dom gelegen ist.

Öko-Stadt-Pfad mit elf Stationen

Hier befindet sich mit dem am Museum gelegenen Bienengarten sogleich die erste Station. Während der gesamten Vegetationsperiode blüht es in dem Immengarten und neben Wild- und Honigbienen sind an den vielen, zu unterschiedlichen Zeiten blühenden Pflanzen auch Schmetterlinge, Käfer, Schwebfliegen, Wespen und andere Blütenbesucher zu beobachten. Für Nist- und Überwinterungsmöglichkeiten ist durch

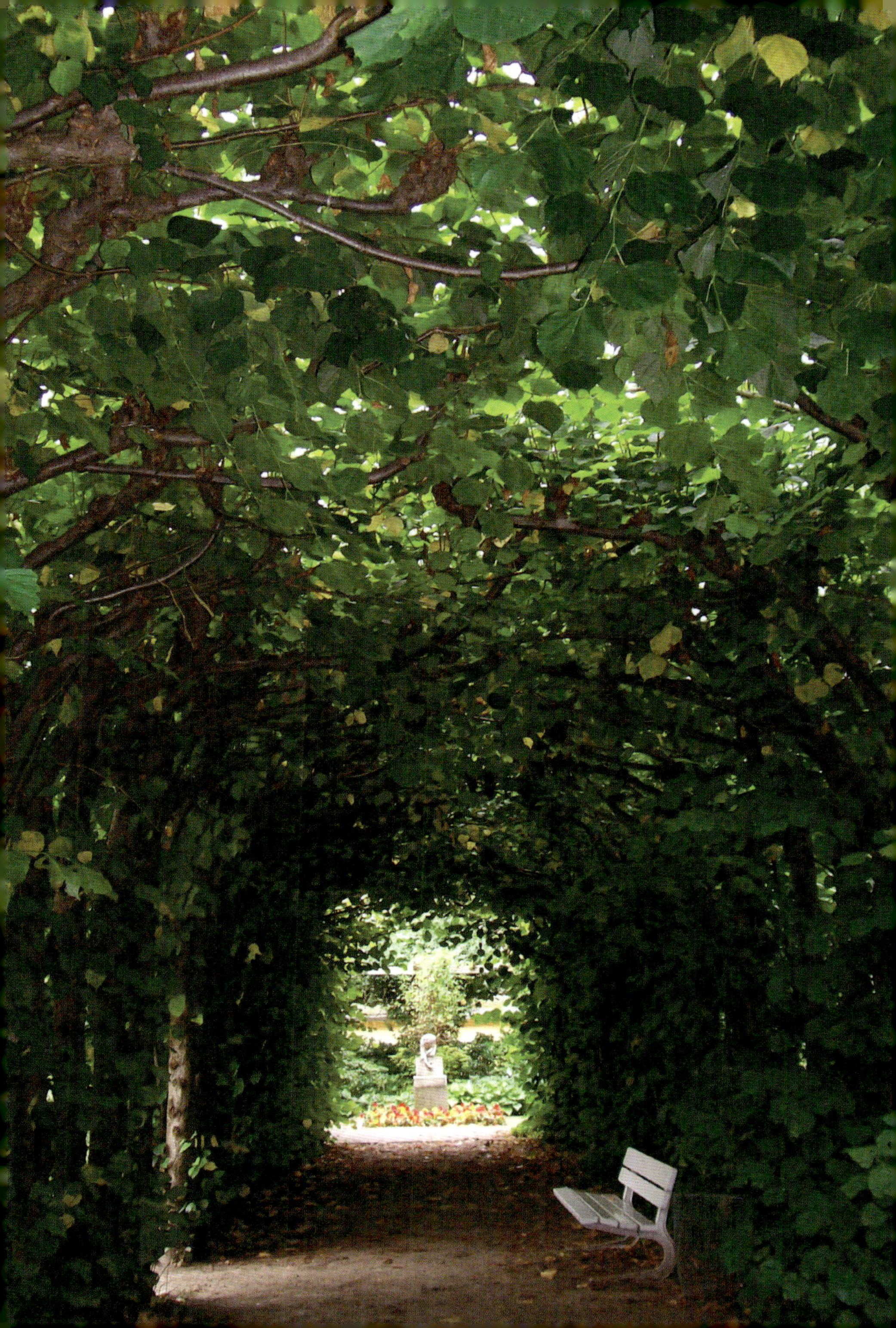

unterschiedliche Wildbienen-Nisthilfen in einer Wand mit löchrigen Lehmsteinen und Holzstücken sowie Halmstrukturen gesorgt. Der muntere Insekten-Flugbetrieb zeigt, dass man mit Blüten-, Vegetations- und Strukturreichtum auch in kleineren Stadtgärten einen Beitrag zum Insekten- und Naturschutz leisten kann.
Gewässerorganismen finden an der Station 2, den Mühlenteichen, ihren Lebensraum. Die aufgestauten Gewässer dienten früher dem Betrieb der Wassermühlen zum Getreidemahlen; heute erzeugt die BürgerEnergieLübeck umweltfreundlichen Strom in einer alten Weizenmühle. In der Gastronomie der Alten Mühle, einer alten Roggenmühle, kann man auf einen Kaffee, ein Gläschen Wein oder einen Flammkuchen einkehren.
So geht es gestärkt an der Station 3 mit alten Parkbäumen von Hänge- und Blutbuche, Schwarzkiefer und Bergahorn vorbei weiter. Wir gelangen nach einer kleinen Steigung zu dem Naturdenkmal „Alte Eiche“ (Station 4). Die über 500 Jahre alte Stieleiche treibt an manchen Stellen noch aus, andere Teile sind bereits abgestorben und werden von einigen der zahlreichen Totholz bewohnenden Tiere und Pilze besiedelt. Eichen können durchaus 1000 Jahre alt werden, aber auch dieses Exemplar hat bereits einiges der Lübecker Stadtgeschichte miterlebt.
Nach der Überquerung der Wipperbrücke halten wir uns in Richtung Freilichtbühne und gelangen auf den alten Stadtwall (Station 5). Diese Stadtbefestigung aus dem 16. Jahrhundert wurde im 19. Jahrhundert von dem bekannten Landschaftsarchitekten Peter Joseph Linné zu einem Landschaftspark umgestaltet. Diese Anhöhe wurde zu einem beliebten Naherholungsgebiet, von dem aus man – sofern es die großen Rotbuchen, Eichen, Eschen, Eiben, Hainbuchen, Kastanien und Ahornbäume erlauben – einen schönen Blick auf den Dom und die südliche Altstadt hat.
Nach einem Abstecher über die Possehlstraße hinüber an den Stadtgraben, wo sich eine naturnahe Uferbefestigung

mit lebenden Silberweiden bewundern lässt (Station 6), geht es an der Trave über eine kleine Fußgängerbrücke in die Altstadt. An der Brücke passieren wir die Stationen 7 (Leben am Wasser) und 8 mit einer Wasser-Ausstiegshilfe für Fischotter und andere Tiere, die sonst die steile Uferbefestigung kaum überwinden könnten.
Ein kleines Stück die Stadttrave entlang geht es in die Hartengrube mit der Station 9, dem Lebensraum Straße. Die noch vor kurzem vorhandene Allee von Robinien, die wegen eines Pilzbefalls gefällt werden mussten, wurde durch hoch wachsende Felsenbirnen ersetzt. Hübsche Strauch- und Kletterrosen und Gartenstauden säumen den Weg, an den Häusern wachsen Wilder Wein, Waldrebe und Kletter-Hortensien. Auch die Vegetation, die zwischen den Steinritzen und am Bordsteinrand wächst, etwa Hirtentäschel, Wegerich, Einjähriges Rispengras, Löwenzahn und Goldrute, kann interessant sein und bietet in der sonst stark versiegelten Stadtlandschaft manchen Tieren Existenzmöglichkeit, produziert Sauerstoff und trägt zum Stadtgrün bei.
Am Dom hält man sich rechts und passiert am Gebäude der Bauverwaltung eine Fassade, die hübsch mit Efeu und Wildem Wein bewachsen ist (Station 10). Der immergrüne, schattenverträgliche Efeu wird in Schleswig-Holstein traditionell gern an Nord- und Wetterseiten für ganzjährigen Schutz angepflanzt, während der laubwerfende Wilde Wein eher an Südfassaden zum Einsatz kommt, weil dann im Winter die wärmende Wintersonne die Fassade erreicht und im Sommer das Laub Schatten spenden kann.
Vor der Rückkehr zum Museum lässt sich vorher noch ein Blick auf die gegenüberliegende Mauer werfen, wo der Besucher an der Station 11 einiges über das Mauerleben erfährt. Hier wachsen neben Algen, Flechten, Moosen und Farnen auch manche spezialisierte Blütenpflanzen, von denen das kleine Mauerzimbelkraut mit seinen hellvioletten Rachenblüten am bekanntesten ist.

Nach dem Rundgang zur Lübecker Stadt-Natur kann man das anliegende Naturkundliche Museum besichtigen sowie der historischen Altstadt mit ihren Gängen und Gassen, den alten Kirchen und zahlreichen Museen noch einen Besuch abstatten.

Der Lübecker Schulgarten

Auch ein Besuch des etwa zwei Kilometer Fußmarsch vom Naturkundemuseum entfernten Lübecker Schulgartens lässt sich anschließen. Vom Museum geht es über Musterbahn und An der Mauer ins Aegidienviertel der Altstadt, von wo es über Hüxterdamm nach Überquerung der Kanaltrave links in die Falkenstraße geht. Von dieser geht nach rechts dann nach einiger Zeit die Straße An der Falkenwiese ab, die direkt auf den Schulgarten zuführt.
Der 1930 eröffnete Lübecker Schulgarten ist das letzte Musterbeispiel eines historischen Zentralschulgartens in Schleswig-Holstein. Im Zuge reformpädagogischer Bestrebungen wurde ein Garten für den naturkundlichen und gärtnerischen Unterricht der Schüler schon frühzeitig gefordert, aber vom Senat aus Kostengründen immer wieder abgelehnt. Pläne für einen solchen zentralen Schulgarten wurden bereits frühzeitig von dem Lübecker Gartenarchitekten Harry Maasz entwickelt, der immerhin 1914 einen Anzuchtgarten zwischen Wakenitz und Kanaltrave anlegen konnte, aus dem sich 1930 endlich der zentrale Schulgarten entwickelte. 2013 gab es einen letzten Versuch der Stadtverwaltung, den Schulgarten wegen der Unterhaltungskosten zu schließen. Seither kümmern sich engagierte Lübecker Bürgerinnen und Bürger mit ihrem Verein zur Förderung des Lübecker Schulgartens um den Erhalt der Anlage. Im Jahr 2017 wurde der Schulgarten in die Denkmalliste der Hansestadt Lübeck aufgenommen.

So findet sich dort eine kleine Oase der Ruhe und des besonderen Gartenerlebnisses nicht nur für die Lübecker und die Gäste der Stadt, sondern auch für die Schüler, die heute unter den Begriffen Grüne Schule und Grünes Klassenzimmer auch die ursprüngliche Aufgabe als anschaulichen Lehr- und Lernort in der Natur und über die Natur wieder mit Leben füllen.
Auf dem 7.000 m² großen Areal sind 2.000 Pflanzenarten zu finden, verteilt über Feucht- und Teichbiotope, ein kleines Alpinum, einen Heidegarten, Wildblumenwiesen sowie blütenreiche Staudenbeete, Areale mit Nutz- und Heilpflanzen sowie einen Bauerngarten. Ein sonnenbestrahlter Senkgarten, ein Seerosenbecken, Laubengänge, Schaubeete, alte Gehölze sowie ein Bücherpavillon mit grüner Fachliteratur zum Lesen vor Ort bereichern das Angebot des Schulgartens.
Besondere Skulpturen wie der „Panther“ des Lübecker Bildhauers Fritz Behn oder die anmutige „Dorothea“ als Wasser schöpfendes Mädchen vom Berliner Künstler Ernst Müller-Braunschweig befinden sich ebenfalls auf dem Gelände. Von Mai bis Oktober lädt das Schulgarten-Café, das culinarium, zu einem kleinen Imbiss. Der Schulgarten selbst ist das ganze Jahr über ein besuchenswerter Ort der Kontemplation, Erholung, Muße und Information – nicht nur für Schüler.

Öko-Stadt-Pfad Lübeck (ÖSP)
Start- und Endpunkt: Museum für Natur und Umwelt
Musterbahn 8, 23552 Lübeck
www.luebeck.de/de/stadtleben/freizeit/natur-erleben/erholung-naturerleben/naturerlebnispfad/index.html

Schulgarten
An der Falkenwiese/Ecke Wakenitzufer
23564 Lübeck
www.luebecker-schulgarten.de

Holsteinische Schweiz

Schlosspark, Alte Schlossgärtnerei und Alter Apfelgarten

Plöner Schlossgebiet und Prinzeninsel

Das weiße Plöner Schloss ragt mit seiner Silhouette landschaftsprägend über dem Großen Plöner See auf und entfaltet für Anreisende aus verschiedenen Richtungen, ob zu Lande oder zu Wasser, einigen Eindruck. Der Schlosspark mit dem Prinzenhaus und weiteren historischen Gebäuden, alten Bäumen und der Alten Schlossgärtnerei lädt zu ruhigen Spaziergängen ein, die man bis auf die Prinzeninsel im See fortsetzen kann, wo sich mit dem Alten Apfelgarten eine weitere besichtigenswerte Gartenanlage befindet.

Ein schöner Startpunkt für die Erkundung des Schlossparks und der Prinzeninsel ist der Schlosshof, von dem aus man einen herrlichen Blick auf den Großen Plöner See genießen kann. Vorbei an der Alten Schwimmhalle mit dem Kulturforum und seinen wechselnden Ausstellungen und dem gleichnamigen Restaurant geht es über den ehemaligen Reitplatz und anliegende historische Gebäude zum Prinzenhaus, das von geschnittenen Gehölzpflanzen, Tulpenmagnolien und Pflanzungen der Rosensorte 'Plöner Prinzenhaus' umstanden ist und dem sich ein historisches Areal mit Lindenalleen, interessanten Baumgruppen und Solitären anschließt. Über den Sportplatz, ein Waldareal oder direkt am See entlang geht es vorbei am Alten Apfelgarten und dem Kadettenfriedhof zur Spitze der zwei Kilometer langen Prinzeninsel, wo sich nicht nur ein schöner Aussichtspunkt, der Lieblingsplatz der

Hoch ragt das Plöner Schloss, erbaut im 17. Jahrhundert während des 30-jährigen Krieges, über dem gleichnamigen größten See des Landes auf.

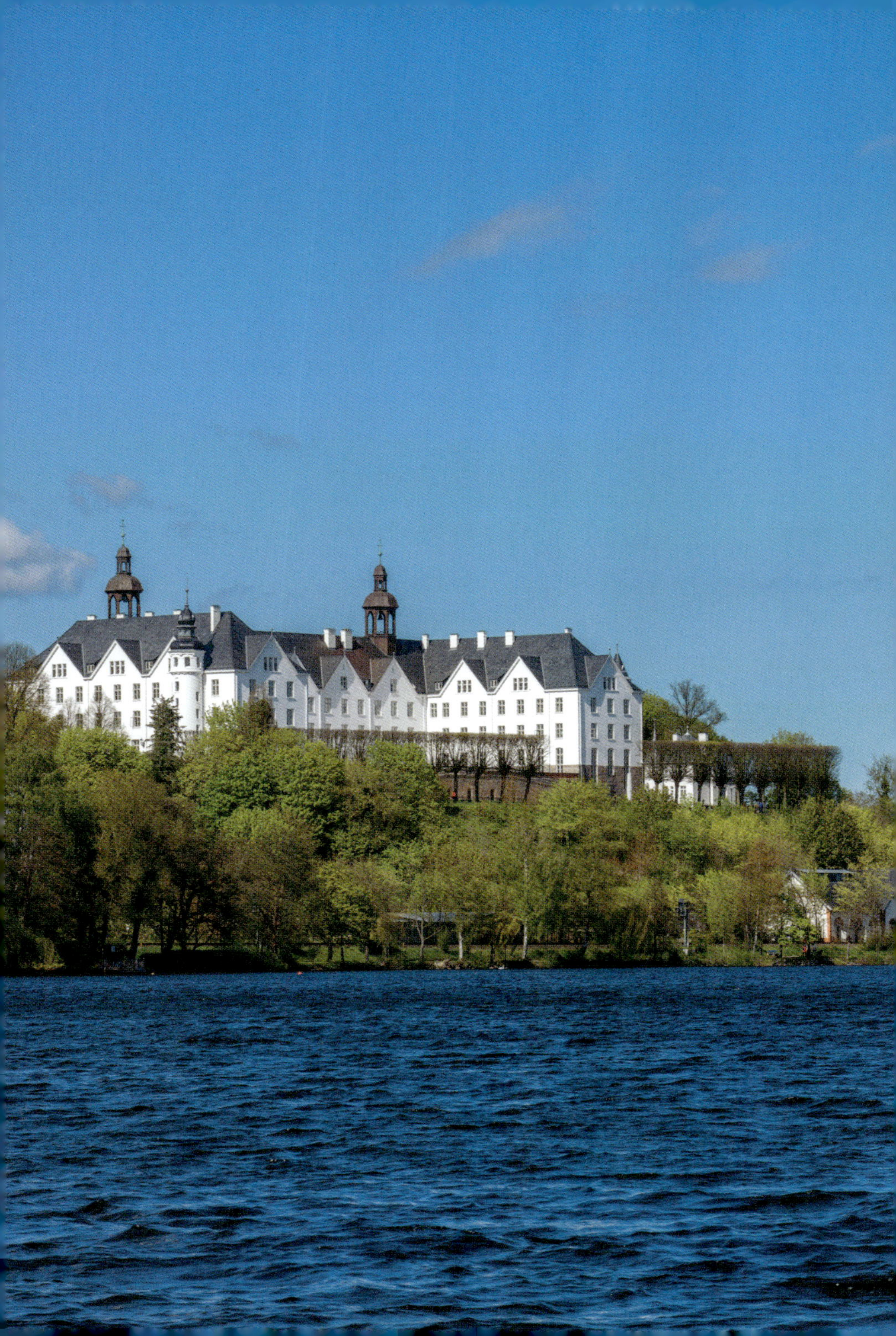

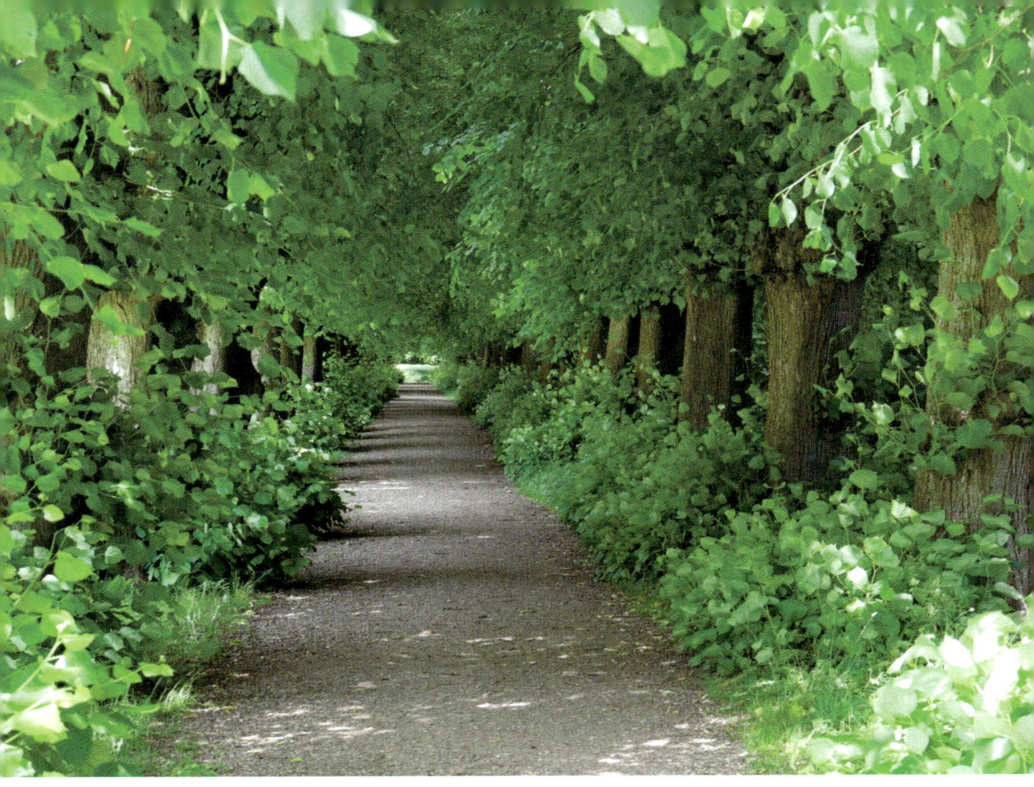

Die beiden doppelten Lindenalleen stammen noch aus den Zeiten der spätbarocken Gartenanlagen.

Kaiserin Auguste Viktoria, sondern auch ein Badestrand und das Niedersächsische Bauernhaus mit einem Restaurant befinden.

Das Schloss

In der Zeit von 1623 bis 1761 war Plön Sitz der Herzöge aus dem Hause Schleswig-Holstein-Sonderburg-Plön. Das uns heute so beeindruckende dreiflügelige und dreigeschossige Renaissanceschloss – nach Schloss Gottorf das zweitgrößte des Landes – ließ Herzog Joachim Ernst zwischen 1633 und 1636 errichten. Die an dieser Stelle befindliche mittelalterliche Burg wurde abgerissen.
Nach 1761 ging das Plöner Anwesen an das dänische Königshaus und wurde im 19. Jahrhundert

Sommerresidenz des dänischen Königs Christian VIII. In der Zeit und zum Teil auch vorher wurden einige bauliche Veränderungen am Schloss vorgenommen. So stammt beispielsweise der weiße Verputz, den man auch von anderen dänischen Schlössern kennt, aus dieser Zeit. Nach den deutsch-dänischen Auseinandersetzungen wurde Schleswig-Holstein preußisch und im Plöner Schloss entstand ab 1868 eine Kadettenanstalt, in der auch die Söhne Kaiser Wilhelms II. ihre Ausbildung erhielten. Die Bezeichnungen der Prinzeninsel und des Prinzenpalais stammen aus dieser Zeit.
Nach 1918 wurde das Schloss als Internat genutzt, während der Zeit des Nationalsozialismus war es Nationalpolitische Erziehungsanstalt. Nach der Beendigung des Internatbetriebes im Jahre 2001 konnte das Gelände von der Fielmann Akademie Schloss Plön erworben werden und dient nach umfänglichen Renovierungen als Aus- und Fortbildungsstätte für Augenoptiker. Weitere Nebengebäude auf dem Gesamtgelände wie Marstall, Kommandeursvilla, Pförtnerhaus, Reithaus (auch Uhrenhaus genannt), Schwimmhalle und Prinzenhaus dienen heute als Wohn- und Verwaltungsgebäude oder werden für kulturelle Veranstaltungen genutzt.

Schlossgarten

Die ältesten Belege für eine Gartenanlage stammen aus den Jahren 1625/26 und berichten von einem herzoglichen Küchengarten, der sich auf dem heutigen Areal des Alten Apfelgartens und des Kadettenfriedhofs auf der Prinzeninsel befunden hat. Ebenfalls auf der zum Schloss gehörigen Insel im Plöner See wurde ab 1671 eine Orangerie mit Lustgarten und später auch einer Wasserkunst und einem Tiergarten entwickelt. Das für den Inselgärtner an der Spitze der heutigen Halbinsel errichtete Wohnhaus ist das heute noch dort

befindliche Niedersächsische Bauernhaus.
Dem Niedergang der Gartenanlagen folgte unter Herzog Friedrich Carl etwa 1730-48 ein erneuter Aufschwung mit der Anlage eines Régencelustgartens nach französischem Vorbild, angeordnet in Form eines großen Rechtecks, versehen mit Hecken und verzierten Beeten und flankierenden Lindenalleen. Das Mittelstück des heutigen Prinzenhauses wurde in der Zeit als Garten- und Lusthaus errichtet und gilt als Perle des Rokoko. In der nachfolgenden dänischen Zeit verfiel der spätbarocke Lustgarten allmählich, von dem heute noch die beiden Lindenalleen erhalten sind. Eine auf dem Gelände eingerichtete Königlich-Dänische Fruchtbaumschule existierte bis 1839. Ab 1840 wurde das Plöner Schloss samt Garten als Sommerresidenz des dänischen Königs genutzt und es begann eine Umwandlung der Gartenanlage in einen Landschaftsgarten. Auf der heutigen Prinzeninsel ließ der König einen reetgedeckten, sogenannten anglo-chinoisen Gartenpavillon errichten. Einige der heute noch zu sehenden alten Bäume wie riesige Blutbuchen, Eichen und Platanengruppen stammen aus dieser Zeit. In Wilhelminischer Zeit wurde das Rokokogartenhaus für die Söhne des letzten deutschen Kaisers Wilhelm II. um zwei neubarocke Flügel erweitert und trägt seither den Namen Prinzenpalais, so wie auch die in den See ragende Halbinsel den Namen Prinzeninsel trägt, wo die kaiserlichen Söhne in Gartenbau und Landwirtschaft unterrichtet wurden. In der Kadettenanstalt des Schlosses erfolgte die militärische Kadettenausbildung. Anfang dieses Jahrhunderts wurden das Prinzenhaus und Teile des Schlossgartens vom Land Schleswig-Holstein an die Deutsche Stiftung Denkmalschutz übertragen, die sich für die Instandsetzung des Kulturdenkmals „Plöner Prinzenhaus“ und den Erhalt des Areals einsetzt. Unterstützt wird die Stiftung dabei von zwei aktiven

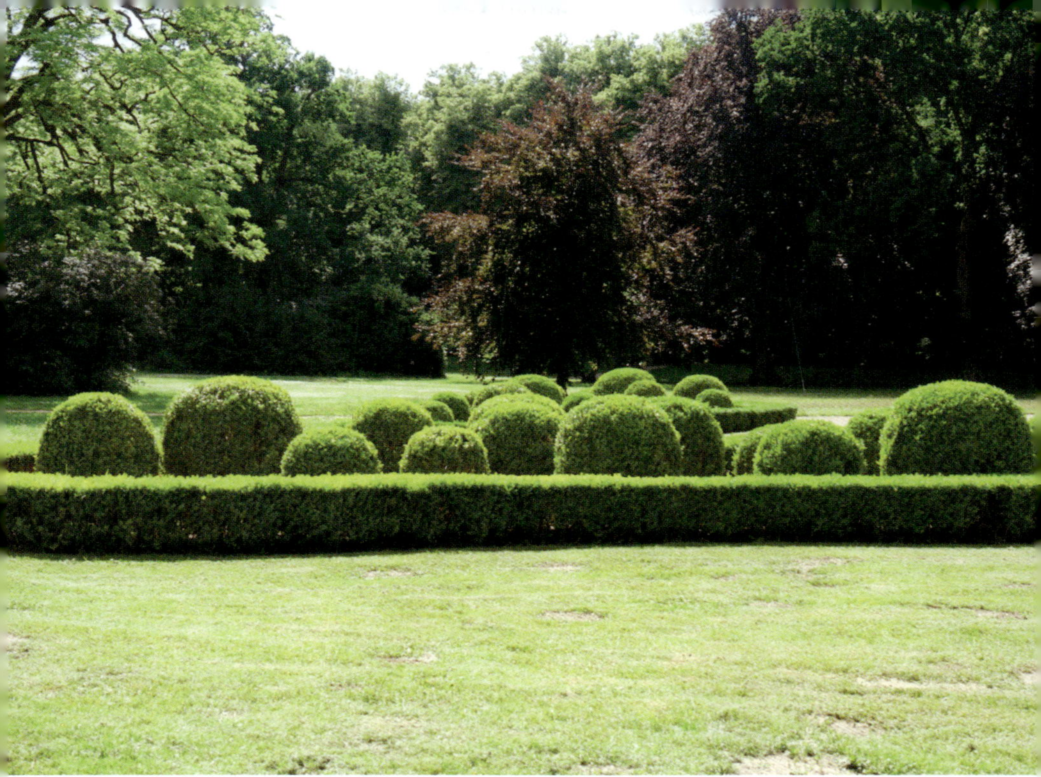

Neben den Lindenalleen, Rasenflächen und alten Bäumen gibt es im Schlosspark auch buchsbaumumsäumte Beete mit kugeligen Buchsbaumgehölzen darin.

Vereinen, die sich unter anderem um das vielseitige Veranstaltungsprogramm in den Räumen des Prinzenhauses kümmern. An Führungen kann man nach Anmeldung sowohl im Prinzenhaus als auch im Plöner Schloss teilnehmen.

Alte Schlossgärtnerei

Nahe dem Prinzenhaus befindet sich die Alte Schlossgärtnerei, die aktuell von donnerstags bis sonntags von Frühjahr bis Herbst geöffnet ist und die einen Besuch lohnt. Hier hat die Biologin Dorit Dahmke vor über 20 Jahren den verwilderten ehemaligen herzoglichen Melonengarten in einen naturnahen Nutz- und Schaugarten verwandelt. Der Schwerpunkt liegt auf Kräuter- und Gemüsespezialitäten, von denen einige

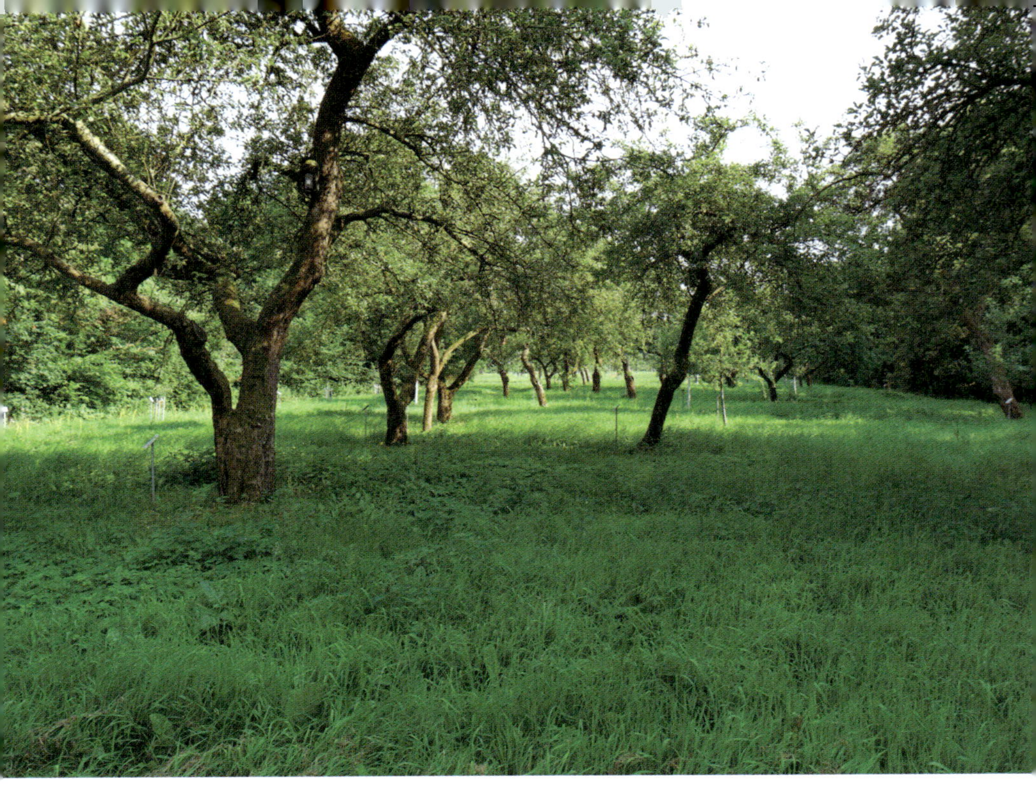

Alte Obstbäume, aber auch Neupflanzungen von Obstgehölzen prägen den Alten Apfelgarten auf der Plöner Prinzeninsel.

auch vor Ort erworben werden können. Im Hofladen der Kräutermanufaktur gibt es verarbeitete Produkte aus dem Garten wie frische Pestos, leckere Marmeladen, Säfte, Sirups, aber auch verschiedene Apfel- und Beerenfrüchte, Kräuter- und Gemüsespezialitäten sowie Kunsthandwerk. In einer weiteren Verkaufsstelle (Gärtnerei Moos) sind ausgewählte Zierpflanzen, hochwertige Gartengeräte, Nistkästen und Weiteres zu erwerben. Entspannen kann man im Café Gröönte bei Kaffee oder frischem Kräutertee auf der Sonnenterrasse mit Blick in den Garten.
Gern führt die Biologin Gruppen durch ihr Gartenparadies und veranstaltet Kurse und Workshops zu unterschiedlichen gartenbezogenen Themen. Es finden aber auch andere Veranstaltungen, Lesungen und Konzerte im ansprechenden Ambiente des am

Seehang gelegenen Gartenareals mit Blick auf das höher gelegene Plöner Schloss statt.
Hier kann man auch einfach einmal durch den Schaugarten streifen und auf Entdeckungstour gehen. Da gibt es dann Kräuter, die den Geschmack von Curry, Ananas, Olive oder Cola bieten, oder die Vielfalt der Pfefferminzpflanzen und unterschiedliche Zitronendüfte sind zu entdecken. Ebenso kann man Färberpflanzen finden, wie die Färbetagetes oder Pflanzen, die zum Waschen verwendet werden können, wie Birke, Efeu und Seifenkraut. Bei den Gemüsepflanzen mit essbaren Knollen gibt es nicht nur die Klassiker Topinambur und Kartoffel, sondern auch Eibisch, Knollenziest, Erdkastanie und Weitere werden präsentiert. Vielleicht lässt sich hier die eine oder andere Spezialität für den eigenen Garten entdecken und die Beratung zu den jeweiligen Ansprüchen und Besonderheiten der Pflanzen bekommt man dann durch die kundige Biologin und Gartenfachfrau Dorit Dahmke gleich mitgeliefert.

Alter Apfelgarten

Vom Prinzenhaus in südöstlicher Richtung über den Sportplatz gelangt man in ein kleines Waldstück, wo auf einer Anhöhe der barocke Jagdstern liegt. Von dem kleinen Jagdunterstand gehen sieben Wege ab, weshalb dieser Punkt auch als Siebenstern bezeichnet wird. In südlicher Richtung gelangen wir zum Alten Apfelgarten, der sich auf dem historisch ältesten zum Schloss gehörigen Gartengelände befindet. Der im Jahre 1999 gegründete Verein Freunde des Plöner Prinzenhauses hat das Areal seit 2006 von der Stadt Plön gepachtet. Er erstellte ein Konzept zur denkmalgerechten Wiederherstellung des einen Hektar großen, völlig verwilderten Geländes und betreut es seitdem ehrenamtlich. Besonders erwähnenswert sind die Obstbäume, bei denen es sich um historische und seltene Sorten handelt.

Zahlreiche Patenschaftsschilder bei den jeweiligen Bäumen zeugen vom regen Interesse der Besucher und der Bewohner der Stadt Plön an „ihrem“ Apfelgarten. Vom Verein wurde ein nach allen Seiten hin offener, von mehreren Säulen getragener Pavillon genau an der Stelle errichtet, an der vormals der ganz ähnlich aussehende Gartenpavillon des dänischen Königs stand. Engagierte Vereinsmitglieder haben Blumenbeete angelegt, Insekten- und Vogelnisthilfen eingerichtet. In Anlehnung an das historische Vorbild wurden vom Pavillon ausgehend wieder Sichtachsen in Richtung See und zum Schloss hin angelegt.

Der neue, von Säulen getragene Pavillon im Alten Apfelgarten steht in gleicher Größe am Ort des historischen Gartenpavillons, den der dänische König Christian VIII. 1840 hier errichten ließ.

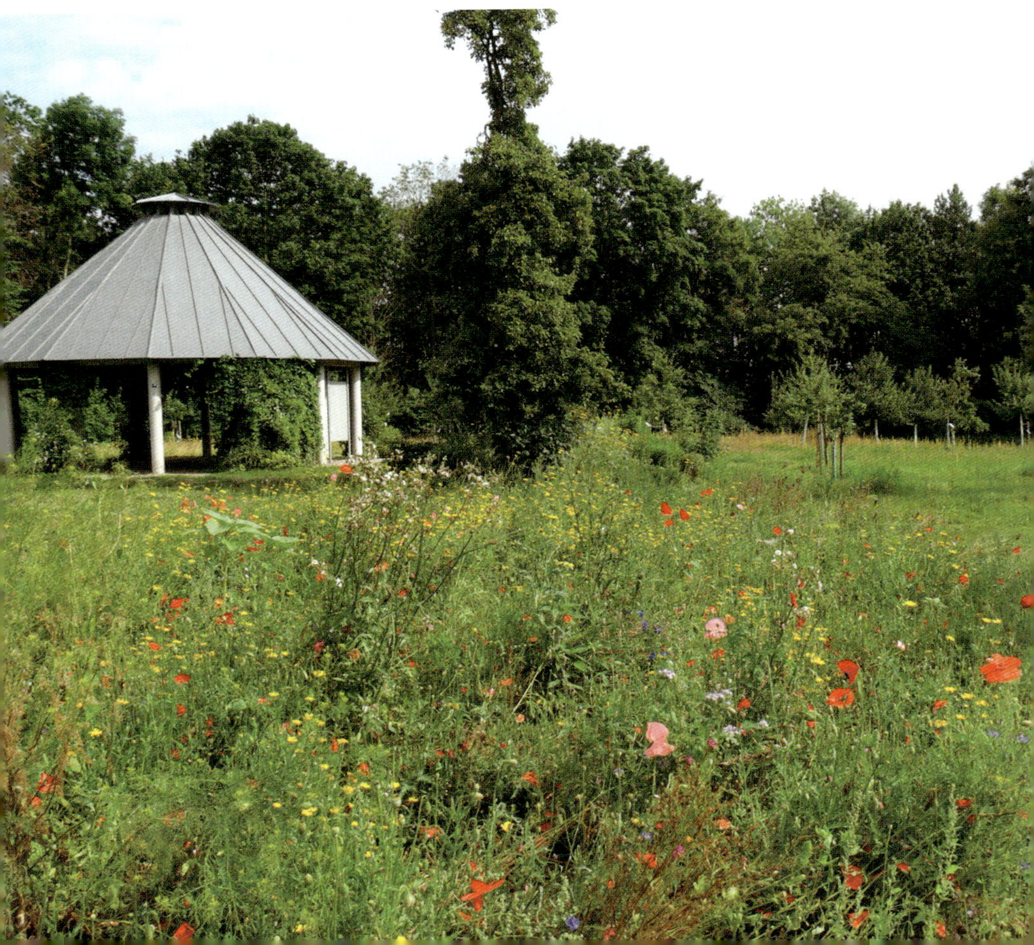

Mitglieder des Vereins kümmern sich regelmäßig um die Pflege der Bäume und des Geländes. Aktuell wachsen etwa 170 Bäume mit circa 90 unterschiedlichen alten Sorten wie 'Geflammter Kardinal', 'Ruhm aus Vierlanden', 'Ontario' oder 'Dülmener Holzrosenapfel' im Alten Apfelgarten. Die ältesten Exemplare weisen ein Alter von circa 70 Jahren auf. Informationsschilder und Tafeln informieren über die Geschichte des Gartens, die Baumpaten und die jeweiligen Sorten und ihre Besonderheiten. Die Ernte des Obstes ist den Paten der jeweiligen Gehölze vorbehalten. „Im vorderen Bereich des Apfelgartens haben wir durch Paten gestiftete Neupflanzungen von Apfelbäumen angelegt, von denen in einiger Zeit, wenn die ersten Äpfel reifen, alle Besucher einige Äpfel der alten Sorten auf ihrer Wanderung auf die Prinzeninsel kosten dürfen", sagt Elisabeth Rübcke vom Vorstand des Vereins.
Ob dann nach der Besichtigung der Schloss- und Gartenanlagen und der Prinzeninsel noch Zeit für einen Stadtbesuch mit den alten Kirchen, dem Kreismuseum und dem Apothekergarten oder für eine Plöner-Seen-Schiffstour oder eine Fünf-Seen-Tour nach Malente bleibt, muss man dann sehen.

Schlosspark Plön
Schlossgebiet, 24306 Plön
www.holsteinischeschweiz.de/poi/schlosspark-ploen

Alte Schlossgärtnerei
Schlossgebiet 9a, 24306 Plön
www.alte-schlossgaertnerei-ploen.de

Alter Apfelgarten
Prinzeninsel, 24306 Plön
www.prinzenhaus-apfelgarten.de/apfelgarten

Der Kurpark Malente
Vom bewaldeten Brahmberg bis in die feuchten Schwentinewiesen

Der 1966 offiziell eröffnete Kurpark Malente gilt als das bedeutendste Gartendenkmal der 1960er Jahre in Schleswig-Holstein. Der Hamburger Gartenarchitekt Karl Plomin und der in Ostholstein renommierte Architekt Peter Arp haben mit ihren Gartenplanungen und Pflanzungen sowie den behutsam in die Landschaft eingefügten Kurbauten auf dem Brahmberg und in den angrenzenden Schwentinewiesen eine weithin gerühmte Gartenanlage geschaffen. Nach einigen Jahrzehnten der Vernachlässigung erstrahlt der Malenter Kurpark inzwischen in neuem Glanz und ist für Einheimische wie Gäste gleichermaßen ein lohnendes Ausflugsziel.

Malente-Gremsmühlen wurde bereits 1925 zum Kurort ernannt und erhielt im Jahre 1955 zudem die Bezeichnung Kneippbad; zu der Zeit das Einzige seiner Art in Norddeutschland. Für die Anerkennung hatte sich die Gemeinde allerdings verpflichtet, einen eigenen Kurpark zu entwickeln.

Der Kurpark Malente hat zu allen Jahreszeiten etwas zu bieten: Im Frühjahr begeistern die frühblühenden Zwiebelpflanzen ebenso wie die Blüte der Magnolien, Kirschen, Rhododendren und Azaleen.

Geschichte des Kurparks

Der Auftrag für die Gestaltung ging an den Gartenarchitekten Karl Plomin, der sich mit der erfolgreichen Gestaltung der ersten Bundesgartenschau 1951 in Hannover und vor allem bei der Internationalen Gartenschau, die 1953 bei Planten un Blomen in Hamburg stattfand, bereits einen Namen gemacht

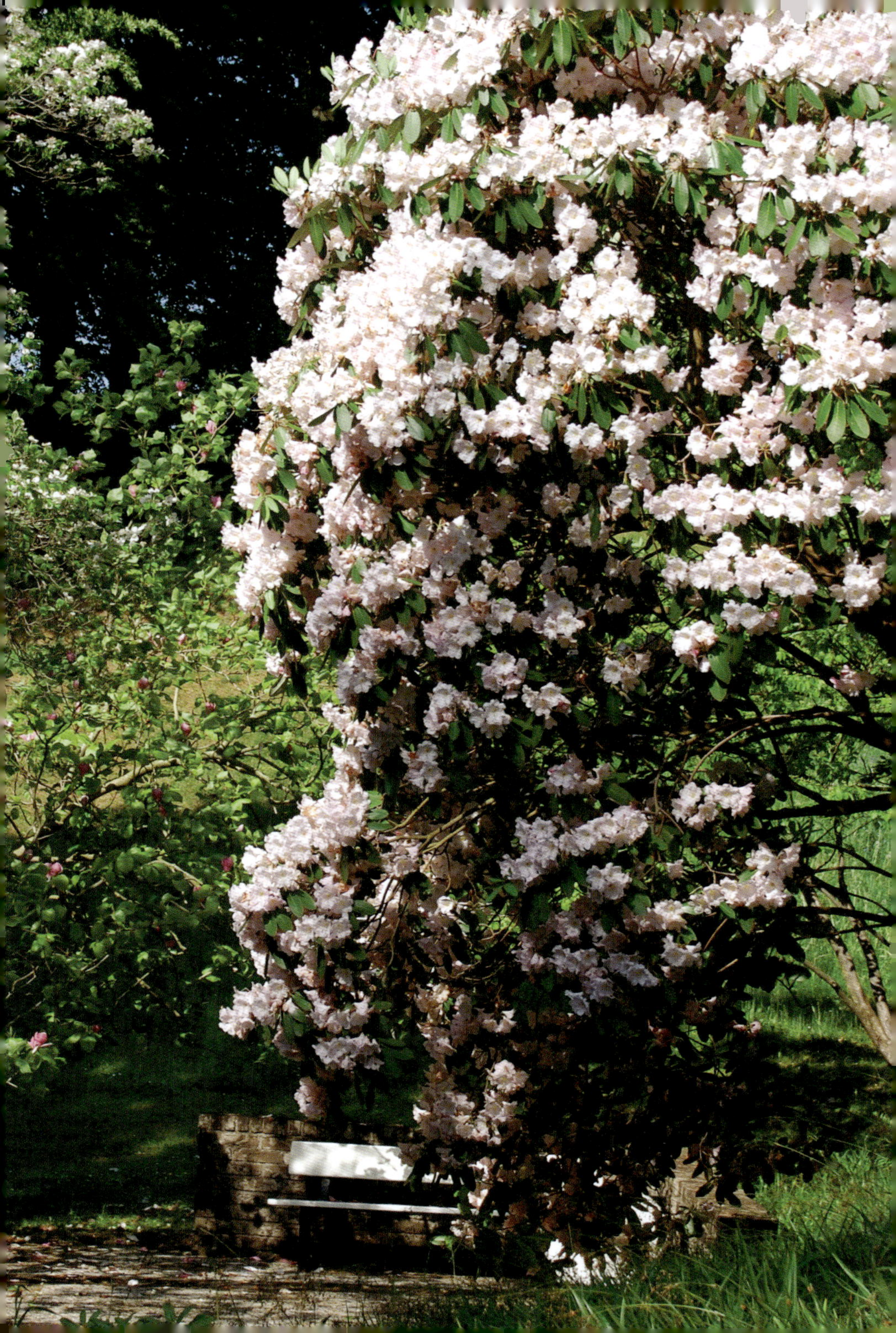

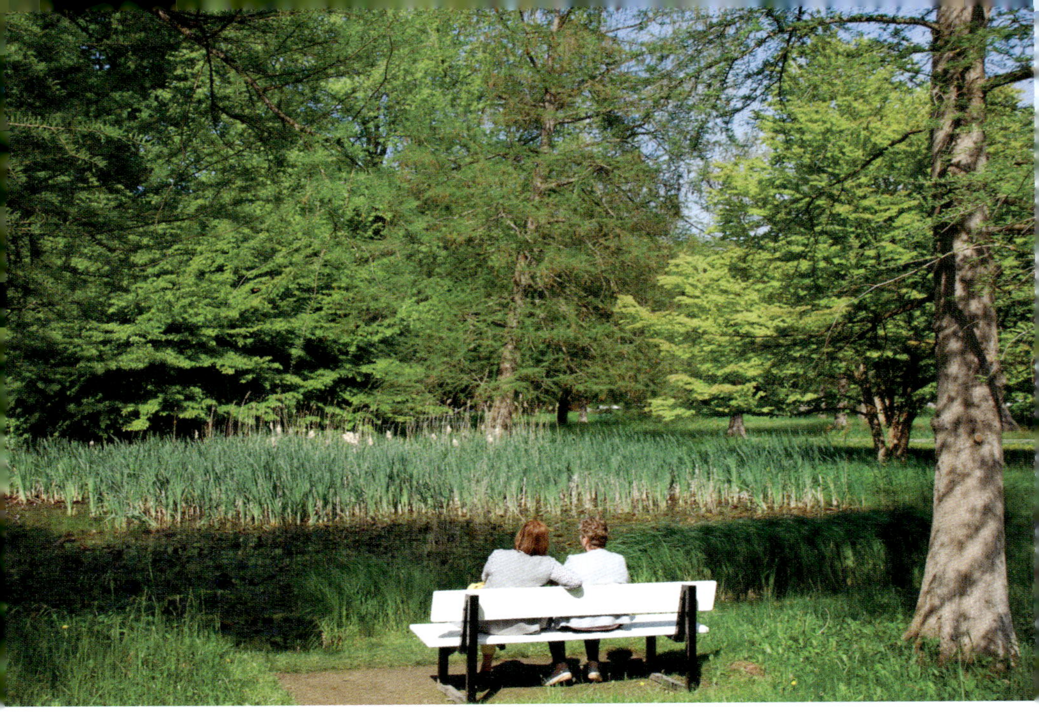

In der Schwentine-Niederung des Kurparks lassen sich an den Spiegelteichen sitzend die Feuchtvegetation und die Sumpfzypressen genießen.

hatte. Nachdem Plomin zunächst 1962-64 die Schwentinewiesen mit acht runden Teichen, Holzstegen und begleitenden Gehölzen und Stauden gestaltet hatte, folgte in den Jahren 1964-69 die Brahmberg-Gestaltung. Den Auftrag für die Hochbauten erhielt der ostholsteinische Architekt Peter Arp, der die Liegehalle, den Musikpavillon und das Haus des Kurgastes um eine große Terrasse anordnete. Die Bauten wurden zum Teil fast wie scheinbar schwebend in die hügelige Landschaft eingebettet, wie es in Beschreibungen heißt. Mit der Fertigstellung des Hauses des Kurgastes wurde 1969 die letzte Baumaßnahme beendet. Die offizielle Eröffnung des 5,6 ha großen Parks erfolgte bereits im Jahr 1966.
Unter die vorhandenen über 100 Jahre alten Eichen und Buchen wurden Rhododendren, Magnolien, Blumenhartriegel, Waldstauden und verwildernde Zwiebelgewächse gesetzt, in den Schwentinewiesen

wurden Sumpfzypressen, Judasbäume, Kaukasische Flügelnüsse und andere Gehölze gepflanzt und neben den Spiegelteichen und der Steganlage wurden ebenfalls die heute noch existierenden Sonnenterrassen angelegt. Die Parkanlage wurde in diesen Zeiten als einer der schönsten Parks in Norddeutschland bezeichnet. Die einem Amphitheater ähnliche Freilichtbühne, die von Plomin in einer natürlichen Landschaftsmulde angelegt worden war, bietet noch heute rund 600 Sitzplätze für Konzert- und Theaterveranstaltungen.
Ab den 1980er Jahren setzte ein gewisser Verfall der Gartenanlage ein. Viele der mehrstämmigen Buchen mussten aus Verkehrssicherheitsgründen gefällt werden, der marode Steg wurde abgerissen und auch die Bauten und Anpflanzungen wurden vernachlässigt.

Neueröffnung der Parkanlage

Doch in den 1990er Jahren wurde der geschichtliche und gärtnerische Wert der Anlage wiederentdeckt und im Jahre 2003 wurde der Kurpark wegen seiner besonderen geschichtlichen, städtebaulichen und kulturlandschaftlichen Bedeutung ins Denkmalbuch des Landes Schleswig-Holstein eingetragen.
Nach der Gründung des Vereins „Freunde des Kurparks" im Jahr 2004, der auch heute noch sehr aktiv um die Entwicklung und Gestaltung des Parks bemüht ist, nach umfangreichen landschaftsgärtnerischen Sanierungsarbeiten, der Wiederherstellung der Spiegelteiche und der Hochbausanierung wurde der Kurpark 2008 offiziell wiedereröffnet. Eine der letzten größeren Maßnahmen war der Neubau der Steganlage durch die Schwentinewiesen.
So kann man heute wieder inmitten des Zentrums von Malente im Frühjahr die Magnolien- und Kirschblüte, die blühenden Rhododendren und Azaleen bewundern und die hohen Buchen mit den begleitenden Gehölzen

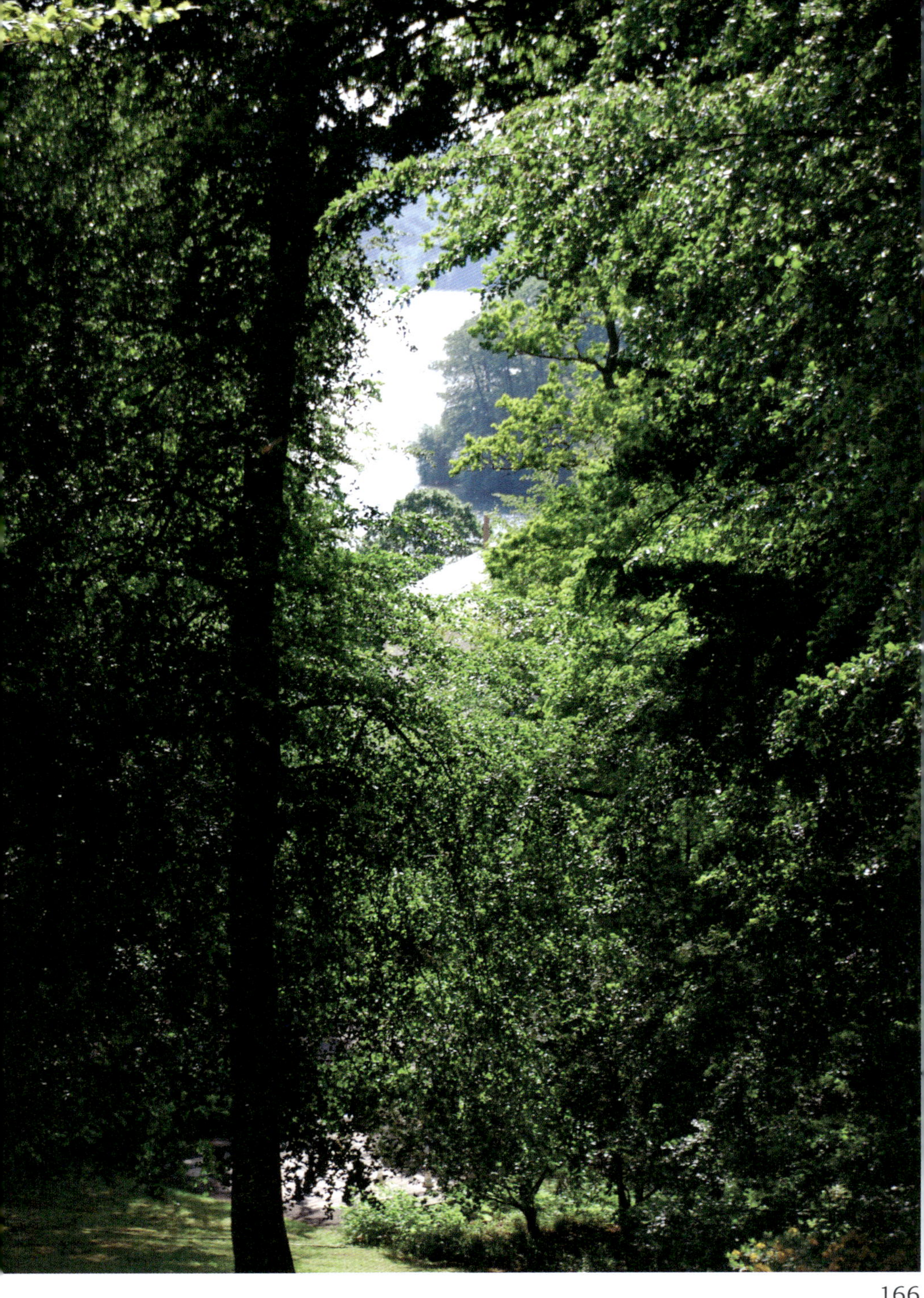

Von der Luisenhöhe im Kurpark kann man bis zum Dieksee in Malente hinabsehen.

und dem Unterwuchs aus Farnen, Storchschnäbeln, Elfenblumen, Waldsteinien, Luzula-Gräsern, Doppelspornen und anderen besichtigen. Man kann sich an dem Ausblick von der Luisenhöhe bis hinab zum Dieksee erfreuen, Schach oder Boule auf den entsprechenden Anlagen spielen, einen Grillabend in einem der vier von Plomin in Reihe angeordneten Kaminhäuser gestalten, in der Liegehalle oder auf einer der zahlreichen Bänke entspannen oder in dem Wassertretbecken oder dem Armtauchbecken kneippen.

Die Schwentinewiesen heute

In den Schwentinewiesen, in denen man über die Steganlage bis zum Bootsanleger direkt an der Schwentine wandern kann, erfreuen den Besucher die acht kreisrunden Teiche als Himmelsspiegel, die Sommerblüte der Orchideen sowie die Wasser- und Sumpfstauden, Schwertlilien, Seerosen, Funkien, Schildblätter, Sumpfzypressen, Katsurabäume und Flügelnussbäume. Bei der Neuentwicklung des Parks wurden viele Gehölz- und Stauden-Anpflanzungen nach Plänen Plomins ergänzt.
So zeigt sich die Frühjahrsblüte mit früh blühenden Gehölzen, Narzissen, Hasenglöckchen, Schneestolz, Lilien, Narzissen und Krokussen ebenso beeindruckend im Park wie die Sommerblüte oder die faszinierende Herbstfärbung der Gehölze wie Sumpfzypressen, Trompetenbaum, Eisenhutblättriger Ahorn und Rotbuchen zum Ausklang der Vegetationsperiode.

Kurpark Malente
Luisensteig, 23714 Malente
www.kurpark-malente.de

Eutiner Schloss- und Küchengarten
Vom formalen Lustgarten zum englischen Landschaftsgarten

Der Eutiner Schlossgarten gilt als bedeutendster englischer Landschaftsgarten Norddeutschlands und wichtigstes Gartendenkmal der Aufklärung in Schleswig-Holstein. Verschiedene Vorläufergärten beispielsweise Lustgärten nach holländischem oder französischem Vorbild reichen deutlich weiter zurück. Man kann sagen, dass die altehrwürdige Anlage durchaus 700 Jahre Gartenkunst, Gartenkultur und Gartengeschichte durchwehen. Sehenswert ist auch der zugehörige Küchengarten, in dem viele moderne Gartenelemente, Inspirationen und Aktivitäten auf historischem Gelände umgesetzt werden. Schloss und Garten befinden sich seit 1992 im Besitz der Stiftung Schloss Eutin.

Bereits im 14. Jahrhundert soll es einen ersten mittelalterlichen Medizinalgarten und später um 1500 erste Anlagen einer Wasserkunst auf dem heutigen Schlossareal gegeben haben. Dem folgte die Anlage eines Tiergartens im Süden der Schlossbucht, und ab 1630 gibt es erste Belege eines Lustgartens. Nachfolgende repräsentative Lust- und Blumengärten nach holländischem Vorbild sowie die Anlage eines luxuriösen barocken Gartens nach französischem Geschmack waren für ihre Zeit bedeutsam.

Acht Jahrhunderte Geschichte spiegelt die barocke Schlossresidenz in Eutin wider, deren Bau aus dem 12. Jahrhundert stammt, aber Anfang des 18. Jahrhunderts nach einem Brand wieder neu errichtet wurde. Die Anlage gehört zu den bedeutendsten höfischen Profanbauten des Landes.

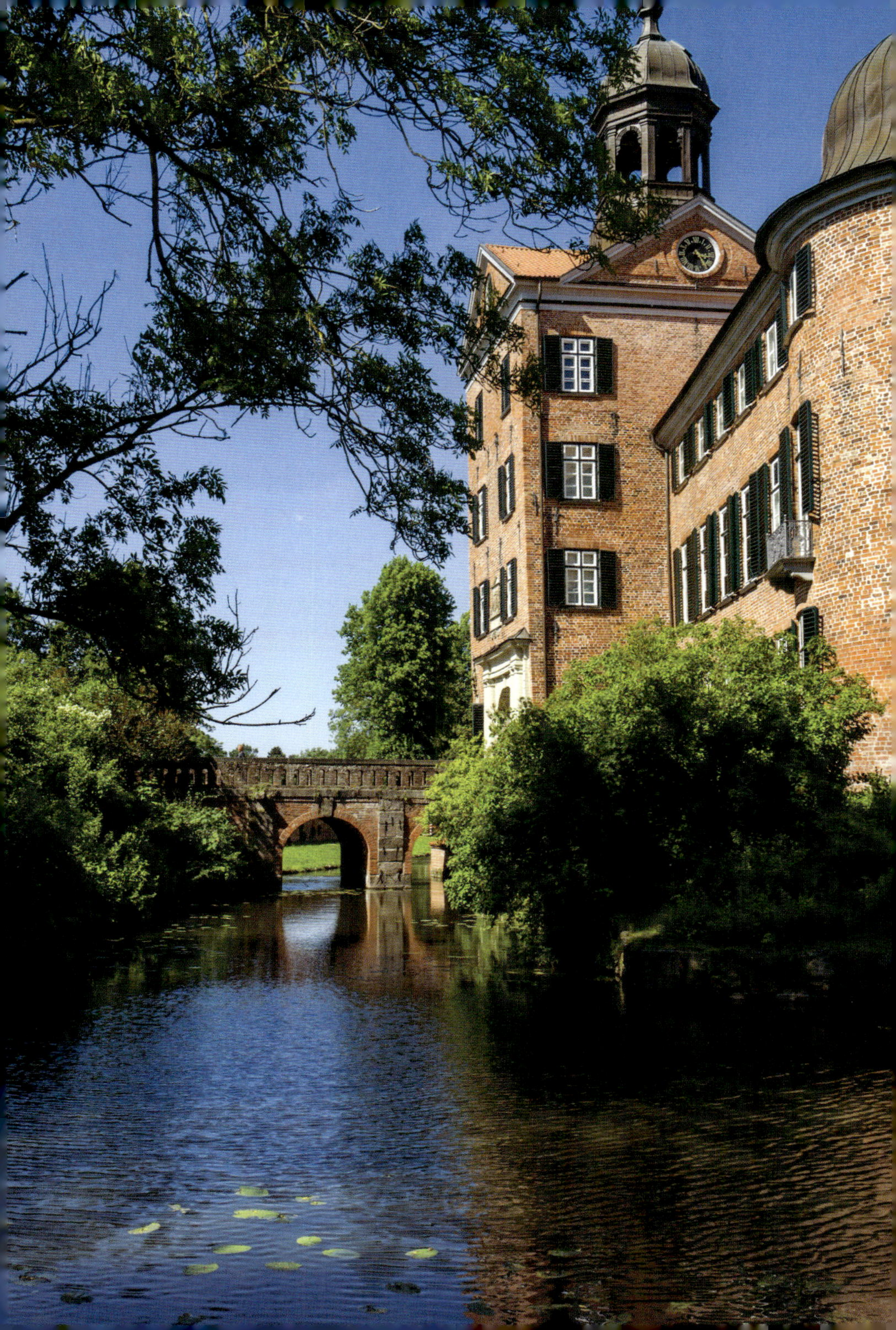

Entwicklung des Landschaftsgartens

Der Landschaftsgarten in seiner heutigen Ausprägung geht indes auf Initiativen des späteren Herzogs von Oldenburg, Peter Friedrich Ludwig von Schleswig-Holstein-Gottorf (1755–1829), zurück. Er war ein umsichtiger, gut gebildeter und weit gereister Regent. Auf Reisen in England und Schottland 1775/76 lernte er die dortigen Landschaftsgärten kennen und setzte diese Ideen zunächst auf seinem Landsitz in Rastede in der Nähe des niedersächsischen Oldenburgs um, wo er einen der ersten Landschaftsgärten Norddeutschlands entwickelte. Ab 1786 führte er in Eutin die Umgestaltung des ehemaligen prunkvollen barocken Lustgartens in einen englischen Landschaftsgarten durch. Damit verbunden war auch eine Öffnung des Gartens zur Erholung und ästhetischen Erziehung der Bevölkerung. Der Garten sollte Stationen der Läuterung auf einer Lebensreise symbolisieren und führte den Gartenwanderer vom schlichten Seepavillon am Großen

Der Eutiner Schlossgarten ist ein bedeutender englischer Landschaftspark und gilt als wichtiges Gartendenkmal der Aufklärung in Schleswig-Holstein.

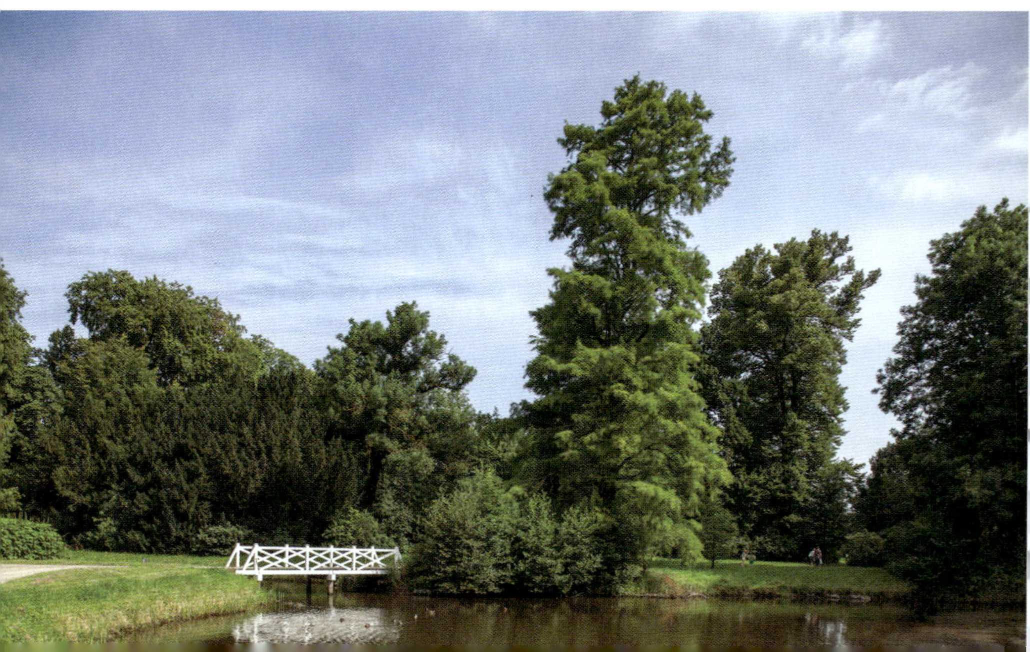

Der erhöht liegende Monopteros, ein griechischer Rundtempel, ist eines der vielen Gartenbauwerke im Eutiner Schlossgarten.

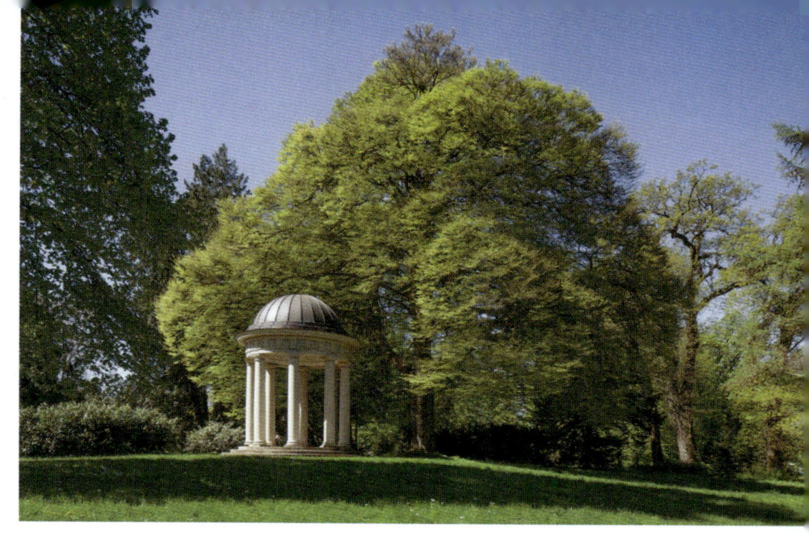

Eutiner See zum Monopteros oder auch Rundtempel, der zu den stilbildenden Gartenarchitekturen klassizistischer Landschaftsgärten gehört. Diese Tempelform befindet sich auf der höchsten Erhebung in einem englischen Landschaftsgarten, gut sichtbar als attraktiver Blick- und Anziehungspunkt. Opfersymbole verweisen auf die Anstrengungen beim Bemühen um Weisheit. Herzog Peter Friedrich Ludwig verwirklichte in Eutin die zentralen Prinzipien der Aufklärung, das Schöne mit dem Nützlichen und die Kunst mit der Natur zu verbinden, sowie ein philosophisches Konzept, das sich bei der Wegführung, der Bepflanzung und den Gartenarchitekturen bemerkbar macht. Schriftliche Hinweise des Herzogs zur Gesamtikonographie der Gartenanlage existieren allerdings nicht. Er orientierte sich aber bei der Planung des Landschaftsgartens an dem Kieler Gartentheoretiker und Philosophen der Aufklärung Cay Christian Lorenz Hirschfeld.
Die etwa 1803 abgeschlossene Umgestaltung führte zu einer Erweiterung des Geländes und auch zur Neuanlage eines ummauerten Küchengartens sowie vieler weiterer Elemente, die überwiegend auch heute noch auf dem Schlossgarten-Gelände zu besichtigen

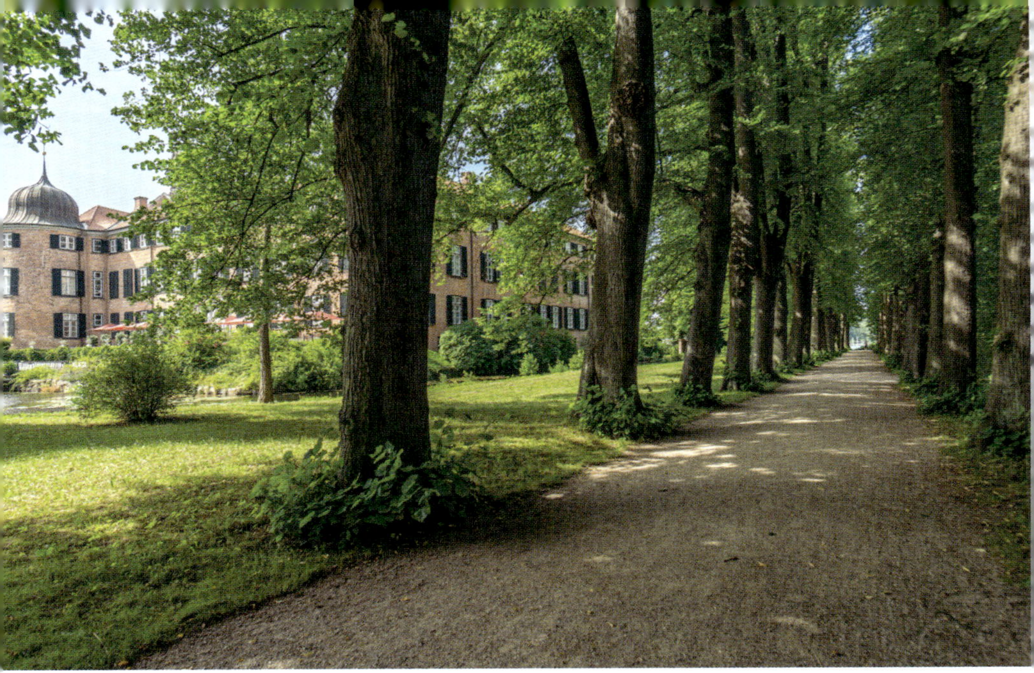

Die 1788 gepflanzte Lindenallee zieht sich zwischen Schloss und Ufer des Großen Eutiner Sees entlang.

sind. Sie liefern immer wieder neue Eindrücke, verschlungene Wege und Ansichten auf dem 14 ha großen Areal.
Schön ist der Weg vom 1799/1800 erbauten Seepavillon am Ufer des Großen Eutiner Sees, der über eine mehr als 200-jährige, 334 m lange Lindenallee geht und in Blickrichtung auf eine Flora-Statue, die Göttin der Blumen, zuführt. Der sogenannte Philosophische Weg führt direkt am Ufer des Sees entlang in das als Ländliche Gegend bezeichnete Areal, wo man auf die Freilichtbühne der Eutiner Festspiele trifft, die seit 1951 in der Stadt stattfinden und als eine der traditionsreichsten Opernfestspiele Deutschlands gelten. Sie wurden zum 125. Todestag des in Eutin geborenen Komponisten Carl Maria von Weber ins Leben gerufen. Weitere Elemente in diesem Bereich sind der Kleine Wasserfall, das Tuffsteinhaus von 1793/94 und der Duvendiek, ein natürlich aussehender, ehemaliger Stauteich aus dem 17. Jahrhundert.

In den zentralen Schlossgarten hat man von der Südterrasse des Schlosses einen schönen Blick über den Schlossgraben auf baumbestandene Rasenflächen und den quer angelegten Gartenteich sowie die nahe dem Schlossgraben gelegene barocke Sonnenuhr von 1752. Am Großen Wasserfall vorbei gelangt man in das südliche, als Tempelgarten bezeichnete Areal, in dem vor allem der Rundtempel das Gelände prägt. Hier finden sich zudem weitere eindrucksvolle Baumexemplare, Teichanlagen und die Chinesische Bogenbrücke. Die Aha-Mauer, eine etwa eineinhalb Meter hohe Feldsteinmauer, ist die südliche Grenze des Schlossgartens und führte früher mit einem urplötzlichen Ausblick auf anliegende landwirtschaftliche Felder zu einem Aha-Erlebnis.

Der Küchengarten

Inmitten der Gartenanlage liegt der etwa zwei Hektar große Küchengarten, der ab 1790 als gesonderter, ummauerter Bereich in das Gesamtprojekt integriert wurde. Er diente vor allem dazu, die fürstliche Tafel mit frischem Obst, Gemüse und Kräutern zu versorgen. Für das zuletzt brach liegende Gelände entwickelten sich ab dem Jahre 2005 erste Planungen für eine Wiederherstellung des Gartenareals und ab 2014/15 wurde der Küchengarten mit Unterstützung zahlreicher Förderer wieder umfassend revitalisiert. Nach vorab durchgeführten archäologischen Grabungen wurden die Umfassungs- und Quermauern saniert, die nicht nur für den Schutz der Anlage sorgen, sondern vor allem ein günstiges und mildes Klima innerhalb der Anlage bewirken. Das aus dem Jahre 1750 stammende Orangerie-Gebäude, in dem nicht-winterharte Gewächse die kalte Jahreszeit überstehen, und das Neuholländerhaus, als Warmhaus mit tropischen Pflanzen aus Neuholland (Australien und Neuseeland)

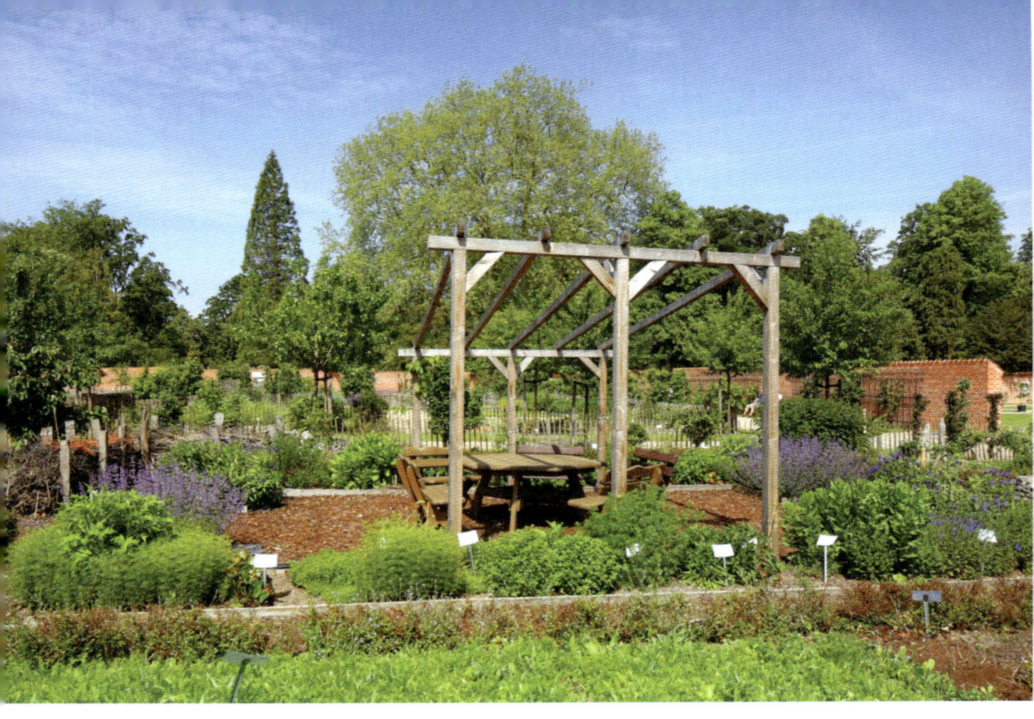

1842/43 erbaut, wurden umfassend restauriert. Auf der Landesgartenschau, die im Jahre 2016 in Eutin stattfand, wurde der wiederhergestellte Küchengarten zu einem der gärtnerischen Ausstellungs-Highlights. Einige der Akteure der Landesgartenschau konnten für eine Fortsetzung ihrer ehrenamtlichen Projekte in unterschiedlichen Themengärten gewonnen werden. In diesem Bürgerprojekt sind aktuell mehr als 60 aktive Eutiner Bürgerinnen und Bürger engagiert. Sie sind unter anderem organisiert im Verein für die Erhaltung der Nutzpflanzenvielfalt, in den Interessengemeinschaften Heil- und Giftpflanzengarten und Hildegard von Bingen-Garten, in der Gemeinschaft Geflüchteter im Garten „Neue Wurzeln" und im Freundeskreis Schloss Eutin e. V. Im Garten der Gemeinschaft Geflüchteter bauen aus ihrer Heimat geflohene afghanische und syrische Familien Gemüse aus ihren Ländern an und präsentieren diese.

Dem von einer Mauer umgebenen historischen Küchengarten wurde ab 2006 neues Leben eingehaucht und er wurde aufwändig restauriert. Er war im Jahre 2016 eine der Attraktionen der Landesgartenschau in Eutin.

So finden sich heute in dem Garten neben zahlreichen Beetanlagen ein Obsthain mit historischer Quincunx-Anordnung (versetzt, wie die Fünf auf einem Würfel), lebende Gartenmöbel, Kesselbäume (niedrigstämmige Formobstgehölze) mit Zwerg- oder Franzobst, deren Sorten bereits zu Beginn des 19. Jahrhundert im Küchengarten wuchsen, Blütenmodelle und mit Blumenkübeln gesäumte Veranstaltungsflächen.
Nach dem Rundgang durch Schloss- und Küchengarten sollte man sich eine Besichtigung der vierflügeligen, von einem Wassergraben umgebenen Schlossanlage gönnen. Einkehren kann man im historischen Ambiente des Restaurants und Cafés Schlossküche Eutin. Sehr schön sitzt man des Sommers im mediterranen Innenhof-Café des Schlosses. Um den vorgelagerten Schlossplatz gruppieren sich der Marstall, das Kavaliershaus und die Wagenremise, in denen sich heute die Kreis-, die Landesbibliothek und das Ostholstein Museum befinden.
Auch ein Besuch der Altstadt mit der historischen St. Michaeliskirche, dem Marktplatz, den alten Bürgerhäusern, dem Geburtshaus des Komponisten Carl Maria von Weber (heute Café), dem Alten Wasserturm und anderen Sehenswürdigkeiten lohnt sich, ebenso wie eine einstündige Bootstour über den Großen Eutiner See. Nahe dem Seeufer stößt man dann unvermittelt auf weitere kleinere Gartenanlagen: Neben dem kirchlichen „Garten am frischen Wasser“ auf einem seenahen Plateau unter 150 Jahre alten Federbuchen findet sich an der Seepromenade ein 1928 von dem Gartenarchitekten Harry Maasz angelegter Rosengarten.

Schloss Eutin und Gärten
Schlossplatz 5, 23701 Eutin
www.schloss-eutin.de

Der Museumshof Lensahn
Landwirtschaft, Handwerk und Gärten

Historische Landwirtschaft und altes Handwerk sind die Ausstellungsschwerpunkte im Museumshof, der sich in der Gemeinde Lensahn befindet, die etwa zehn Kilometer von der Ostsee entfernt in Ostholstein liegt. Zu dem vier Hektar großen Gelände gehören aber auch ein Naturlehrpfad, verschiedene Gärten, Museumsfelder und ausgedehnte Alleen mit zahlreichen Gehölzarten und vielen unterschiedlichen Obstsorten.

Auf dem Fußweg vom Parkplatz zum Eingangshaus des Museumshofes Lensahn bekommt der Besucher sogleich einen Eindruck von der Gehölz- und Obstsortenvielfalt, den das Ausstellungsareal bietet. Neben der Speckbirne und der Sommer/Herbstbirne 'William Christ' säumen 'Dithmarscher Paradies', der 'Schöne von Herrenhut', der 'Seestermüher Zitronenapfel', 'Freiherr von Berlepsch' und weitere Obstbäume den Weg.

Im Bauerngarten sind in den buchsbaumgesäumten Beeten viele Blütenpflanzen zu bestaunen.

Der Prienfeldhof wurde im Jahre 1797 gegründet; das Jahr, aus dem auch der noch auf dem Hofplatz befindliche Brunnen stammt. Der Hof wurde bis zum Jahre 1992 mit Ackerbau und Rinderzucht als Vollerwerbsbetrieb bewirtschaftet. Im gleichen Jahr, in dem die Landwirtschaft aufgegeben wurde, gründete sich der Verein „Landwirtschaftsmuseum Prienfeldhof Lensahn“ und vier Jahre später startete der Museumsbetrieb, der im Jahr 2021 in seine 25. Saison ging.

Nach dem Betreten des Geländes fühlt man sich sogleich von einer gewissen Hofidylle umgeben: Auf den

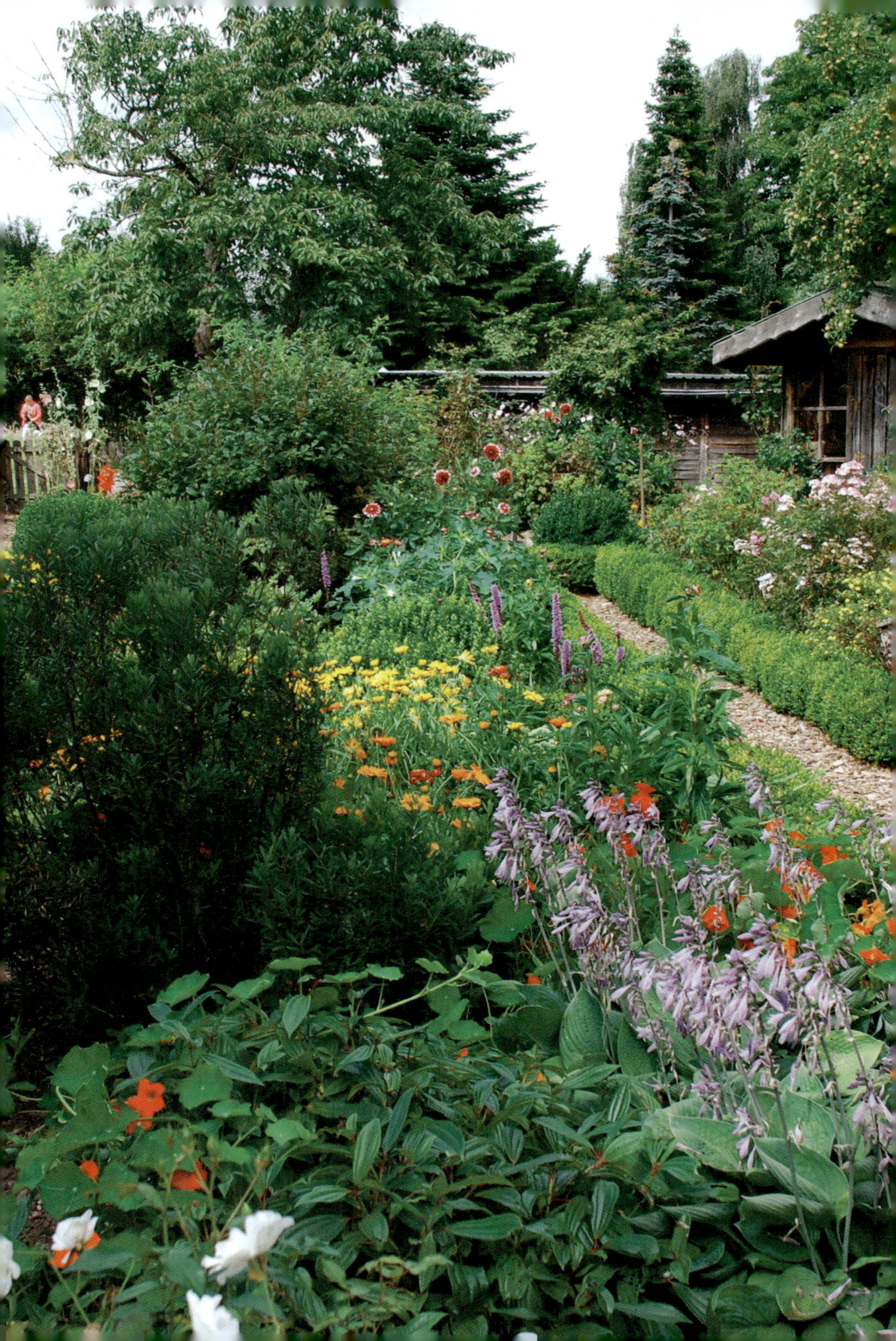

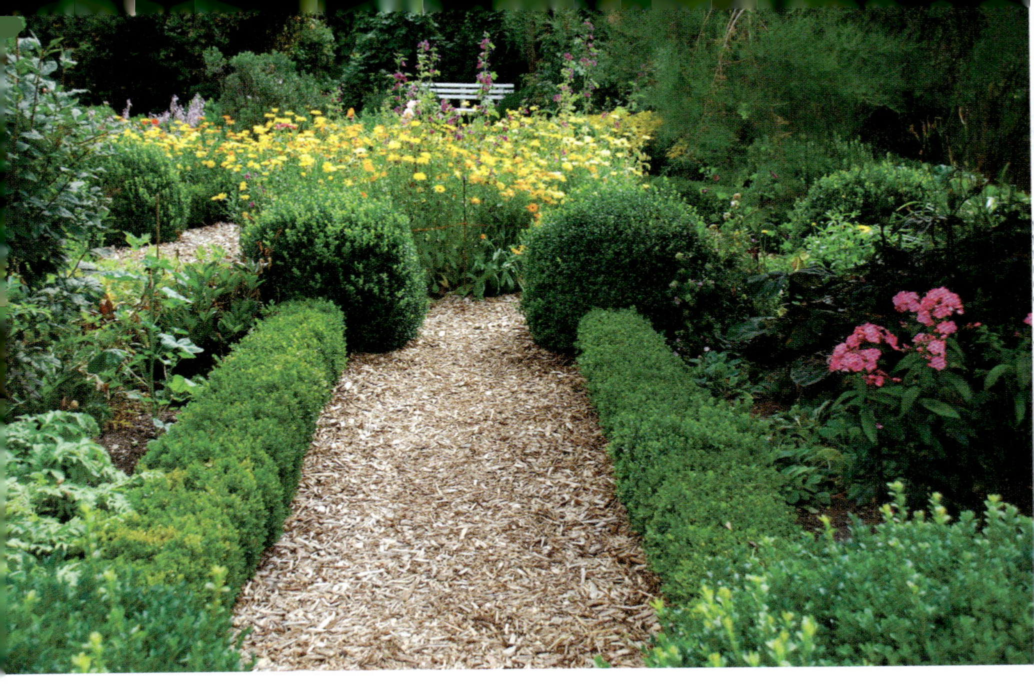

Im traditionellen Bauerngarten wachsen alte Stauden, Zwiebelgewächse, Rosen und andere Blütenpflanzen in buchsbaumflankierten Beeten. Viele blütenbesuchende Bienen kommen aus dem nahe gelegenen Bienenhaus.

umliegenden Weiden grasen Kühe, Pferde, Schafe und Ziegen, Angler Sattelschweine suhlen sich gemütlich im Schlamm, am Dorfteich dümpeln Kanadagänse und Stockenten herum und frei laufende Hühner kreuzen den Weg. Hinter dem Hof- und Ausstellungsgelände befinden sich die zugehörigen landwirtschaftlichen Flächen des Museums, aber auch der 2,4 Kilometer lange Naturpfad, verschiedene Gärten und ein weiterer Spielplatz.

Landwirtschaftliche Präsentationsflächen und Gärten

Auf den unterschiedlichen Museumsfeldern werden Getreide, Kartoffeln, Kleesaat und anderes angebaut. Sie dienen vor allem für Präsentationen, Ernte- und Bearbeitungsdemonstrationen und für die Umweltbildungs- und Informationsarbeit des Museums. Auf einem Feld wird beispielsweise eine bewährte Mischkultur im Gemüsebeet demonstriert. Die drei

nützlichen Schwestern Mais, Bohne und Kürbis wachsen zusammen im Beet. An dem hoch aufwachsenden Mais können die Bohnen hochranken und das großflächige Laub des Kürbis schützt vor Austrocknung des Bodens und zuviel Aufwuchs von Begleitflora.
In dem Historischen Bauerngarten wachsen in den typischen buchsbaumgesäumten Beeten zahlreiche Stauden, Sommerblumen, Rosen und Zwiebelpflanzen. Prächtige Farbakzente setzen die Ringelblumen, Montbretien, Stockrosen, Malven, Goldruten, Herbstanemonen, Strohblumen und anderen Blütenpflanzenvertreter. An dem Bienenstand kann man das Ein- und Ausfliegen der fleißigen Honiglieferantinnen beobachten. Bei bestimmten Themenführungen und Erlebnistagen stehen die Bienen im Mittelpunkt, wenn es um die Blütenbestäubung und Honigherstellung geht.
Nicht weit vom Bauerngarten liegt die begehbare Kräuterspirale, wo unter anderem Pimpinelle, Wermut, Lavendel, Pfefferminze, Eberraute, Rosmarin, Ysop, Beinwell und andere zu besichtigen sind. Im Hildegard-von-Bingen-Garten stehen die Heilpflanzen und ihre

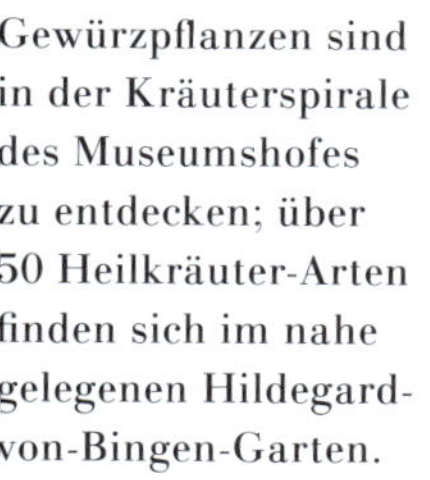

Gewürzpflanzen sind in der Kräuterspirale des Museumshofes zu entdecken; über 50 Heilkräuter-Arten finden sich im nahe gelegenen Hildegard-von-Bingen-Garten.

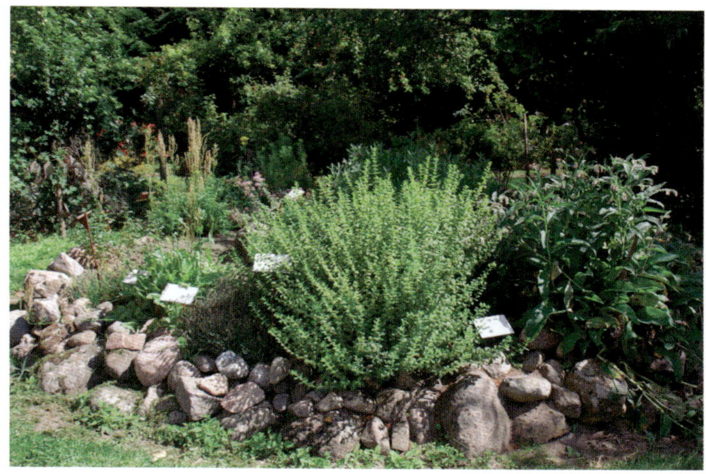

möglichen Wirksamkeiten im Vordergrund. Die mittelalterliche Vertreterin der Mystik gilt als Universalgelehrte und Visionärin und hat sich neben vielen anderen Themen intensiv mit den naturheilkundlichen und therapeutischen Aspekten der Pflanzen beschäftigt. Über 50 Kräuter und Heilpflanzen sind in dem Garten zu finden wie beispielsweise Mariendistel, Eibisch, Alant, Schafgarbe, Brennnessel, Liebstöckel, Frauenmantel, Rainfarn und Beifuß. Sehr beliebt sind die regelmäßig stattfindenden Kräuterführungen und Kräuterseminare mit Heidrun Leddin.

Alleen und Gehölzvielfalt

Auf den Alleen und von Gehölzen gesäumten Wegen des Geländes sind neben den heimischen Bäumen und Sträuchern auch zahlreiche fremdländische Gehölze, die man aus Parks und Gärten kennt, vertreten. Die heimischen Baumarten mit den Linden-, Ahorn-, Eichen-, Ulmen- und Weidenarten sind ebenso zu finden wie die Straucharten, zu denen Haselnuss, Schneeball, Weißdorn, Schlehe, Rosen, Pfaffenhütchen, Holunder und viele weitere gehören. Von den fremdländischen Gehölzen seien beispielhaft Götterbaum, Blauglockenbaum, Judasbaum, Flügelnuss, Amberbaum, Zerreiche und Mammutbaum erwähnt. Interessant sind auch die vielen Obstsorten, die an den Alleen zu finden sind und von denen es auf der Eingangsallee bereits einen kleinen Vorgeschmack gab. Das Verkosten der unterschiedlichen Obstsorten ist erlaubt und steht unter dem Motto „Naschen ja – ernten und mitnehmen nein“. „Wir wollen den Besuchern gern die Möglichkeit geben, die tolle Auswahl an äußerst schmackhaften und gesunden alten Obstsorten kennenzulernen, aber eine Ernte und Mitnahme im größeren Stil ist nicht vorgesehen“, sagt Eckhard Schulte-Kersmecke, der Museumsleiter. Das nicht-

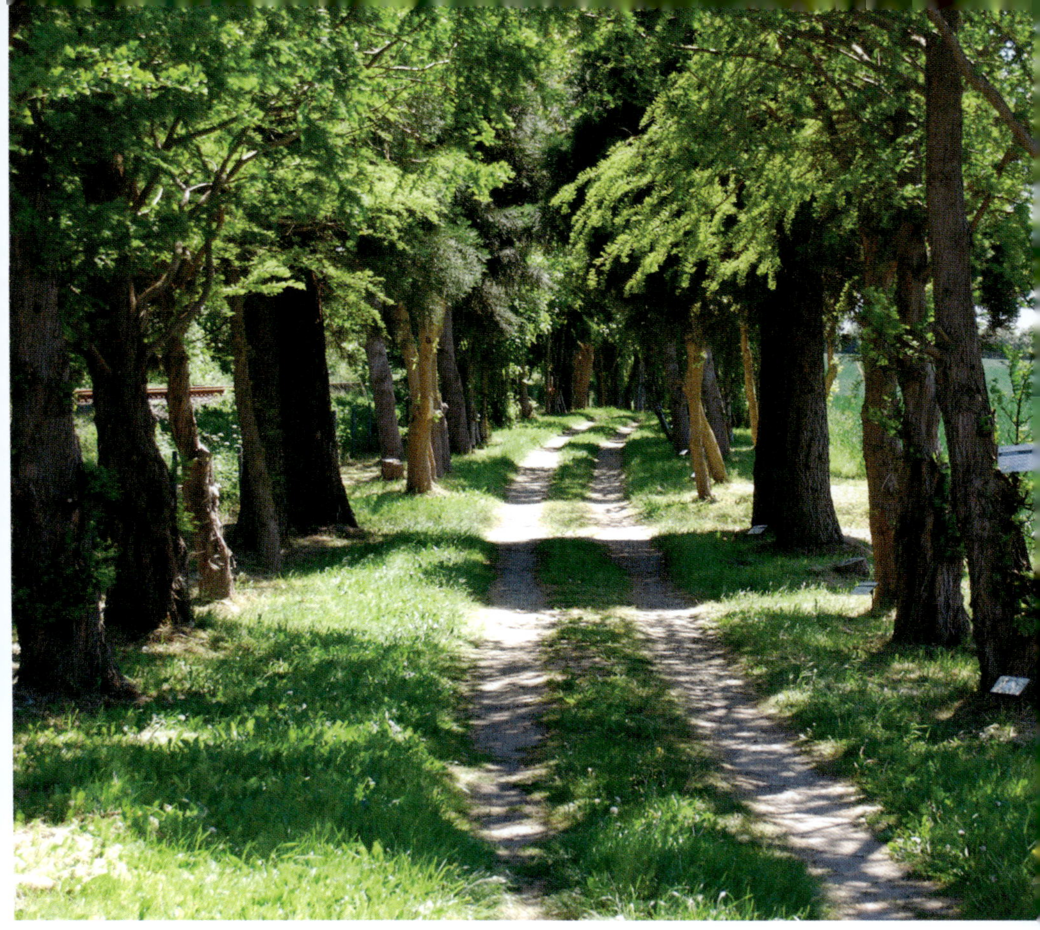

Auf dem 2,4 km langen Naturlehrpfad um die umliegenden Felder erwarten den Besucher mehrere Hundert Baumarten und alte Obstsorten sowie weitere Attraktionen.

verspeiste Obst auf dem Gelände werde nämlich geerntet und zu Säften verarbeitet, die in der Hofgaststube angeboten würden und auch in Flaschen im Museumsshop zu erwerben seien, so der Museumschef, der damit auch auf eine der Einnahmemöglichkeiten des Museums verweist.
Auf den Außenwegen mit den Gehölzen findet der Besucher auch verschiedene Teichbiotope, ein Hainbuchen-Labyrinth, einen Aussichtsturm, einen Barfußpfad und Spielmöglichkeiten für Kinder. Eine Fahrt mit dem Traktor über das Gelände und die Alleen entlang ist für die Besucher ebenfalls möglich.

Spielmöglichkeiten und Veranstaltungen

Der Museumshof ist mit seinen Spielmöglichkeiten, dem Tierkinderstall mit Küken und Kaninchen zum Streicheln, den anderen Tieren und Tobemöglichkeiten im Stroh auch für Kinder interessant und zudem lehrreich. Das Museum ist ein außerschulischer Lernort für die Klassenstufen zwei bis fünf. Unter dem Motto „Landwirtschaft von früher mit allen Sinnen erleben" werden auf den hofeigenen Feldern landwirtschaftliche Arbeiten wie Säen, Pflügen, Eggen und Ernten präsentiert. Auch mit dem Weg vom Korn zum Brot oder der Kartoffelbearbeitung mit Setzen, Anhäufeln, Ernten und Verkosten von Erdäpfeln können sich die Kinder beschäftigen.

Sehr beliebt sind die Veranstaltungstage des Museums wie Schafmarkt, Pferdetage, Bienentag, der Garten und Acker im Frühling, der Landmarkt, das Dresch- und Kartoffelfest, der Apfeltag oder der Martinsmarkt, der

Der Museumshof Lensahn informiert über das Hofleben, Handwerk und Landwirtschaft in früheren Zeiten; hier der Blick in die Stellmacher-Werkstatt.

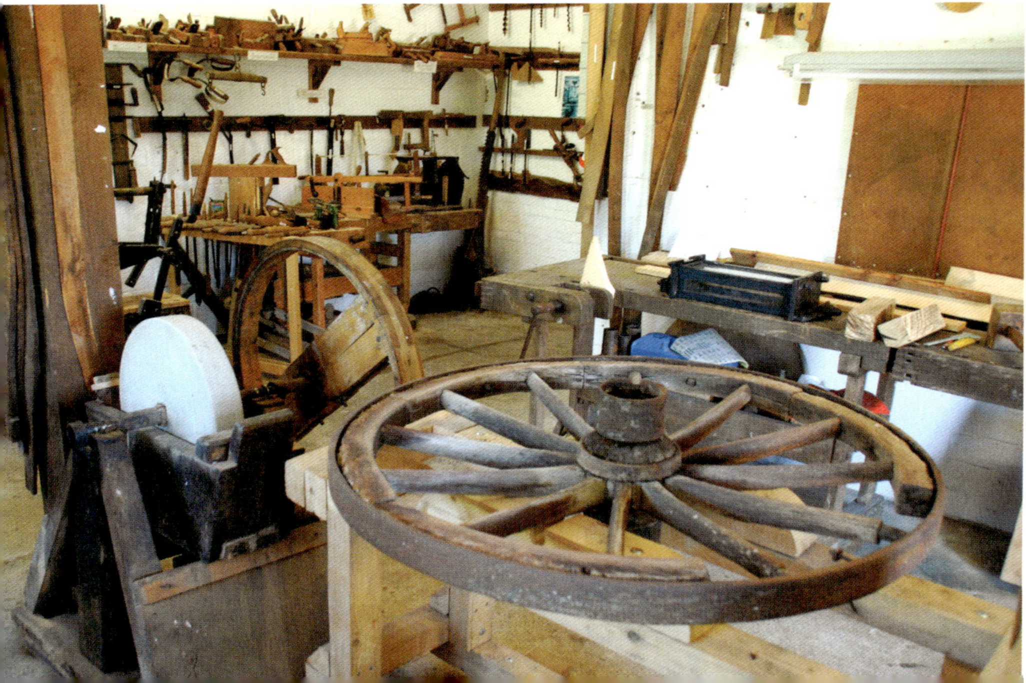

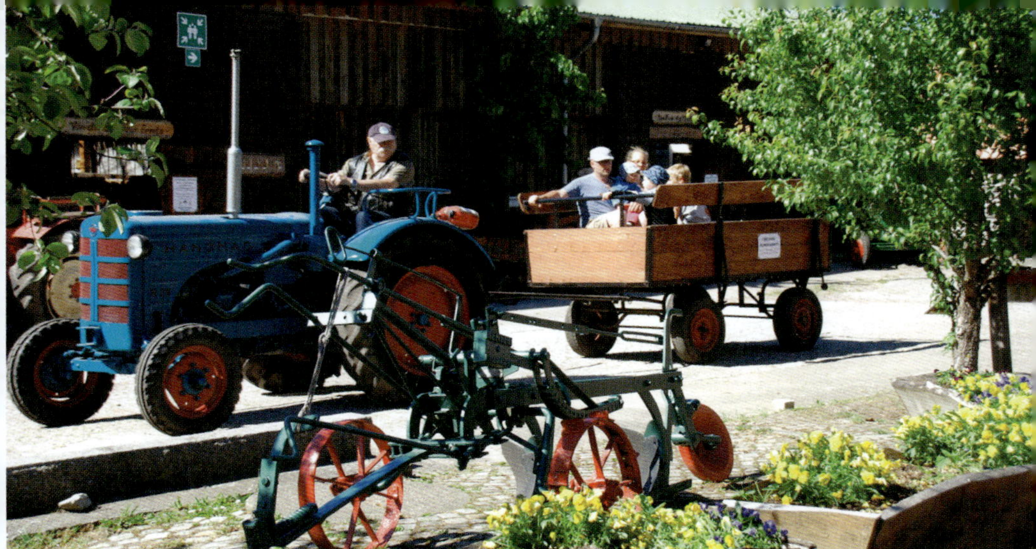

Besucher können mit dem Trecker eine Fahrt über das Museumsgelände machen.

auf die kommende Weihnachtszeit einstimmt. Auch die Technik ist mit Veranstaltungen vertreten. So gibt es Motorradfahrertreffen, Oldtimer- und Einachsertreffen. Hinzu kommen Kinderfest, Konzertveranstaltungen, Flohmärkte und weitere Aktionen und Veranstaltungen. Auch eine Besichtigung der landwirtschaftlichen Ausstellungen zum früheren Hofleben und zu alten Arbeitsgeräten sollte man nicht verpassen; auch sollte man der Stellmacherwerkstatt, der Schmiede und der Museumswerkstatt mit der Gürtlerei und der Silberschmiede einen Besuch abstatten.
Die vielen Eindrücke zum Landleben früherer Zeiten und zu den Garten- und Arboretum-Impressionen kann man dann bei einem hausgemachten Kuchen oder einer Torte nebst Kaffee oder einem deftigen Gericht sowie einem Salat in der Gaststube mit Außenterrasse des Lensahner Hofmuseums nochmal Revue passieren lassen.

Museumshof Lensahn
Bäderstraße 18, 23738 Lensahn
www.museumshof-lensahn.de/naturlehrpfad.html

Lauenburgische Seen und Sachsenwald

Der Kurpark Mölln
Alt und modern zugleich

Der 1968 eröffnete Kurpark in Mölln ist eine der wenigen erhaltenen Gartenanlagen der Nachkriegsmoderne in Schleswig-Holstein. Das in den Jahren 2009 bis 2011 umfassend sanierte Gartenareal befindet sich nahe der Innenstadt und bietet nicht nur den Einheimischen, sondern auch den Gästen der Stadt eine ebenso abwechslungsreiche wie gut gepflegte Anlage. Sie ist nicht nur ein Ort der Ruhe, der Kontemplation und der Erholung, sondern auch eine vielfältig für Veranstaltungen, Feste und kulturelle Aktivitäten genutzte Parkanlage.

Mölln ist seit 1970 anerkannter Luft- und Kneippkurort, wobei der Kurpark ein wichtiger Baustein zur Anerkennung als Kurort war. Mölln ist aber auch bekannt als Eulenspiegelstadt, hat doch der mittelalterliche Schelm Till Eulenspiegel seine letzten Jahre in der Stadt verbracht. Er soll auch die letzte Ruhestätte bei der Möllner Kirche gefunden haben. Es gibt Stadtführungen mit Till, der mit Narrenkappe und Glöckchen den Touristen aus der Geschichte der Stadt berichtet und zu den Sehenswürdigkeiten geleitet. Zudem besitzt die Stadt das Eulenspiegel Museum, ein Denkmal am Markt, einen Gedenkstein, veranstaltet Eulenspiegel-Festspiele und vieles mehr, das sich auf den wohl bekanntesten ehemaligen Bürger der Stadt bezieht.

Der Riesen-Mammutbaum ist eine der Baumattraktionen im Kurpark Mölln.

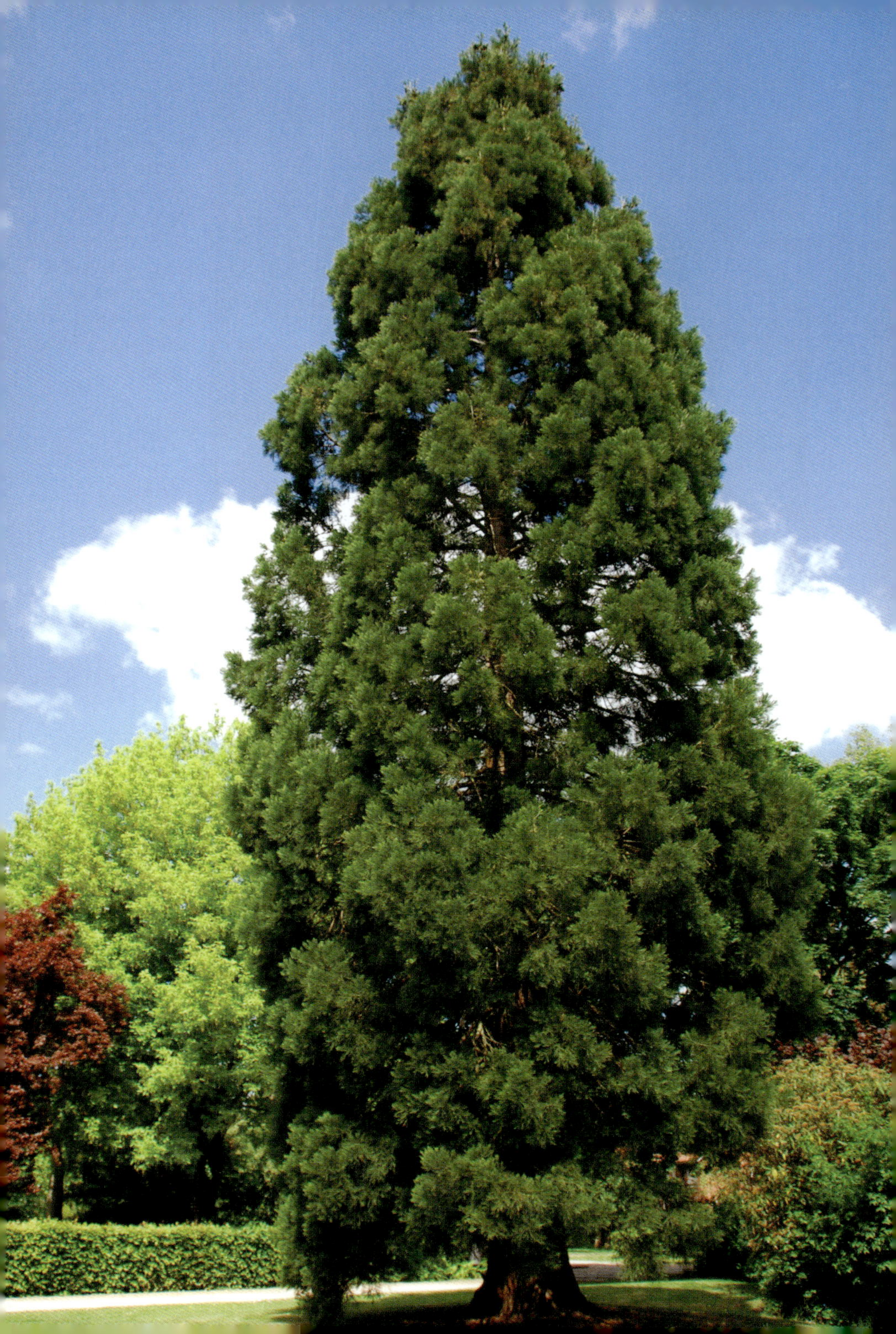

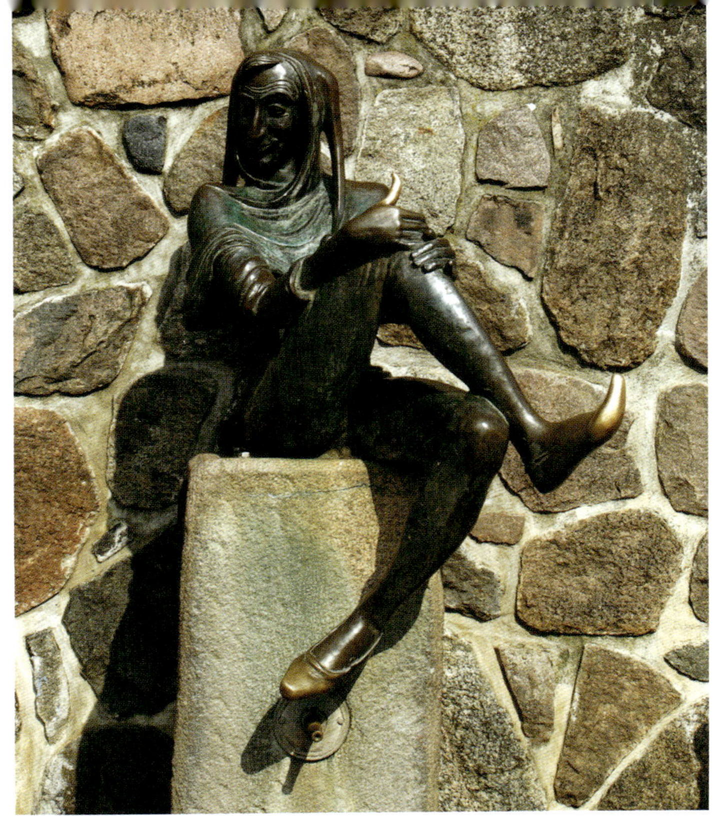

Mölln wird auch als Eulenspiegelstadt bezeichnet und hat dem mittelalterlicher Schelm Till Eulenspiegel, der die letzten Jahre seines Lebens in Mölln verbracht haben soll, am Marktplatz der Stadt ein Denkmal gesetzt.

Till Eulenspiegel prägt Stadt und Kurpark

Auch im Kurpark ist er in vielfältiger Weise vertreten. So gibt es beispielsweise die nach ihm benannte kräftig rot blühende Märchenrose 'Till Eulenspiegel' des Rosenzüchters W. Kordes Söhne in Sparrieshoop, die 2018 im Kurpark getauft wurde. Die Kletterrosen-Rarität 'Till Uhlenspiegel' aus den 1950er Jahren, ebenfalls aus dem Hause Kordes stammend, wurde bereits 2011 mit der Beendigung der Sanierungsarbeiten des Kurparks im Park angepflanzt.
Der Wasserspender am Kneippbecken ist in Form eines Eulenspiegelkopfes dargestellt und die Holzskulptur „Schluss mit Lustig" des Schweriner Künstlers Nando Kallweit zeigt den alternden Till Eulenspiegel. Der

Eulenspiegel-Amboss mit zwei goldenen Stellen, ähnlich denen am Marktplatz-Denkmal des Narren, deren Berührung Glück bringen soll, zeigt die Aufschrift „Bitte nicht anfassen“. Wer die Anweisung ignoriert und die Goldstelle am Ende des Ambosses berührt, bekommt ein Eulenspiegel-Liedchen vorgespielt, und bei der Berührung der anderen, die einem Hundekothaufen ähnelt, bekommt man einen Wasserschwall verpasst. Man kann sich richtig vorstellen, wie Till hinter dem Gesträuch sitzt und sich jedes Mal schlapplacht.

Attraktionen des Kurparks

Der Kurpark Mölln ist ein originäres Gartenwerk, das als ein Zeugnis der Gartenarchitektur der 1960er Jahre gilt. Die von dem Hamburger Gartenarchitekten Gustav Lüttge entworfene Anlage zeigt an vielen Stellen noch die alte Bausubstanz mit Wegen und Wasserbecken. Bäume und Sträucher der ursprünglichen Anlage sind zu entdecken und lassen die Ideen der Planer erkennen. Viele moderne und ergänzende Elemente sind aber auch im Laufe der Zeit hinzugekommen.

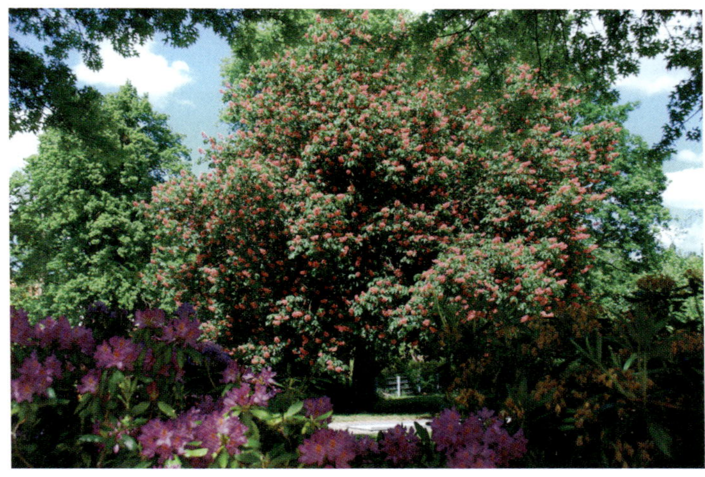

Blühende Rhododendren und im Hintergrund eine rot blühende Rosskastanie auf dem Minigolfplatz des Kurparks in Mölln.

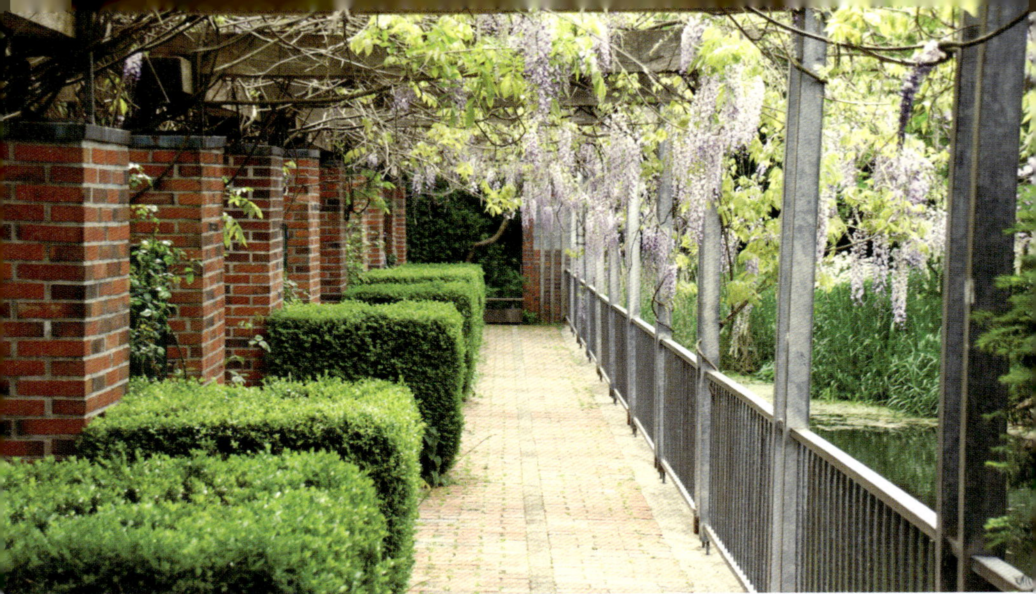

Unter der mit Blauregen umrankten Pergola und zwischen quadratisch geschnittenen Buchsbaumwürfeln finden sich gemütliche Sitzgelegenheiten mit Blick auf das anliegende Gewässer.

Der 1968 eröffnete Park wurde im Jahr 2007 unter Denkmalschutz gestellt und in den nachfolgenden Jahren umfassend saniert, wobei die Grundideen des Kurparks unter Anpassung an die modernen Verhältnisse beibehalten wurden.
Der 40.000 m² große Park besitzt große, weitläufige Rasenflächen, die durch markante Einzelbäume wie Trauerweide, Tulpenbaum, Mammutbaum und andere aufgelockert werden. Viele Themen- und Sondergärten, Wasserelemente, Kunstobjekte, Gehölzpflanzen und Sonderbepflanzungen bereichern das Angebot des Parks. Im Zentrum lädt eine Minigolfanlage zu einem kleinen Spielchen, aber auch ein Schachfeld und Mühlebrett sowie eine Boulebahn animieren zu Aktivitäten. Pausieren kann man im Kaffeegarten am Minigolfplatz, auf den nahen Bänken an den Wasserfontänen oder unter den zahlreichen schattigen Pergolen mit ihren Sitzmöglichkeiten.
Der stille Mühlengraben begrenzt den Park zur nahen historischen Innenstadt Möllns. Aber auch sonst ist Wasser ein wichtiges Gestaltungs- und

Unterhaltungselement des Parks. Das sind beispielsweise Mühlstein-Wasserspiele, das Kneipptretbecken mit dem vom Künstler Andreas Rimkus gestalteten Eulenspiegelkopf-Wasserspeier, der auch den erwähnten Amboss gestaltet hat. Im Westen befindet sich im Japangarten ein Japanteich und das nahe gelegene Wasserbecken wird durch die bronzenen Speiköpfe des Möllner Künstlers Karlheinz Goetke gespeist, der auch den Eulenspiegelbrunnen am Möllner Markt entworfen hat.

Der westliche Parkteil ist mit dem Rhododendron- und Japangarten, den Blauregen-Pergolen, den Buchsbaum-, Farn-, Blütenpflanzen und Gehölzarealen nach Originalplänen hergestellt. Im östlichen Bereich wurde der Park mit weiten Rasenflächen, der Kurparkbühne und den Themengärten modern gestaltet. Hier finden wir neben dem Rosen-, Kräuter-, Ernährungs- und Bewegungsgarten saisonal unterschiedlich bepflanzte Beete.

Blühender Zierlauch wächst am Mühlengraben, der den Kurpark zur Innenstadt Möllns begrenzt.

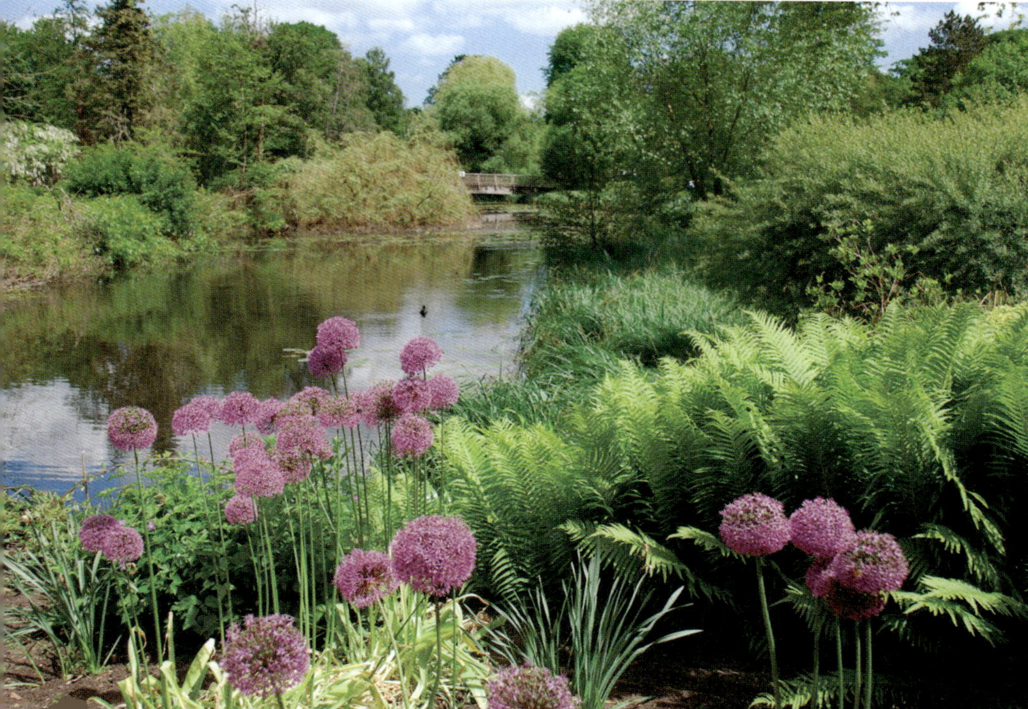

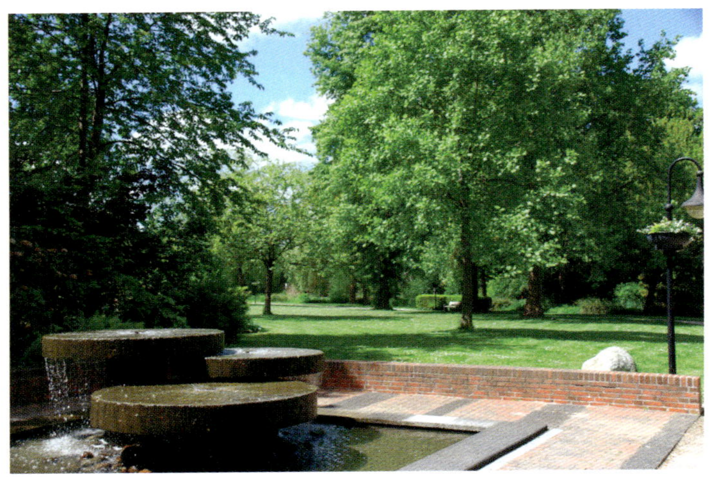

Wasser ist ein wichtiges Element im Kurpark, hier am Mühlensteinbrunnen nahe dem Nordeingang der Grünanlage.

An den Parklaternen hoch gehängte Ampeln mit Fächerblumen und Petunien, bunte Blumenbeete und Schattengrün erfreuen den Blumen- und Gartenfreund. Bäume und Sträucher beherbergt das Parkgelände ebenfalls reichlich, wobei neben Gehölzen aus der ursprünglichen Parkbepflanzung noch vieles erhalten ist und so einiges an Raritäten und Schönheiten ergänzend angepflanzt worden ist. So stammen beispielsweise die Mammutbäume, der Eisenholzbaum, der Götterbaum, die Schwarzbirke, der Kuchenbaum, der Chinesische Blumenhartriegel und viele weitere aus dem Altbestand, während im Zuge der Sanierung im Jahre 2011 Flügelnuss, Goldesche, Himalayabirke, Taschentuchbaum, Lederhülsenbaum, Speierling, Nymphenbaum und andere hinzugekommen sind.

Kurparkveranstaltungen und nahe Altstadt

Die großen Freiflächen und die Bühne werden für Veranstaltungen und Feste aller Art genutzt. Ebenso bekannt wie bei Einheimischen und bei Gästen beliebt sind der Garten- und Kunsthandwerkermarkt, das

Möllner Kurpark Spektakel, das Mittelalterfest Spektakulum Mulne, das Kinderfest Herzog Tumult sowie die romantische Cocktail-Night.
Einen Abstecher in die nahe gelegene historische Altstadt sollte man sich bei einem Mölln-Besuch auch nicht nehmen lassen. Das Rathaus, die Kirche, das Eulenspiegel-Denkmal und -Museum lohnen ebenso einen Besuch wie der 21 ha große lehr- und erlebnisreiche Wildpark Uhlenkolk. Radfahrfreunde können sich von Mölln auf eine der schönsten Radfahrstrecken des Landes begeben, den Elbe-Lübeck-Kanal-Radwanderweg. Nach Süden kann man bis Lauenburg und nach Norden bis nach Lübeck und Travemünde radeln – zurück geht es dann gemütlich per Bahn.

Kurpark Mölln
Bergstraße, 23879 Mölln
www.moelln-tourismus.de/poi/kurpark-moelln
www.kurpark-moelln.de

Verschiedene Themengärten informieren über Rosen, Kräuter und Ernährung.

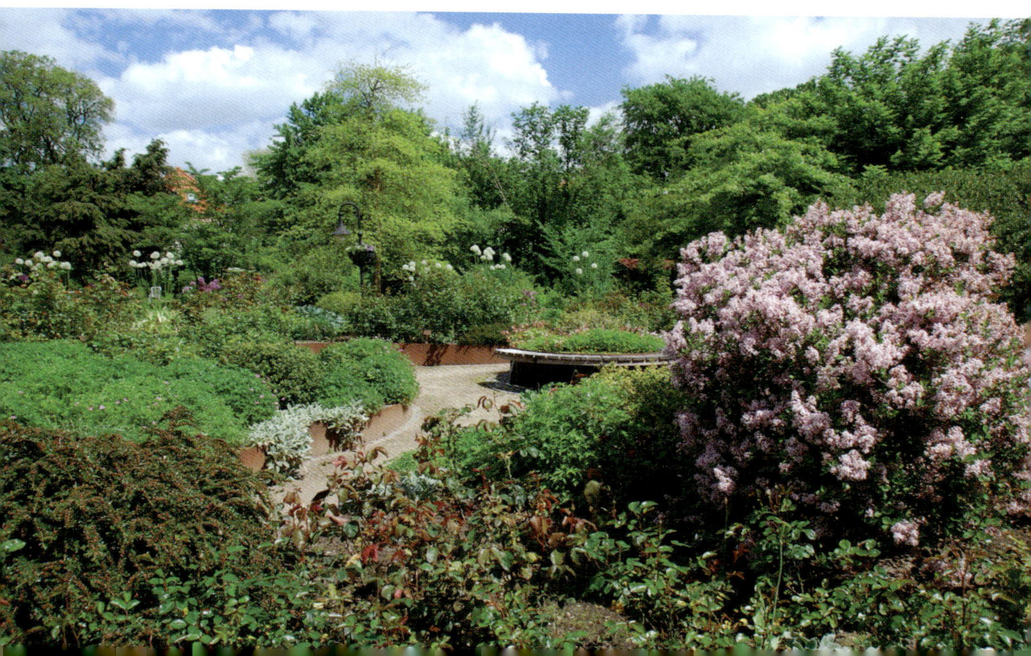

Garten der Schmetterlinge in Friedrichsruh

Faszinierende Welt der tropischen Falter

Östlich von Hamburg im Sachsenwald kann man in eine kleine Welt tropischer Pflanzen und Schmetterlinge abtauchen. Der Garten der Schmetterlinge in Aumühle-Friedrichsruh zeigt in seinem begehbaren Tropenhaus um die 40 Arten farbenprächtiger und eindrucksvoller Tag- und Nachtfalter aus Afrika, Amerika und Asien. Hinzu kommen ergänzende Ausstellungsgebäude und ein 10.000 m² großes Außengelände mit weiteren Gärten und Attraktionen.

Angeregt von ähnlichen Anlagen in Frankreich und England initiierte und gründete Elisabeth Fürstin von Bismarck im Jahre 1985 die Ausstellung tropischer Schmetterlinge inmitten von Schleswig-Holsteins größtem zusammenhängenden Waldgebiet, dem Sachsenwald. Es war zu der Zeit der erste Schmetterlingsgarten in Deutschland.

Neben den exotischen Schmetterlingen im Tropenhaus lassen sich im Garten auch heimische Arten wie das bekannte Tagpfauenauge an einem Schmetterlingsstrauch (Buddleja) beobachten.

Tropische Schmetterlingsvielfalt

In dem 450 m² großen Tropenhaus können die Besucher bei angenehmen Temperaturen um die 26° C zwischen Palmen, Hibiskusblüten, Kakaobäumen und anderen tropischen Gewächsen umhergehen und verschiedene Juwelen der Lüfte, wie die farbenfrohen Tagfalter auch genannt werden, beobachten. Es können bis zu tausend Individuen sein, die zwischen der Vegetation und den Besuchern durch die Luft gleiten und auf Blättern, an

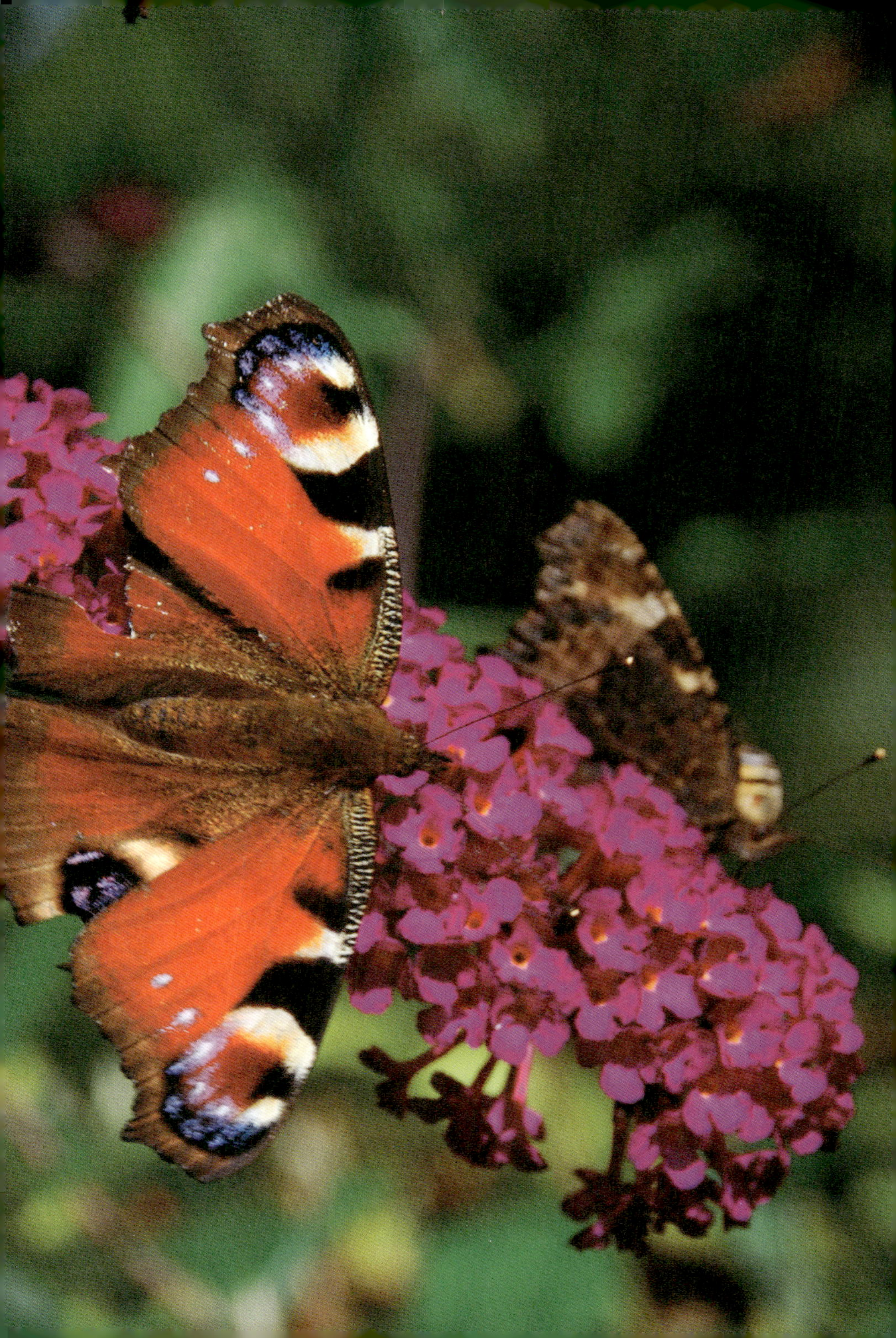

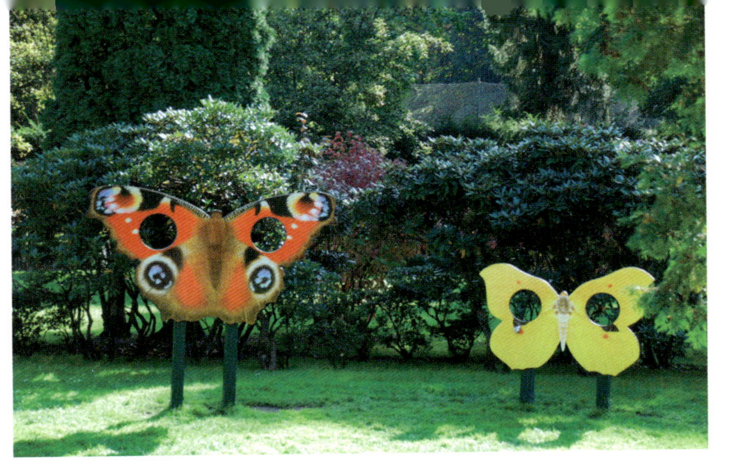

Auch in den Außenanlagen spielen die Schmetterlinge, in diesem Fall die heimischen Arten in aufgestellten Schmetterlings-Modellen, eine wichtige Rolle.

Blüten oder ausliegenden Früchten bei der Nahrungsaufnahme aus nächster Nähe zu beobachten und auch zu fotografieren sind.
Da ist zum Beispiel der Blaue Morphofalter, der im Flug seine eindrucksvolle metallisch-blaue Oberfläche zur Schau stellt, aber – wenn er dann gelandet ist und die Flügel über dem Körper zusammengelegt hat – nur noch seine tarnfarbene braune Flügelunterseite zeigt. Der Beobachter denkt, der hübsche blaue Falter wäre plötzlich am Boden oder im Blattwerk verschwunden. Ähnlich ist es beim Indischen Blattschmetterling, einem farbenfrohen Edelfalter, der jedoch mit zusammengelegten Flügeln gut getarnt wie ein vertrocknetes Laubblatt aussieht. Da gibt es die Weiße Baumnymphe mit ihrem gleitenden Segelflug, den Grünen Schwalbenschwanz mit seinen bizarr verlängerten Hinterflügelenden, die an eine Rauchschwalbe erinnern, oder den Bananenfalter mit seiner fast perfekten Imitation von Augenstrukturen auf den Flügeln – ein verbreiteter Trick der Natur, um Fressfeinde abzuschrecken oder zumindest zu irritierten. Wir kennen das Prinzip auch von heimischen Schmetterlingsarten wie dem bekannten Tagpfauenauge. Der Postmann, ein schwarzer Falter mit auffallenden roten und weißen Flügelstreifen, oder der schwarz-weiß

gefärbte Zebrafalter kreuzen ebenso den Weg der Besucher wie der Atlasspinner, der mit einer Flügelfläche von 400 cm^2 als der größte Falter der Erde gilt. Ebenso beeindruckt der Waldgeist die Besucher mit seinen gläsernen, durchsichtigen Flügeln – ebenso ein Trick, um von Fressfeinden in der Vegetation nicht entdeckt zu werden.

So lernt man anhand der Infotafeln und Beobachtungen vor Ort so einiges über die Schuppenflügler, wie die Schmetterlinge wegen ihrer Millionen kleinster Schuppenstrukturen auf der Körperoberfläche genannt werden. Die Lepidoptera (Schuppenflügler) mit den Tag- und Nachtfaltern sind mit 160.000 bekannten Arten weltweit nach den Käfern die artenreichste Insektenordnung. Auch die Entwicklung und Metamorphose der Schmetterlinge vom abgelegten Ei über das Raupen- und Puppenstadium bis zur Verwandlung zum erwachsenen Schmetterling werden erklärt und lassen sich in kleinen Glaskästen mit aufgehängten Schmetterlingspuppen, aus denen die erwachsenen Falter schlüpfen, schön beobachten.

Im anliegenden Bambushaus kann man bei plätscherndem und die Glasspiegel herabrinnendem Wasser und aufsteigendem Nebel zwischen mächtigen Bambusgewächsen einige meditative Runden drehen. Ebenso faszinierend ist der singende Garten, in dem man zwischen Bambus und Kamelienpflanzen sitzt, während das über Steine fließende Wasser über eine Bambuswippe gelegentlich Glockengeläut auslöst und den Kaffegenuss mit musikalischen Klängen untermalt. Dazu kann man den gemächlich vorbei schwimmenden Kois zusehen. Im Glashaus oder bei schönem Wetter im Garten am Schlossteich kann man zu Kaffeespezialitäten sowie herzhaften und süßen Speisen einkehren oder sich am seenahen Kiosk mit Eis, Kaffee oder anderen Kleinigkeiten eindecken, bevor es zu einem kleinen Spaziergang durch die umliegenden Außenanlagen geht.

Außenanlagen

Das ein Hektar große Außenareal bietet neben buchsbaumgesäumten Wegen zwischen alten Obstbäumen und anderen Gehölzen wie einem alten Mammutbaum auch ein Fließgewässer, einen Rosengarten, eine Blumenwiese und einen Azaleen- und Rhododendronweg. In der Teichanlage mit Insekten-Nisthilfen für Wildbienen am Rand kann man Wasserinsekten, Libellen und Ufertiere beobachten. An einem Bienen-Beobachtungsstand lässt sich ein Blick in das geschäftige Treiben im Inneren eines Bienenstocks werfen und für die Kinder gibt es Spielmöglichkeiten und ein Kaninchengehege.

Im Haus der Bäume werden die wichtigen heimischen Baumarten mit ihren Wuchs- und Rindenstrukturen, Blättern, Blüten und Früchten vorgestellt. An den vielen Blüten des Gartens, zu denen auch verschiedene blühende Schmetterlingssträucher (Buddleja) gehören, sind bei schönem Wetter, nachdem man verschiedene tropische Falter im Glashaus erleben konnte, hier nun auch wichtige heimische Vertreter der Schmetterlinge wie Kleiner Fuchs, Tagpfauenauge, Admiral, Kohlweißlinge oder Distelfalter zu beobachten.

Auch einen Abstecher zu der etwas abgelegenen Insel der Besinnung im Schlossteich sollte man sich gönnen. Über die weiße Schmetterlingsbrücke geht es zu der kleinen Insel, von der man den Schlossteich in verschiedene Richtungen überblicken kann und welche der Lieblingsplatz von Fürst Otto von Bismarck gewesen sein soll. Der Reichskanzler Bismarck, von dem es auf der Insel auch eine kleine Gedenkbüste gibt, erhielt von Kaiser Wilhelm I. für seine Verdienste 1871 den Sachsenwald geschenkt, wo er nach 1890 seinen Ruhesitz hatte und auch seine letzte Ruhestätte in einem Mausoleum gefunden hat.

Nachdem man sich im Garten der Schmetterlinge für

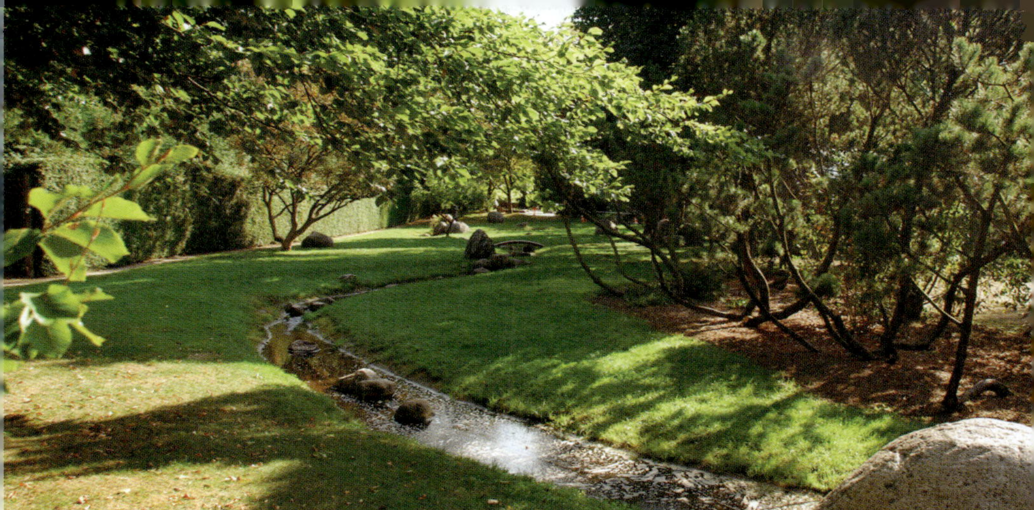

Ein kleines Fließgewässer durchzieht den Garten der Schmetterlinge im Außenbereich.

diese faszinierende Tiergruppe begeistern konnte, kann man sich im Shop am Ausgang des Ausstellungsgeländes noch mit weitergehendem Informationsmaterial wie Büchern, Bestimmungslisten und Postern zu Schmetterlingen, aber auch Dekoartikeln, Spielwaren, Souvenirs, Porzellan und anderem versorgen.

Für Naturfreunde steht nach der Besichtigung des Garten der Schmetterlinge vielleicht noch eine kleine Wanderung durch den Sachsenwald oder entlang der Bille auf dem Programm. Für Technikbegeisterte ist das nahe gelegene Eisenbahnmuseum Lokschuppen Aumühle mit historischen Fahrzeugen, Draisine, Lehrstellwerk, Feldbahn und Straßenbahnmodellanlage ein attraktives Ausflugsziel, während Geschichts- und Politikinteressierte eher einen Besuch des Bismarckmuseums im alten Bahnhof des Ortes planen oder das Mausoleum des Reichskanzlers besichtigen werden.

Garten der Schmetterlinge
Am Schlossteich 8, 21521 Aumühle-Friedrichsruh
www.gartenderschmetterlinge.de

Holsteinisches Binnenland

Der Altenjahner Kräutergarten im Naturpark Aukrug
Vom Paradies zum Garten und wieder zurück

Bereits seit dem Jahre 2006 besteht der Altenjahner Kräutergarten, den Traute Struve gegenüber dem Familienhof in der hügeligen Wald- und Wiesenlandschaft im Naturpark Aukrug südlich von Hohenwestedt angelegt hat. Das kleine Gartenparadies wurde im Laufe der Jahre beständig weiterentwickelt und bietet in den unterschiedlichen Themengärten eine interessante Pflanzenfülle, zahlreiche liebevoll gestaltete Details und Ideen sowie mannigfache Anregungen für die eigene Gartengestaltung.

Auf dem inzwischen 10.000 m² großen Gelände des Altenjahner Kräutergartens kann man die Ruhe und Beschaulichkeit in einer der zahlreichen lauschigen Sitzgruppen genießen, aber es werden auch alle Sinne des Besuchers beim Rundgang beansprucht.

Zwischen den blühenden Pflanzen erfreuen viele Überraschungen und nette Details die Besucher in den Beeten und am Wegesrand im Altenjahner Kräutergarten.

Gärten für die Sinne und Themengärten

Neben der Farbenpracht der Blüten und der Detailfülle für das Auge gibt es Duftpflanzen, aber auch Kräuter wie Oregano, Thymian, Ysop, Rosmarin und andere zum Riechen und Kosten. Unterschiedliche Blattoberflächen können ertastet werden und für die Beanspruchung der Fußsensorik gibt es die Barfußgasse. Das Ohr vernimmt den Gesang der Vögel und das muntere Gezirpe der Heuschrecken oder versucht sich an der Musikanlage, an der unterschiedlich lange Metallrohre verschiedene

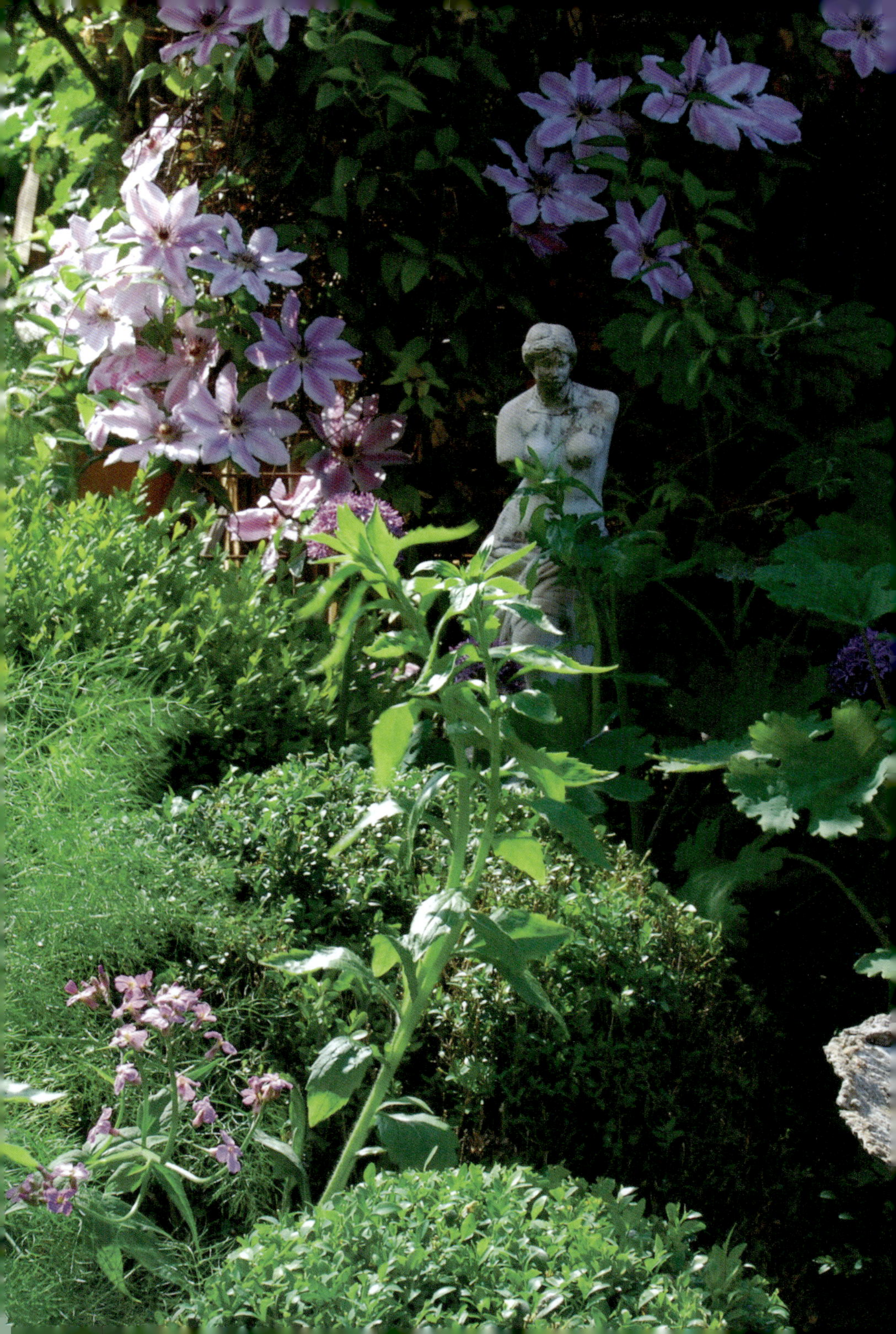

Töne hervorbringen, wenn sie angeschlagen werden. Das erfreut auch die Kinder, die hier Spielmöglichkeiten wie Schaukel und Sandkiste finden, sich am Barfußpfad, am Kletterpflanzenzelt und an den Naschmöglichkeiten erfreuen. Vor allem aber können sie die unterschiedlichen Pflanzenarten kennenlernen und haben viele Gelegenheiten zur Naturbeobachtung. Die Vielfalt der Pflanzenwelt und Habitate bringt eine ebenso vielfältige Tierwelt mit sich. So kann man unterschiedliche Käfer, Libellen, Asseln und vor allem die vielen Blütenbesucher wie Hummeln, Bienen, Schwebfliegen und Schmetterlinge beobachten. Die Schulklassen der Region kommen ebenso wie andere Kinder und Erwachsenen-Besuchergruppen gern zu den Führungen durch den Pflanzen- und Kräutergarten in Altenjahn.

Das umfängliche Angebot an unterschiedlichen Themengärten zeugt von dem Ideen- und Einfallsreichtum sowie der Liebe zum Detail der Initiatorin und Macherin der Gartenanlage Traute

Seit 2006 betreibt Traute Struve ihren 5000 m² großen Kräutergarten im etwas abgelegenen Altenjahn im Naturpark Aukrug. Das Ausstellungsangebot des Gartens geht mittlerweile weit über das eines einfachen Kräutergartens hinaus.

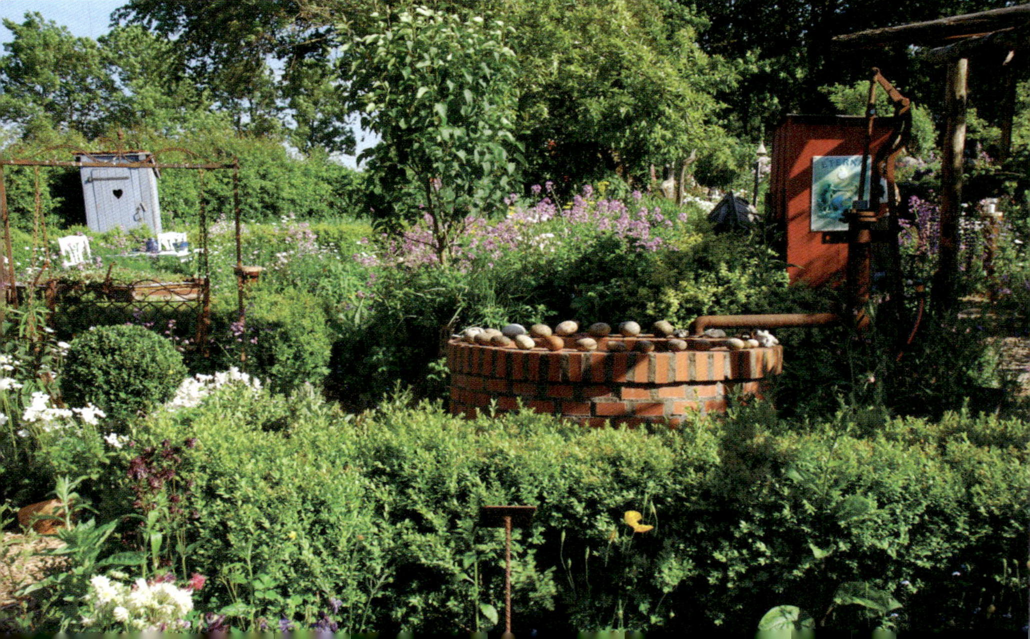

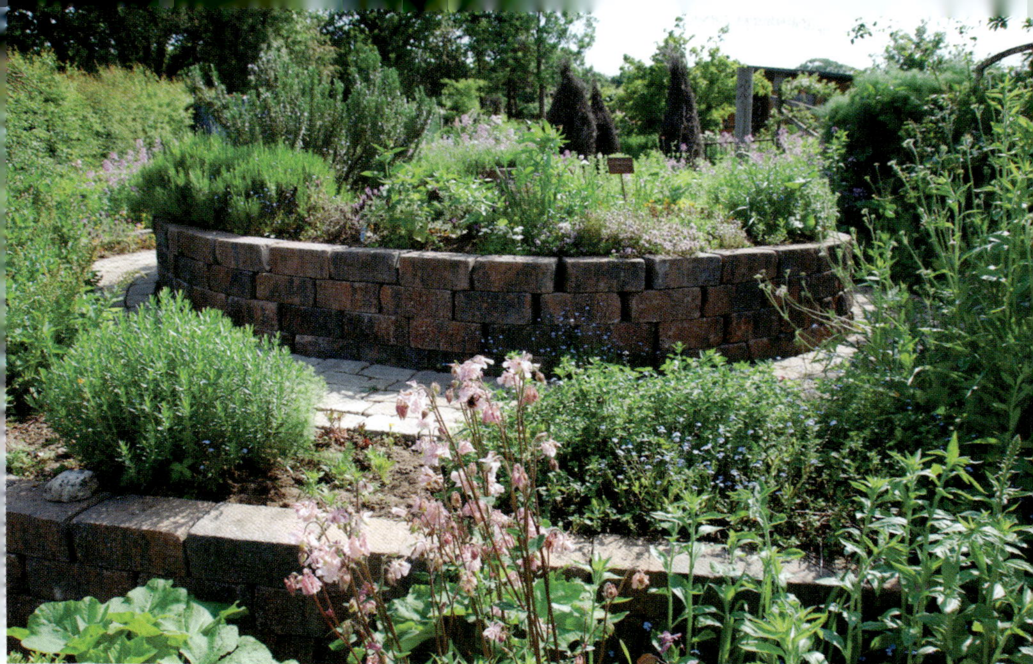

Eine große Kräuterspirale gibt Einblick in die Welt der Kräuter- und Gewürzpflanzen.

Struve: Es gibt einen eigenen Pfad der Sinne, einen Apotheker-, Duft-, Zauber-, Rosen- und Bauerngarten. In der großen Kräuterspirale finden wir Winterbohnenkraut, Lavendel und Ananas-Salbei, der Rittergarten beeindruckt mit Schwertlilie, Eisenkraut, Mispel, Rittersporn sowie Kamille und Johanniskraut für die Wundheilung und im Zitronengarten tummeln sich Pflanzen, die einen betörenden Zitronenduft ausströmen. Dann gibt es noch einen Wellness- und Fledermausgarten, einen schönen Naturteich, einen Heidehang mit Schäferwagen und einen Weinberg. Im Naschgarten erfreuen sich die Besucher an Johannis- und Jostabeeren sowie an Apfel- und Brombeeren.

Skulpturen und Sinnsprüche

Neben den unterschiedlichen Gehölzen, Blütenpflanzen und Kletterpflanzen wie Clematis, Wicken und Feuerbohnen verzieren auch zahlreiche Skulpturen,

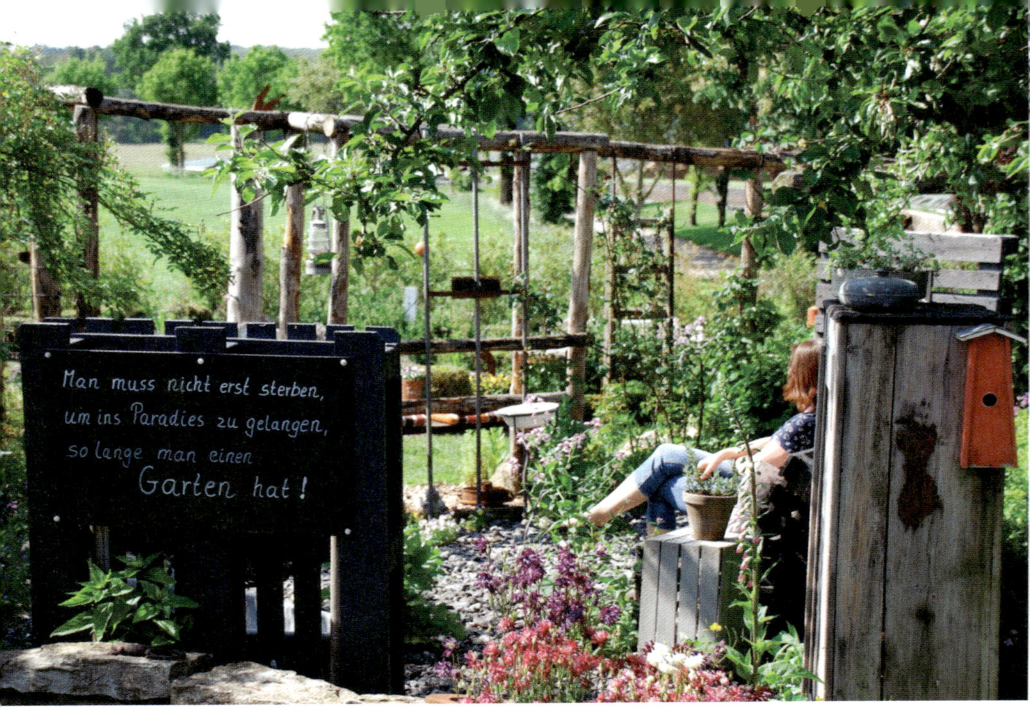

Bei einer kleinen Sitzpause kann man den Ausblick in den Garten und die umliegende Landschaft genießen und über die aufgestellten Sinnsprüche nachdenken.

kleine Dekoartikel, originelle Pflanzkübel und Mini-Pflanzbeete den Weg wie Sinnsprüche, die auf Tafeln und Brettern niedergeschrieben, zum Nachdenken anregen. Da ist zum Beispiel neben einem alten Holzfenster in der Gartenlandschaft eine Tafel aufgestellt: „Wie viele Male schaut der Wille durchs Fenster, ehe die Tat durchs Tor tritt?“ Oder bezugnehmend auf die verbreitete Vorstellung vom Paradies als einem wundervollen, friedlichen und abwechslungsreichen Garten, dem Garten Eden, aus dem die Menschen dereinst verbannt worden sind: „Man muss nicht erst sterben, um ins Paradies zu gelangen, solange man einen Garten hat!“
Es ist schon erstaunlich zu sehen, wie ein Einfrauenbetrieb eine so vergleichsweise große Gartenanlage unterhält und als Ausstellungsgarten betreibt und immer wieder neue Ideen dafür entwickelt. Als eines der nächsten Projekte steht die Entwicklung

eines Pilgergartens an, in dem an mehreren Stationen gezeigt wird, was im Leben wichtig ist.
Denn eine wichtige Erkenntnis, die jeder Gartenfreund wohl unterschreiben würde, ohne lange zu überlegen, ist die Tatsache, dass „ein Garten nie fertig sein wird oder muss", wie es Traute Struve betont und auch in einem ihrer Sinnsprüche im Altenjahner Kräutergarten auf einer Schiefertafel niedergeschrieben hat.

Altenjahner Kräutergarten
Altenjahn 4, 24594 Grauel
www.naturpark-aukrug.com/aktiv-geniessen/kultur/kraeutergarten-altenjahn

Dicht gedrängt stehen die Blüten in den Beeten und erfreuen die Besucher mit ihrer Farben- und Duftvielfalt.

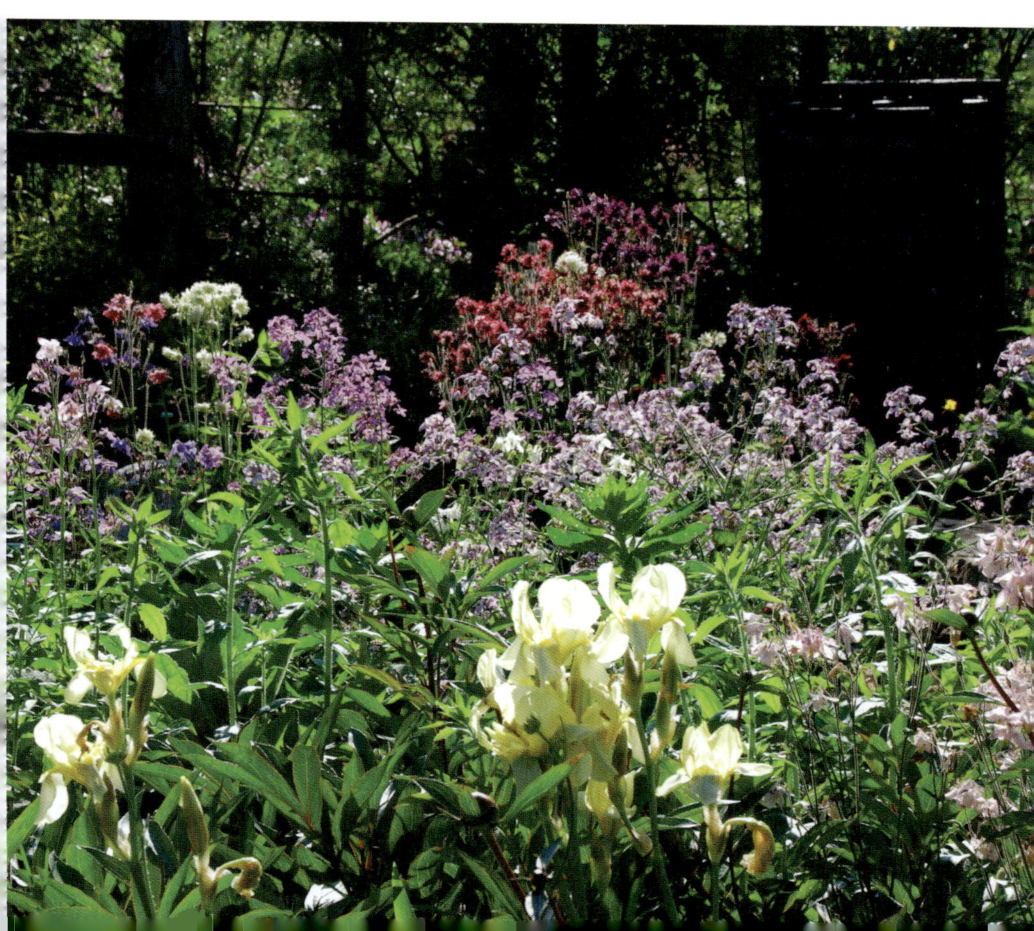

Stadtpark und Skulpturenpark Rendsburg
Natur und Kunst in der Stadt

Ein schöner Baumbestand, Blumenanlagen, Rasenflächen und Promenadenwege am Wasser prägen den Rendsburger Stadtpark, der sich auf einem geschichtsträchtigen Areal der ehemaligen Garnisonsstadt befindet. Auch der Kunstfreund kommt in dem Park auf seine Kosten. Zahlreiche Skulpturen und Denkmäler sind im Park verteilt und säumen die Wege. So bietet die elfeinhalb Hektar große Anlage inmitten der Stadt nicht nur Natur- und Kunstgenuss, sondern auch Möglichkeiten für Ruhe, Erholung und Entspannung für die Rendsburger und die Besucher der Stadt.

Rendsburg war in früheren Zeiten eine wichtige Bastion des dänischen Königreichs gegen Angriffe aus dem Süden. Ab 1690 bis 1695 wurde an der Eider das sogenannte Neuwerk errichtet und Rendsburg als zweitgrößte Festung Dänemarks ausgebaut. Neben dem Paradeplatz, dem Kernstück der Anlage, sind auch heute noch viele Elemente und Gebäude der ehemaligen Festungsanlage wie Garnisonskirche, Waffenarsenal und Provianthaus erhalten. Die eigentlichen Festungsanlagen wurden ab 1852 auf Befehl des dänischen Königs geschleift und die Geschichte des Stadtparks, der sich auf Flächen der einstigen Festungsanlagen der Garnisonsstadt Rendsburg befindet, konnte beginnen.

Zahlreiche Skulpturen wie der aus Bronze gefertigte „Affenbaum“ von Hans Martin Ruwoldt stehen im Stadtpark Rendsburg.

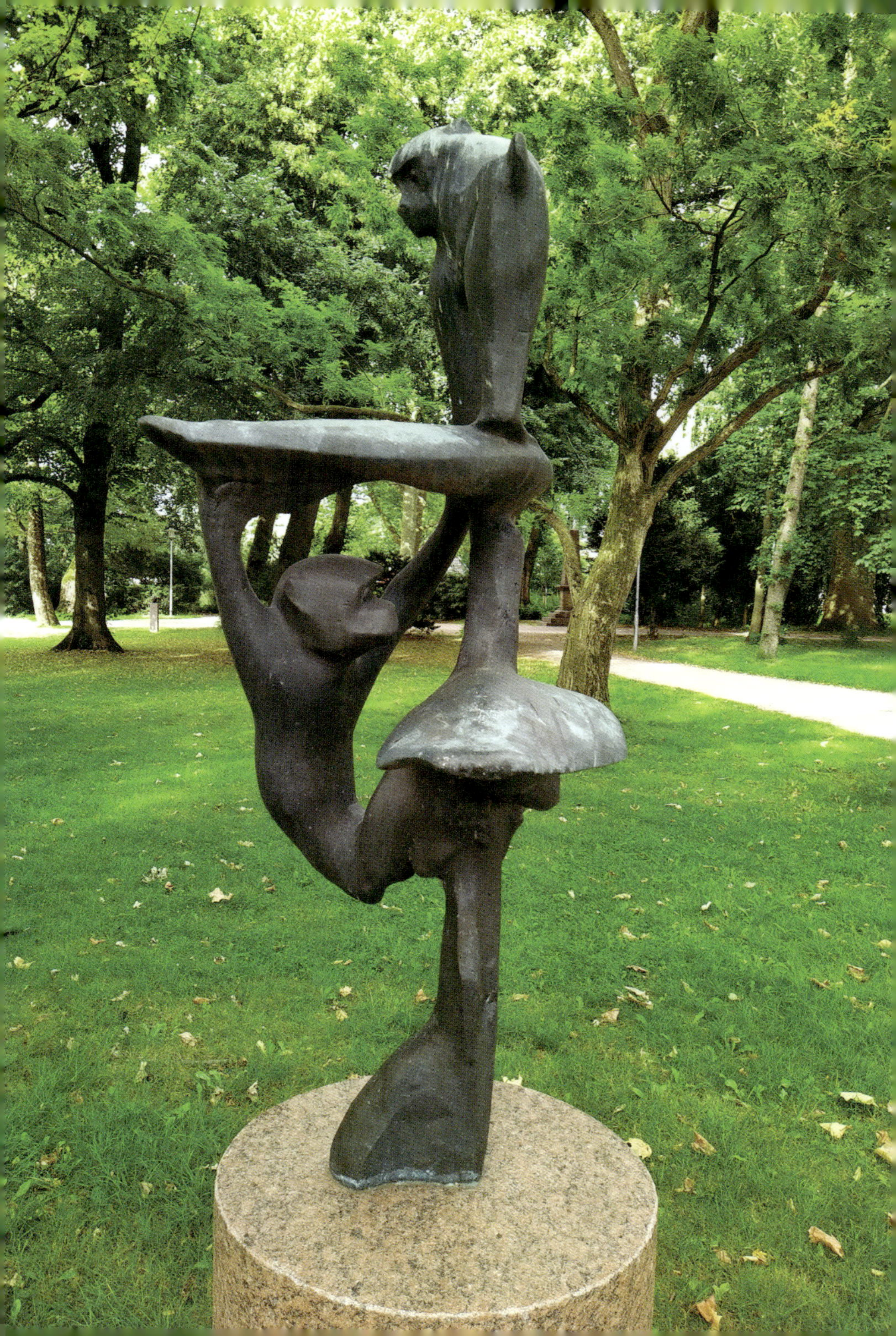

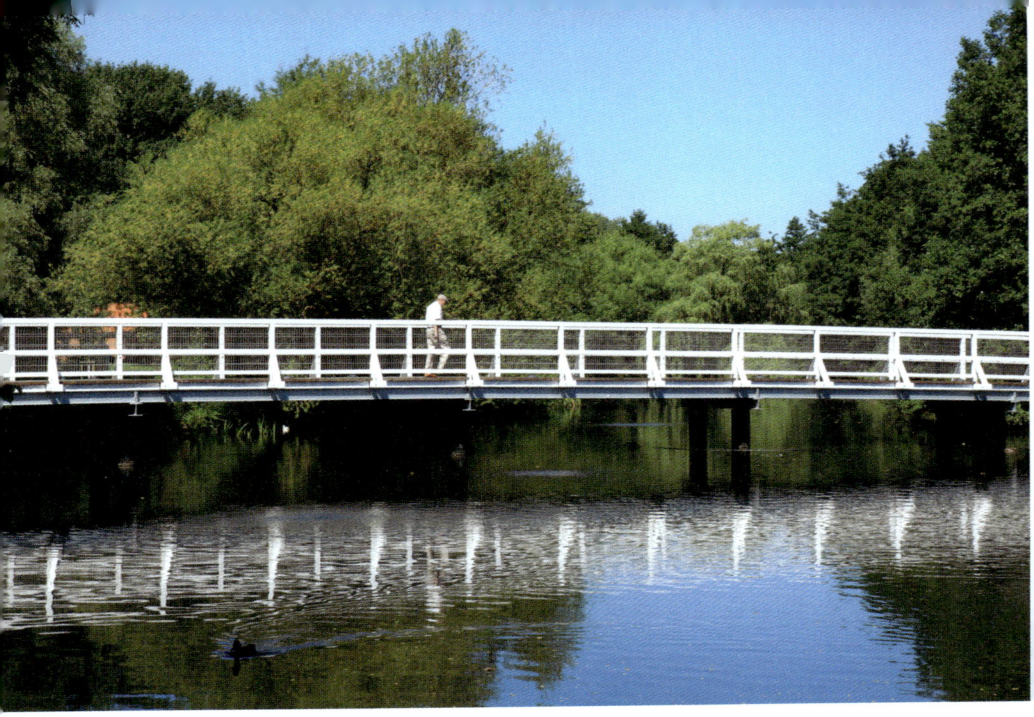

Die Weiße Brücke, eines der Wahrzeichen der Stadt Rendsburg, ermöglicht Besuchern den direkten Zugang von der Innenstadt in Richtung Stadtpark.

Entwicklung des Stadtparks

Auf Initiative des 1844 gegründeten und heute noch aktiven Verschönerungsvereins wurde 1861 zunächst als erste Begrünungsaktion der sogenannte „Kindergarten" am Stadtsee angelegt. Der Name ergab sich aus der Tatsache, dass viele Kindermädchen mit ihren Kinderwagen den Park für Spaziergänge nutzten. Die auch heute noch zu den Wahrzeichen der Stadt gehörende Weiße Brücke verband bereits damals den Neuwerk-Stadtteil mit der Rendsburger Altstadt. Später wurden zahlreiche heimische, aber auch seltene und interessante Bäume aus anderen Ländern gepflanzt, von denen heute noch viele den Park prägen und Spaziergänge unter schattigen Gehölzen ermöglichen. Neben verschiedenen Eichen-, Linden- und Birkenarten gibt es viele Rosskastanien, Ginkgos, Japanische Schnurrbäume, Sumpfzypressen, Mammutbäume,

Flügelnüsse, aber auch Sicheltanne, Gleditschie, Judasbaum und der Japanische Kuchenbaum sind vertreten. Die ältesten Bäume weisen ein Alter von circa 160 Jahren auf.

Eine herrliche Trauer-Blutbuche steht am Parkzugang vom Paradeplatz, wo auch das Denkmal von Uwe Jens Lornsen (1793–1838) aufragt, der als Vorkämpfer eines vereinten Schleswig-Holsteins gilt. Weitere Denkmäler erinnern unter anderem an die Gefallenen des Deutsch-Französischen Krieges von 1870/71 oder an die Kriegsopfer der Weltkriege.

Im Laufe der Jahre wurde der Park erweitert und erreichte im 20. Jahrhunderts seine heutige Ausdehnung von elfeinhalb Hektar, wobei naturnahe Sumpfareale am Stadtsee und ein Quellsumpf hinzugerechnet sind.

In den 1950er und 60er Jahren wurden diverse Sträucher wie Zaubernuss, Rhododendron und Schneeball ergänzt und Wiesenbereiche wurden mit Krokussen und Narzissen bepflanzt, sodass sich im heutigen Park auch ein bunter Frühjahrsaspekt ergibt, wobei vor allem die Krokusblüte im zentralen Teil des Parks eindrucksvoll ist.

Der Baumbestand wird ständig erweitert. So wird beispielsweise jedes Jahr in Zusammenarbeit mit der Schutzgemeinschaft Deutscher Wald der jeweilige Baum des Jahres im Park gepflanzt. Alle seit 1989 ausgewählten Bäume des Jahres wie Speierling, Wilde Birne, Elsbeere, Europäische Lärche, Walnuss usw. können auf einem eigens dafür entwickelten Gebiet hinter der Brammerdammbrücke besichtigt werden; einige weitere stehen angrenzend an den Stadtpark an der Untereider.

Die Rosskastanien erkranken, wie auch in anderen Parkanlagen und Städten, zunehmend. Die Vielfalt der Baumarten im Rendsburger Park wird durch Nachpflanzungen mit sogenannten Klimabäumen zu erhalten versucht. Das sind Arten, von denen man sich eine bessere Anpassung an die sich wandelnden Klimaverhältnisse erhofft. Neupflanzungen der letzten Jahre waren in diesem Sinne beispielsweise ein Eisenholzbaum, eine Zelkove, eine Japanische Baum-Magnolie, eine Hopfenbuche und Purpurerlen.

Skulpturenpark

Der künstlerische Aspekt des Parks entwickelte sich ab 1954, als der Verschönerungsverein zu seinem 110-jährigen Bestehen mit der Aufstellung von Skulpturen namhafter Künstler im Rendsburger Stadtpark begann. Das Kunstwerk „Eva" des Husumer Künstlers Adolf Brütt, das die Urmutter mit ihren Kindern Kain und Abel auf dem Arm zeigt, war eine der ersten Skulpturen im Park. Diese Leihgabe des Schlosses Gottorf ging 1980 zurück nach Schleswig. Bei der heute im Rendsburger Park stehenden Skulptur handelt es sich um einen Nachguss des Originals, der 1989 im Stadtpark aufgestellt wurde. Es sind ganz unterschiedliche Richtungen der modernen Bildhauerei durch namhafte Künstler vertreten, so beispielsweise der Tierbildhauer Hans Martin Ruwoldt mit seinen Skulpturen „Affenbaum", „Sich leckender Gepard" und „Frauenkörper", Jörg Plickat mit „Die Bezogenheit des Seins", Jan Koblasa mit „Schutzstein", Jutta Reichelt mit der „Tänzerin", Hans Otto Lehnert mit dem „Traum von der Wiederkehr" oder Maria Reese mit „Engelesche".
Gedenktafeln und Büsten erinnern an verdiente Vereinsmitglieder des Verschönerungsvereins wie Wilhelm Eduard Wiggers (1815–1892), Gründer, Förderer und Vorsitzender des Vereins, sowie Hans Heinemann (1915–2002), Rendsburger Maler und Gründer des Rendsburger Kulturkreises. Der Skulpturenparkteil des Stadtparks trägt ihm zu Ehren den Namen Hans-Heinemann-Park.

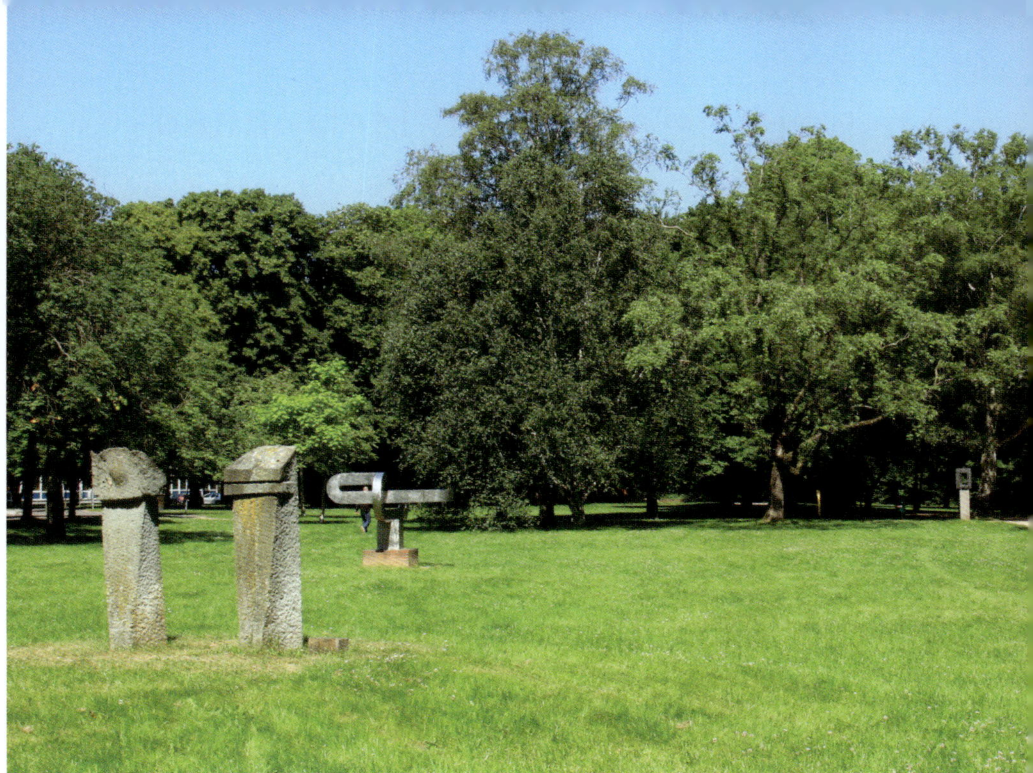

Baumgruppen, Rasenflächen und Skulpturen im Stadtpark Rendsburg mit dem „Schutzstein" von Jan Koblasa (links) und dem „Traum von der Wiederkehr" von Hans-Otto Lehnert (rechts).

Das historische Gebäude des Hohen Arsenal ist mit seiner Tordurchfahrt dem Park zugewandt und lohnt im Anschluss an die Parkbesichtigung ebenfalls einen Besuch. Hier befinden sich neben dem städtischen Kulturzentrum das Historische Museum der Stadt und das Druckmuseum. Auf der anderen Seite des Paradeplatzes in der Prinzessinstraße laden das bekannte Jüdische Museum der Stadt und in der nahen Königstraße das Rendsburger Schifffahrtsarchiv zu einem Besuch ein.

Stadtpark/Hans-Heinemann-Park
Zwischen Paradeplatz und Untereider
24768 Rendsburg
www.sh-kunst.de/werke/stadtpark-rendsburg/

Historische Allee und Herrenhaus Emkendorf – Deutsch-Nienhof und Schierensee

Schlösser am Westensee

Inmitten des landschaftlich reizvollen Naturparks Westensee liegt etwa auf halber Strecke zwischen Rendsburg und Kiel das Gut Emkendorf mit seinem eindrucksvollen Herrenhaus. Zusammen mit den unweit gelegenen Gütern von Deutsch-Nienhof und Schierensee spricht man auch von den drei Schlössern am Westensee, wenngleich die drei Herrenhäuser niemals Residenzen oder Nebenresidenzen eines Landesherren gewesen sind.

Den Park des Emkendorfer Anwesens kann man erkunden und auch das Herrenhaus ist zu Führungen, Veranstaltungen und Festen zu erleben. Die Anlagen von Schierensee und Deutsch-Nienhof sind privat genutzt, aber letzteres erweitert aktuell sein touristisches Angebot.

Eine hübsche, vier Kilometer lange Allee aus Linden, Rosskastanien, Ahornen und anderen Bäumen führt zum Gut Emkendorf.

Historische Anfahrtsallee

Bemerkenswert ist bereits die Anfahrt nach Emkendorf: Die alte Allee mit eindrucksvollen Baumgestalten führt seit etwa 250 Jahren in Richtung der Gutsanlage. Über eine Länge von vier Kilometern erstrecken sich die alten Holländischen Linden, Rosskastanien und Bergahorne an der Kreisstraße. Es handelt sich um eine gemischte Allee verschiedener Baumarten, die hier die Kulturlandschaft prägt und seit 1936 als Naturdenkmal unter Schutz steht. Eine besondere Ehrung erfuhr die historische Baum-

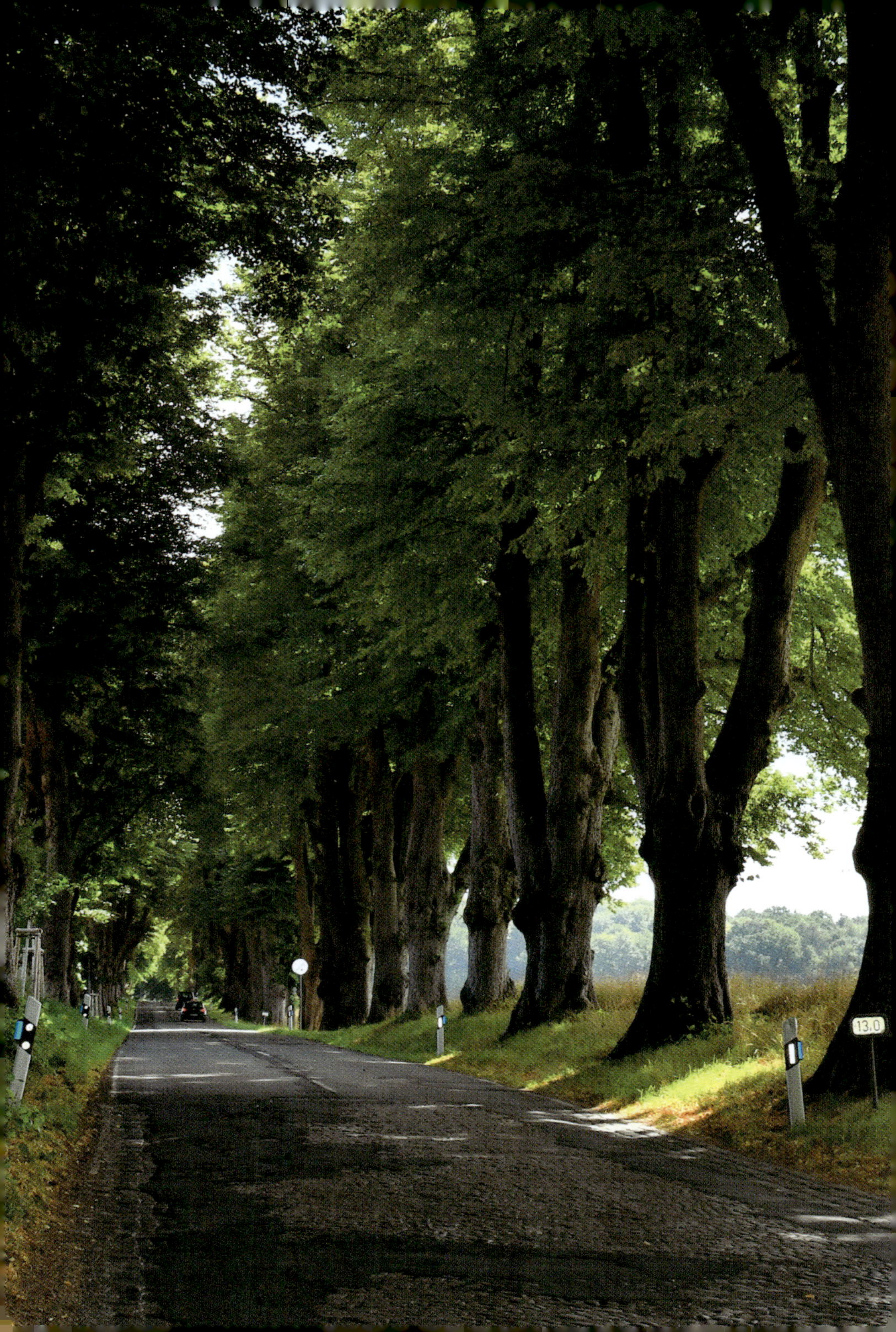
13.0

reihung im Jahre 2022, als der Emkendorfer Allee in einem vom Schleswig-Holsteinischen Heimatbund (SHHB) und dem Bund deutscher Baumschulen (BdB) veranstalteten landesweiten Alleenwettbewerb der erste Preis zuerkannt wurde. Gewürdigt wurde damit auch das vorhandene Pflege- und Entwicklungskonzept des Eigentümers der Allee, des Landesbetriebs für Straßenbau und Verkehr. Da einige der älteren Alleebäume im Laufe der Jahre aus Verkehrssicherheitsgründen gefällt werden mussten, konnten mittlerweile wichtige Nachpflanzungen durchgeführt werden. Dabei kamen neben den bewährten Arten Holländische Linde, Eiche und Bergahorn auch Hainbuche, Resista-Ulme (resistent gegen die Ulmenkrankheit), Rotblättriger Spitzahorn und Robinie zum Einsatz. Bei den jüngsten Nachpflanzungen wurde auf Rosskastanien und Eschen wegen der aktuellen Krankheitsanfälligkeit verzichtet. Insgesamt prägen derzeit neben den über 340 Altbäumen fast 200 nachgepflanzte Bäume die Anfahrt zum Gut Emkendorf.

Herrenhaus und Blütezeit

Die erste Erwähnung Emkendorfs datiert aus dem Jahre 1190, als es zu einem System von Burganlagen des Rittergeschlechts derer vom Westensee gehörte. Als Adelssitz späterer Jahrhunderte zunächst als Wasserburg und später als Gutsanlage mit Herrenhaus wechselten die namhaften Eigentümer mehrfach, etwa Baudissin, Ahlefeld, Rantzau und Reventlow. Das ab 1730 zunächst im spätbarocken Stil erbaute Herrenhaus wurde gegen Ende des 18. Jahrhunderts klassizistisch überformt. Seither ist der zweigeschossige, verputzte Backsteinbau äußerlich nicht mehr wesentlich verändert worden. Hierzu gehören auch die beiden eineinhalbgeschossigen, nach vorn zum Ehrenhof ragenden Flügel, die zusammen mit dem Hauptgebäude diesen

hufeisenförmig umschließen. Die beiden Gebäudeflügel setzen sich beidseitig in Lindenalleen fort, die die Rasenfreifläche vor dem Herrenhaus flankieren.
Nachdem Detlev von Reventlow 1764 das Emkendorfer Gut erwarb und es 1783 an seinen Sohn Friedrich Graf Reventlow, genannt Fritz, vererbte, erlebte das Herrenhaus seine größte Blütezeit. Fritz war verheiratet mit Julia, geborene von Schimmelmann, und zusammen machten sie das Herrenhaus zu einem wichtigen geistigen und kulturellen Zentrum. Viele Persönlichkeiten der Zeit waren zu Gast im „Weimar des Nordens", wie Emkendorf bisweilen bezeichnet wurde. Dem sogenannten Emkendorfer Kreis, einem Debattierzirkel mit schwärmerisch-romantischen und religiös-konservativen Ideen, gehörte eine Gesellschaft aus Literaten, Professoren der Kieler Universität, Philosophen, Diplomaten und Kulturschaffenden an, die in Adelskreisen künstlerischen und geistigen Einfluss nahmen. Darunter waren Persönlichkeiten wie die Dichter Friedrich Gottlieb Klopstock, Heinrich Voß und Matthias Claudius, der Theologe und Schriftsteller Johann Caspar Lavater, der Reichsgraf Friedrich Leopold zu Stolberg, der Philosoph Friedrich Jacobi und weitere. Mit dem Tode Julias endete 1816 die etwa 30-jährige Blütezeit.
Seit 1929 befindet sich Emkendorf im Besitz der Familie Dr. Curt Heinrich. Der Verleger der „Kieler Nachrichten", Christian Tobias Heinrich, und seine Tochter Christiane Carlson entscheiden aktuell über die Geschicke des Herrenhauses und der angeschlossenen 1.110 ha umfassenden Land- und Forstwirtschaft. Einnahmen hieraus, aus der Wohnungsvermietung und den kulturellen Aktivitäten dienen dem Erhalt und der Entwicklung der Gutsanlage und des Herrenhauses. Neben Führungen zu unterschiedlichen Themen, standesamtlichen Trauungen und Hochzeitsfeiern im Herrenhaus und anliegenden Garten können die großen

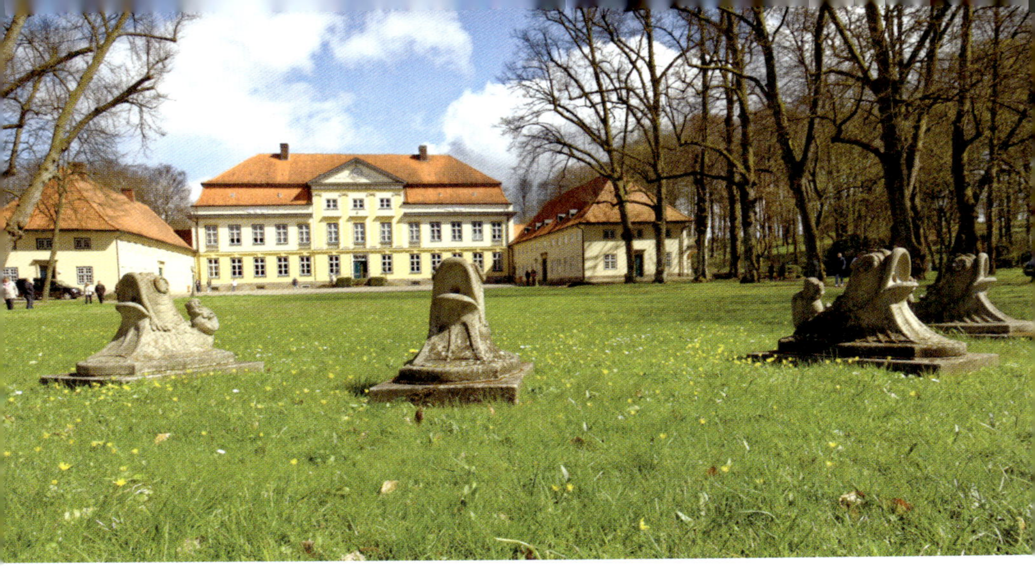

Ab 1730 wurde das Emkendorfer Herrenhaus zunächst im spätbarocken Stil erbaut und später klassizistisch überformt.

Räumlichkeiten des Herrenhauses, in der Reithalle oder im Kuhhaus mit Festplatz für zwölf bis zu mehreren hundert teilnehmenden Personen für öffentliche und private Feiern und Veranstaltungen gemietet werden. Das ganzjährige Veranstaltungsprogramm kann sich sehen lassen und die jährlichen Frühjahrs-, Herbst- und Adventsmärkte sind weit über die Region hinaus bekannt. Ebenso beliebt sind die Konzerte, die im Rahmen des Schleswig-Holstein Musik Festivals (SHMF) dort stattfinden. Herrschaftliche Übernachtungen in der Julia-Suite, im Rittmeister- oder Claudiuszimmer mit ihrem teilweise originalgetreu erhaltenen Ambiente können ebenfalls gebucht werden.

Die Gartenanlage in Emkendorf

Reste alter Gartenstrukturen im Rokokostil mit geometrischen Beeten, einem Wasserbecken mit Springbrunnen, geschnittenen Buchsbaumpflanzen und Rhododendren befinden sich auf der Südseite des Herrenhauses. Dieser Bereich ist nicht öffentlich zugänglich.

Ab 1789 wurde der bis dahin formale Garten unter Fritz Reventlow und seiner Frau Julia in vielen Bereichen in einen romantischen Landschaftsgarten umgewandelt. Die Gartengestaltung wurde von dem Bau- und Landschaftsarchitekten Carl Gottlob Horn vorgenommen, der auch die Umbauarbeiten am Herrenhaus und Neubauten in Emkendorf zu verantworten hatte.
Er war ein Vertreter des klassizistischen Baustiles. Neben offenen Flächen und Waldarealen gab es geometrisch angeordnete Beete, ebenso Teiche, einen Bachlauf und von Skulpturen gesäumte Beete sowie interessante Aussichtspunkte, die in die umgebende hügelige Wiesen- und Waldlandschaft eingebettet waren. Einen Teil dieser parkartigen Anlagen mit Rasenfreiflächen und interessanten Einzelbäumen von Ahorn, Rotbuche, Eiche, Eibe, Lärche und Platane sowie einer stattlichen Blutbuche kann man nach Umwanderung des Herrenhauses auf der westlichen Seite im rückwärtigen Herrenhausbereich besichtigen.
Hier liegt auch der idyllische Hasensee angrenzend an die Parkflächen, den man in einer kleinen Wanderung von zwei Kilometer umrunden kann, wobei alte Bäume und einige Bänke für die Rast den Weg säumen. Die etwas schnellere Rückkehr über die lange Brücke des Hasensees ist derzeit wegen der Baufälligkeit derselben nicht möglich. Bei der Umrundung kommt man vorbei an der kleinen verwilderten Insel, auf der in früheren Zeiten wohl ein Garten mit Obst-, Gemüse- und Zierblumen angelegt war. Entlang der Mauer des ehemaligen Gärtnereiareals kommt man an einigen zum Gut gehörigen Gebäuden wie dem Matthias-Claudius-Haus, einem von Horn errichteten Gartenhaus, in dem Claudius zeitweilig wohnte, vorbei. Bei der Alten Meierei, die heute auch für Wohnzwecke genutzt wird, biegt man wieder ab in Richtung Parkplatz mit dem Ensemble aus Wirtschaftgebäuden, mit den Pferdeställen, dem Kuhhaus und der großen Kornscheune.

Zwei weitere Schlösser am Westensee

Zu den eingangs erwähnten drei Schlössern gehört das wenige Kilometer von Emkendorf entfernte Gut Deutsch-Nienhof, das 1472 erstmalig als adeliges Landgut erwähnt wird. Das heutige Herrenhaus wurde Ende des 18. Jahrhunderts erbaut. Zum Herrenhaus gehört ein zwölf Hektar großer Landschaftspark. Wichtige Betriebszweige des Gutes sind neben der Forstwirtschaft die Imkerei, regenerative Energiegewinnung und der Schutz und die Haltung alter und gefährdeter Haustierrassen wie des Weißen Parkrinds oder des Shropshire-Schafs. Zudem betreibt die Besitzerfamilie Hedemann-Heespen auf dem Areal den nördlichsten Bio-Weinanbau Deutschlands. Die hofeigenen Produkte, darunter das Fleisch der extensiv gehaltenen Tiere und der Wein Kroon 54° 15', können im Onlineshop oder im Hofladen erworben werden. Außerdem bietet das Gut moderne Übernachtungsmöglichkeiten und in dem neu eingerichteten Café „Galerie Gut Deutsch-Nienhof" gibt es in gemütlichem Ambiente an

Neben den beiden Herrenhäusern in Emkendorf und Schierensee ist dasjenige in Deutsch Nienhof vom Ende des 18. Jahrhunderts das dritte der sogenannten „Drei Schlösser am Westensee".

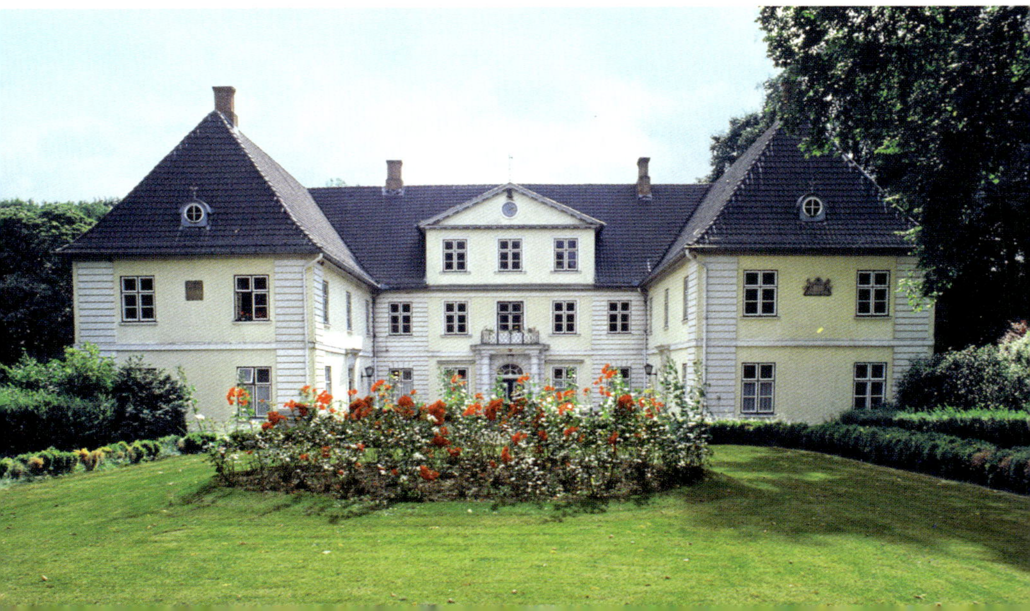

Wochenenden Kaffee und selbst gebackenen Kuchen. Die noch ein paar Kilometer weiter von Emkendorf entfernte, dritte Gutsanlage ist die von Schierensee, deren Herrenhaus 1776 bis 1782 mit barocken und klassizistischen Elementen erbaut wurde. Das Gelände mit dem Herrenhaus und einem historischen Landschaftsgarten ist öffentlich nicht zugänglich und kann nur auf Anfrage besucht werden. Das Gut befindet sich heute im Besitz der Günther-Fielmann-Stiftung. Neben der Forstwirtschaft und der biologischen Landwirtschaft werden Holsteiner Warmblutpferde, Limousin-Rinder und Kärntner Brillenschafe gezüchtet. Besonders beliebt ist der alljährlich stattfindende Adventsgottesdienst im Rinderstall.
Ein Besuch des Ortes Westensee mit Badestelle am gleichnamigen See, Einkehrmöglichkeit im dortigen Gasthaus und der St. Catharinenkirche aus dem 13. Jahrhundert ist von Emkendorf ein ebenso interessantes Ausflugsziel wie eine Wanderung durch das nahe gelegene Naturschutzgebiet „Methorstteich und Rümlandteich“ dessen Startpunkt sich etwa vier Kilometer von Emkendorf in Richtung Haßmoor befindet.

Gut Emkendorf
Herrenhaus, Gutshof 3
24802 Emkendorf
www.gutemkendorf.de

Gut Deutsch-Nienhof
24259 Westensee
www.deutsch-nienhof.de

Gut Schierensee
24241 Schierensee
www.gutschierensee.de

Der Gerisch-Park in Neumünster
Skulpturen-Ensemble und Juwel der Gartenbaukunst

Die Gerisch-Stiftung kümmert sich nicht nur um die Förderung internationaler und regionaler Gegenwartskunst, sondern hat auf einem drei Hektar großen historischen Villen- und Gartengelände einen Skulpturenpark überregionaler Bedeutung geschaffen. Die Präsentation zeitgenössischer Kunst im Außenraum, wechselnde Innenausstellungen und ein stimmungsvolles Gartenkunstwerk in einem historischen Landhausgarten bieten ein erfrischendes Gesamterlebnis gleichermaßen.

Schon bei der Ankunft am Skulpturenpark der Gerisch-Stiftung in Neumünster erwartet den Besucher das erste Kunstwerk, nämlich die aus 48 gläsernen und transparenten Zaunelementen gefertigte Trennung des Parkgeländes von der anliegenden Straße. Die „Annie“ benannte künstlerische Skulptur von Olaf Nicolai wirkt mit ihren ornamentalen Mustern wie eine riesige Wohnzimmergardine, die den Blick in den Park und umgekehrt aus ihm heraus verschleiert. Auch die bereits von der Straße her einsehbaren Skulpturen „Abracadabra Simsalabim“ von Tjorg Douglas Beer mit drei auf einem fliegenden Teppich daherkommenden Gestalten oder die hoch über dem Privathaus des Stifterpaares Herbert und Brigitte Gerisch stehende Schäfchenwolke „Cumulus 11.08“ von Thorsten Goldberg lassen den Betrachter erkennen, dass es hier hinter der gläsernen Gardine etwas Besonderes zu entdecken gibt.

Internationale Gartenkunst gibt es im Gerisch-Park zu Lande, in der Luft und zu Wasser, hier im Teich das Kunstwerk „Süßer Regen-Manna“ des japanischen Künstlers Morio Nishimura und hinten rechts die Installation „Schreitende“ von Magdalena Abakanowicz.

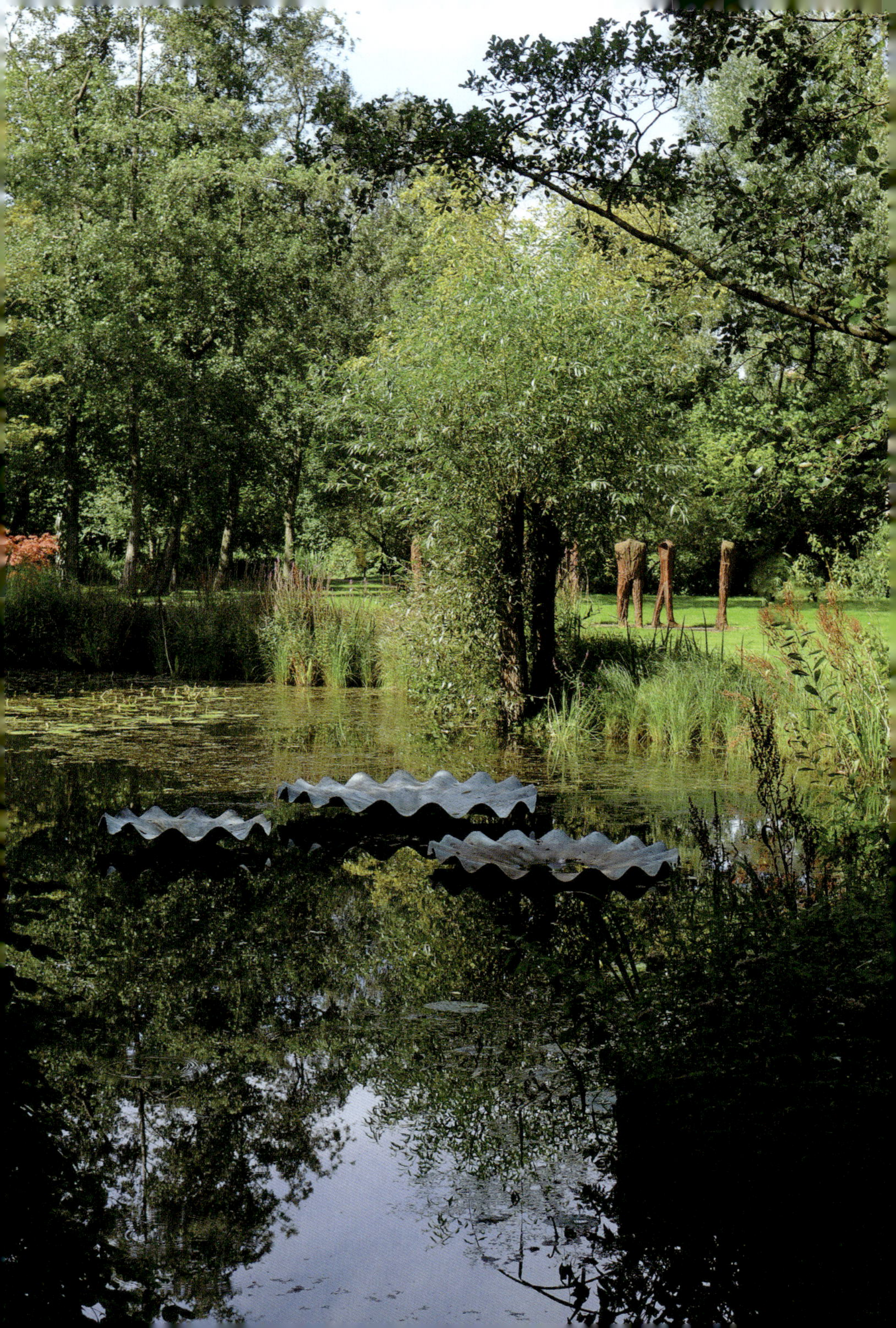

Geschichte von Skulpturenpark und Gerisch-Stiftung

Ebenfalls auffällig ist das hübsche Jugendstilgebäude, das zur herausragenden Villenarchitektur Neumünsters gehört, die Villa Wachholtz. Das im Jahre 1903 von dem Buntpapierfabrikanten Paul Ströhmer erbaute Haus ging im Jahre 1924 in den Besitz des Verlegers Karl Wachholtz über, ein Neffe des Erbauers. Auf dem Nachbargrundstück errichtete der Stifter Herbert Gerisch 1967 ein Wohnhaus im typischen modernen Villenstil der 1960er Jahre. Die im Jahre 2001 von dem Stifterpaar Brigitte und Herbert Gerisch gegründete gleichnamige Stiftung begann bereits zu der Zeit mit dem Aufbau eines Skulpturenparks.
Als im Jahre 2004 die Villa Wachholtz als Zustiftung der Stadt Neumünster an die Gerisch-Stiftung übertragen wurde, konnten die beiden Grundstücke zu dem Gerisch-Skulpturenpark zusammengefügt werden. Seit der Restaurierung in den Jahren 2006 und 2007 werden in der historischen Villa Wachholtz Wechselausstellungen zeitgenössischer Malerei, Skulptur, Grafik, Fotografie und Videokunst präsentiert. Zudem befinden sich ein Museumsshop und ein Bistro-Café mit Gartenterrasse in dem Haus.

Kunst im Garten

Doch bevor es zu hausgemachten Kuchen- und Tortenspezialitäten im stilvollen Ambiente des Harry Maasz-Cafés zwischen Kunst und einem grandiosen Blick in die umliegende Garten- und Naturlandschaft – bei schönem Wetter natürlich bevorzugt auf der gemütlichen Gartenterrasse – geht, gilt es, einen kleinen Spaziergang in die Gartenanlage zu unternehmen. Der um 1925 von Harry Maasz angelegte Garten der Wachholtz'schen Villa in Neumünster war zwischenzeitlich in Vergessenheit geraten und

verwilderte. Heute nach der Wiederherstellung durch die Gerisch-Stiftung ist der Garten wieder in seiner ursprünglichen Ausprägung als stimmungsvolles Gartenkunstwerk des frühen 20. Jahrhunderts zu erleben.
Der Gartenarchitekt und Gartenbauschriftsteller Harry Maasz gehörte zu den Vertretern der Gartenkunstreform, denen es ein Anliegen war, den sogenannten Reformgarten nicht als Ausschnitt, sondern als Bestandteil der vorgefundenen Landschaft zu betrachten. Wohngebäude und Gartenareale sollten behutsam und fließend in die umgebende Naturlandschaft eingebunden werden. Diese Verschmelzung von Garten und Landschaft finden wir im Gerisch-Park eindrucksvoll realisiert. Die Hausterrasse geht über verschiedene Ebenen und unterschiedliche Beete von Stauden, Sträuchern, Grasflächen und Baumgruppen fließend in eine von Wegen durchzogene Baum-, Alleen- und Weiherlandschaft über, an deren Rand das kleine Flüsschen Schwale still dahinfließt.
Eingebunden in das Ensemble von Staudenbeeten, Rhododendrenanpflanzungen, mit Wasserpflanzen bestandenen Gewässerufern, wegbegleitenden Gehölzen wie Schneeball, Flieder, Schneebeere, Forsythie, Hartriegel und den Erlen, Eschen, Eichen, Hainbuchen und Urweltmammutbäumen findet der Besucher eine Vielzahl zeitgenössischer Kunstwerke. Etwa 40 renommierte Künstler zeigen ihre Skulpturen, integriert in das ansprechende Parkgelände oder in die hausnahen Gartenbereiche und Innenhöfe.
Besonders auffällig sind die sich küssenden Vögel „Kissing Birds“ des israelischen Künstlers Menashe Kadishman, ein Symbol des Friedens und der Leichtigkeit, oder die „Schreitenden“ der Künstlerin Magdalena Abakanowicz, eine uniforme Gruppe kopfloser Rümpfe aus Stahl im Gelände. Eng an die

Natur angelehnt sind die Skulpturen „Giant Triple Mushroom“ von Carsten Höller, ein dreieinhalb Meter hoher, dreiteiliger Riesenpilz, oder der farbenprächtige „Löwenzahn“ von Thomas Stimm. Auch die Weiher sind mit Skulpturen bestückt wie das schwimmende Kleeblatt „Floating Clover“ von Katsuhito Nishikawa oder die drei Lotosblätter „Süßer Regen-Manna“ des ebenfalls japanischen Künstlers Morio Nishimura. Lässig am Wegesrand stehen die „Vier Boten“ von Jan Koblasa.

Neben den auffälligen Skulpturen gibt es aber auch einige unscheinbare oder versteckte Werke zu entdecken wie die fabelhafte Skulptur „It's a long way to heaven“ von Thomas Judisch, das einige in Kunststoff gegossene Erdhaufen (Maulwurfshaufen) zeigt, die in einer Endlosschleife, dem sogenannten Möbius-Band, angeordnet sind.

Selbst die Bänke des Parks sind Kunstwerke. „Nordlicht und Aurora“ heißen die mit integriertem Neonlicht in den Sitz- und Lehnflächen ausgestatteten Lichtbänke von Stefan Sous.

Weitere Ausstellungsareale und Stiftungsaktivitäten

Nach dem Gang durch die Parkanlage und der Besichtigung der Skulpturen im Gelände steht noch ein Besuch der wechselnden Ausstellungen in der Villa Wachholtz und der Gerisch-Galerie, ehemals Schwimmbad der Wohnvilla, auf dem Programm.

Neu hinzugekommen als Ausstellungsorte sind die denkmalgeschützte und aufwändig umgebaute Remise, ehemals Garage, und das Pfauenhaus. Dieses ist fester Ausstellungsort für die „Sleeping Figure in Red“ von Leiko Ikemura.

Im Shop gibt es nicht nur Publikationen, Postkarten und Bücher, sondern auch ausgewählte Geschenkideen wie Modeschmuck, Glas- und Porzellanartikel und vieles

mehr zu erwerben. Führungen finden regelmäßig und auf Anfrage statt. Unter dem Motto „Kunst mit allen Sinnen“ gibt es Veranstaltungen für Sehbehinderte und Blinde sowie als „Kunst ohne Worte“ auch für Hörgeschädigte und Taubstumme.
Die Stiftung bietet ein umfangreiches museumspädagogisches Programm im Gerisch-Park und erweitert den Blick auf Natur und Kunst und ihr Zusammenspiel. Denn wie sagte schon der Dichter Johann Wolfgang Goethe in seinem Gedicht „Natur und Kunst“ so schön: „Natur und Kunst, sie scheinen sich zu fliehen und haben sich, eh’ man es denkt, gefunden. Der Widerwille ist auch mir verschwunden. Und beide scheinen gleich mich anzuziehen.“ Und zu dem wunderbaren Erlebnis von Natur und Kunst eignet sich der Gerisch-Park in Neumünster in besonderer Weise.

Skulpturenpark
Herbert Gerisch-Stiftung
Besucheradresse:
Brachenfelder Straße 69
24536 Neumünster
www.gerisch-stiftung.de

Die Brahmkampsgärten bei Albersdorf

Garten des Lebens – Kunst, Natur und Philosophie

Nahe dem Ort Albersdorf in Dithmarschen ist auf einer ehemaligen Schutt- und Abraumfläche eine besondere Gartenanlage, die Brahmkampsgärten, entstanden, in denen sich 24 individuell gestaltete Einzelgärten mit den wesentlichen Themen des Lebens befassen. Der philosophische Garten beschäftigt sich mit Lebensaspekten wie Liebe, Zeit, Kindheit, Frieden, Begegnung, Trauer, Tod, Freude, Wahrheit, Alter und präsentiert die Themen mit charakteristischen Bepflanzungen, aber auch Skulpturen, Modellen, Gestaltungselementen und Sinnsprüchen. Im ruhigen Hinterland der Nordsee wurde hier eine Gartenanlage der Anregungen und zum Nachdenken und Erinnern entwickelt, aber auch mit der Möglichkeit für die Besucher, Ruhe, Besinnung und Kontemplation zu erfahren.

Über eine schattige Lindenallee von 1850 erreicht man den großen Platz, um den sich einige Hofgebäude, eine riesige Blutbuche, große Eschen und das Hauptgebäude im mecklenburgischen Landhausstil gruppieren. Das Haupthaus stammt in seiner heutigen Form ebenfalls aus dem Jahre 1850, allerdings ist die Hofanlage bereits 1700 urkundlich erstmalig erwähnt, existierte vermutlich jedoch bereits seit dem 15. Jahrhundert. Das ganze Gebiet war schon seit 4.000 v. Chr. besiedelt, wie diverse Ausgrabungen und Reliktfunde belegen.

In den philosophische Brahmkampsgärten befassen sich 24 sogenannte Gartenzimmer mit wesentlichen Aspekten des Lebens wie hier ir Garten der Muße, wo die Göttin Diana zwischen hohen Eibenhecken steht.

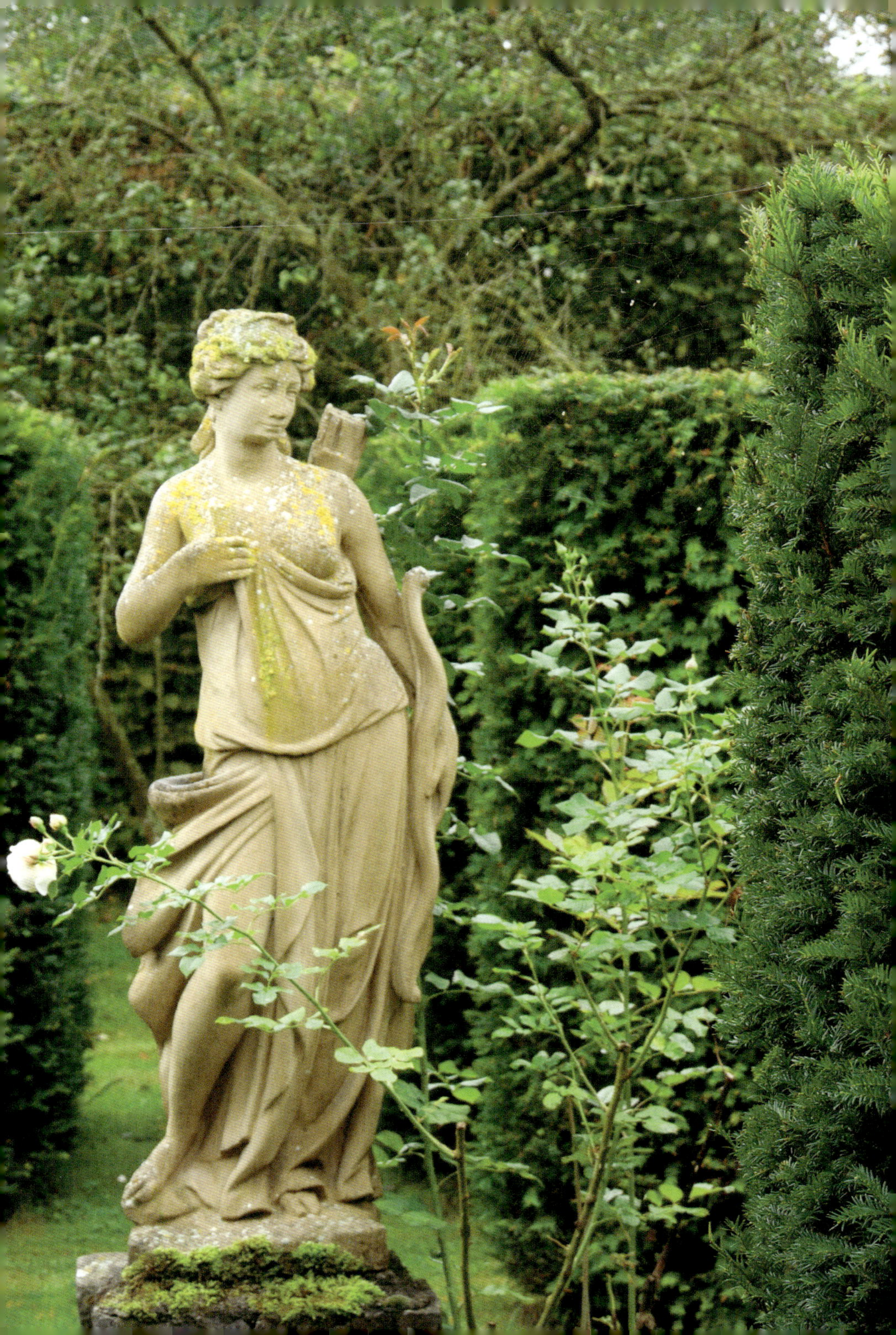

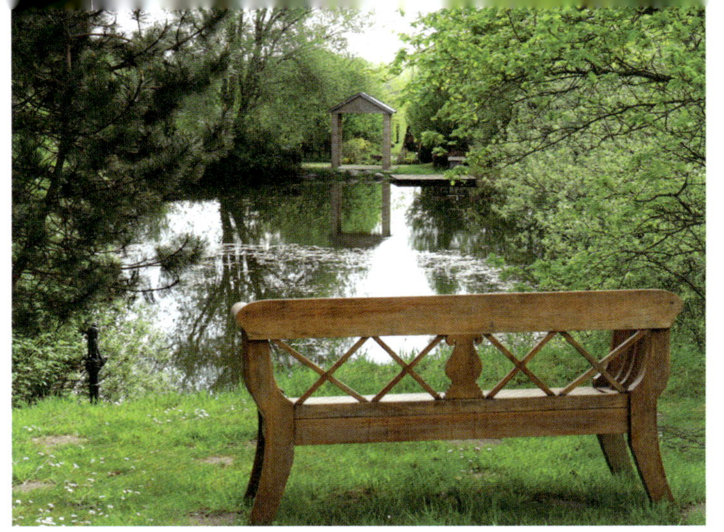

Über einen kleinen Teich hinüber blickt man zum Ausstellungsgelände der Brahmkampsgärten mit dem Garten des Tempels.

Garten des Lebens

Die Brahmkampsgärten, die sich in 24 sogenannten Gartenzimmern mit wesentlichen Aspekten des Lebens und der Philosophie beschäftigen, wurden von der Paderborner Allgemeinärztin Dr. Marianne Ortner, die zudem promovierte Physikerin, Philosophin und Buchautorin ist, initiiert und mit viel Engagement entwickelt. Aus einer ehemaligen Schuttkuhle entstand seit 2008 mit den ersten Entwicklungs-, Gestaltungs- und Pflanzungsmaßnahmen so auf einer Fläche von 7.000 m² ein Garten, der sich mit dem Thema Leben beschäftigt.
Eine Birkenallee führt vom Hofgebäude zum oberen Ufer des Sees, wo man auf einer alten Bank Platz nehmen kann, um den See und den am anderen Ufer stehenden kleinen griechischen Tempel zu betrachten. Von hier aus folgt man der Achse des Gartens und findet an deren Ende das erste Gartenzimmer „Abrahams Schoß“. Die Reihenfolge der jeweiligen Themen ist bewusst gewählt. In jedem Raum findet man auf einer Tafel einen Text zu dem jeweiligen Thema, der Anregung zum Nachdenken gibt.

Von Abrahams Schoß bis zum Garten der Trauer

Gleich im ersten Gartenzimmer geht es um die Frage „Wo komme ich her? Was war der Anfang der Schöpfung?“ Wir wissen heute aufgrund naturwissenschaftlicher Entdeckungen eine ganze Menge über die Entstehung des Lebens. Letztendlich sind unsere Erkenntnisse aber unvollständig. Die alte philosophische Frage des Anfangs, die bereits jedes Kind bewegt, wenn es sich überlegt: „Wo war ich eigentlich vor der Geburt?“, kann auch hier nicht beantwortet werden.

Ein kleiner steinerner Durchgang aus Anröchter Dolomit als Hinweis auf die Geburt führt in das Gartenzimmer der Kindheit (Nr. 2) mit vielen insektenfreundlichen Blumen, an denen sich Kinder so sehr erfreuen. Dieser Garten soll die Erinnerung an die schönste Zeit des Lebens wach rufen. Ein großer Ball, Märchenfiguren, die Marmorbüste eines kleinen Mädchens mit Puppe im Arm, ein hoher Suhl und eine Hüpfspielfläche erinnern an Elemente der Kindheit. Ein Frosch mit Fernglas symbolisiert den Entdeckergeist der Kinder. Kinder sind für alles offen, während Erwachsene oft ein festgefahrenes Denken haben. Schmetterlingssträucher locken im Sommer zahlreiche Falter an.

Es folgt der Garten der Liebe (3. Garten), eines der wichtigsten Gartenzimmer, weil Liebe im Leben der Menschen ein besonders wichtiges und bedeutsames Element ist, mit dem sich viele Philosophen, Dichter, Denker und Künstler auseinandergesetzt haben. Im Garten wachsen viele verschiedene wunderschöne Rosen, die Blumen der Liebe, überragt von einer Frauenskulptur. Anliegend findet sich ein Liebesknoten aus sternförmigen Buchsbaumhecken, wobei hier die Strahlen des Sterns den Rahmen durchbrechen. Eine Bandeisen-Skulptur

bestehend aus drei Herzen, die in einer Linie liegen, überragt die niedrigen Buchsbaumhecken.
Der nahe Garten der Ordnung (Nr. 4) ist durch eine rechteckige, mit Betonkanten gesäumte Rasenfläche und Reihen von Kugelakazienbäumen gekennzeichnet. Ordnung ist das halbe Leben, heißt es so schön, und tatsächlich spielt diese eine mehr oder weniger große Rolle im Leben eines jeden Menschen. Auch Gärten gelten als ein Stück geordneter und gebändigter Natur. Regeln, Gesetze, aber auch Harmonie sind Begriffe, die eng mit der Ordnung zusammenhängen.
Es folgen der Labyrinthgarten aus Hainbuchenhecken (Garten 5), die Irrwege und Orientierungsmöglichkeiten im Leben darstellend, und der Garten der Muße (Nr. 6) aus Eibenhecken, die in Form von Kammern gepflanzt wurden und so den Besucher gegen Lärm und Stress der Umwelt abschirmen sollen. Die Muße war ein wichtiger Begriff im Mittelalter. Dieser beinhaltet, dass man sich von allem lösen soll und keine Ziele, auch nicht das geringste, anstreben soll. Ein Denken, das der heutige Mensch nicht mehr versteht.
Weitere in sich geschlossene Gartenzimmer beschäftigen sich mit besonderen Ereignissen und Lebensabschnitten, die das Leben der Menschen prägen. So gibt es die Gärten der Not und Angst, des Todes, der Fülle, des Maßhaltens, der Trennung, des Chaos und der Trauer (Garten 7 bis 13).

Vom Paradiesgarten bis zum Tempelgarten und der Hofkapelle

Im Paradiesgarten (Nr. 14), der von einem Zaun aus gebogenen Eisen umgeben ist, wachsen besonders schöne Blumen des Gesamtareals wie Lilien, Rosen, Dahlien und Sommerblumen. Im Zentrum steht ein nachgebildetes Taufbecken, aus dem überquellendes Wasser in die vier Himmelsrichtungen abfließen kann.

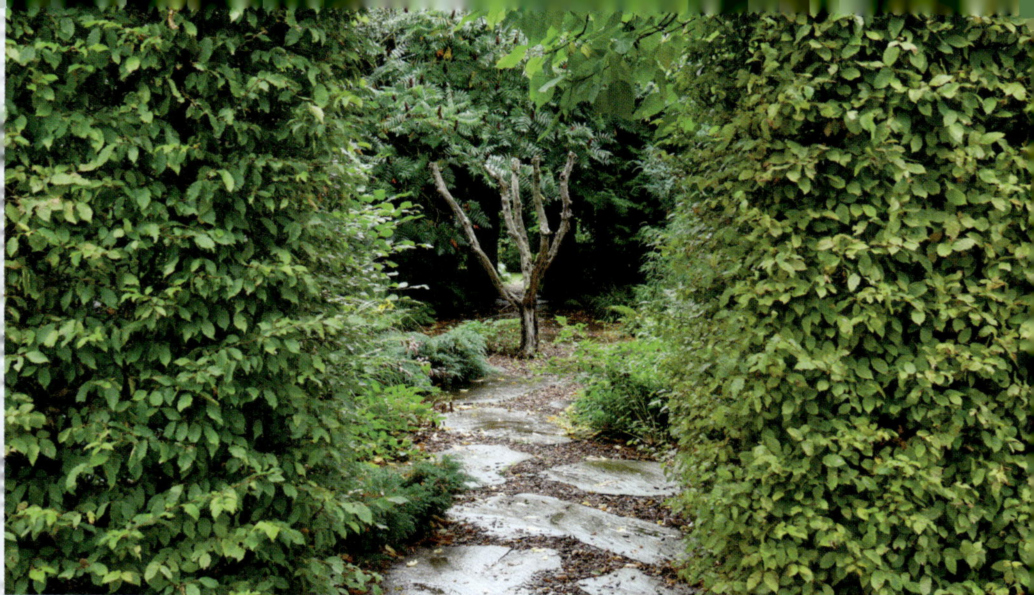

Das erste Gartenzimmer Abrahams Schoß beschäftigt sich mit der Zeit vor der Geburt, gefolgt vom Garten der Kindheit.

Anklänge des für den Menschen verloren gegangenen Paradieses kann man in irdischen Gärten vielleicht ein wenig finden, so wie ja auch das Paradies selbst als Garten Eden dargestellt wird.
Die enge Lindenallee gehört zum nachfolgenden Garten der Begegnung und des Gespräches (Nr. 15).
Begegnungen prägen das Leben – im Guten wie im Schlechten. Fehlende Begegnung, mangelnde direkte Kommunikation und Vereinsamung sind ein zunehmendes Problem unserer Zeit, ungeachtet der ausgefeilten modernen Kommunikationstechniken. Die Allee führt auf einen Platz, auf dem dreieckige Holzschemel zu Gesprächen individuell zusammengestellt werden können. Themen wie Freude, Frieden, Zeit, Alter und Weisheit, mit denen sich Denker und Philosophen über die Jahrhunderte beschäftigt haben und die auch in unserer Zeit von großer Bedeutung für den Menschen sind, werden in den nachfolgenden Gartenzimmern (Nr. 16 bis 20) betrachtet.
Schließlich führt auch dieser Weg wieder zu dem kleinen, in einen Hang eingelassenen Theater mit dem

Garten des Theaters und der Wahrheit (Nr. 21) sowie zum Tempelgarten (Nr. 22), unseres ersten Anblicks der Gartenanlage.

Die oberhalb der Theateranlage mit rankenden Weinreben bestandenen, aus Quadersteinen geformten Sitzreihen und die kleine zentrale Bühne dienen als Veranstaltungsort für Lesungen oder kleine Theateraufführungen. Dabei sollen Theateraufführungen im Allgemeinen nicht nur der Unterhaltung dienen, sondern auch zum Nachdenken anregen und zur Wahrheitsfindung beitragen.

Geht man nochmals vom Tempel am See in Richtung Landstraße parallel zur Achse, laden zahlreiche Bänke entlang eines Heckenganges zum Ausruhen und Betrachten ein (Gartenzimmer der Suchenden, Nr. 23). Hier geht es nochmal um den Anfang und das Ende des Lebens und vor allem um den Sinn des Lebens. Am Ende findet sich dann der Raum der Stille (Gartenzimmer Nr. 24), die Hofkapelle „Maria in den

Der Garten der Liebe gilt als eines der wichtigsten Gartenzimmer, weil auch die Liebe eine so große Bedeutung im Leben der Menschen hat, hier eine Frauenskulptur über Rosensträuchern. Die Rose gilt als Symbol der Liebe.

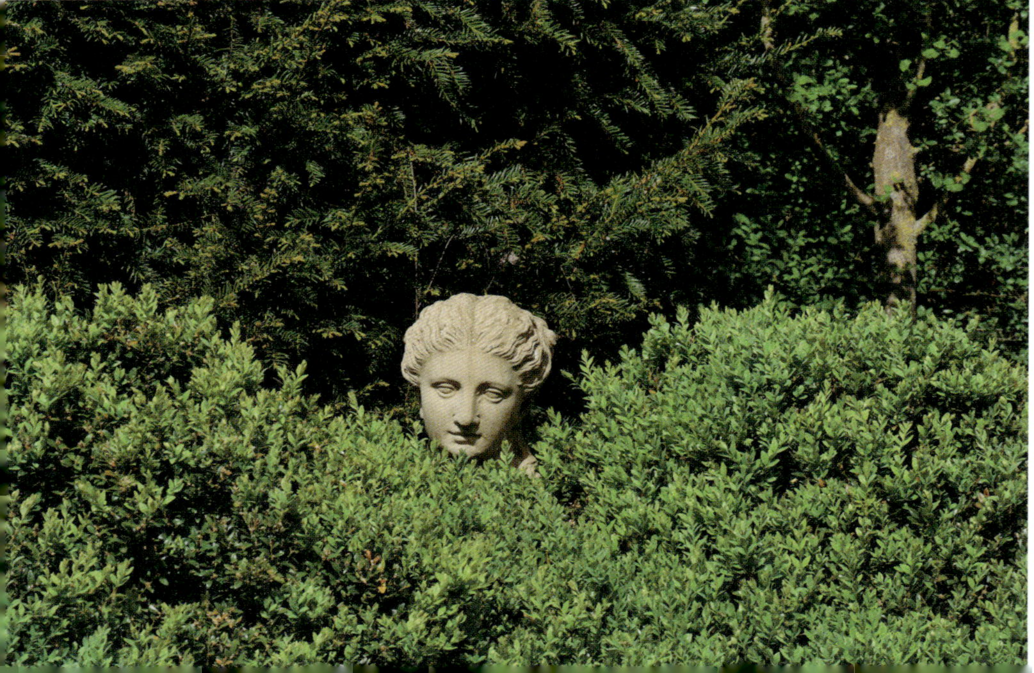

Gärten". Das 2017 errichtete Gebäude hat die Form eines Fisches als Symbol der Stille. Schweigen und Stille bewirken eine besondere Stimmung und öffnen den Geist für eine andere Welt, so wie sie auch in allen Religionen bei Meditation und Gebet oder Trauerschweigen ein wichtiges Element sind. Bisweilen finden in der Kapelle kleine Gottesdienste statt.

Hofcafé und Steinzeitpark

Zurück am Gewässer entlang und über die Birkenallee geht es wieder zum Hofplatz. Hier kann man im Hofcafé Sophienlust in den gemütlichen Innenräumen oder bei geeignetem Wetter auf der Gartenterrasse bei selbstgemachtem Kuchen und Torten und einer guten Tasse Kaffee nochmals die Anregungen und Eindrücke des Gartenbesuches Revue passieren lassen und verarbeiten. Wer noch weitere Hintergrundinformationen und Erläuterungen zu den einzelnen Gartenzimmern und philosophischen Themen wünscht, kann die beiden Bücher von Marianne Ortner im Café erwerben, ebenso wie einige selbst gefertigte Deko-Utensilien. Die Brahmkampsgärten sind an Sonntagen vom Frühjahr bis zum Herbst geöffnet, Gruppen können sich auch außerhalb dieser Öffnungszeiten anmelden. Der Ort Albersdorf ist bekannt für seinen Steinzeitpark Dithmarschen, dem man noch einen Besuch abstatten kann. Es handelt sich um ein 40 ha großes Freilichtmuseum und wissenschaftlichen Erlebnispark, der die Besucher in die Jungsteinzeit vor rund 5.000 Jahren zurückversetzt und über das Leben der Menschen in der damaligen Zeit informiert.

Brahmkampsgärten
Brahmkampsweg, 25767 Albersdorf
www.brahmkampsgaerten.de

Elbe

Arboretum Ellerhoop Norddeutsche Gartenschau

Gartenkunst, Wissenschaft, Bildung und Ökologie

Im Kreis Pinneberg liegt im kleinen Ort Ellerhoop-Thiensen die Norddeutsche Gartenschau, die auf einem 17 ha großen Garten- und Wiesengelände eine eindrucksvolle Ausstellung präsentiert. Sie ist mittlerweile weit über die Region hinaus bekannt. Neben der wissenschaftlichen Präsentation sowie naturkundlicher und umweltbezogener Bildung finden wir hier Gartenkunst und Gartenkultur auf hohem Niveau und erleben einen Ort, der gleichermaßen Ruhe, Entspannung und erholsamen Naturgenuss bietet.

Wechselnde Pflanzen- und Blumenbilder begeistern den Besucher des Arboretums fast ganzjährig und bestätigen den Ausspruch des deutschen Pflanzenzüchters und Gartenphilosophen Karl Foerster: „Es wird durchgeblüht", ein von Professor Hans-Dieter Warda gern zitierter Ausspruch. Er ist verantwortlich für die wissenschaftliche und gartenkünstlerische Gestaltung und Konzeption des Arboretums, das er von 1985 bis 2021 ehrenamtlich geleitet hat. Er war auch viele Jahre Vorsitzender des 1989 gegründeten Förderkreises Arboretum Baumpark Ellerhoop-Thiensen. Der Verein hat 1996 die Trägerschaft des Geländes vom Kreis Pinneberg übernommen. Beginnend mit den winterblühenden Gehölzen, den Kamelien im Kamelienhaus, der Blüte der Tausenden von duftenden Dichter-Narzissen, den Rhododendren und Magnolien geht es über die blühenden Päonien, die Sommerblumen

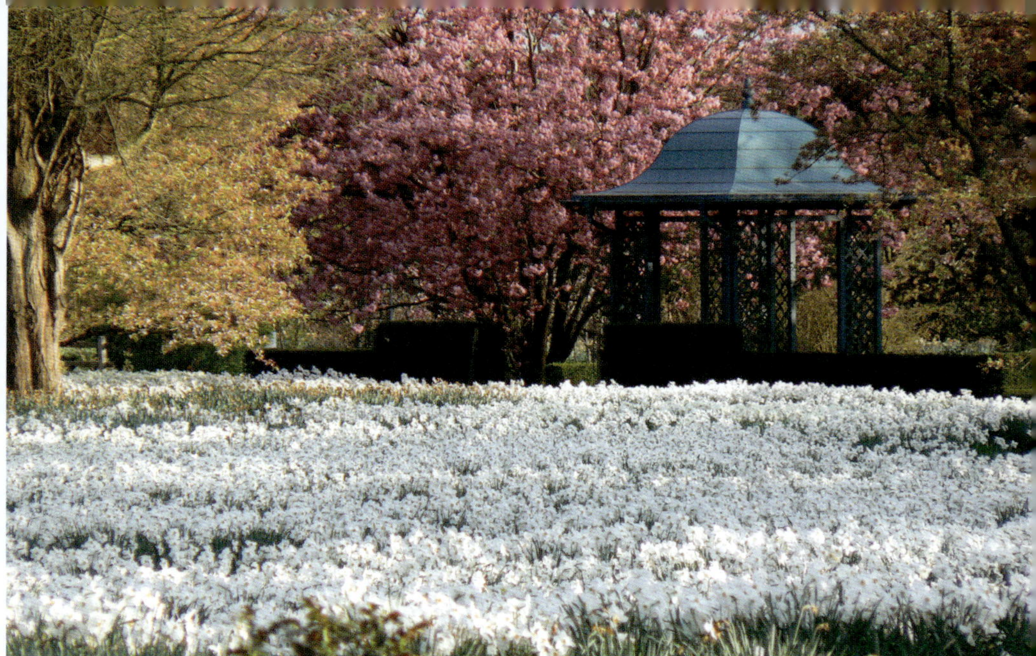

Ende April blühen ungefähr 600.000 weiße Dichter-Narzissen (*Narzissus poeticus* 'Actaea') auf der Wiese zwischen Bauerngarten und Spielplatz im Arboretum Ellerhoop.

und die Lotosblüte bis zu den Spätblühern und der herbstlichen und frühwinterlichen Färbung des Laubes.

Themengärten und Wiesenpark

Die Zahl an unterschiedlichen Themen- und Farbgärten ist erheblich. So gibt es einen weißen und einen roten Garten, einen blauen Weg oder romantische Farben und purpurne Impressionen. Es werden nicht nur Blütenvertreter der jeweiligen Blütenfarben gezeigt und mögliche geeignete Begleiter und Farbkombinationen, sondern auch die Farbwirkungen werden erläutert und Hinweise zur Farbpsychologie gegeben; so beispielsweise auf die magische und geheimnisvolle Wirkung des aus den Farben Rot und Blau zusammengesetzten Purpurviolett. Der früher seltene und kostbare Farbstoff wurde aus der Purpurschnecke gewonnen und war nur höchsten Würdenträgern aus Staat und Kirche vorbehalten.

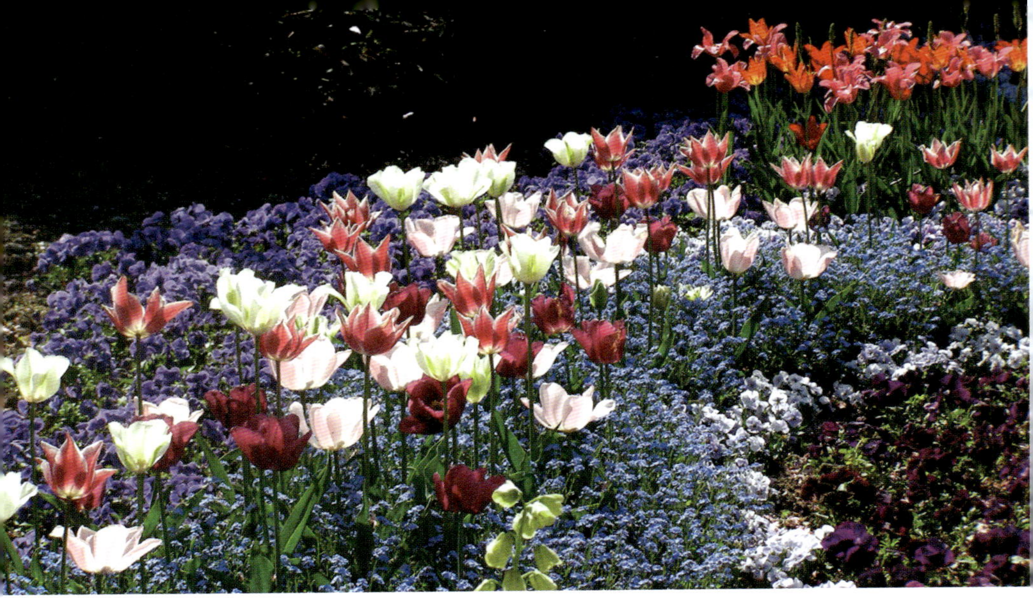

An Blütenvielfalt mangelt es dem Arboretum wahrlich nicht! Hier ein farblich abgestimmtes Frühjahrsblumen-Arrangement mit Tulpen, Stiefmütterchen und Vergißmeinnicht. Nach den Eisheiligen Mitte Mai weichen sie dann der Sommerbepflanzung.

Lohnend ist ein Abstecher in den 2016 eingeweihten Wiesenpark. Das acht Hektar große, weitläufige Areal steht unter dem Leitthema der Farbe Blau mit der blauen Veranstaltungshalle, blauen Brücken und unterschiedlichen, meist blauen Sitzgruppen, die zum Verweilen einladen. Blaue Blumen, die Maler wie Picasso oder die Romantiker bereits so bewunderten, dürfen auch nicht fehlen. So wachsen dort Wiesen-Storchschnabel, Kornblume und Acker-Rittersporn und ein großes Feld mit blau blühender Wiesen-Iris (*Iris sibirica*) wurde angelegt. Es ist zudem ein Refugium heimischer Wiesen-, Feld- und Wegrandblumen, die einst das Bild einer blütenreichen Agrarlandschaft prägten. So locken große Bestände von Klatschmohn, Kamille, Echter Arnika, Kuckuckslichtnelke, Kornrade und Echter Weberkarde eine Vielzahl blütenbesuchender Insekten an. Die Insektenwelt wird zudem durch angelegte Steinhaufen, Sandflächen und liegengelassene Holzhaufen als besondere Kleinlebensräume auf dem Gelände unterstützt. Dies unterstützt wiederum die Nahrungsgrundlage für Vögel, Reptilien, Säugetiere und

andere. So ist ein offenes, besonntes Sandareal am Wiesenpark ein Refugium für die in Schleswig-Holstein seltene und gefährdete Zauneidechse.
In einem der Themengärten auf dem Hauptgelände ist die Entwicklungsgeschichte der Bäume dargestellt und man kann sich in die Steinkohlezeit mit den Baumfarnen und Riesenlibellen zurückversetzt fühlen.
Im Wasserwald der Braunkohlezeit prägen Nymphenbäume, Urweltmammutbäume und Sumpfzypressen die Vegetation. Das Modell eines lebensgroßen, pflanzenfressenden Apato-Sauriers steht inmitten der Pflanzenwelt vergangener Zeiten. Der begleitende geologische Pfad zeigt die jeweiligen Gesteinsbildungen und Fossilien der einzelnen Epochen und es kann die lebensgroße Nachbildung eines Riesenammoniten besichtigt werden.
Im Bernsteingarten geht es um die Verharzungen aus den legendären Bernsteinwäldern vor 50 Millionen Jahren. Die Entstehung und Verwendung dieses Goldes des Nordens werden dargestellt, unterschiedliche pflanzliche und tierische Einschlüsse sind zu bewundern und man

Am Südgiebel des Münsterhofes steht der Bauerngarten des Arboretum Ellerhoop in sommerlicher Pracht.

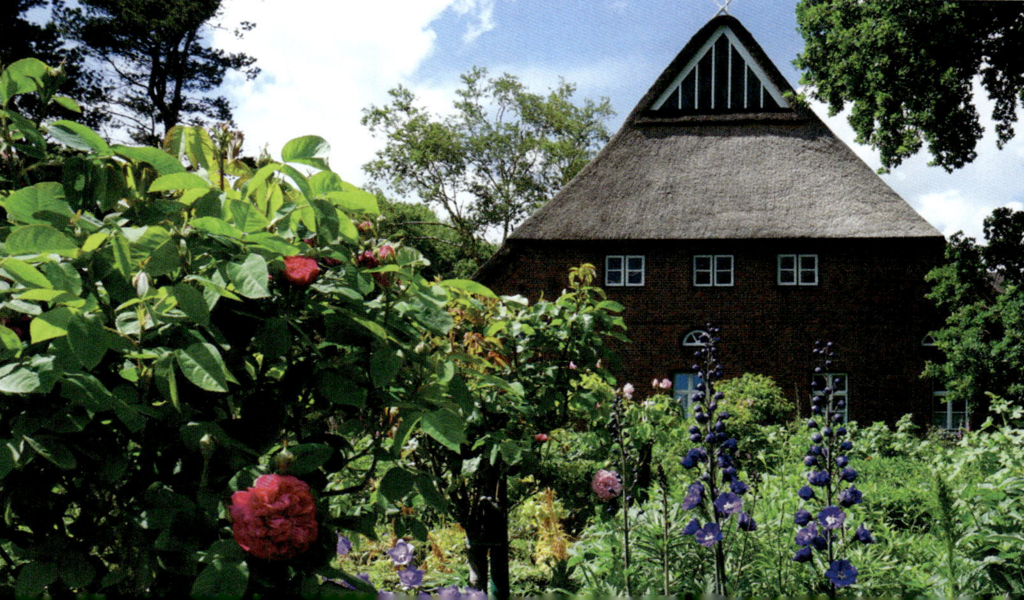

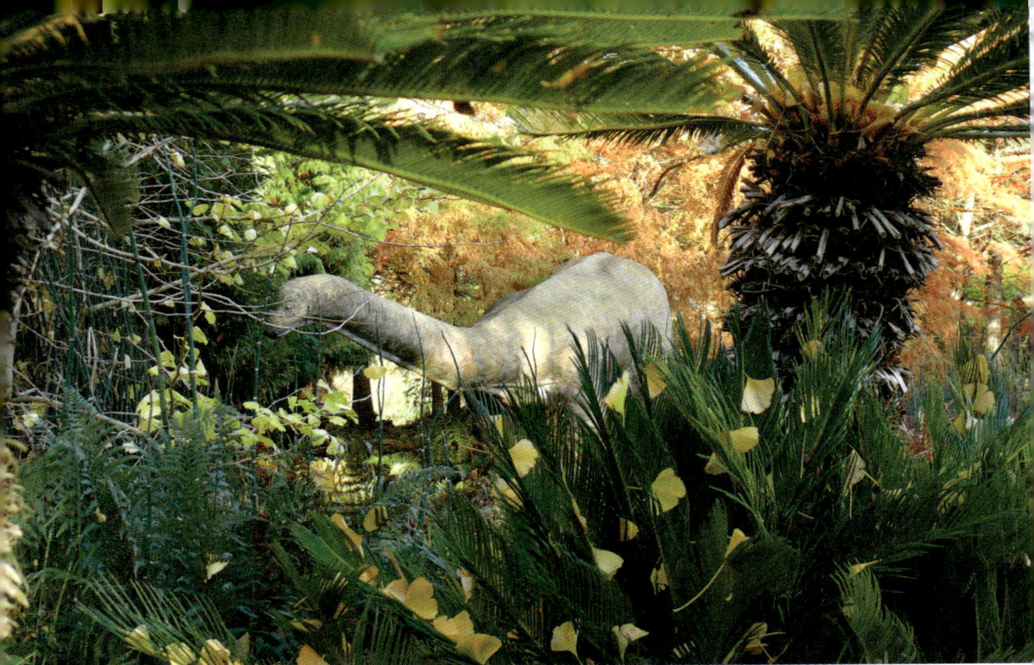

Das Modell eines Dinosauriers inmitten der urwüchsigen Baum-Vegetation zu der Zeit.

kann einen Blick in das berühmte Bernsteinzimmer in St. Petersburg werfen.

Gehölzbesonderheiten und Blumen- und Themengärten

Der in Nordamerika heimische Berg- oder Riesenmammutbaum gehört zu den eindrucksvollsten Baumgestalten der Erde. Der mit geschätzten 2000 t Lebendmasse voluminöseste Baum der Welt ist der bekannte 84 m hohe General Sherman Tree, dessen Stammbasis im Arboretum in einem zehn Meter hohen naturgetreuen Modell dargestellt wird. Aus seiner Mitte wächst ein junger Riesenmammutbaum, der bereits die Modellhöhe um fast fünf Meter überragt. Am Eingang des Modells erfährt der Besucher, anhand von Leuchttafeln anschaulich dargestellt, etwas über den Stoff- und Wassertransport und den Schichtenaufbau eines Baumes. Die ältesten Bäume der Erde stammen ebenfalls aus

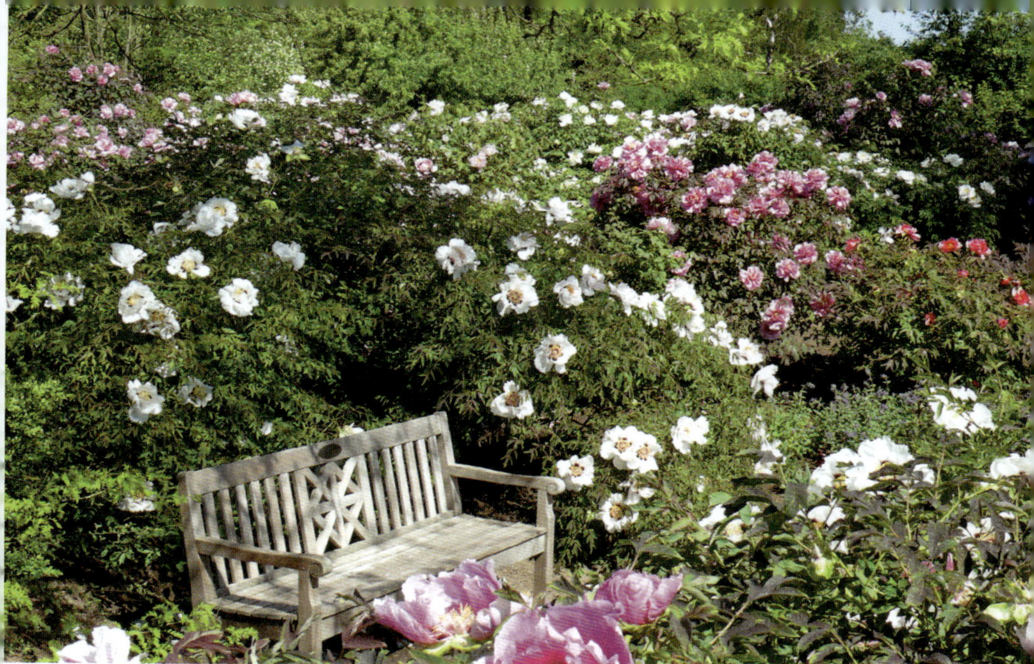

Das Arboretum ist auch für seine Strauch-Päonienblüte weithin bekannt. Das Sortiment an diesen besonderen Pflanzen dürfte das wohl größte in Deutschland oder sogar in Europa sein.

Kalifornien wie die Langlebige Kiefer (*Pinus longaeva*), die im angrenzenden Beetareal zu besichtigen ist. Sie kann ein Alter von über 4.500 Jahren erreichen.

Weitere wichtige Themengärten sind beispielsweise der Duft- und Tastgarten für Sehbehinderte und Blinde, der Küchengarten, der Chinesische Garten mit Mondtor, der Clematisweg oder die Blauregenallee, die Kollektion der Formgehölze sowie der Romantische Rosengarten, der Garten des Südens und der Zauber der Toskana. Man kann sich aber auch mit den wichtigsten Nutzpflanzen der Erde, geeigneten Bäumen für den Klimawandel oder den Kollektionen unterschiedlicher Bambuspflanzen und Freilandorchideen beschäftigen.

Der Bauerngarten vor dem Südgiebel des Münsterhofes ist zu allen Zeiten der Vegetationsperiode eindrucksvoll und stellt ein altes Kulturgut dar, das einst Dörfer und Bauernstellen prägte. Die buchsbaumumrandeten Beete beherbergen Rittersporn, Stockrosen, Zinnien und viele weitere Blütenvertreter. Die Zusammenstellung in

Ellerhoop gilt als einer der schönsten und umfänglichsten Bauerngärten Deutschlands.

Forschungsaktivitäten und Lotosblüte

Das Arboretum ist aber auch ein Ort wissenschaftlicher Gehölzsammlungen und -forschungen. So werden beispielsweise Untersuchungen zu Bäumen des Wasserwaldes durchgeführt und interessante Gehölze mit eindrucksvoller Herbstfärbung erforscht. Die Anpassungen von Wasserpflanzen an die Lebensbedingungen in dauerhaft überfluteten Arealen beobachten die Wissenschaftler, was für die Landschaftsplanung in Bezug auf steigende Wasserstände im Zuge des Klimawandels interessant sein kann.
Ein besonderer Forschungsschwerpunkt ist die Züchtung und Selektion kostbarer chinesischer Strauch-Pfingstrosen. In Ellerhoop gibt es mit 2.500 Pflanzen die größte Sammlung dieser Pflanzengruppe in Deutschlands und im Mai begeistert ein wundervolles Blütenmeer der Päonien die Besucher.
Der besondere Star im Ellerhooper Gartenparadies und einer der Höhepunkte im Gartenjahr ist die Blüte der Indischen Lotosblume, die auf dem Gewässer eine mehrere 1.000 m^2 große Fläche einnimmt. Informationen zur Sauberkeit der Blattoberflächen der Lotospflanze gibt es auch. Die Lotospflanze ist einer der Klassiker der Bionik, der Grenzwissenschaft zwischen Biologie und Technik, und sie ist mit ihren mikrorauen und selbstreinigenden Oberflächen Vorbild für die Technik. Bei Fassadenfarben und Glasoberflächen, die sich selbst reinigen können, wurde dieser sogenannte Lotoseffekt bereits in technische Anwendungen übertragen.
Neben der Wissenschaft und der Bildung geht es Professor Warda aber auch um die Schönheit und Faszination der Pflanzen, die der Park vermitteln möchte,

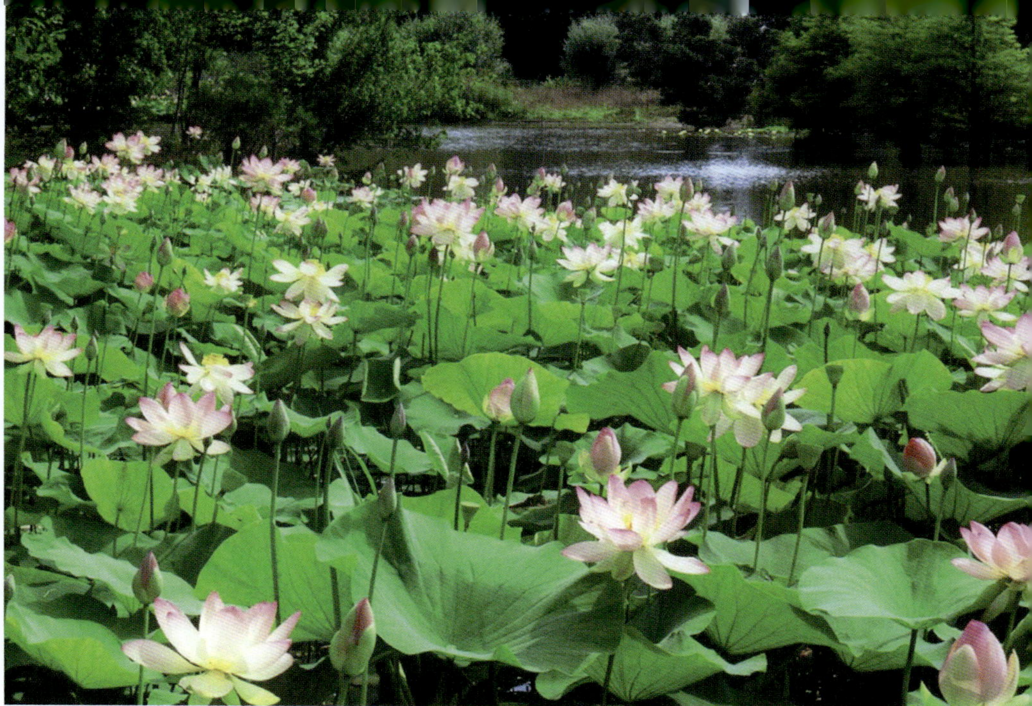

Das Arboretum ist bekannt für seine umfangreichen und dichten Bestände der Indischen Lotosblume.

und er sagt: „Eine der Hauptintensionen des Parks ist es, ästhetisch überzeugende Räume und hinreißend schöne Pflanzenbilder zu schaffen, die Geist und Seele als anregend und wohltuend empfinden."
Den eindrucksreichen Tag im Arboretum kann man gemütlich im Café des Historischen Münsterhofes oder auf der Gartenterrasse bei Kaffee und Kuchen ausklingen lassen. In der anliegenden Gärtnerei am Arboretum gibt es ein interessantes Angebot an Stauden, Gehölzen und Raritäten, wo man sich eindecken kann, um sogleich einige der neuen Ideen und Anregungen, die man aus dem Parkbesuch mitgenommen hat, im eigenen Garten zügig zu realisieren.

Arboretum Ellerhoop – Norddeutsche Gartenschau
Thiensen 4, 25373 Ellerhoop
www.arboretum-ellerhoop.de

Besuch im Haseldorfer Schlosspark und Obstgarten
Alte Parkbäume und alte Obstsorten

An der Elbe in der Elbmarsch liegt der kleine Ort Haseldorf, wo in dem Gutspark Haseldorf ein alter Baumpark das gleichnamige Herrenhaus-Anwesen umgibt. Der wild-romatische Park gilt als eines der ältesten Arboreten Norddeutschlands. Ebenfalls im Ort betreibt das Elbmarschenhaus nahe der Elbe einen Obstgarten, in dem eine große Vielfalt alter und regionaler Apfel-, Birnen- und Pflaumensorten präsentiert wird.

Über lange Alleen gelangt man zum Herrenhaus des Gutes Haseldorf, wobei die direkt auf das schlossartige Anwesen zuführende 200 m lange, etwa 250-jährige Allee geschnittener Linden besonders eindrucksvoll ist. Das in den Jahren 1801 bis 1805 im klassizistischen Stil von Heinrich von Schilden erbaute Herrenhaus ist der Nachfolgebau einer dort zwischenzeitlich zerstörten Burg. Das Burggelände bestand bereits seit dem 12. Jahrhundert und Teile des Burgwalls und alter Grabenanlagen sind noch heute vorhanden. Von Schilden war auch derjenige, der im späten 18. Jahrhundert (ab 1780) zahlreiche exotische Baumarten und Gehölze verschiedener Länder wie Tulpenbaum, Lachshimbeere, Gurkenmagnolie und Rhododendron anpflanzte und damit einen der ältesten Baumparks Norddeutschlands begründete. Zusammen mit den alten Eichen, Eiben, Fichten und anderen Gehölzen stellt der Haseldorfer Park eine kleine Oase in der sonst fast baumlosen Elbmarsch dar. Der Dichter

Ein Besuch des Obstgartens nahe der Elbe ist nicht nur während der Blütezeit der Obstbäume ein Erlebnis, sondern auch zur Reife- und Erntezeit der Früchte im Herbst.

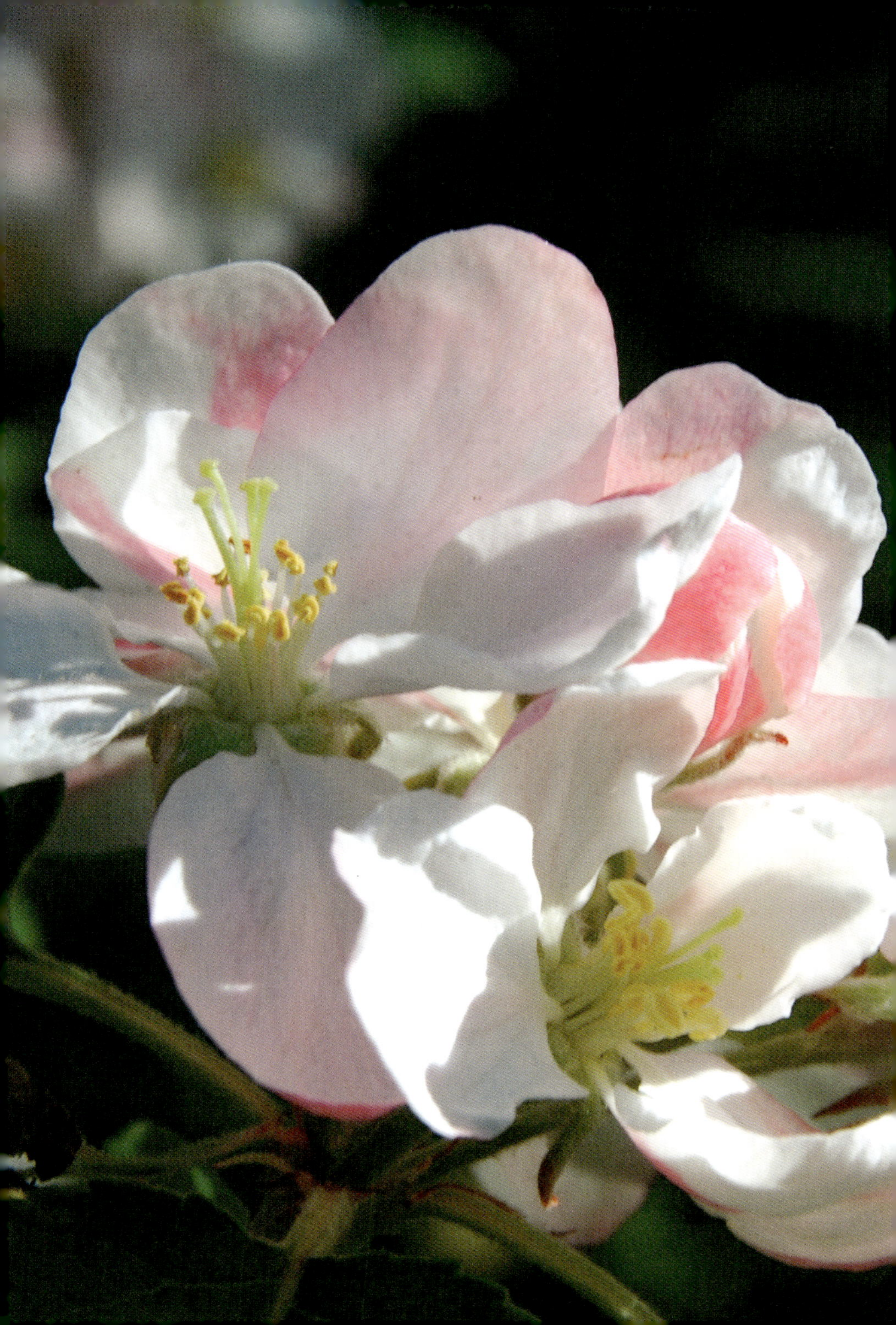

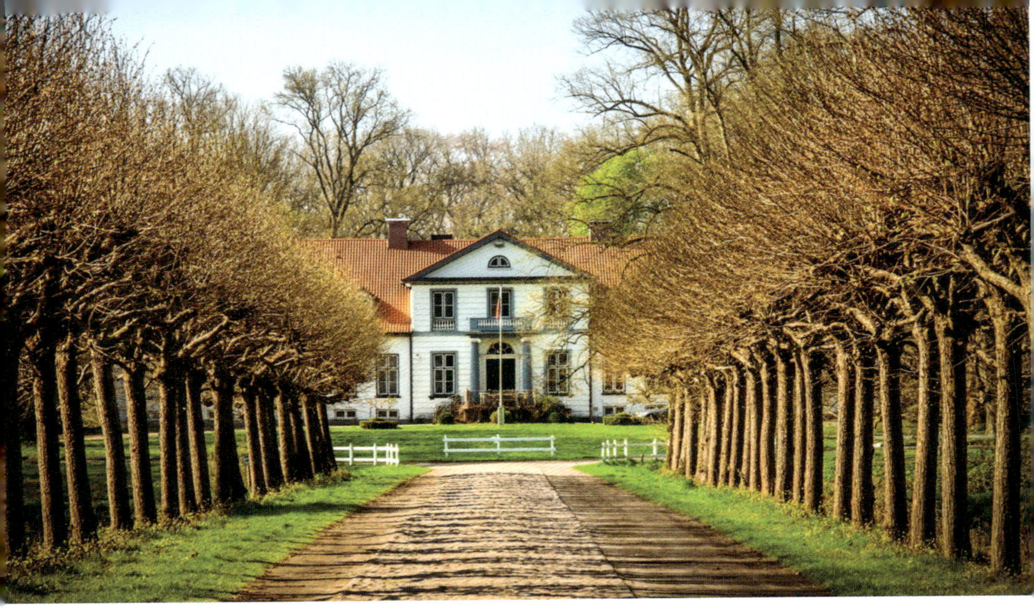

Eine Allee beschnittener Linden führt auf das Herrenhaus Haseldorf zu.

Friedrich Gottlieb Klopstock war Ende des 18. Jahrhunderts einer der bekannten Gäste des Gutes in Haseldorf, und sein Werk „Der Messias“ soll zu Teilen dort entstanden sein.
1896 fiel das Anwesen an den Prinzen Emil von Schoenaich-Carolath-Schilden (1852-1908). Der als Dichterprinz bekannte Adelige war selbst Lyriker und Erzähler und machte das Schloss endgültig zum Dichtertreffpunkt. So inspirierte der Park beispielsweise die Werke von Rainer Maria Rilke und Detlev von Liliencron, die neben anderen Dichtern und Schriftstellern in Haseldorf zu Gast waren. Rilke schrieb 1902 in einem Brief an Otto Modersohn über die Haseldorfer Grünanlage: „Der große Park um das Schloss wirkt vor allem durch seine Riesenbäume. Es gibt Linden und Kastanien wie Berge: Bäume mit dunkelroten Blättern (ich weiß nicht, wie sie heißen), die wie Träume sind, und Nadelhölzer irgendwelcher fremdländischer Art, mit langen zottig hängenden Zweigen, die an das Fell urweltlicher Urtiere erinnern. Und das Blühen all dieser großen, alten Azaleenbüsche und ganz hoher Hänge von Jasmin.“

Schlosspark Rundgang

Der lange Zeit ganzjährig frei zugängliche Park war aufgrund von Meinungsverschiedenheiten zwischen dem Grundbesitzer Udo Prinz von Schoenaich-Carolath-Schilden und der Gemeinde zwischenzeitlich geschlossen. Es ist zu hoffen, dass mit Beilegung der Differenzen das Schlossparkareal wieder für Gäste und Einheimische zu besuchen sein wird. Das Herrenhaus nebst anliegender Gebäude und der direkte Parkbereich sind als Privatgelände für Besucher gesperrt. Alljährlich finden allerdings in eindrucksvoller ländlicher Atmosphäre auf dem Gutshof im Rinderstall Konzerte des Schleswig-Holstein Musik Festivals (SHMF) statt.
Für einen kleinen Rundgang biegt man nach der beschnittenen Lindenallee, die auf das Herrenhaus zuführt, rechts eine weitere Allee entlang ab. Dort passiert man die im 13. Jahrhundert erbaute Kirche St. Gabriel, an die 1599 eine Gruftkapelle angebaut worden ist. Einige historische Grabplatten, Vasen und Denkmäler sind im Umfeld der Kirche zu besichtigen, wo auch der Dichterprinz seine letzte Ruhestätte gefunden hat. Auf dem Grab finden sich oft angepflanzte oder abgelegte Vergissmeinnicht-pflänzchen, so wie es sich der Lyriker in einem Gedicht gewünscht hatte, wo es in der letzten Strophe heißt:
„...Dann schreite still vom Gotteshaus zum Friedhof hin – weit ist es nicht – und leg aufs Grab mir einen Strauß Vergißmeinnicht."
Der Rundweg führt im Bogen um das Herrenhaus und vermittelt eine besondere und eigene Stimmung mit seinen alten Eiben, Kiefern, Rosskastanien, Tulpenbäumen, Sumpfzypressen, Weißem Maulbeerbaum, Eichen, Ahornbäumen und Lärchen. Nicht nur zum Laubaustrieb der Bäume und zur Blüte der Rhododendronsträucher lohnt ein Besuch, sondern auch im sommerlichen Grün, im farbigen Herbst oder

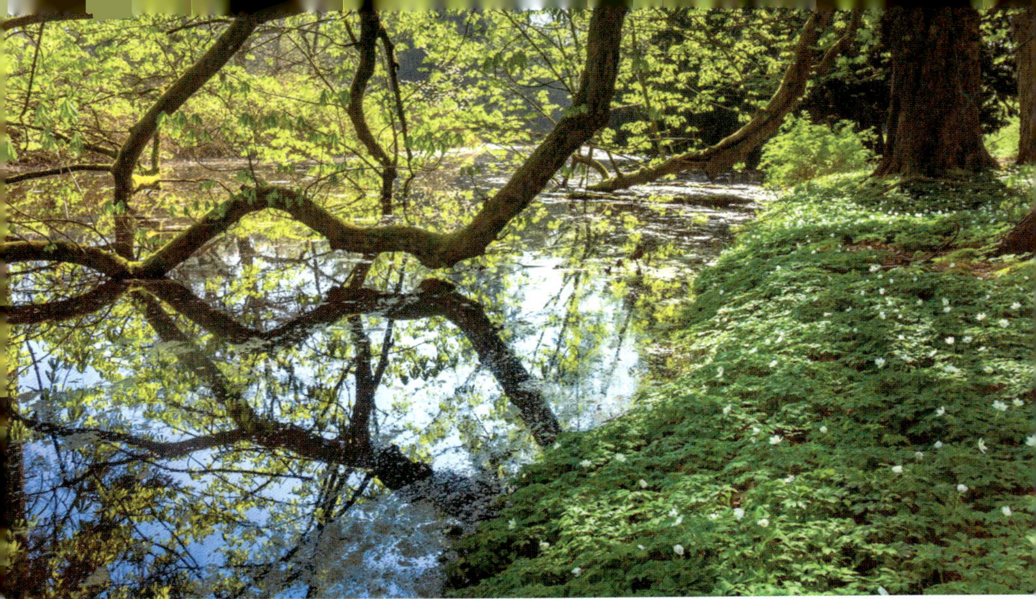

Am Wassergraben und alten Baumgestalten vorbei geht der Rundweg durch den Park um das Herrenhaus Haseldorf.

im stillen Winter vermittelt das alte Parkanwesen seine wechselhaften und ruhigen Stimmungen. Auch Abstecher an die nahe gelegene Graureiherkolonie am Elbdeich oder in das Naturschutzgebiet „Haseldorfer Binnenelbe“ sind erlebenswert. Ebenso wie der Besuch des kostenlos zu besichtigenden Elbmarschenhauses im Ort, das in einer Ausstellung und einem anliegenden Naturerlebnisraum über die Geschichte, Kultur und Natur der Region informiert und Wechselausstellungen regionaler Künstlerinnen und Künstler organisiert.

Abstecher in den Haseldorfer Obstgarten

Einen Besuch des Haseldorfer Obstgartens, der sich etwa drei Kilometer vom Elbmarschenhaus entfernt befindet, sollte man auch einplanen. Auf der Straße in Richtung Hohenhorst biegt man nach zwei Kilometern links in die Hafenstraße ein und erreicht den Haseldorfer Hafen, wo das Auto abgestellt werden kann und das letzte Wegstück entlang der Binnenelbe zu Fuß zurückgelegt werden muss. Der 1986 auf einer Fläche

von circa zwei Hektar angelegte Obstgarten, der sich im Besitz der Stiftung Naturschutz Schleswig-Holstein befindet, wird vom Elbmarschenhaus betreut. Hier lassen sich der ursprüngliche Charakter des Obstanbaus in den Elbmarschen und eine der größten, öffentlich zugänglichen Sammlungen alter Obstsorten in Deutschland erleben. Die circa 500 Bäume gehören zu etwa 190 unterschiedlichen Obstsorten, wovon neben vielen Apfelsorten auch diverse Birnen- sowie Pflaumen- und Kirschenraritäten vertreten sind.
Hier geht es neben der Information auch um den Erhalt der Sortenvielfalt als ein wichtiges Kulturgut und um den Schutz der genetischen Biodiversität.
Schön ist der Obstgarten natürlich zur Obstblüte im Frühjahr, aber ebenso interessant ist ein Besuch im Spätsommer oder Herbst, wenn nach und nach die unterschiedlichen Sorten reifen. Jeder Besucher darf sich durch die diversen Köstlichkeiten der Äpfel, Kirschen, Pflaumen und Birnen probieren und die Mitnahme von zehn Kilogramm Obst pro Person ist erlaubt. Man kann dort aber auch den holden Herbstnachmittag in der Hängematte liegend genießen und den Schafen bei ihrer gemächlichen Beweidung des Streuobstwiese zusehen, während man den 'Seestermüher Zitronenapfel', den 'Angeliter Herrenapfel', 'Blumbachs Butterbirne', die 'Große Prinzenkirsche', die 'Späte Knorpelkirsche' oder eine der anderen Obstsorten des Haseldorfer Obstgartens kostet.

Gutspark in Haseldorf
Schloßweg, 25489 Haseldorf
Obstgarten Haseldorf
Hafenstrasse, 25489 Haseldorf
Ansprechpartner für den Obstgarten Haseldorf:
Integrierte Station Unterelbe (ISU), Elbmarschenhaus
Hauptstrasse 26, 25489 Haseldorf
www.elbmarschenhaus.de

Das Rosarium Uetersen
Die Königin der Blumen in Szene gesetzt

Zentral und ruhig gelegen lassen sich in der Rosenstadt Uetersen mit einem der ältesten Rosarien Deutschlands auf einer Fläche von fünf Hektar 900 Sorten der Königin der Blumen betrachten. Den Rosarium-Besucher erwarten mehr als 35.000 Rosen, die ein im wahrsten Sinne des Wortes buntes Sortiment an alten und neuen Kletter-, Beet-, Hochstamm- und Parkrosen bieten und mit mal intensiven und mal dezenten Rosendüften auch durch olfaktorische Genüsse betören.

Wer 'Heidelinde', 'Clementine', 'Marietta', 'Ricarda', 'Angelique', 'Cinderella', 'Rosamunde', 'Celina' und 'Christel von der Post' einmal kennenlernen möchte, wird im Rosarium Uetersen fündig; allesamt Rosensorten, die im Park gezeigt werden. Es gibt aber auch die wohlklingenden Sorten wie 'Duftrausch', 'Northern Lights', 'Sympathie', 'Frühlingszauber', 'Kupferkönigin', 'Paradise', 'Wildfeuer' und mehr als 900 weitere Rosensorten zu bestaunen.
Kaum eine Blütenpflanzengruppe ist so eng und lange mit der Kultur des Menschen verwoben und taucht immer wieder auf in der Malerei, in der Literatur, in der Architektur, in der Symbolik sowie in der Botanik und Gartenkunst. Schon seit der Antike wird die Rose als Königin der Blumen bezeichnet und befindet sich seit mindestens 2.000 Jahren in der Züchtung. In Uetersen fand im Jahre 1909 erstmalig eine Rosenschau statt und

Über 900 Rosensorten sind im Rosarium Uetersen auf fünf Hektar Fläche zu besichtigen. Der weiße Pavillon kann für Veranstaltungen mit einem Zeltdach und Zeltwänden versehen werden.

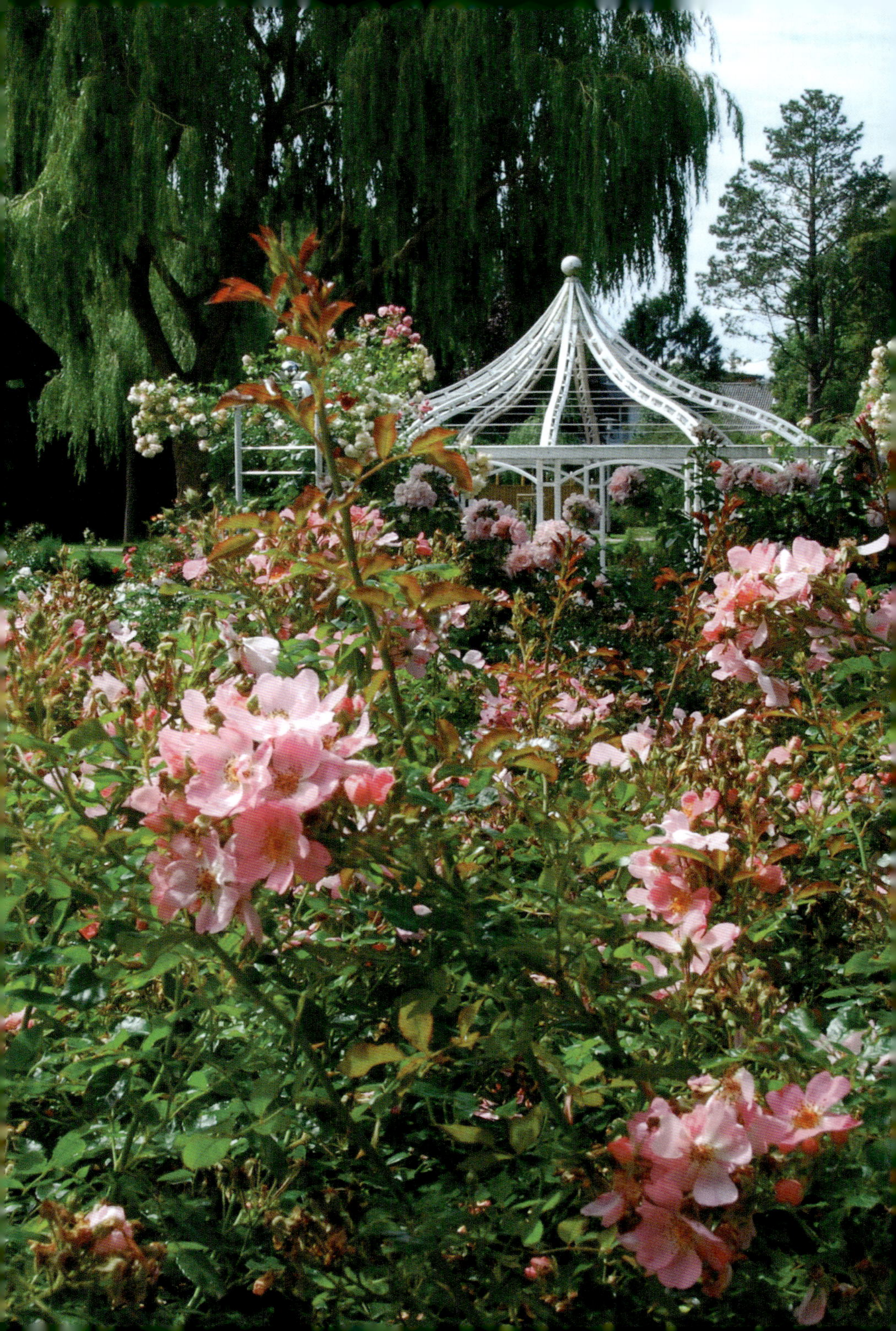

in diesem Zusammenhang wurde ein Rosenpark an anderer Stelle als das heutige Rosarium entwickelt. Dieser geriet allerdings im Laufe der Zeit etwas in Vergessenheit und wurde später überbaut. Der heutige Park entstand nach den Plänen des Gartenarchitekten Berthold Tormählen auf dem Gelände des alten Mühlenteichs in den Jahren 1929 bis 1934. Die Park-Eröffnung erfolgte am 23. Juli 1934 zur 700-Jahrfeier der Stadt Uetersen. Neben anderen waren die weltbekannten Rosenzüchter Wilhelm Kordes aus Sparrieshoop und Mathias Tantau aus Uetersen wichtige Mitinitiatoren des neuen Rosenparks. Ihre Namen findet man auf vielen Schildern im Rosarium, wo neben der Rosenklasse und der Rosensorte auch die entsprechenden Züchter und das Jahr der Züchtung oder Ersterwähnung angefügt sind. Auch heute noch ist die Region das größte Rosenzuchtgebiet Deutschlands.

Titel „Rosenstadt"

Uetersen trägt seit 1992 den vom Verein Deutscher Rosenfreunde verliehenen Titel „Rosenstadt" und gehört damit zum erlauchten Kreis von insgesamt elf Rosenstädten, Rosenkreisen und Rosendörfern, die es in Deutschland gibt. Weitere Rosenstädte sind Baden-Baden, Dortmund, Eltville am Rhein, Sangerhausen und Zweibrücken. Die Stadt Uetersen hat nicht nur ihr Rosarium, sondern auch sonst spielt die zauberhafte Blütenpflanze eine große Rolle in der Stadt. Es gibt in jedem Jahr Anfang Juli ein großes Rosenfest, jedes Jahr wird die Wahl der Rosenkönigin mit einer beigeordneten Rosenprinzessin abgehalten, Rosenführungen werden angeboten und Rosenkonzerte finden am Pavillon des Rosenparks statt. Seit 1997 werden durch die Verleihung der Rosennadel ehrenamtlich aktive Persönlichkeiten der Stadt geehrt.
Die Rosensaison geht von Sommeranfang bis in den

August mit dem Höhepunkt im Juni, aber auch im September und Oktober bis zu den ersten Frösten ist der Besuch lohnend. Die Vielfalt der Rosen ist schon beeindruckend. Auf 30.000 Sorten schätzt man ihre Zahl weltweit und immerhin fast ein Fünfundzwanzigstel davon ist im Rosarium zu besichtigen. Jedes Jahr kommen zahlreiche Züchtungen hinzu und viele der Neuheiten, vor allem der Rosenzüchter aus der Region, werden im Rosarium gezeigt und zum Teil erstmalig vorgestellt.

Am Wasser gebaut

Die 400 m² große Hochzeitsinsel ist über zwei weiße Brücken zu erreichen und wird mit ihren 400 angepflanzten Rosen gern von Heiratswilligen genutzt.

Prägend für das Parkgelände sind die Wasserflächen des alten Mühlenteichs, dessen Mitte bisweilen durch einen Springbrunnen das Bild auflockert. Er ist am Ufer hübsch von Mädesüß, Blutweiderich, Gilbweiderich, Wasserdost, Baldrian sowie jungen Erlen und Weiden

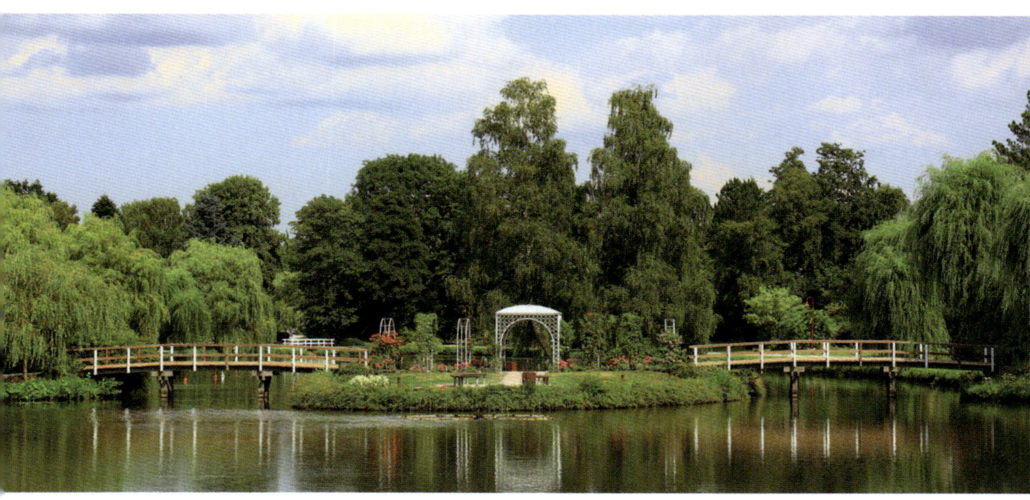

bewachsen. Durch ein Fließgewässer sind der kleine und große Teich verbunden. In einem liegt die durch zwei weiße Brücken mit dem Ufer verbundene 400 m² große Hochzeitsinsel. Hier wachsen 19 Rosensorten mit 400 Pflanzen, unter deren Rosenbögen die frisch Vermählten sich gern fotografieren lassen. Unter dem Pavillondach kann standesamtlich rund um die Uhr (außer sonntags) geheiratet werden. Uetersen hat sich nicht nur als Rosenstadt, sondern auch als Hochzeitsstadt einen Namen gemacht.

Der Pavillon auf dem Gelände, der durch ein Zeltdach und Zeltwände Regen- und Wetterschutz bietet, kann für Veranstaltungen und Konzerte genutzt werden. In dem Rosen-Lehrgarten wird über Rosen allgemein, deren Züchtung und Vermehrung sowie über Wildrosen informiert. Dort finden wir auch das Denkmal, das an den Uetersener Rosenzüchter Ernst Ladewig Meyn erinnert, der durch die Entwicklung der Rosenveredelung seinem Berufsstand einen großen Dienst erwiesen hat. An dem Ausbau der Rosengärten in seiner Stadt war er maßgeblich beteiligt und wird auch als „Vater der Holsteiner Rosenzucht“ bezeichnet.

Im Duftgarten finden wir besonders intensiv duftende Sorten wie beispielsweise ‘Auguste Luise’ mit fruchtigem Duft, die Edelrose ‘Erotica’ mit würzig-aufregender Duftnote oder die Sorte ‘Sebastian Kneipp’, die neben ihren warm-würzigen Noten mit einem prickelnden, würzigen Eindruck von Sternanis aufwartet, der bis zuletzt erhalten bleibt.

Für eine kleine Pause eignet sich die Terrasse des Parkhotels Rosarium mit Blick auf den Mühlenteich, blühende Rosen und stattliche Bäume. Auch für ein gutes Essen oder eine Übernachtung, falls man das Besichtigungsprogramm im Rosarium nicht an einem Tag geschafft hat, bietet sich das Vier-Sterne-Haus an. Dann schafft man es vielleicht auch noch, dem Kloster Uetersen und dem Museum Langes Tannen, das die bürgerliche Wohnkultur in Norddeutschland vom späten 18. bis zum frühen 19. Jahrhundert präsentiert, und dem Café Langes Mühle und der Museumsscheune einen Besuch abzustatten.

Hier blüht noch mehr

Frühblühende Zwiebelgewächse, Hortensien, Großblütiges Johanniskraut, Rhododendren, Gelenkblumen und andere bringen auch noch weitere Blühaspekte auf das Gelände und der Gesamteindruck wird durch einige alte Baumexemplare deutlich aufgefrischt. Da sind beispielsweise Riesenmammutbaum, Säuleneibe, Amur Korkbaum, Zwergfadenzypresse, Thuja, Scheinzypresse, Blutbuche, Eberesche, Goldulme, Ilex, Österreichische Schwarzkiefer, Esskastanie, Trauerweide und diverse weitere zu erwähnen.
Die Namen der vielen Rosensorten sind oft recht fantasievoll und ehren Persönlichkeiten, Ereignisse oder Ortschaften und da darf auch eine dem Rosarium gewidmete Rose nicht fehlen: Die Kletter- und Strauchrose 'Rosarium Uetersen' ist eine berühmte Rose mit tief rosa, später silbrig-rosafarbenen, regenfesten, dicht gefüllten Blüten. Sie ist besonders beliebt, weil sie gegen die sonst oft Rosen malträtierenden Krankheiten, vor allem Pilzerkrankungen, resistent ist und eine Vielzahl prächtiger, zehn Zentimeter großer Blüten hervorbringt – und das von Juni bis zum Ende der Saison in den Oktober hinein.

Rosarium Uetersen
Wassermühlenstrasse 7, 25436 Uetersen
www.rosarium-uetersen.com

Hamburg

Planten un Blomen in Hamburg

Eine grüne Oase inmitten der Stadt

Umgeben von lärmendem und quirligem Großstadttreiben liegt die Grünanlage Planten un Blomen als 47 ha große Park- und Gartenoase zwischen Kongresszentrum und Fernsehturm im Norden sowie dem Millerntor im Süden. Die geschichtsträchtige Anlage bietet den Hamburgern und ihren Besuchern vielfältige Möglichkeiten für Pflanzengenuss, Unterhaltung, Ruhe, Erholung, Aktivitäten und Kontemplation.

Blick durch blühende Sträucher und Bäume im Park Planten un Blomen (plattdeutsch für Pflanzen und Blumen) in Richtung Fernsehturm, der die nördliche Grenze der innerstädtischen Grünanlage markiert.

Die alten Wallanlagen, die einst zur Verteidigung der Stadt dienten, wurden Ende des 18. Jahrhunderts zu einem Erholungspark nach englischem Vorbild für die Hamburger umgestaltet. Nach einer „Allgemeinen Gartenbau-Ausstellung“ im Jahre 1897 in den Großen Wallanlagen fand im Jahre 1935 die Niederdeutsche Gartenschau in Hamburg statt, in deren Zusammenhang erstmalig der Name Planten un Blomen auftauchte.
Der bekannte Hamburger Gartenarchitekt Karl Plomin gestaltete hierzu den nördlichen Teil der heutigen Parkanlage, in dem sich vorher 67 Jahre lang der von Alfred Brehm (Verfasser von Brehms Tierleben) geleitete Zoologische Garten befand. Auch die Internationalen Gartenausstellungen (IGA) in den Jahren 1953, 1963 und 1973 fanden auf dem Gelände statt und gaben der Gartenanlage und ihrer Gestaltung jeweils neue Impulse.
Die vier Areale Planten un Blomen, Alter Botanischer Garten, Kleine Wallanlagen und Große Wallanlagen,

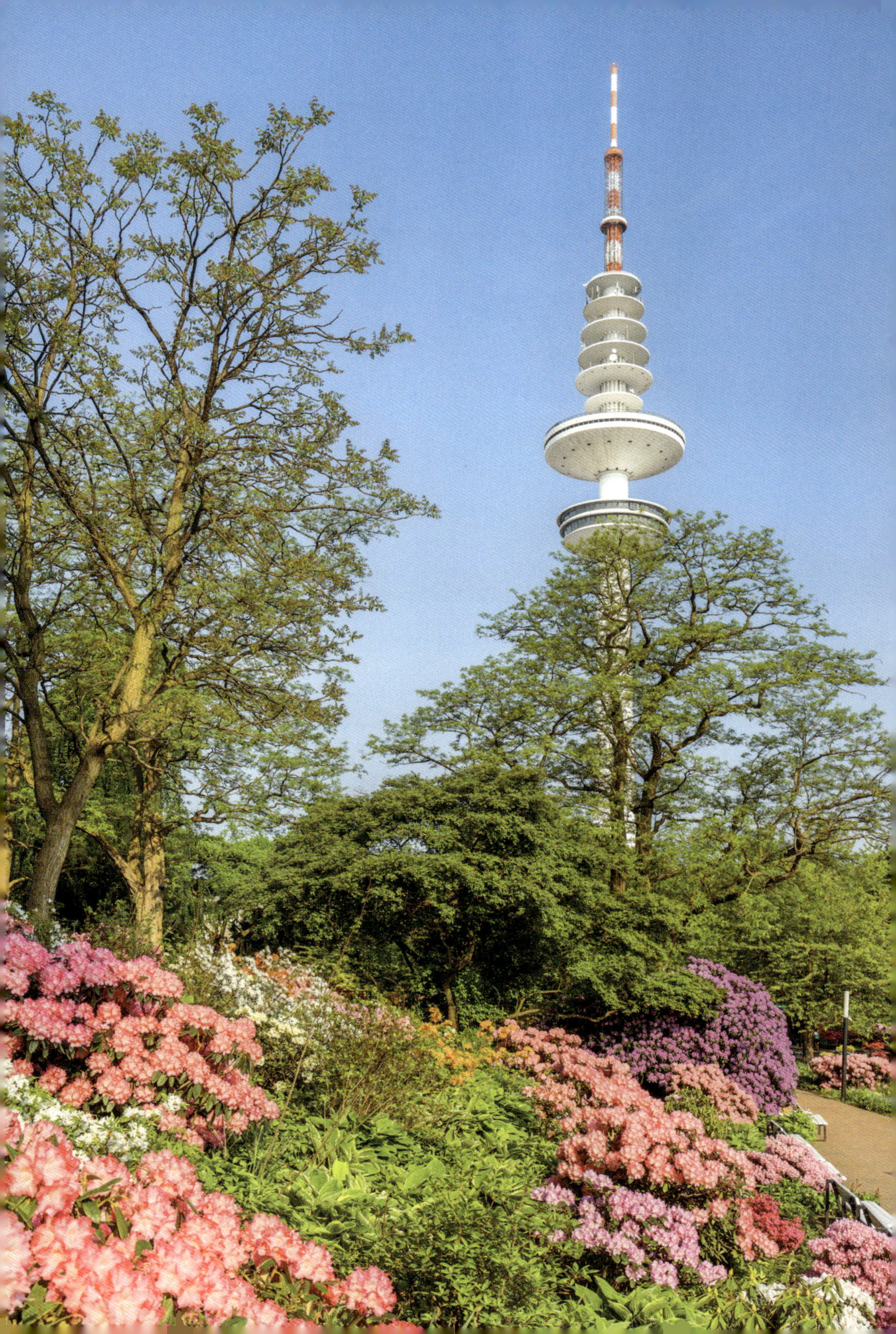

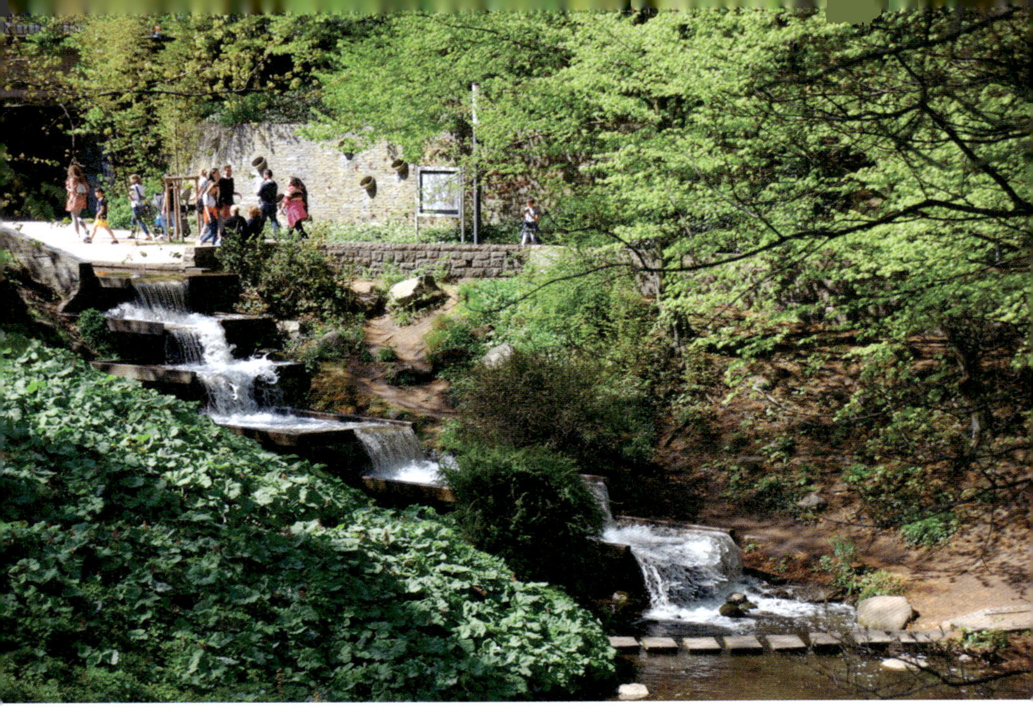

Wasser ist ein wichtiges Element in Planten un Blomen. So gibt es neben großen und kleinen Teichen den Parksee, den Wallgraben, Fließgewässer-elemente, Wasser-treppen, Kaskaden, Springbrunnen und Wasserfälle.

die insgesamt eine Fläche von 45 ha umfassen, wurden später zum Wallringpark zusammengefasst. 1986 erhielt die gesamte, auch heute noch vierteilige Anlage den Namen Planten un Blomen: ein geschichtsreicher Ort mit ehemaligen Bastionen, Wassergräben und Wallstrukturen und einer wechselvollen Geschichte, auch gerade der Gartenkultur.

Themengärten und Schaugewächshäuser

Für Gartenfreunde sind die verschiedenen Themengärten besonders interessant: Der 1963 im Rahmen der IGA eingerichtete Apothekergarten mit seinen sieben Höfen der Gesundheit befasst sich mit den wichtigsten Organen des Menschen und zeigt die jeweils wirksamen Heilpflanzen und Genesungskräuter in den einzelnen Abteilungen.
Die Bürgergärten unterhalb des Fernsehturms sind mit

prächtigen Staudenbeeten bestückt und die Wasserkaskaden, an denen man gemütlich im Liegestuhl sitzen und dem plätschernden Wasser lauschen kann, wurden schon 1935 zur Gartenschau von Plomin entworfen. Der 5.000 m² große Rosengarten von 1993 präsentiert etwa 300 verschiedene Rosensorten.

Zwei japanische Gärten befinden sich auf dem Gelände von Planten un Blomen. Der zwischen Kongress-Zentrum und Hamburg-Messe gelegene wurde 1990 angelegt und gilt als der größte seiner Art in Europa. Am Seeufer steht ein kürzlich renoviertes Teehaus, das für Teezeremonien und andere japanische Veranstaltungen genutzt wird. Südlich des Messegangs befindet sich der 1988 angelegte japanische Landschaftsgarten.

Die Schaugewächshäuser des Botanischen Gartens der Universität Hamburg liegen im Bereich des Alten Botanischen Gartens und wurden im Zuge der IGA 1963 zusammen mit den angrenzenden Mittelmeerterrassen angelegt, wo südländische Pflanzen wie Feigen,

Zwei Japanische Gärten bei Planten un Blomen bringen asiatischen Flair in den Park.

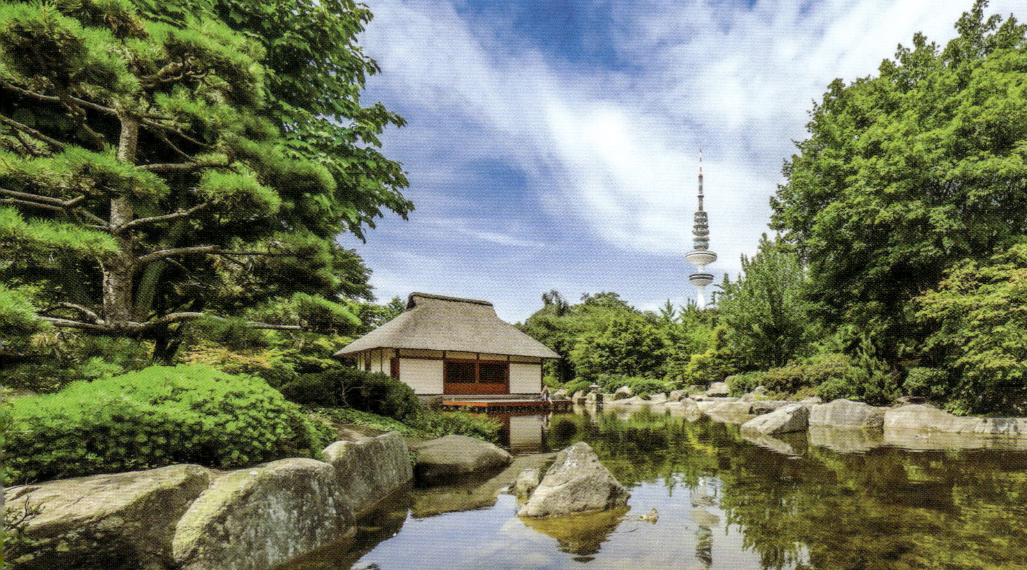

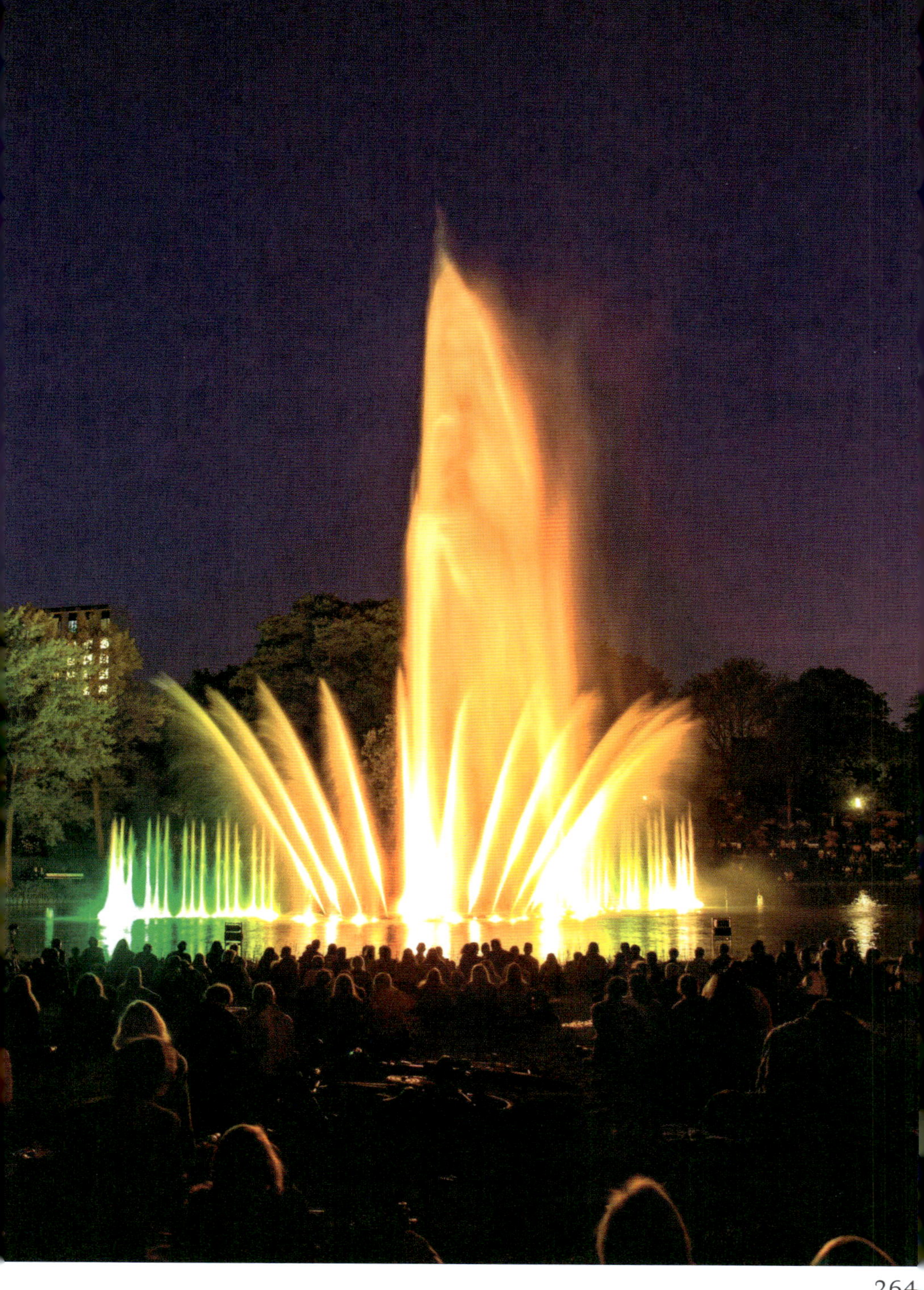

Äußerst beliebt sind die von Mai bis in den September auf dem Parksee dargebotenen Wasserspiele und Wasserlichtkonzerte: Kunstwerke aus Licht, Wasser und Musik.

Hibiskus, Limonen und andere zu bestaunen sind. Aktuell sind die denkmalgeschützten Gewächshäuser geschlossen und werden in den nächsten Jahren aufwändig restauriert.

Wasserelemente und sonstige Attraktionen

Viele Wasserelemente prägen den Park. Neben den Wasserkaskaden sind die 1993 restaurierte Wassertreppe in den Kleinen Wallanlagen, der Millerntorspeier am südlichen Ende des Parkgeländes, der Wallgraben und der Parksee mit den farbigen Wasserlichtspielen zu erwähnen. Hinzu kommen viele kleine Weiher und Fließgewässerelemente, die vor allem in die japanischen Gärten eingefügt wurden.
Auch Spiel und Spaß für Kinder wird reichlich geboten. Auf den großen, besonders gestalteten Spielplätzen gibt es Klettermöglichkeiten, Rutschen, Balancier-, Wasser- und Sandspielelemente, eine Pony-Reitbahn, Töpferstube, Kindertheater, Rollschuhbahn, die im Winter zur Eislaufbahn wird, Minigolf- und Trampolin-anlage. Schachgärten bereichern ebenso die Anlage wie diverse Restaurants, Cafés und Kioske, die vielerorts auf dem Gesamtgelände Einkehr und Stärkung ermöglichen.
Um die 30 Skulpturen wie das Renaissance-Portal von 1617, die Große Sonnenuhr von 1935, der Panther von 1963 oder die Kreisenden Kugeln von 1973 sind über das Gelände verteilt.
Besonders beliebt sind die sommerlichen Konzerte und Veranstaltungen im Musikpavillon und die farbigen, mit Musik untermalten Wasserlichtspiele auf dem Parksee, die allabendlich von Mai bis September bei Planten un Blomen stattfinden.

Planten un Blomen
Marseiller Promenade, 20355 Hamburg
www.plantenunblomen.hamburg.de

Volkspark und Dahliengarten Altona
Hamburgs größte öffentliche Grünanlage mit besonderer Attraktion

Der Volkspark Altona feierte im Jahr 2014 sein 100-jähriges Jubiläum und gilt als Hamburgs größte öffentliche Grünfläche. Für Gartenfreunde ist der auf dem Volksparkgelände angesiedelte Dahliengarten eine besondere Attraktion. Er gilt nicht nur als der älteste Dahliengarten Europas, sondern ist mit seinen vielen Sorten und besonderen Raritäten aus der Welt der südamerikanischen herbstlichen Blütenschönheit ein außergewöhnlicher Besuchermagnet der Hansestadt.

Viele verbinden den Namen Volkspark, zumal wenn man Fußballfan ist, vor allem mit dem Volksparkstadion, in dem Heimspiele des Hamburger Sportvereins (HSV) stattfinden. Neben weiteren Arenen, der Trabrennbahn und dem Friedhof Altona gehört viel städtisches Grün zum Altonaer Stadtpark, der mit 205 ha die größte Grünanlage Hamburgs ist.

Einen guten Überblick über die farblich vielfältigen Blüten der Dahlien bietet der vielbesuchte Dahliengarten im Hamburger Volkspark.

Geschichte und Besichtigungen im Volkspark

Die Schaffung des Parks geht vor allem auf Ferdinand Tutenberg zurück, der 1913 Gartenbaudirektor der Stadt Altona, die damals noch nicht zu Hamburg gehörte, wurde und ab 1914 den Volkspark gestaltete; von Anfang an mit dem Ziel, allen Gesellschaftsschichten einen Erholungs- und Naturraum zur Verfügung zu stellen. Er integrierte vor allem die vorhandenen Natur- und Landschaftsgegebenheiten in

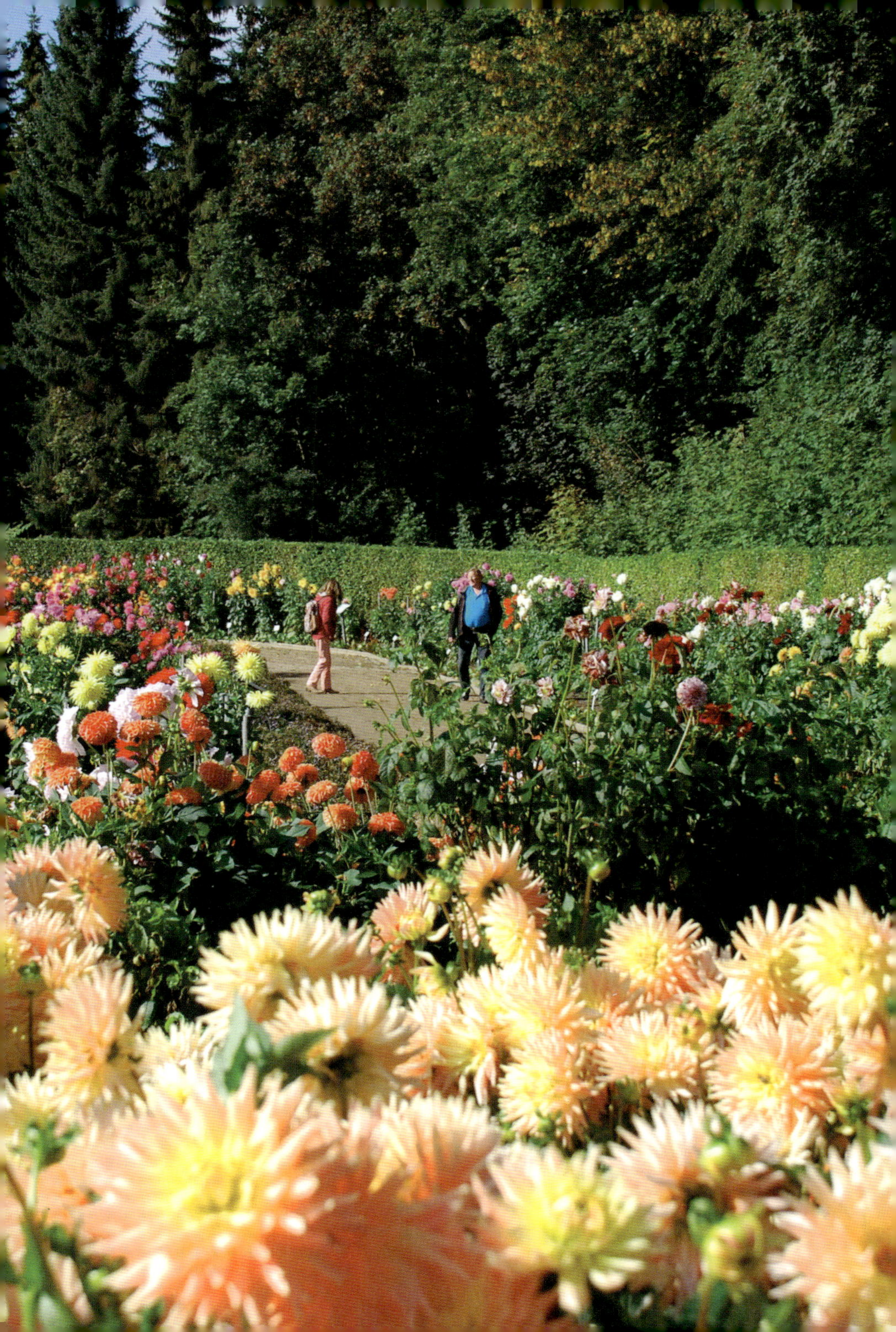

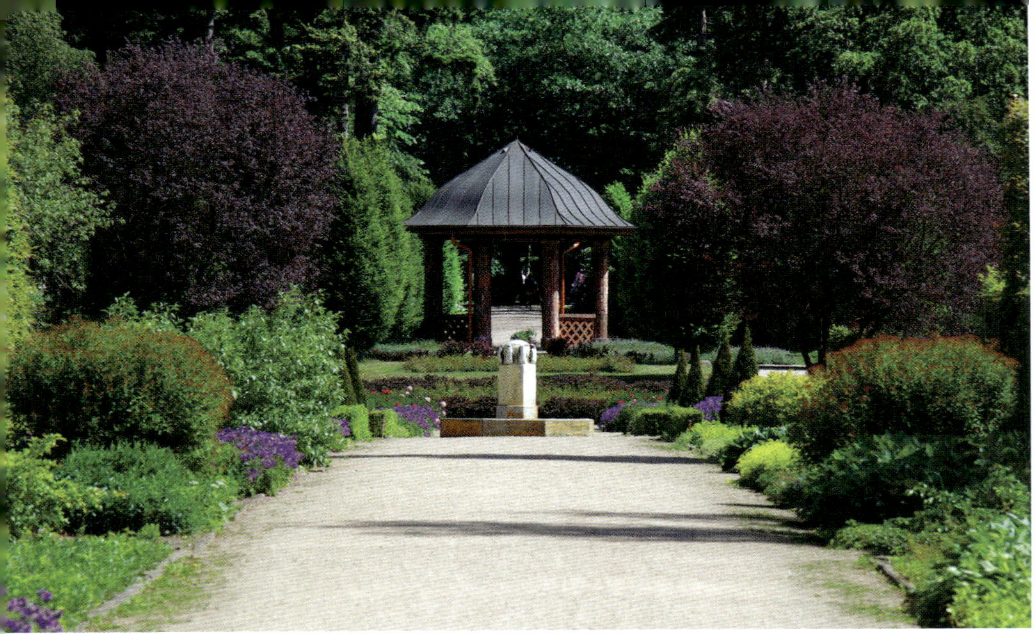

Der Pavillon aus den 1920er Jahren ist das Herzstück und Zentrum des Schulgartens im Volkspark.

die Parkanlage und bilanzierte zufrieden: „Wo dichter Kiefern- und Fichtenbestand auf ödem Sandboden die Stimmung der holsteinischen Landschaft noch schwermütiger machte, ist ein lichtdurchfluteter Wald voll Sonnenschein und Vogelgesang entstanden. Nicht mehr düstere Einsamkeit herrscht vor – der Mensch hat Besitz genommen von diesem bisher nur Wenigen zugänglichen Stück Natur."
So finden sich heute neben ausgedehnten, durch Wege erschlossenen Waldarealen Spielplätze, Sportanlagen, Liegewiesen, Gärten und Restaurants auf dem Gelände. Zu den heutigen Sehenswürdigkeiten gehören der bereits von Tutenberg angelegte Schulgarten mit dem Pavillon, dem Ententeich und einem Modell von Schleswig-Holstein. Nahe dem Bauernhaus, in dem Feste, Feiern und Veranstaltungen durchgeführt werden, befinden sich die kleine Waldbühne, die Birkenhöhe und der Tutenberg, eine zu Ehren des Parkentwicklers benannte dekorative Anhöhe mit Aussichtsplateau.

Blütenpracht im Dahliengarten

Auch der bekannte Dahliengarten wurde von Tutenberg im Jahre 1920 zunächst auf dem heutigen Schulgartenareal angelegt. 1932 wurde der älteste Dahliengarten Europas an seinen heutigen Standort an der Ecke Luruper Chaussee und Stadionstraße verlegt. Während des Zweiten Weltkriegs mussten die Dahlien weichen und das Areal wurde mit Gemüse zur Versorgung der Bevölkerung bepflanzt. In den Jahren 1958 bis 1994 erfolgte eine Vergrößerung und Neugestaltung verschiedener Dahlienbeete und im Jahr 2002 wurde der Dahliengarten (wie auch der Volkspark) unter Denkmalschutz gestellt.
Heute weist der vom Bezirksamt Altona betriebene Dahliengarten eine Größe von etwa 15.000 m² auf und bietet mit weit über 600 ausgestellten Dahliensorten und über 11.000 Einzelpflanzen eine wundervolle Übersicht über die Vielfalt der Königin des Spätsommers.

Über 11.000 Dahlien-Einzelpflanzen sorgen im Dahliengarten auf einer Fläche von 15.000 m² für ein umwerfendes sommerlich-herbstliches Farbschauspiel.

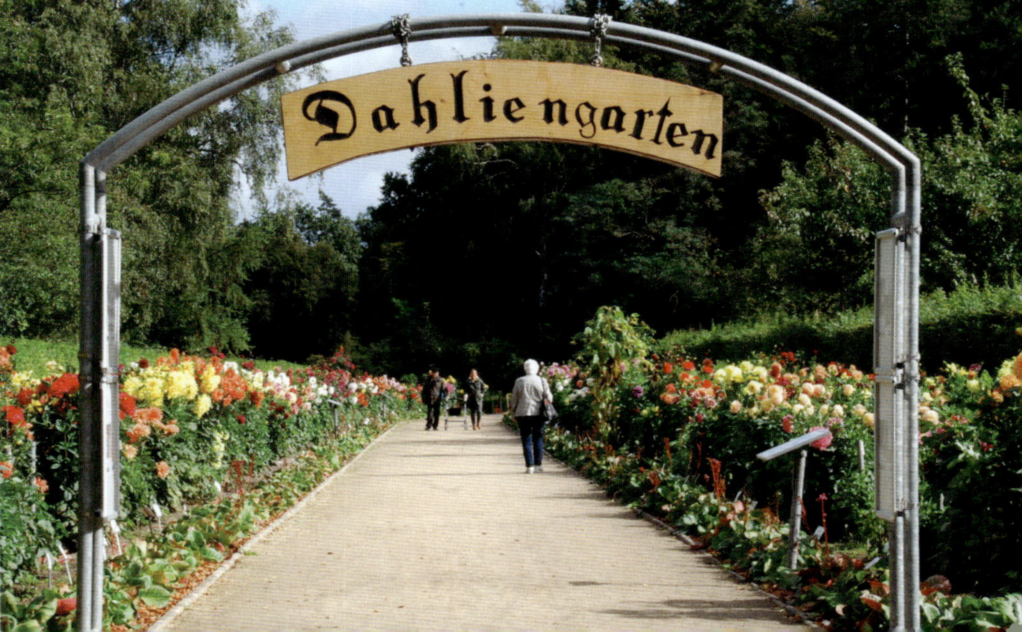

Über 20.000 Sorten und Züchtungen der aus Mexiko und Guatemala stammenden Blütenschönheit dürfte es weltweit inzwischen geben. Nach ihrer Blütenform werden die Dahlien für eine bessere Übersicht und Orientierung nach internationalen Regelungen in verschiedene Dahlienklassen eingeteilt. Diese Unterteilung erfolgt auch im Dahliengarten in Altona: So gibt es einfach blühende Dahlien, Halskrausen, Dekorative, Pompon, Semikaktus, Päonienblütige, Orchideenblütige (einfach, gefüllt) und Anemonenblütige Dahlien, ebenso wie Beete mit Stern-, Seerosen-, Ball-, Kaktus-, Hirschgeweih- und Stellardahlien. In diesem Park kann man sich also eingehend mit der Vielfalt der Sorten und der Klassifizierung der Dahlien beschäftigen oder einfach nur die faszinierende Blütenfülle und Farbenvielfalt genießen.

Interessant sind auch die begleitenden Beetrand-Bepflanzungen mit Taglilien, Bergenien, Frauenmänteln und anderen sowie das Museumsbeet mit antiken Dahlien

Mit der Einteilung der vielen Dahliensorten in unterschiedliche Dahlienklassen kann man sich im Dahliengarten beschäftigen, hier eine Kaktus-Dahlie der Sorte 'Gerry Scott'.

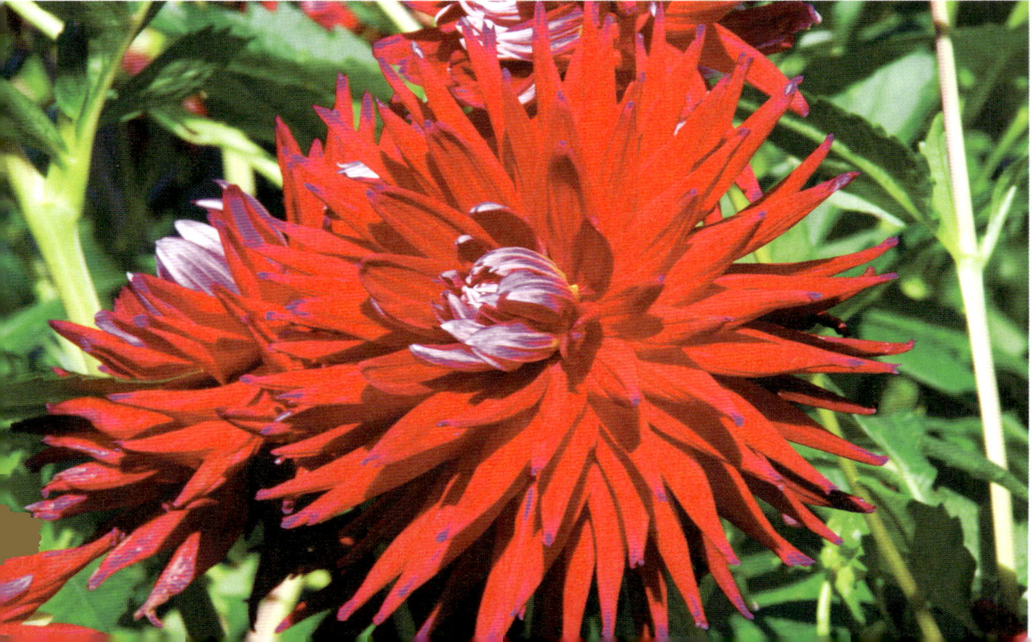

und der 2012 angelegte Miniatur-Dahliengarten, also sozusagen ein Garten im Garten.
Besonders bekannt ist dieser Garten für seine Dahlientaufen mit Prominenten, wobei es sich um jeweils neue Züchtungen handelt, die nach den Namen von Prominenten benannt werden und im Altonaer Dahliengarten unter Anwesenheit der Namensgeber getauft werden. So finden wir im Prominentenbeet beispielsweise die Dahlien 'Achim Reichel' (2012), 'Rolf Zuckowski' (2011), 'Jan Fedder' (2009), 'Otto Waalkes' (2008), 'Uwe Seeler' (1994), 'Dr. Klaus von Dohnanyi' (2018) und 'Bettina Tietjen' (2019), um nur einige der mit Hamburg verbundenen Persönlichkeiten zu nennen, die mit einer nach ihnen benannten Dahlie aufwarten können.
Die am höchsten gewachsene Dahlie, die Sorte Kalinka, die eine Wuchshöhe von 3,03 m erreicht und im Guinness-Buch der Rekorde 1996, 1997 verzeichnet ist, lässt sich in einem Beet bewundern. Besonderes Interesse erfährt auch das Beet mit den Publikumslieblingen, die jedes Jahr im Dahliengarten neu durch die teilnehmenden Besucher gewählt werden.
Mit dem ersten Frost, meist gegen Ende Oktober, ist der Dahlien-Zauber vorbei und die über 10.000 Dahlienknollen werden von den vier hauptamtlichen Mitarbeitern und einigen Helfern innerhalb einer Woche ins Winterlager verfrachtet. Dort werden sie bei 5 bis 7 °C auf luftdurchlässigen Drahtgittern dunkel und frostfrei gelagert. Im darauf folgenden Frühjahr bis zum Spätherbst wird es aber mit der bewährten Grün-, Blüten- und Farbenpracht weitergehen.

Dahliengarten und Volkspark Altona
Stadionstraße 4, 22525 Hamburg
www.hamburg.de/altona/dahliengarten

Der Loki-Schmidt-Garten in Hamburg Klein-Flottbek
Schönheit und Vielfalt der Pflanzen

Im Westen Hamburgs in Klein-Flottbek befindet sich neben dem Biozentrum der Universität der Botanische Garten. Das 24 ha große Gartenareal wurde 2012 zu Ehren der langjährigen Förderin, Bundeskanzler-Gattin und Pflanzenliebhaberin in Loki-Schmidt-Garten umbenannt. Neben den wissenschaftlichen Aufgaben, die der Garten wahrnimmt, ist es eine öffentliche Grünanlage, die der Erholung und Information der Bevölkerung dient. In drei Abteilungen wird den Besuchern unter den Themen Pflanze und Mensch, Pflanzengeographie und Pflanzensystematik die Biologie, Bedeutung und Vielfalt der Pflanzenwelt eindrucksvoll präsentiert und erläutert.

Der 1821 in Hamburg gegründete Botanische Garten befand sich zunächst 150 Jahre lang im Zentrum nahe dem Dammtorbahnhof, wo heute das Parkareal von Planten un Blomen Besucher anlockt. 1970 wurde die Verlagerung des Freilandareals in den Westen der Stadt beschlossen. Nach dem Umzug konnte am 5. Juli 1979 der Park in Klein-Flottbek als Teil des Instituts für Botanik am Biologiezentrum der Universität eröffnet werden. Die Schaugewächshäuser des Botanischen Gartens der Universität, zu denen das Sukkulentenhaus, das Palmfarnhaus, das Farnhaus und die Subtropen und Tropen-Gewächshäuser gehören, sind am alten Standort verblieben und können im Park Planten un Blomen besichtigt werden. Allerdings werden die historischen

Neben dem Japanischen Garten gibt es im pflanzengeografischen Areal auch einen Chinesischen Garten sowie Impressionen aus Nord- und Südamerika sowie einige europäische Gartenbereiche und ein Alpinum.

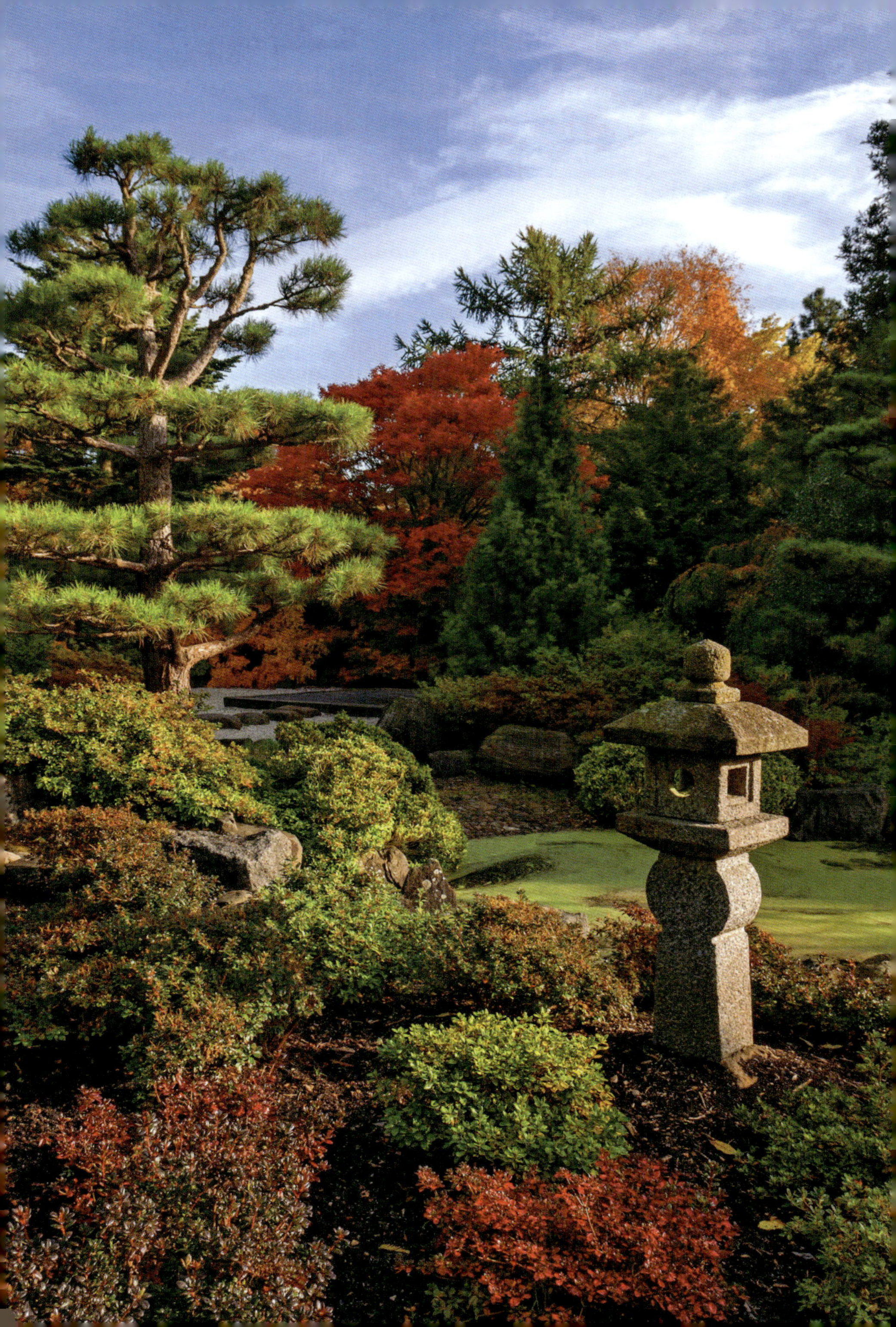

Gewächshausanlagen derzeit aufwändig renoviert.
Das Areal in Klein-Flottbek dient der wissenschaftlichen Sammlung für Lehr- und Forschungsaufgaben, liefert Material für Bildung und Forschung und ist in verschiedene Artenschutzprogramme involviert. Aber auch die Information der Bevölkerung bildet einen wesentlichen Schwerpunkt.
Nach dem Passieren des Eingangsareals des kostenlos zugänglichen Parkgeländes gelangt man in die erste der drei Abteilungen des Gartens, die sich in dem südlichen Teil des Geländes anhand von Themengärten mit der Beziehung Pflanze und Mensch beschäftigt. Im Zentrum nördlich des Gewässers befinden sich das Ordnungssystem der Pflanzen und die Übersicht über die Pflanzenfamilien und -ordnungen. Nördlich davon erstreckt sich die nach pflanzengeographischen Gesichtspunkten angeordnete dritte Abteilung.

Themengärten Mensch und Pflanze

Auf einem Rundweg, der uns im Uhrzeigersinn um das zentrale Gewässersystem und das Pflanzensystem herumführt, erlebt man mit einigen kleinen Abstechern die verschiedenen Einzelareale des Botanischen Gartens. Vorbei an ersten Riesenmammutbäumen passieren die Besucher die Büste von Loki Schmidt, erste Blumenbeete und linker Hand am Gewässer einen Bambusgarten. Der markante blaue Kubus mit Keramikfliesen als Außenhaut ist das Loki-Schmidt-Haus, das Museum für Nutzpflanzen der Universität Hamburg. Es präsentiert auf einer Fläche von 460 m^2 die Bedeutung und Nutzung der Vielfalt pflanzlicher Ressourcen. Bei den über 50.000 Objekten liegt für Hamburg als Hafen- und Handelsstadt ein wichtiger Schwerpunkt bei den Nutzpflanzen aus Übersee.
Es geht vorbei an weiteren Themengärten wie dem

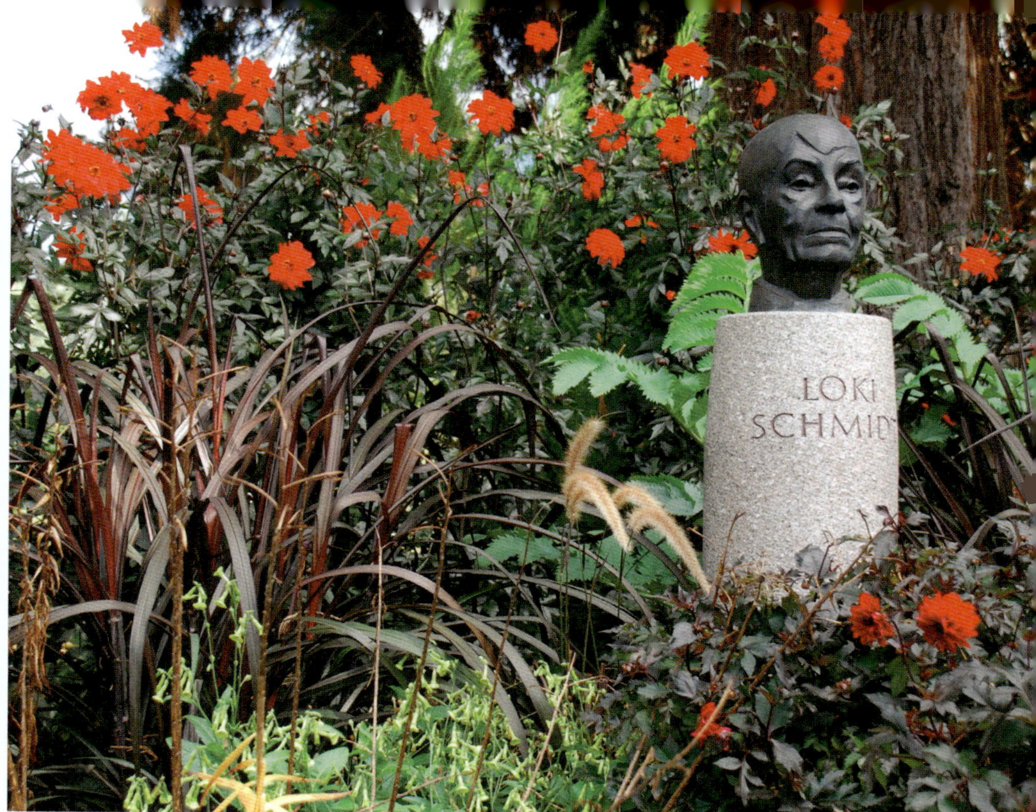

Seit 2012 trägt der Botanische Garten in Hamburg den Namen von Loki Schmidt, der engagierten Botanikerin und Naturschützerin, Ehrenbürgerin von Hamburg und langjährigen Förderin des Botanischen Gartens.

Bibelgarten mit Pflanzen, die in der Bibel erwähnt werden, dem Duft- und Tastgarten sowie Pflanzenbeispielen des insektenfreundlichen Gartens.
Am nachfolgenden Café „Schmidtchen Palme“ kann man sich gemütlich auf der Terrasse unter Palmen jetzt oder später etwas stärken.
Hinter den Werkstattgebäuden vorbei und durch das Coniferetum mit verschiedenen Nadelgehölzen folgen der Apothekergarten mit zahlreichen wichtigen Heilpflanzen und der Bauerngarten, der mit einem Steinwall und Buchshecken umgeben ist. Hier gibt es zahlreiche Anregungen für die eigene Gartenpflanzung.
Im kleinen, reetgedeckten Fachwerkhaus in diesem Themengarten befindet sich ein Blumensamenverkauf.

Pflanzengeografische Bereiche

Durch den Heidepflanzen- und Rhododendronbereich über einen eindrucksvollen Bambusweg mit Buddha-Statuen kommt man allmählich in die pflanzengeographische Abteilung im Norden, die uns zunächst mit den Pflanzen der Wälder Europas, den Lebensräumen Heide, Strand, Moor und den Hochgebirgspflanzen im Alpinum vertraut macht.

Das Pflanzensystem sieht man immer wieder zentral von der grasbewachsenen Grünfläche umgeben, aber zunächst werden die weiteren Teile des pflanzengeographischen Bereichs absolviert, der in die Pflanzenwelt Asiens mit dem chinesischen und japanischen Garten führt. Prächtige Urweltmammutbäume, Bambuspflanzungen, Sicheltannen und anderes säumen den Weg, der sich in den Riesenmammutbaum- und Sumpfzypressenwäldern Nordamerikas fortsetzt. Bevor man die Araukarienwälder, die Südbuchenwälder der

Im Bauerngarten steht ein kleines Fachwerkhaus, in dem man Pflanzensamen käuflich erwerben kann.

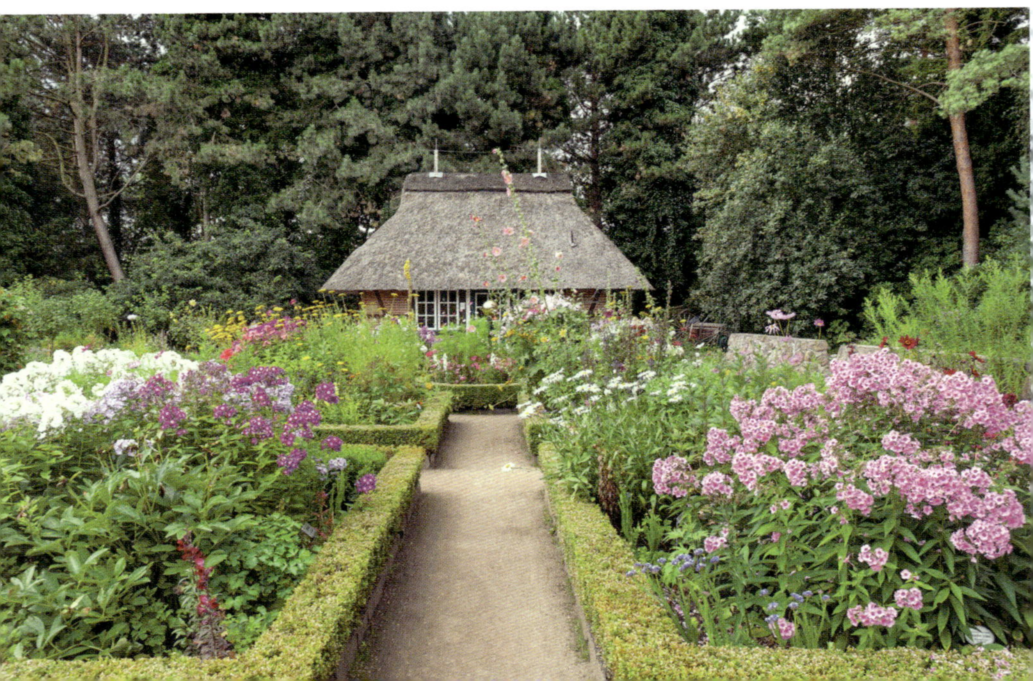

Gattung *Nothofagus* und die Mammutblattareale Südamerikas durchwandert, erfolgt ein Abstecher in das System der Pflanzen.

Das Ordnungssystem der Höheren Pflanzen

Es ist hier wie eine Uhr aufgebaut und zeigt in den vier Sektoren auch Tendenzen der Evolution der Pflanzen auf. In den vier Sektoren der Uhr beginnt es vor etwa 300 Millionen Jahren von 0 bis 3 Uhr mit den ursprünglichsten und ältesten Samenpflanzen, den Nacktsamern, also den Nadelbaumgewächsen, den Ginkgobäumen und den ersten Zweikeimblättrigen mit den magnolienartigen und pfefferartigen Pflanzenordnungen. Im zweiten Sektor von 3 bis 6 Uhr folgt die Gruppe der einkeimblättrigen Pflanzen, im dritten Sektor von 6 bis 9 Uhr tauchen dann die Vertreter des modernen Mittelbaus der Zweikeimblättrigen in der Evolution auf. Hierzu gehören die rosenartigen, schmetterlingsblütlerähnlichen und malvenähnlichen Pflanzen. Im vierten Sektor von 9 bis 12 Uhr schließlich finden sich die am höchsten entwickelten Samenpflanzen mit den asternartigen, lippenblütlerartigen und glockenblumenähnlichen Vertretern. Viele Pflanzen der wichtigsten Familien des botanischen Systems sind in natura zu bestaunen und man kann sich eingehend mit der Einordnung und den Merkmalen der Pflanzenfamilien beschäftigen.

Steingarten, Giftpflanzen und Nutzpflanzen

Nach der Rückkehr zu den Pflanzen Südamerikas gelangt man über den Steingarten mit Gesteinstypen und Fossilien wieder in den Themenbereich Pflanze und Mensch und erreicht nach dem Rosengarten den Wüstengarten mit Obstpflanzen der Wüsten und Trockengebiete wie beispielsweise einen Granatapfelbaum in einem Kübel. Hier stehen auch die markanten, gläsernen Pyramiden, in denen wechselnde Ausstellungen, vor allem zu aktuellen Forschungsthemen des Biozentrums, stattfinden.

Über den Themengarten mit den Giftpflanzen, wo Bauerntabak, Eisenhut, Maiglöckchen, Stechapfel und andere stehen, kommen die Gartenbesucher an der Grünen Schule vorbei. Diese Einrichtung für Bildung und Fortbildung in Sachen Botanik hält zahlreiche Angebote für den Unterricht sowie Beratung und Material für pädagogische Kräfte, zum Beispiel bei der Anlage von Schulgärten, bereit.

Im Nutzpflanzenareal werden beispielsweise die unterschiedlichen Rüben- und Getreidesorten oder verschiedene Bohnen wie Dicke Bohne, Sojabohne und Gartenbohne nebeneinander gezeigt. Eindrucksvoll ist es auch zu sehen, welche Kohlvielfalt mit Blumenkohl,

In der Abteilung des Pflanzensystems kann man sich mit der Systematik und Ordnung des Pflanzenreichs beschäftigen.

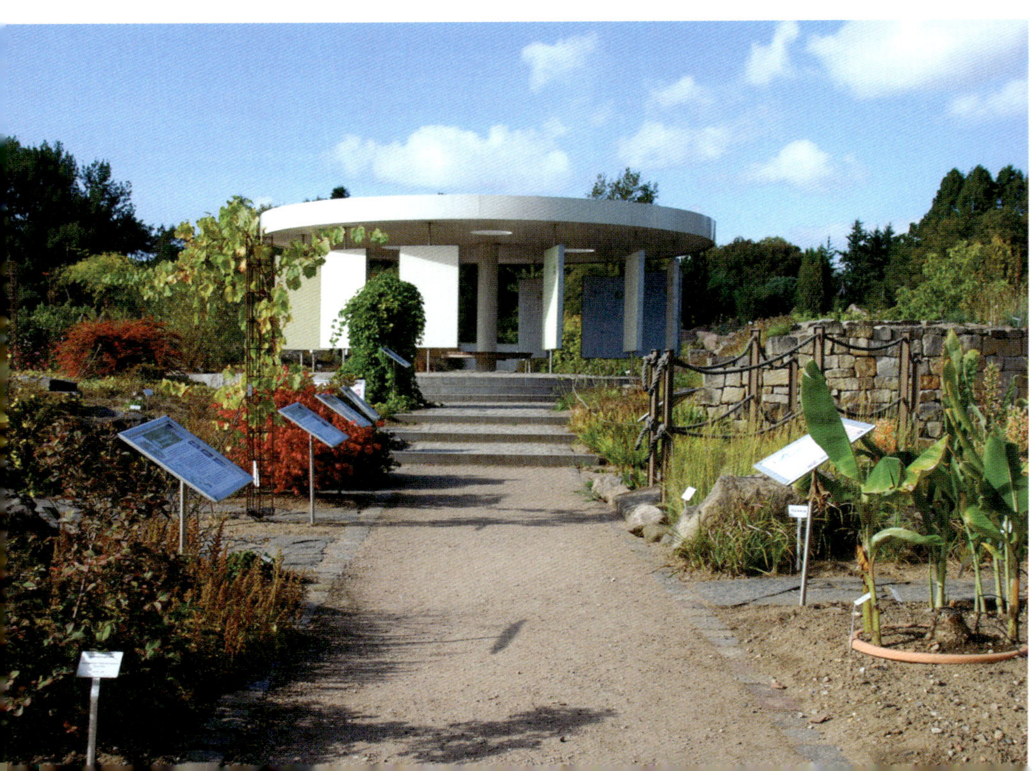

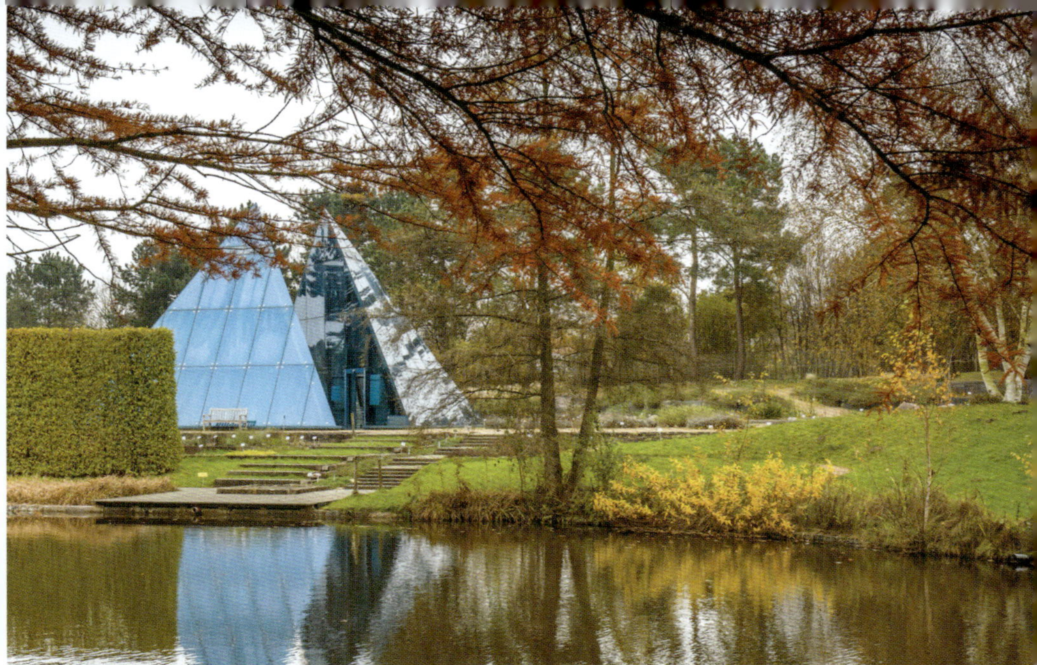

Der Wüstengarten ist ein Geschenk der Vereinigten Arabischen Emirate an den Botanischen Garten in Hamburg. Dazu gehören auch die gläsernen Pyramiden, in denen Sonderausstellungen stattfinden.

Kopfkohl, Grünkohl, Rosenkohl und weiteren aus einer einzigen Stammpflanze, dem Wildkohl, der unscheinbar an Stränden beheimatet ist, entstanden ist.
Dann erreicht man wieder das Eingangshäuschen und sollte spätestens jetzt das Café „Schmidtchen Palme“ ansteuern, um bei Kaffee und Kuchen nochmal die vielen Pflanzenimpressionen und Informationen sacken zu lassen. Auch kann man schon mal den nächsten Besuch im Loki-Schmidt-Garten planen, denn er zeigt sich zu allen Jahreszeiten immer wieder anders und lohnt stets, erkundet zu werden.

Loki-Schmidt-Garten, Botanischer Garten der Universität Hamburg
Ohnhorststraße, 22609 Hamburg
www.bghamburg.de
www.botanischer-garten.uni-hamburg.de

Der Ohlsdorfer Friedhof in Hamburg
Größte Parkbegräbnisstätte der Welt

Der Ohlsdorfer Friedhof ist Hamburgs größte zusammenhängende Grünanlage. Und mit seinen 389 ha ist es sogar der größte Parkfriedhof der Welt. Inmitten einer typisch hektischen und quirligen Großstadt finden wir hier einen sehenswerten Park, der sowohl für Hamburger als auch für die Gäste der Stadt eine kleine Oase der Ruhe und Beschaulichkeit darstellt. Die Besucher erleben in der weitläufigen Parkanlage nicht nur viel Natur, sondern auch Gartenarchitektur ersten Ranges sowie Kunst, Kultur, Architektur und Stadtgeschichte in unterschiedlichsten Ausprägungen.

Friedhöfe sind in vielen Städten und Ortschaften mittlerweile zu wichtigen Grünanlagen geworden, die nicht nur das Stadtklima verbessern und Rückzugs- sowie Lebensräume für verschiedene Tier- und Pflanzenarten darstellen, sondern auch für den Menschen Orte der Ruhe und Erholung im Stadtinnern. Ein besonders schönes und viel besuchtes Beispiel hierfür ist die parkähnliche Anlage des Ohlsdorfer Friedhofs im Norden Hamburgs.

Nicht weit vom Eingang an der Verwaltung entfernt steht die 1961 von Gerhard Marcks geschaffene Plastik „Prophet und Genius“.

Erkundungsstart am Forum Ohlsdorf

Ein guter Startpunkt für einen Besuch der Friedhofsanlage ist die westlich am Parkgelände vorbeiführende Fuhlsbüttler Straße, wo sich neben der Haupteinfahrt das Forum Ohlsdorf mit dem Café Fritz, das Verwal-

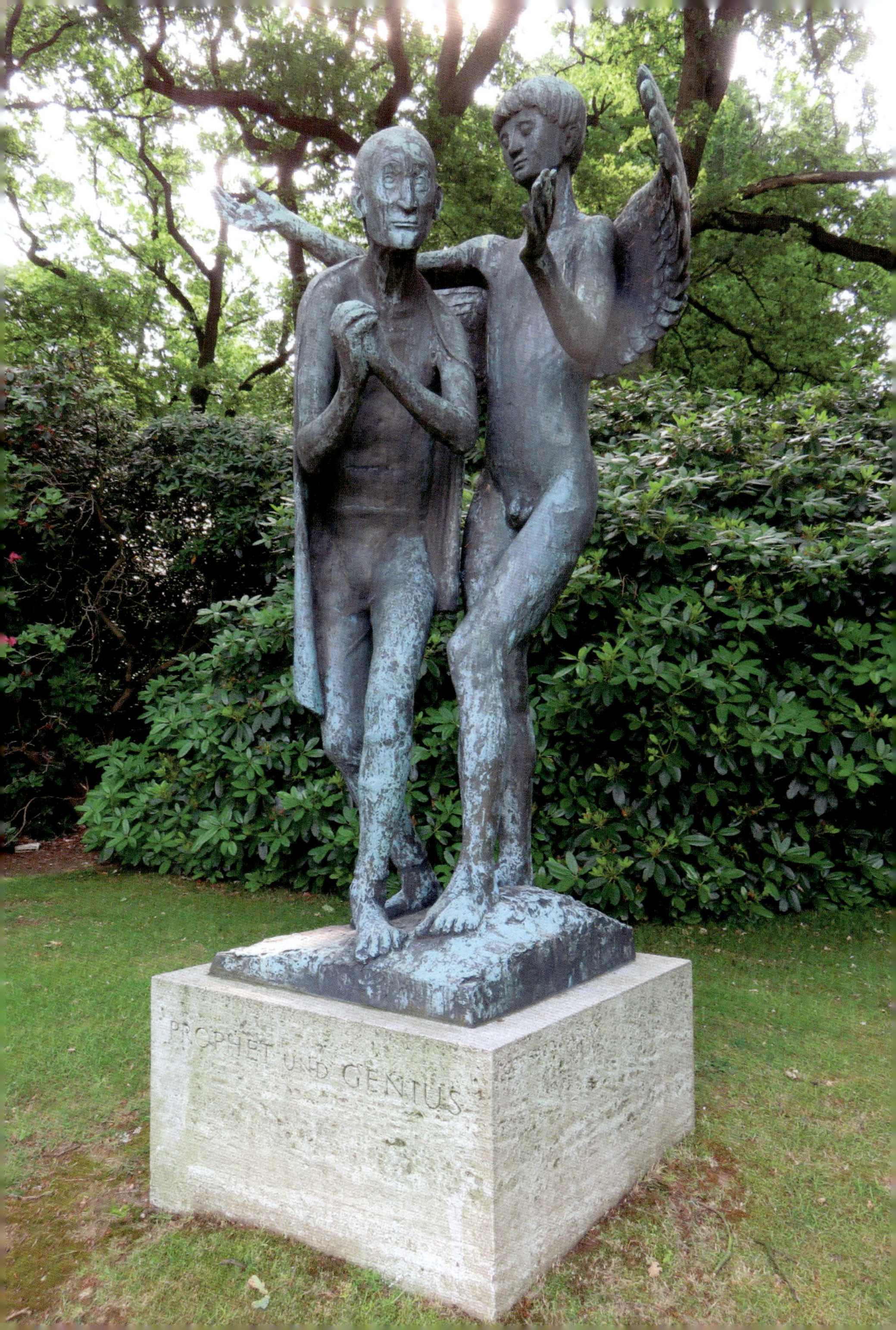
PROPHET UND GENIUS

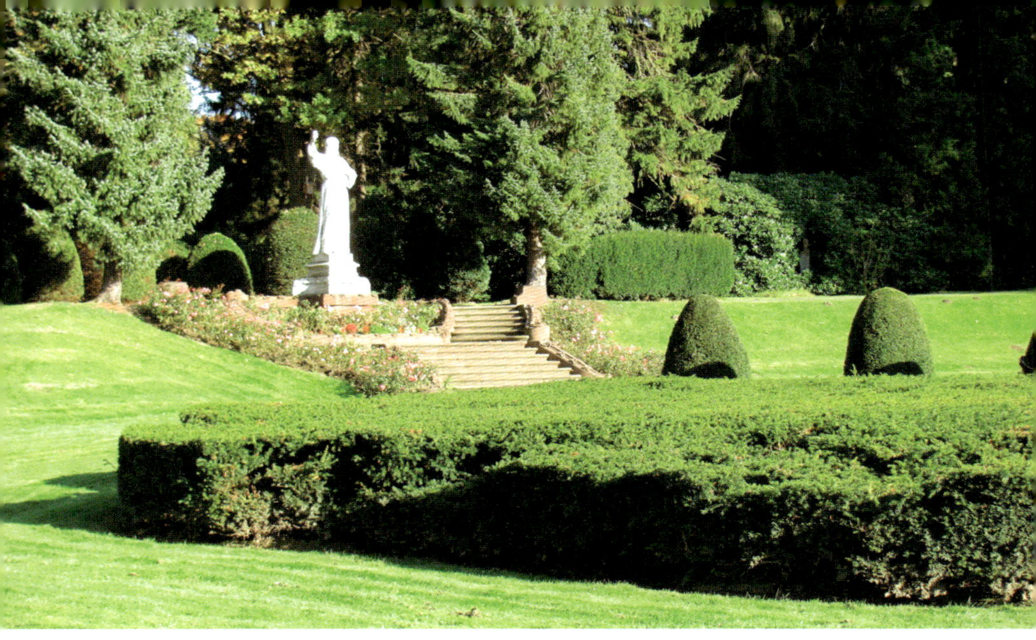

Die weiße Christusstatue aus Marmor überragt den Althamburgischen Gedächtnisfriedhof, auf dem viele Gräber prominenter Hamburgerinnen und Hamburger vergangener Zeiten liegen.

tungsgebäude mit dem Beratungszentrum, ein Informationsgebäude und das Friedhofsmuseum unter anderem mit Informationen zu historischen und heutigen Bestattungsformen befinden. Hier kann man sich einen Überblick verschaffen sowie sich mit einem Geländeplan, einer Karte und Übersicht der Prominentengräber und Vorschlägen zu ausgearbeiteten Touren und Spaziergängen eindecken. Diese kann man sich allerdings auch vor dem geplanten Besuch zusenden lassen oder findet entsprechende Infos auf der Homepage des Friedhofs. Diese Übersichten sind hilfreich, denn das ausgedehnte Gelände ist riesig und beherbergt mittlerweile 235.000 Grabmale. Seit der Eröffnung im Jahre 1877 hat es geschätzte 1,4 Millionen Beisetzungen auf dem Ohlsdorfer Friedhof gegeben.

Drei Touren durch den Park

Für einen Einstieg kann man sich beispielsweise einen der drei reizvollen Spaziergänge über den Ohlsdorfer

Friedhof vornehmen, die je etwa eine bis anderthalb Stunden in Anspruch nehmen und alle an der Westseite des Geländes starten. Da ist die südlich gelegene rote Route mit dem Titel „Prominente, Plastiken und Parklandschaft“, die am 1911 fertig gestellten Verwaltungsgebäude startet und vorbei an eindrucksvollen Plastiken, Familiengräbern, aber auch an den Ehrengräbern der Polizei und den Feuerwehrgräbern vorbeiführt. Auch der Rosengarten, der 1997 nach historischem Vorbild restauriert wurde, liegt am Weg und beherbergt 2.700 Rosenpflanzen. Man passiert den schmiedeeisernen Margarethenbrunnen, der anlässlich der Internationalen Gartenbauausstellung 1953 errichtet worden ist. Am Ende gelangt man zur 1904 von Xaver Arnold erschaffenen Christusstatue aus weißem Marmor, von der aus man den Althamburgischen Gedächtnisfriedhof überblickt, auf dem zahlreiche prominente Hamburgerinnen und Hamburger vergangener Zeiten ihre letzte Ruhestätte gefunden haben wie der Oberbaudirektor Fritz Schumacher, der erste Direktor der Hamburger Kunsthalle Alfred Lichtwark, der Mediziner und Tropeninstitut-Gründer

Viele Familiengräber auf dem Ohlsdorfer Friedhof sind aufwändig gestaltet.

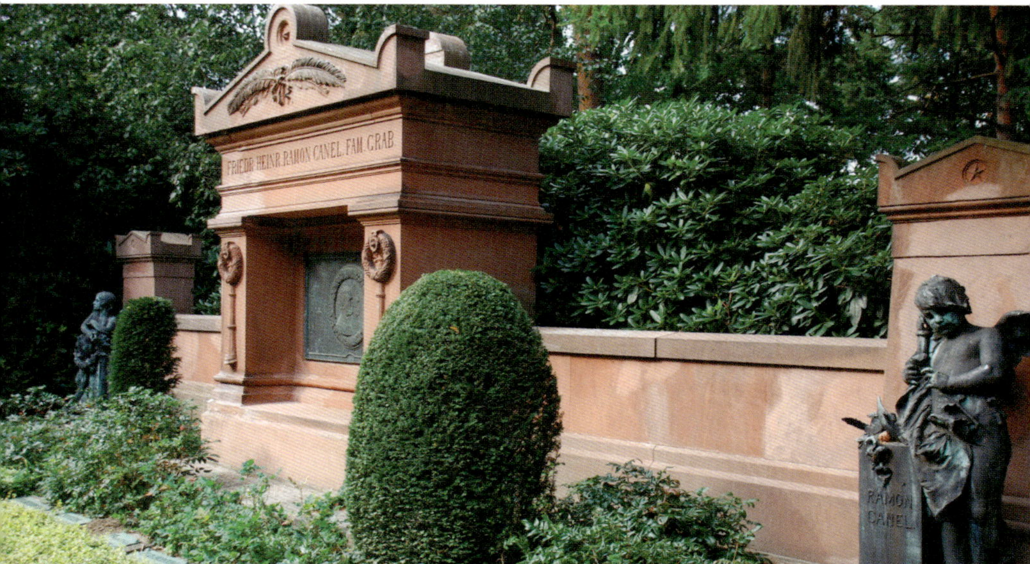

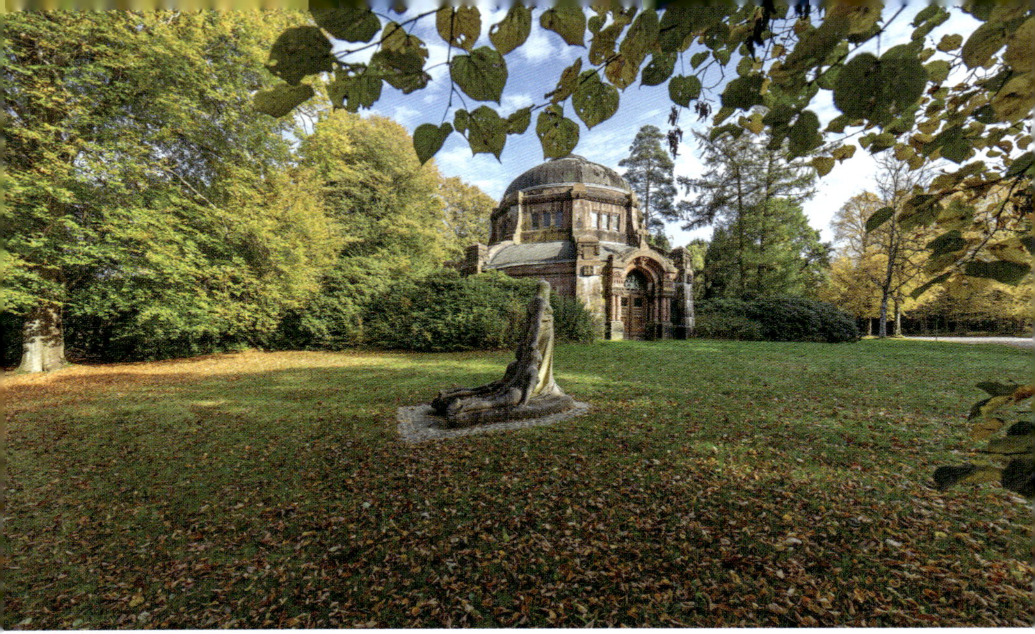

Mausoleen gibt es auf dem Ohlsdorfer Friedhof auch. Das größte ist das ehemalige von Schrödersche Mausoleum gegenüber von Kapelle 7; davor steht die Skulptur „Schicksal“ von Hugo Lederer.

Bernhard Nocht, die Gründerin der Hamburger Kammerspiele Ida Ehre, der Schauspielintendant Gustaf Gründgens und weitere. Eine Stele erinnert an den Maler der Romantik Philipp Otto Runge.

Die mittlere blaue Route führt vom Bestattungsforum zur Dichterecke, in der Dichter, Schriftsteller und Schauspieler wie Fritz Stavenhagen, Wolfgang Borchert, Henry Vahl, Hellmuth Karasek, Harry Rowohlt, Richard Ohnsorg und andere beerdigt sind.

Die nördliche grüne Route „Nordteich und Stiller Weg“ beginnt an der Kapelle 8, eine der insgesamt zwölf unterschiedlich alten und architektonisch verschieden gestalteten Kapellen des Geländes. Der Weg führt an dem ersten anonymen Urnenhain des Friedhofs und dem im neoromanischen Stil erbauten Mausoleum Riedemann vorbei und passiert das Grab von Wilhelm Cordes, dem ersten Friedhofsdirektor in Ohlsdorf. Er hatte dieses Amt rund 40 Jahre inne und prägte mit seiner Idee einer landschaftlich reizvollen Grünanlage für alle den ersten und nach ihm benannten westlichen

Teil des Ohlsdorfer Friedhofs. Er gestaltete diesen nach dem Vorbild amerikanischer Parkfriedhöfe und englischer Landschaftsgärten. Neben dem westlichen Cordesteil der Parkanlage gibt es den östlich gelegenen Linneteil. Dieser ist nach dem Gartenbaudirektor Otto Linne benannt, der ab 1919 das östliche Erweiterungsgelände mit sachlich geometrisch angeordneter Struktur gestaltete. Der grüne Weg führt an eindrucksvollen Grabstätten wohlhabender Hamburger Familien, aber auch an idyllischen Bachläufen, alten Bäumen und Teichen vorbei wieder zurück zur Kapelle.
Man kann den Friedhof auch auf den Spuren prominenter Hamburger Politiker, Schauspieler, Musiker, Industrieller und Publizisten erkunden und lernt auf diese Weise auch viel über die Hamburger Geschichte. Loki und Helmut Schmidt, Hans Albers, Inge Meysel, Albert Ballin, Heinz Erhardt, James Last, Henning Voscherau und Roger Willemsen sind nur einige Beispiele der prominenten Hamburger, die in Ohlsdorf ihre letzte Ruhe gefunden haben. Eine der zuletzt bestatteten Prominenten in Ohlsdorf ist der 2019 verstorbene Schauspieler Jan Fedder (als Polizist Dirk

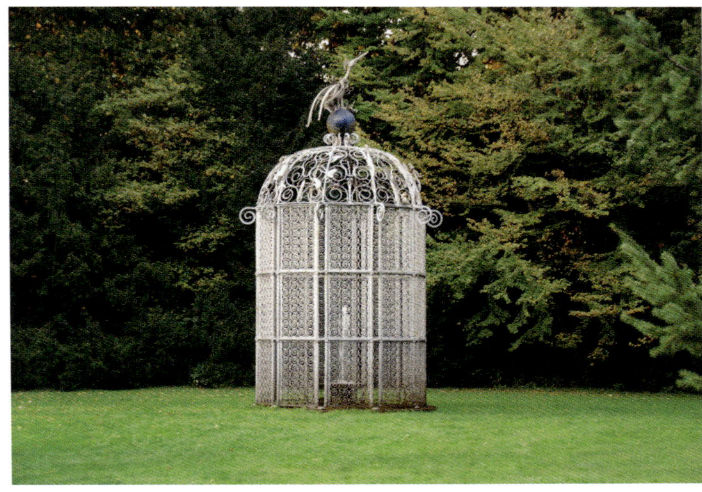

Der filigrane schmiedeeiserne Margarethenbrunnen von Eugen Christ stammt aus dem Jahre 1953 und steht an der Cordesallee.

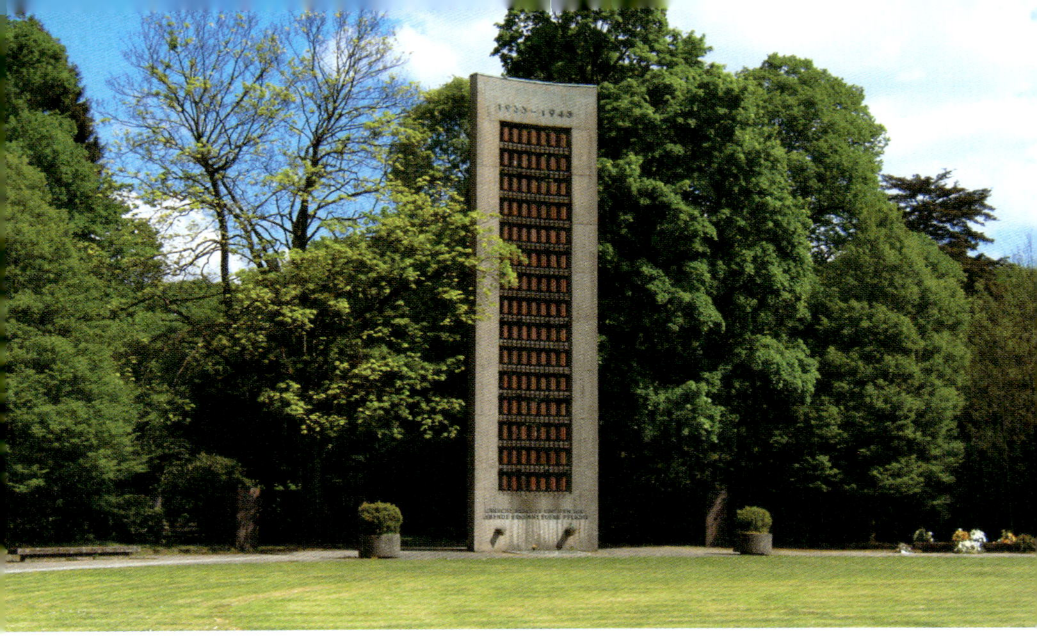

Das 1949 errichtete Mahnmal für die Opfer nationalsozialistischer Verfolgung besteht aus einer Stele, die 105 Urnen mit Aschresten und Erde aus Konzentrationslagern und Hinrichtungsstätten trägt.

Matthies aus der Fernsehserie „Großstadtrevier“ bekannt), dessen viel besuchtes Grab mit eigenem Briefkasten sich auf der ursprünglich für die Familie Breuer geschaffenen Grabstelle von 1899 befindet. Eine Teilnahme an Führungen über den Ohlsdorfer Friedhof zu unterschiedlichen Themen ist auch möglich.

Kultur- und Naturerlebnis

Neben den Geschichtsimpressionen ist der Friedhof auch ein Spiegelbild von Kulturgeschichte und Kunsthandwerk. 800 Plastiken und Skulpturen, interessant gestaltete Gemeinschaftsanlagen, historische Bauten wie der Wasserturm von 1898, Gartendenkmäler und der Garten der Frauen sind zu besichtigen. Mahnmale erinnern an Krieg, Katastrophen und Verfolgung wie die Gräber der Flutopfer, Bombenopfer, Kriegsgefangenen und Revolutionsgefallenen, Soldatengräber oder das Mahnmal für die Opfer der NS-Verfolgung, wo sich in 105 Urnen Erde und Aschereste aus allen deutschen Konzentrationslagern befinden. Der Friedhof ist aber auch ein Natur- und Landschaftserlebnis der besonderen Art. 450 Laub- und Nadelgehölzbaumarten sind auf dem Gelände zu finden und unter den geschätzten 36.000 Baumexemplaren befinden sich einige ausgesprochen alte und ehrwürdige Vertreter. Alte Robinien, Esskastanien, Eichen, Gurkenmagnolien, Platanen, Rosskastanien, Trauerbuchen, Urweltmammutbäume, Eiben und Hainbuchen sind nur einige Beispiele. Die zahlreichen alten Rhododendren bieten nicht nur einen eindrucksvollen ganzjährig immergrünen Anblick, sondern faszinieren besonders während ihrer Blütezeit von April bis Juni. Geschwungene Wege, eindrucksvolle Grabbepflanzungen, Teiche, Bachläufe und Alleen runden zusammen mit der interessanten Tierwelt, von der aus der Vogelwelt das Vorkommen von Uhu, Waldohreule, Baumfalke und Eisvogel erwähnt sei, das Naturerlebnis ab. Hierzu finden sich auf dem Gelände gesonderte Naturpfade und naturkundliche Führungen werden angeboten.

Da kann man auf dem Ohlsdorfer Friedhof mühelos einen oder mehrere Tagen mit Erkundungen in Sachen Natur, Kunst und Geschichte verbringen und das Gelände auf den 17 km Fahrtstraßen mit dem Auto oder Rad befahren sowie die mehr als 80 km Erschließungswege entlangschlendern. Die eigenen Hunde dürfen auf der Wanderung nicht teilnehmen, es sei denn, es handelt sich um einen Blinden-Führhund.

Für eine kleine Rast stehen 2.500 Sitzbänke auf dem Gelände bereit oder man begibt sich in das Café Fritz im Ohlsdorfer Forum und genießt die frische, hausgemachte Kreativküche.

Ohlsdorfer Friedhof
Fuhlsbüttler Straße 756, 22337 Hamburg
www.friedhof-hamburg.de/die-friedhoefe/ohlsdorf

Der Jenischpark in Hamburg-Othmarschen

Parkensemble, Naturschutzgebiet und Museen

Nahe der Elbe bei Teufelsbrück zieht sich im Hamburger Stadtteil Othmarschen der Jenischpark den Geesthang hinauf. Es ist eine ehemals private Parkanlage im landschaftlichen Stil, deren Anfänge mehr als 200 Jahre zurückreichen. Die heute im Besitz der Stadt befindliche Grünanlage gehört zu den bekanntesten Parks in Hamburg und gilt als einer der bedeutendsten Landschaftsgärten Norddeutschlands. Alte Bäume, geschwungene Wege, ausgedehnte Freiflächen, bemerkenswerte Sichtachsen und Naturlandschaften, die zum Teil als Naturschutzgebiet ausgewiesen sind, sowie drei Museen machen die 42 Hektar große Parkanlage zu einem beliebten Ausflugsziel und bedeutenden Gartendenkmal.

Als der Hamburger Kaufmann Caspar Voght gegen Ende des 18. Jahrhunderts ein etwa 260 ha großes Areal in Flottbek erwarb, plante er, dort eine Ideallandschaft nach englischen Vorbildern zu entwerfen, die er auf seinen Reisen kennengelernt hatte. In die Parklandschaft wurden zwanglos Nutzflächen, Gebäude, Waldareale und Naturflächen eingebettet.

Das Jenisch Haus ist eines von drei Museen im gleichnamigen Park. Es informiert über die Wohnkultur vergangener Jahrhunderte und zeigt wechselnde Ausstellungen.

Parkgeschichte

Diese sogenannten „ornamented farms", wie sie aus England bekannt waren, verbanden ästhetische mit wirtschaftlichen Gesichtspunkten unter Berücksich-

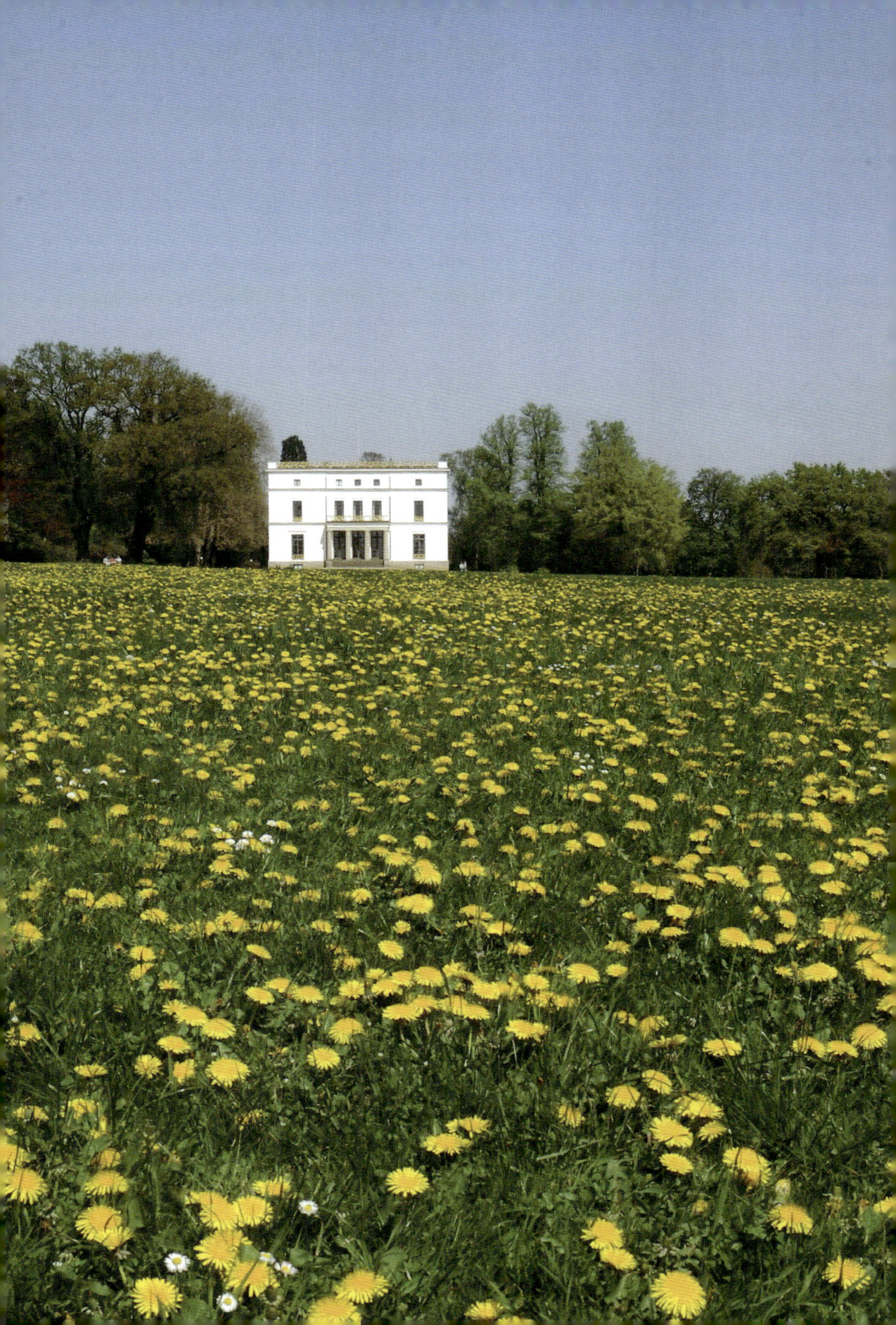

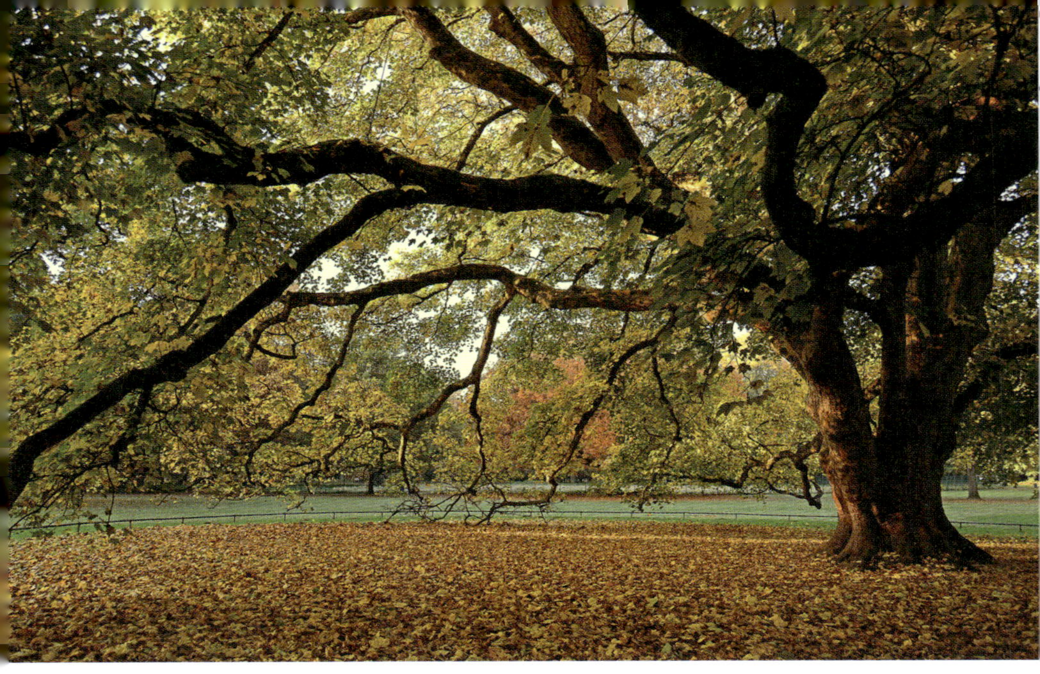

Neben freien Rasenflächen, die den Blick bis zur Elbe hinunter eröffnen, wird der Jenischpark auch durch alte Baumgestalten geprägt.

tigung sozialer Verantwortung. 1828 verkaufte der inzwischen geadelte Baron Voght das Anwesen an seinen Freund, den Kaufmann und Bausenator Martin Johann Jenisch den Jüngeren, der 1831-34 das weiße klassizistische Herrenhaus mit Blick auf die Elbe erbauen ließ. Weitere Umgestaltungen des Parks waren die Ergänzung von Gewächshäusern und formalen Gärten im Norden des heutigen Parks, wo auch heute noch einige exotische Baumarten anzutreffen sind. Diese Anpflanzungen entsprachen dem damaligen Zeitgeist und gaben aber auch gleichzeitig Hinweise auf die weitreichenden Handelsbeziehungen Hamburgs mit fernen Ländern. Trompetenbaum, Götterbaum, Japanischer Schnurbaum, Atlas-Zeder, Blauglockenbaum und Mammutbaum sind inzwischen zu stattlichen Exemplaren herangewachsen. Ein über 150 Jahre alter Ginkgo hat bereits eine Höhe von 23 m erreicht.
Als die Erben des Bausenators das Anwesen verkaufen wollten, pachtete die Stadt Altona zunächst das

Parkareal des heutigen Jenischparks, das mit 42 ha auch nur einen Bruchteil des ehemaligen Voght'schen Areals umfasste, und machte das Gelände der Öffentlichkeit zugänglich. Im Jahr 1939 erwarb die Stadt Hamburg, zu der Altona durch das Groß-Hamburg-Gesetz mittlerweile gehörte, auf Geheiß Hitlers den Park zu einem sehr günstigen Preis.
Das Herrenhaus wurde unter dem Namen Jenisch Haus ein Museum und auch der Park trägt heute den Namen des Bausenators Jenisch. Die interessanten Ansichten in Richtung Elbe oder auf bestimmte Baumgruppen sind noch erhalten oder wurden entsprechend einem Parkpflegewerk von 1992 wiederhergestellt.
So ist insgesamt der Erhalt beziehungsweise die Wiederherstellung des ursprünglichen historischen Charakters der denkmalgeschützten Parkanlage wichtigstes Anliegen des Vereins Freunde des Jenischparks. Die frühere Knüppelbrücke und das Mooshaus, wegen der eierförmigen Fenster auch als Eierhütte bezeichnet, wurden mittlerweile wieder neu errichtet. Ein neobarockes Eingangstor von 1906, das von der Elbchaussee in den Park führt, wurde 2005 und 2021 restauriert. Das Wegenetz entspricht im Wesentlichen dem früherer Zeiten. Eindrucksvoll sind die Baumgestalten wie die zum Teil über 200 Jahre alten Stieleichen, die als Einzelbäume oder Gruppen die Freiflächen auflockern, wie es Egbert Kossak in seinem Buch „Hamburg – Die grüne Metropole“ beschreibt: „Die prachtvollen Solitäre und Gruppen der Stieleichen, der Hänge- und Rotbuchen, der Linden und Pappeln gliedern kunstvoll diesen in Norddeutschland einmaligen Landschaftspark und geben ihm seine herausragende Stellung als Hamburger Garten- und Parkdenkmal.“ Das stattlichste Stieleichen-Exemplar steht nahe am Jenisch Haus und besitzt einen Stammumfang von 8,30 m.

Museen im Jenischpark

Eine besondere Auflockerung und Bereicherung stellen die drei Museen des Jenischparks dar. Am markantesten ist das zentral gelegene, bereits erwähnte Jenisch Haus, das als Außenstelle des Altonaer Museums zur Stiftung Historische Museen Hamburgs gehört und Einblicke in die Wohnkultur reicher hanseatischer Bürger zur Mitte des 19. Jahrhunderts gewährt. Hinzu kommen Sonderausstellungen und das Museumscafé „Schmidt und Schmidtchen“ im ehemaligen Billardzimmer des Senators Jenisch, das auch Parkbesuchern offen steht. Das seit 1962 im Jenischpark angesiedelte Ernst Barlach Haus der Stiftung Hermann F. Reemtsma ist ein Kunstmuseum, das vor allem Werke des expressionistischen Bildhauers und Zeichners Ernst Barlach zeigt. Hinzu kommen wechselnde Sonderausstellungen und diverse Veranstaltungen. Auch das dritte am nördlichen Eingang (Hochrad) zum Park bei den Gewächshäusern gelegene Museum ist der Kunst gewidmet: das Bargheer Museum. Das kleine Privatmuseum, das seit 2017 im Park ansässig ist, beherbergt den künstlerischen Nachlass von Eduard Bargheer, der in den 1950er Jahren ein viel ausgestellter Vertreter der europäischen Moderne war. Wechselnde Präsentationen zeigen das Werk des Künstlers unter verschiedenen Aspekten und hinzu kommen Ausstellungen anderer Kunstwerke und regelmäßige Veranstaltungen.

Naturschutzgebiet „Flottbektal“

Eine ebenfalls erfrischende Auflockerung erfährt das Parkareal durch das acht Hektar große Naturschutzgebiet Flottbektal, das zentral von Nord nach Süd mit dem Fluss Flottbek den Park durchzieht. Es ist die einzige noch tidebeeinflusste Talaue in Hamburg. Die

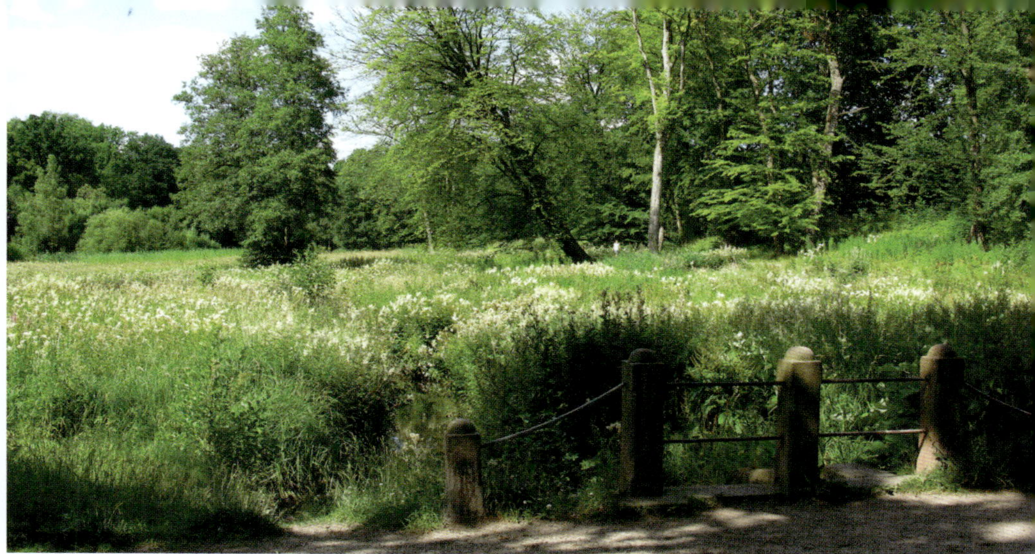

Der Fluss Flottbek schlängelt sich in Richtung Elbe, in die er bei Teufelsbrück mündet, und prägt das acht Hektar große Naturschutzgebiet Flottbektal im Jenischpark.

südlich in Richtung Teufelsbrück und Elbe gelegenen Teile des Gebiets sind durch Weichholzauen geprägt, in denen bis zu 80 Jahre alte mächtige Weiden stehen. Pestwurz, Primeln und Rispengras wachsen in dem Teil, während in den höher gelegenen, durch Ried geprägten Arealen Kohldistelwiesen mit Sumpfdotterblumen und Mädesüß zu finden sind. Am Hang säumen Erlen-, Eschen- und Buchenwälder den Tallauf. Bisweilen kann man den prächtigen Eisvogel im Gebiet beobachten. Einen Besuch des Jenischparks kann man sehr schön mit einer Wanderung oder Radtour kombinieren, die von der Schiffsbegrüßungsanlage in Wedel immer am Ufer der Elbe entlang über Blankenese und Teufelsbrück (Abstecher Jenischpark) bis nach Hamburg hinein zu den Altonaer Landungsbrücken führt und etwa 20 km lang ist.

Jenischpark
Baron-Voght-Straße 50, 22609 Hamburg
www.hamburg.de/sehenswuerdigkeiten/1105240/jenischpark
www.jenischparkverein.de

Der Wilhelmsburger Inselpark
Von der Gartenbauausstellung zum Stadtteilpark

Der Stadtteil Wilhelmsburg befindet sich auf der größten Flussinsel Europas und liegt im Hamburger Stadtteil Hamburg-Mitte. Hier hat sich im Anschluss an die Internationale Gartenschau (igs 2013), die im Oktober 2013 ihre Pforten geschlossen hat, ein neuer Hamburger Volkspark entwickelt. Er bietet nicht nur Park- und Naturlandschaft, sondern ebenso viele Möglichkeiten für Sport, Bewegung, aber auch Naherholung, Ruhe, Unterhaltung, Spaß, Erlebnis und Entspannung.

Die igs 2013 stand unter dem Motto „In 80 Gärten um die Welt" und bereits bei den Vorplanungen und während der Gartenbauausstellung war beabsichtigt, aus dem Areal im Stadtteil Wilhelmsburg einen neuen Stadtpark für Hamburg zu entwickeln. Natürlich war klar, dass man die Blütenpracht und Gartenvielfalt der Gartenschau nicht würde erhalten können, aber viele Elemente und Einzelgärten sind geblieben und Areale neu gestaltet worden. Insgesamt ist ein wunderbarer neuer Volkspark mit einer Fläche von rund 85 Hektar entstanden. Der eher auf der Schattenseite der Stadt gelegene Stadtteil auf der Elbinsel hat durch die Internationale Gartenschau und eine gleichzeitig stattgefundende Internationale Bauausstellung (IBA 2006 bis 2013) einen Entwicklungsschub erhalten und durch die Fortsetzung mit dem Inselpark konnte der Lebenswert und die Attraktivität des Stadtteiles für

Der Rosenboulevard im Inselpark beherbergt ungefähr 200 unterschiedliche Rosensorten.

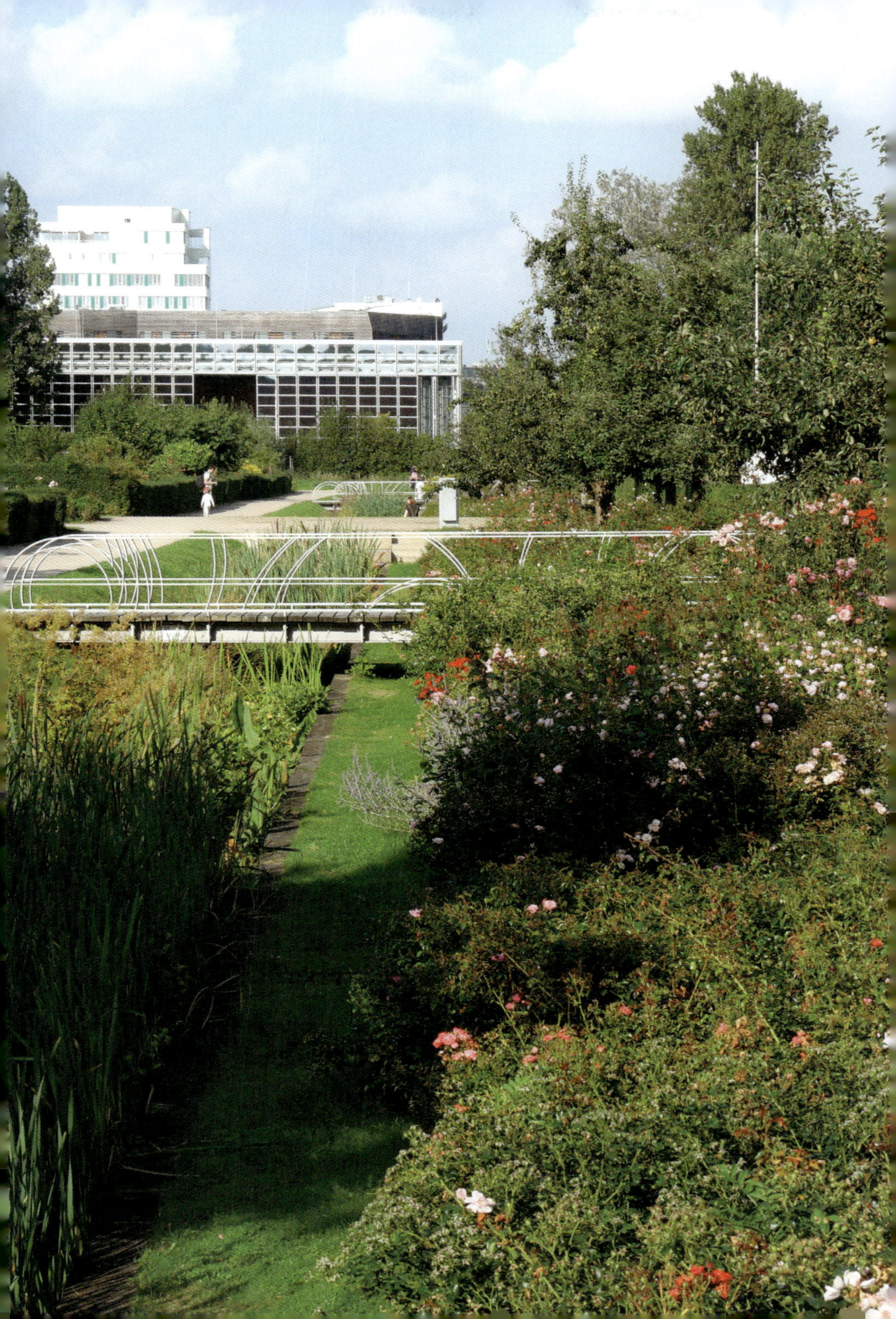

seine multikulturelle Bevölkerung und die Gäste Hamburgs merklich gesteigert werden.

Wälderhaus und nördlicher Parkzugang

Es gibt mehrere Zugänge zum Park, wobei viele den an der Neuenfelder Straße nehmen, weil es dort Parkmöglichkeiten und die nahe S-Bahn Station Wilhelmsburg gibt. Neben vielen weiteren interessanten Bauten der IBA fällt hier am Eingang mit dem Kurt-Emmerich-Platz das Wälderhaus mit seiner besonderen Holzbauweise auf. Es beherbergt nicht nur ein Science-Center mit einer interaktiven Ausstellung zum Thema Wald, sondern auch ein Hotel, das Restaurant Wilhelms und Veranstaltungsräumlichkeiten. Gegenüber dem Wälderhaus befindet sich der Rhododendrongarten, der zur Blütezeit der Rosenbäume im Mai besonders einladend ist. Etwas weiter liegen die Schwimmhalle und die Basketballhalle. Geradeaus vorbei an Grünflächen und mit Chinaschilf und anderen Pflanzen besetzten Beeten geht es vorbei an einem Baumhoroskop weiter in den Park. Der auf einen keltischen Brauch zurückgehende hier gepflanzte Baumkreis zeigt den Jahreslauf, wobei einzelne Baumarten bestimmten Zeiträumen des Jahres zugeordnet werden. Sie besitzen typische Wesenszüge, die auch auf Menschen zutreffen sollen, die in diesem Zeitraum geboren wurden.

Sport und Bewegung

Man kann sich vom Wälderhaus auch links an der Rückseite der Schwimmhalle halten und gelangt zunächst in die Welt der Bewegung. „Sport und Bewegung“ ist neben dem Aspekt „Natur und Garten“ das Hauptthema des Inselparks. Hier ist bei passablem Wetter immer einiges los. Neben dem Kletterpark

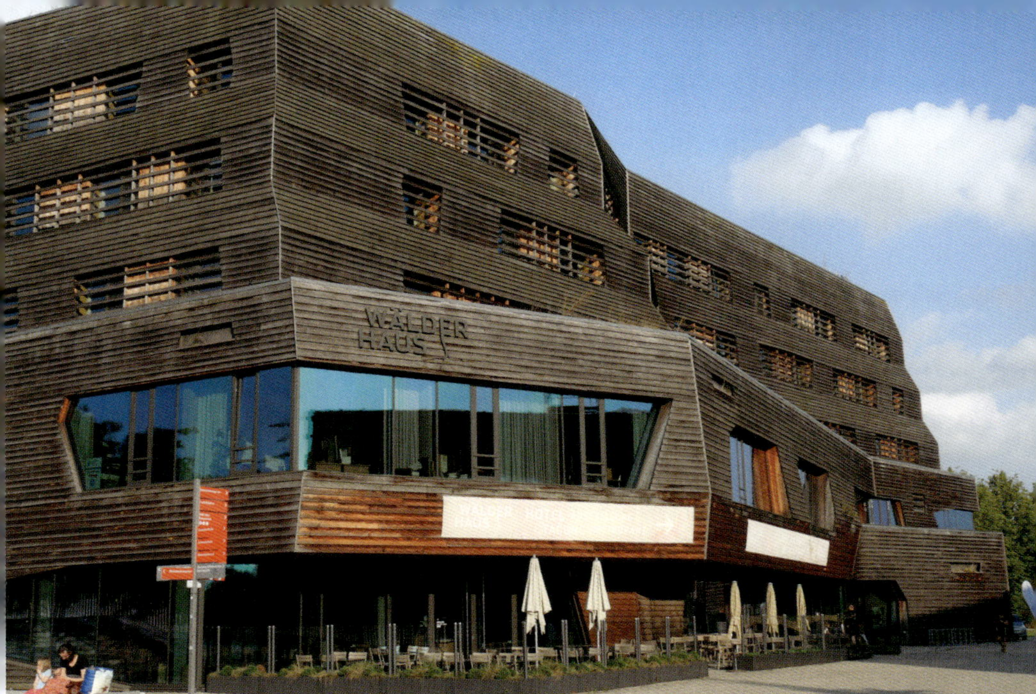

Das Wälderhaus steht am ehemaligen Haupteingang der Internationalen Gartenschau 2013 (igs), aus der der Inselpark hervorgegangen ist und informiert in seinem Science-Center über die Bedeutung der Wälder sowie über Holz und Nachhaltigkeit.

HanseRock und der Kletterwand in der Nordwandhalle gibt es zahlreiche kostenlose Spiel- und Sportangebote wie das Kleinspielfeld mit Toren und Basketballkörben, die Aqua-Soccer-Anlage und die Disc-Golf-Körbe, die sich fast über das gesamte Gelände verteilen. Besonderes Highlight ist die aufwändige Skateranlage, auf der nicht nur Skateboarder, sondern auch Inlineskater und BMX-Fahrer ihre Runden drehen. Fünf abwechslungsreiche Spielplätze mit Rutschen, Balancier- und Klettermöglichkeiten sowie mit Wasser- und Sandspielaktionen verteilen sich über das Gesamtgelände.

Südteil des Parks und Kuckucksteich

In den Südzipfel des Parks gelangt man vorbei am Sansibar-Felsen mit einer einsamen Bonsai-Schwarzkiefer oben drauf, den Spielplatz Atlantis und

die Freilichtbühne passierend. Über Rasen-Freiflächen, in denen unterschiedliche Gehölzgruppen, beispielsweise mit Birken, Silberpappeln, Riesenmammutbäumen, Hartriegel-Sträuchern und Ginkgos stehen, gelangt man zum südlichen Ende des Parkgeländes. Hier befinden sich zahlreiche Kleingärten und der zum Park gehörige 5.000 Quadratmeter große Naturerlebnisgarten des BUND mit großen Naturflächen, Obstgärten, Hochbeeten und Kleinbiotopen. Der Naturschutzverband bietet viele umweltpädagogische Veranstaltungen zum Themenfeld Naturschutz und Garten sowie anderen Themen auf seinem Gelände an.
In Richtung Westen an der Freilichtbühne gelangt man zum Kuckucksteich, wo sich nicht nur malerische Wasserflächen mit Naturarealen aneinanderreihen, sondern an der Willi-Villa Kanus für eine drei Kilometer lange Rundtour ausgeliehen werden können und ein kleiner Imbiss zu finden ist. Am Ufer liegt der sogenannte Heimatgarten, dessen Kräuter, Gemüse, Beeren und Schnittblumen zum Eigenbedarf probiert und in kleinen Mengen mitgenommen werden dürfen.

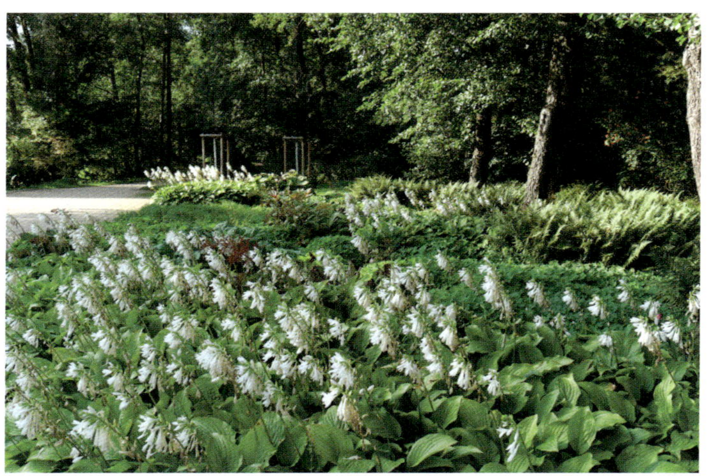

An schattigen Wegrändern sind die Beete mit Farnpflanzen und blühenden Funkien bestückt.

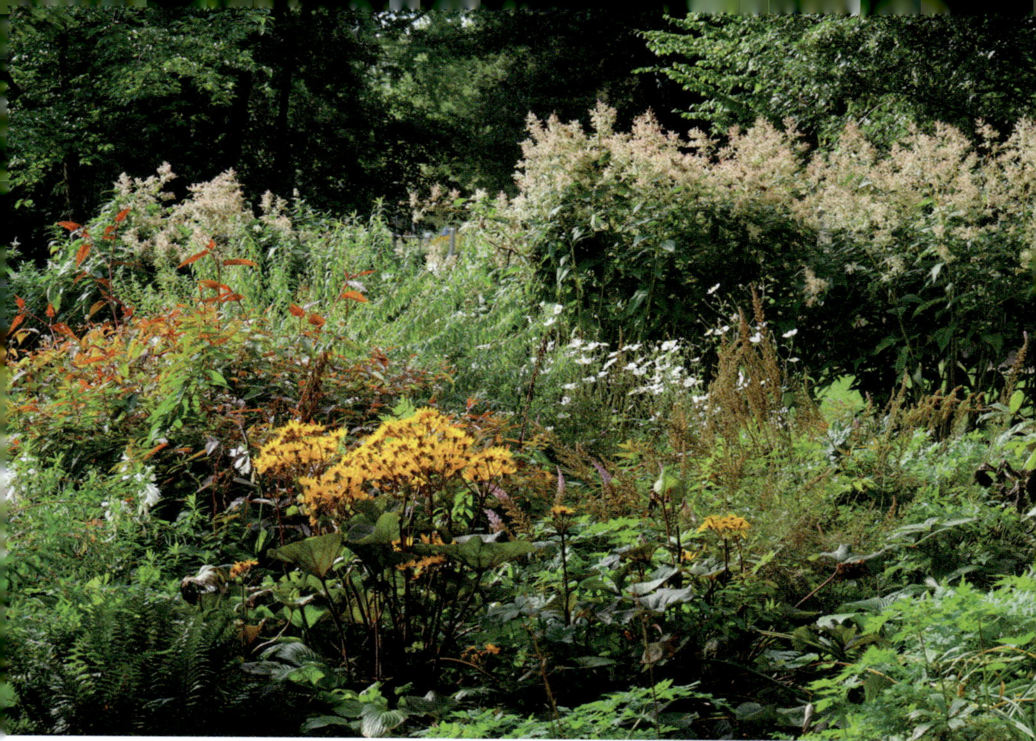

Manche der Wege sind im Inselpark durch Beete und Blütenpflanzen gesäumt.

Die Beete werden von Bürgerinnen und Bürgern aus Wilhelmsburg gepflegt. Einige von Hecken gesäumte Grillplätze befinden sich ebenfalls in diesem Areal. Über den 300 m langen Rosenboulevard mit circa 200 unterschiedlichen Rosensorten kann man den Rückweg zum Wälderhaus wieder antreten, oder man überquert die stillgelegte alte Wilhelmsburger Reichsstraße, die nach ihrem Rückbau und der Renaturierung Teil des Parkgeländes wird, und gelangt in den Westteil des Inselparks. Hier erleben wir den Geysir, weitere Spielplätze, Natur- und Wasserflächen, das Restaurant Wasserwerk und Gärten wie der romantische Garten „Dunst und Nebel“ oder „Tischlein deck dich“ mit verschiedenen Früchten wie Wein, Äpfel und Beeren, die hier angebaut werden und wo Hinweise auf deren Wasserverbrauch zum Nachdenken anregen. Naschen ist ausdrücklich erlaubt.

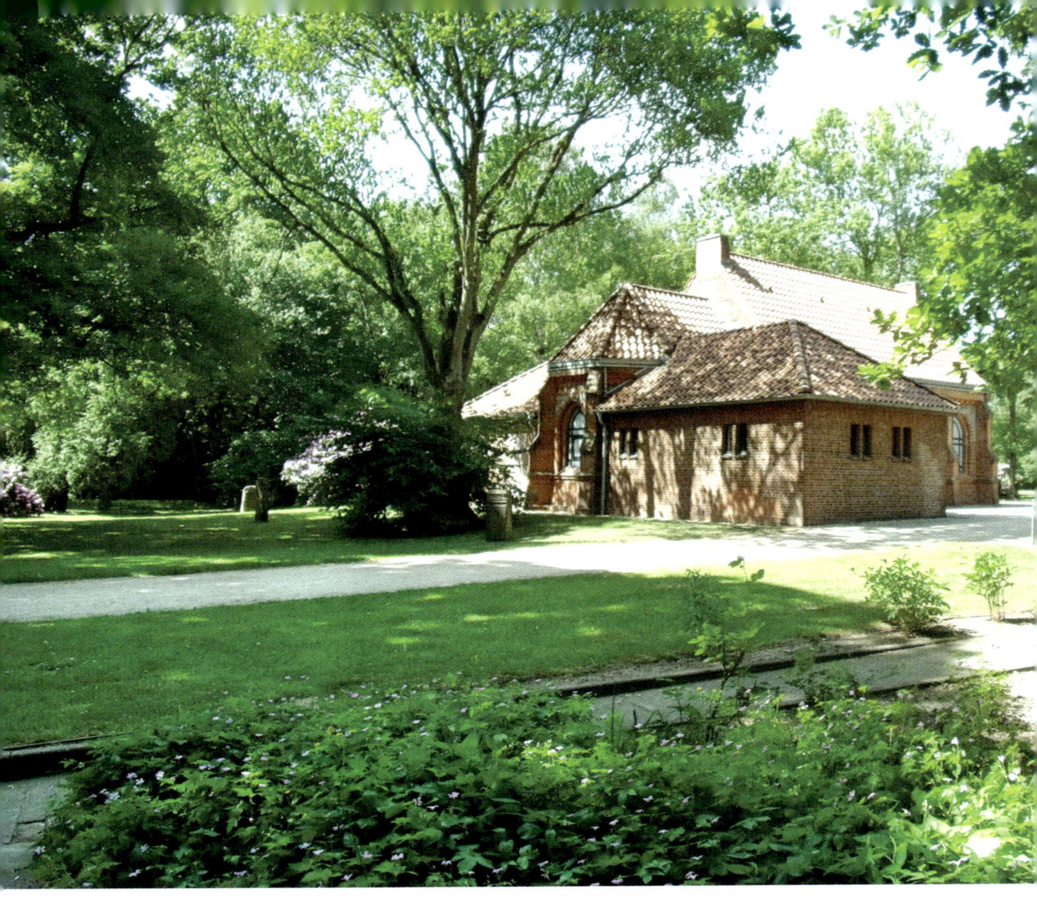

Die Kulturkapelle ist eine 1902 gebaute ehemalige Friedhofskapelle, die seit der Sturmflut von 1962 nicht mehr in Benutzung war und erst zur internationalen gartenschau 2013 für die „Welt der Religionen“ und dem gemeinsamen Garten der Weltreligionen wieder aktiviert wurde.

Blumenschiffe und religiöser Garten

Am Rathausteich vorbei gelangt man schließlich in den nordwestlichsten Teil, der vor allem durch die Blumenschiffe geprägt ist, bepflanzte schiffsförmige Steineinfassungen, die jahreszeitlich unterschiedlich bepflanzt sind. Im Herbst beispielsweise wachsen hier hohe Gräser, Astern, Sonnenfreunde und manch andere Blütenpflanzen. Hier befand sich im Bereich des alten Friedhofs und der kleinen neugotischen ehemaligen Kapelle (heute Kulturkapelle) die Welt der Religionen der igs 2013, wo sich die großen Weltreligionen Judentum, Christentum, Islam, Buddhismus und

Hinduismus in einem gemeinsamen Garten präsentieren konnten. Der zentrale Brunnen und die davon abzweigenden fünf unterschiedlich gestalteten Gartenteile sind auch heute noch als interreligiöser Garten im Inselpark zu bewundern.

Parkentwicklung

Weitere wichtige zukünftige Planungen im Park betreffen einerseits die Einbindung der rückgebauten Trasse der alten Wilhelmsburger Reichsstraße, die den Inselpark während der Gartenbauausstellung lärmend durchschnitt und als ehemalige Schnellstraße noch immer durchschneidet. Der Straßenverlauf wurde nun an den Ostrand des Parkgeländes, gebündelt mit dem Eisenbahnverkehr, verlegt. Nach dem vollständigen Rückbau der Straße werden in der Folgezeit auch noch weitere, bislang ungenutzte Flächen in das Gesamtkonzept der Parkplanung nach und nach einbezogen werden können. Ein weiterer wichtiger Aspekt bei der zukünftigen Gestaltung des Parks ist die Teilnahme an dem Naturschutzgroßprojekt „Natürlich Hamburg", das seit 2017 läuft und bis 2030 fortgesetzt wird. Hierbei sollen nach Erfassung des Fauna- und Flora-Bestandes im Inselpark die Biodiversität und Möglichkeiten des Naturerlebens durch geeignete Maßnahmen gesteigert werden.
Insgesamt wurde mit dem Aufbau des Inselparks als Folgeprojekt der Internationalen Gartenschau ein schöner neuer Volkspark geschaffen, der sich als eine vielgenutzte Grünanlage für Spiel, Sport, Bewegung sowie Natur- und Gartengenuss zu einer wunderbaren grünen Oase im Süden Hamburgs entwickelt hat.

Wilhelmsburger Inselpark
Am Inselpark, 21109 Hamburg
www.hamburg.de/parkanlagen/4292238/inselpark

Der Stadtpark Hamburg
Gartenkunstwerk und Naherholungsareal

Anfang des 20. Jahrhunderts ist mit dem Stadtpark in Hamburg eine der bedeutendsten Volksparkanlagen Europas entstanden. Das 149 Hektar große Parkareal, das Freiflächen, architektonisch konzipierte Gartenareale, verstreute Kunstwerke, Parklandschaften, Sportanlagen, Gebäude, Waldstücke, Einkehrmöglichkeiten und Weiteres vereint, ist ein Gartenkunstwerk und Naherholungsareal Hamburgs. Es kann über ein weites Wegenetz erwandert und erkundet werden.

Hamburgs rasante industrielle und städtische Entwicklung zur vorletzten Jahrhundertwende veranlasste den damaligen Leiter der Hamburger Kunsthalle, Alfred Lichtwark, bereits 1895 zur vielzitierten Aussage: „Der Hamburger fragt sich, ob seine Vaterstadt, wenn nicht ein großer Stadtpark geschaffen wird, auf die Dauer bewohnbar bleibt.“ Er gilt damit als einer der wichtigen Vordenker und Visionäre zur Entwicklung eines Stadtparks in Hamburg.

Der Wasserturm im Stadtpark Hamburg beherbergt seit 1930 das Hamburger Planetarium.

Parkgeschichte

Nach dem Erwerb des Sierich'schen Gehölzes ergab sich für die Stadt die Möglichkeit, einen Park zu entwickeln, dessen Planungen nach einigem Hin und Her und mehrjährigen Aufbau- und Entwicklungsarbeiten 1914 zur Eröffnung der ersten Parkareale führten. Verbunden ist die Entwicklung vor allem mit den Namen Fritz

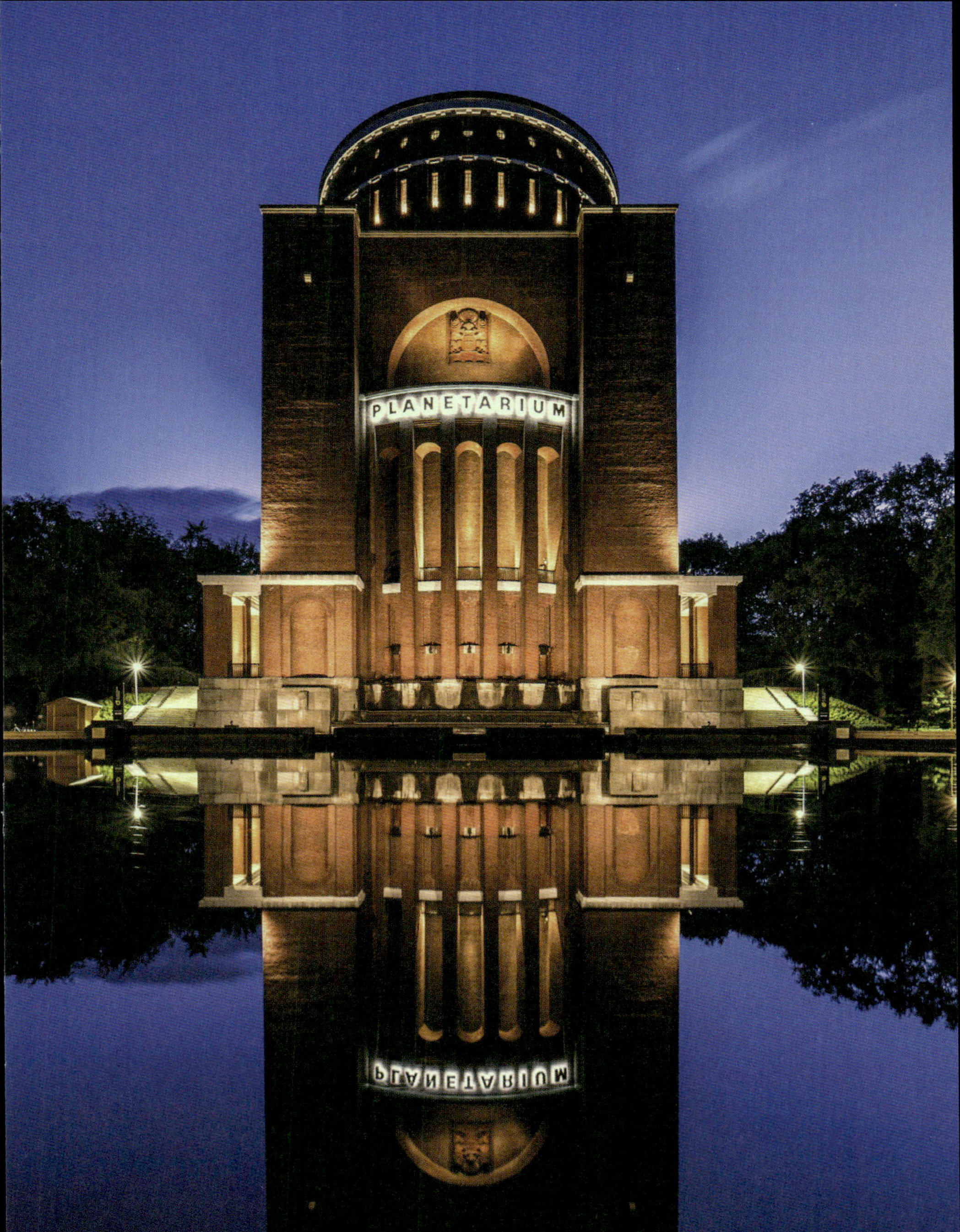
PLANETARIUM

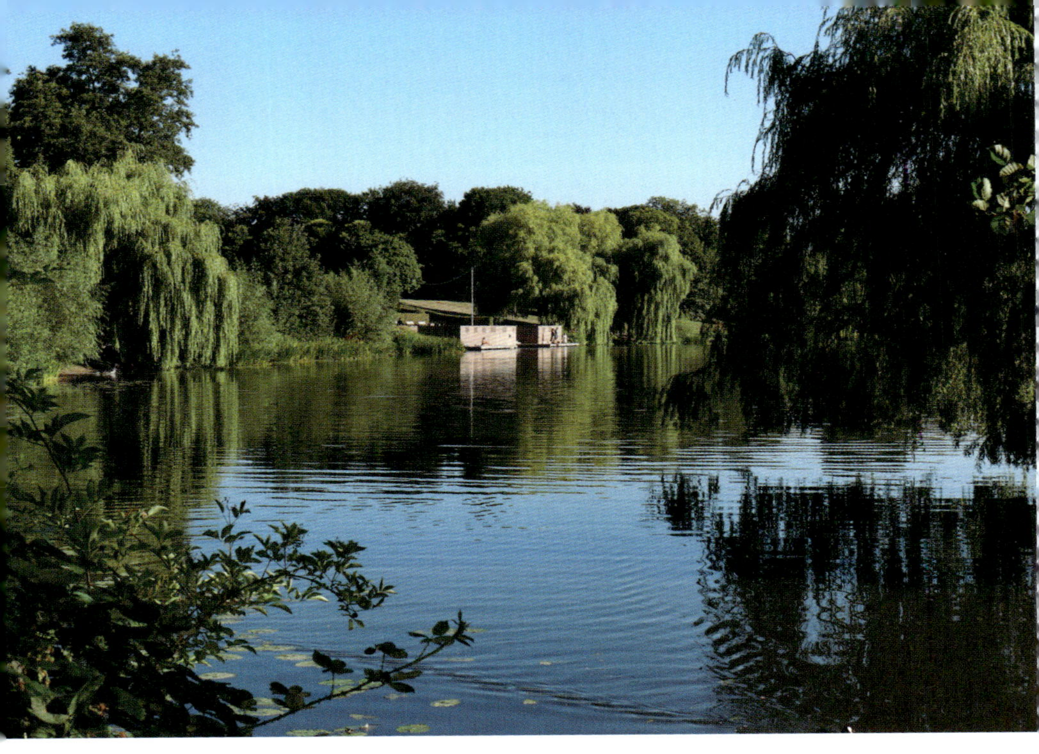

Am Stadtparksee im südöstlichen Teil des Stadtparks befindet sich neben der Liebesinsel mit einem Bootsanleger und der Verbindung zum Goldbekkanal auch das Natur- und Freibad Stadtparksee.

Schumacher, der als genialer Baumeister von 1908 bis 1933 Baudirektor in Hamburg war, Ferdinand Sperber, dem Leiter des Ingenieurwesens, und dem ersten Gartenbaudirektor Hamburgs (bis 1933) Otto Linne.
Der Hamburger Stadtpark galt bereits seit seiner Eröffnung als Musterbeispiel des reformierten Volksparks, als Kunst- und Kulturwerk von nationaler Bedeutung und als europäische Sehenswürdigkeit.
Der 64 m hohe Wasserturm, 1913–15 nach Entwürfen des Architekten Oskar Menzel errichtet, ergab in der Sichtachse zusammen mit dem angelegten Stadtparksee und der dazwischen liegenden Freifläche, der Spielwiese, bereits das heutige Grundgerüst des Parks zur Eröffnung. Viele der zum Anfang und in den nachfolgenden Jahren errichteten Gebäude, Anlagen und Parkeinrichtungen sind heute noch im Parkgelände zu entdecken wie beispielsweise das Landhaus, die

Trinkhalle, das Planschbecken, der Pinguinbrunnen, die zahlreichen Sondergärten, Spielplätze, ein Licht- und Luftbad, die Jahn-Kampfbahn und diverse Skulpturen. Andere der in ortsüblichem Klinker errichteten Parkbauten wie die repräsentative Stadthalle, die Kaskaden am Stadtparksee oder die Milchwirtschaft wurden im Zweiten Weltkrieg zerstört.
Die zahlreichen Pflege- und Erhaltungsmaßnahmen haben den Park in der Nachkriegszeit behutsam weiter entwickelt und erhalten, sodass im Jahre 2014 das hundertjährige Jubiläum gebührend gefeiert werden konnte.
Eine Tour durch den Stadtpark in westöstlicher Richtung kann man gut vom Wasserturm aus beginnen, in dem sich seit 1930 das Hamburger Planetarium befindet. Von der in 42 m Höhe gelegenen Aussichtsplattform hat man einen schönen Überblick über das Gesamtgelände mit Sichtachse über die Spielwiese, den Stadtparksee und das Freibad. Von den zunächst engen Rasen- und Beetflächen vom Planetarium aus erreicht man, flankiert von den beiden Skulpturen „Die große Kriechende I und II" von Georg Kolbe, das große Freiareal. Die beiden Muschelkalkskulpturen wurden 1927 im Park aufgestellt und sind zwei der über 20 künstlerischen Skulpturen, die im gesamten Parkareal zu finden sind. Die große Freifläche ist ebenso wie die abseits liegenden, kleineren Rasenareale und Grillwiesen bei Besuchern für sportliche Freizeitaktivitäten, Sonnenbaden, Drachen steigen lassen, Ausruhen, Picknicken und als Treffpunkt äußerst beliebt. Der anschließende Stadtparksee mit dem Naturbad bietet sich nicht nur zum Baden, sondern auch zum Umwandern, zum Bootsfahren oder Touren mit den dort ausleihbaren Stand-Up-Paddling-Boards (SUP) an. Besonderer und romantischer Anziehungspunkt ist die etwas abseits gelegene Liebesinsel, nicht nur im Frühling zur Blüte der Japanischen

Zierkirschen. Den Blick auf den See an der kleinen Bootsanlandestelle der Insel flankieren die beiden Skulpturen von 1925 „Kinder mit Fohlen“ des Künstlers Hans P. Waetke. Das östliche Ende des Parks markiert ein kreisrunder Teich, der von Modellboot-Begeisterten für Probefahrten genutzt wird.

Auf Erkundungstour durch die Sondergärten

Nördlich des Stadtparksees lassen sich einige Sondergärten des Stadtparks erkunden wie beispielsweise der Diana-Garten, der durch die Bronzeskulptur „Diana auf der Hirschkuh“ von Georg Wrba geprägt ist, oder der Heckengarten, in dem man wie durch Fenster eines Raumes in benachbarte Gärten blicken kann und wo die weiß leuchtenden, überlebensgroßen Plastiken aus Untersberger Marmor von „Adam und Eva“ des Künstlers Erwin Ulmer stehen. Die meisten der Skulpturen wurden bereits in der Zeit vor dem Zweiten Weltkrieg auf dem gesamten Parkareal platziert. Lediglich ein Heine-Denkmal wurde 1933 in der Zeit des Nationalsozialismus entfernt und die bislang einzige Skulptur einer weiblichen Künstlerin, das 1926 aufgestellte Werk „Frauenschicksal“ von Elena Luksch-Makowsky wurde 1978 nach wiederholtem Vandalismus eingelagert. Inzwischen wurde die Skulptur als Replik wieder im Park aufgestellt.
Am Rosengarten, der nördlich an den Stadtparksee grenzt, stehen die Skulpturen „Taubenpaar“, „Knabe mit Fischen“, „Tanzende Mädchen“ und „Hockender Affe“. Der durch rosenberankte Pergolen gesäumte Rosengarten ist geometrisch angelegt und besteht aus vier Arealen, in deren Mitte sich jeweils ein runder oder quadratischer kleiner Teich mit Springbrunnen befindet, die farbenfreudig von mit Rosen bewachsenen Beeten umgeben sind. Neben der Königin der Blumen sind auch andere Sommerblumen wie Lavendel oder

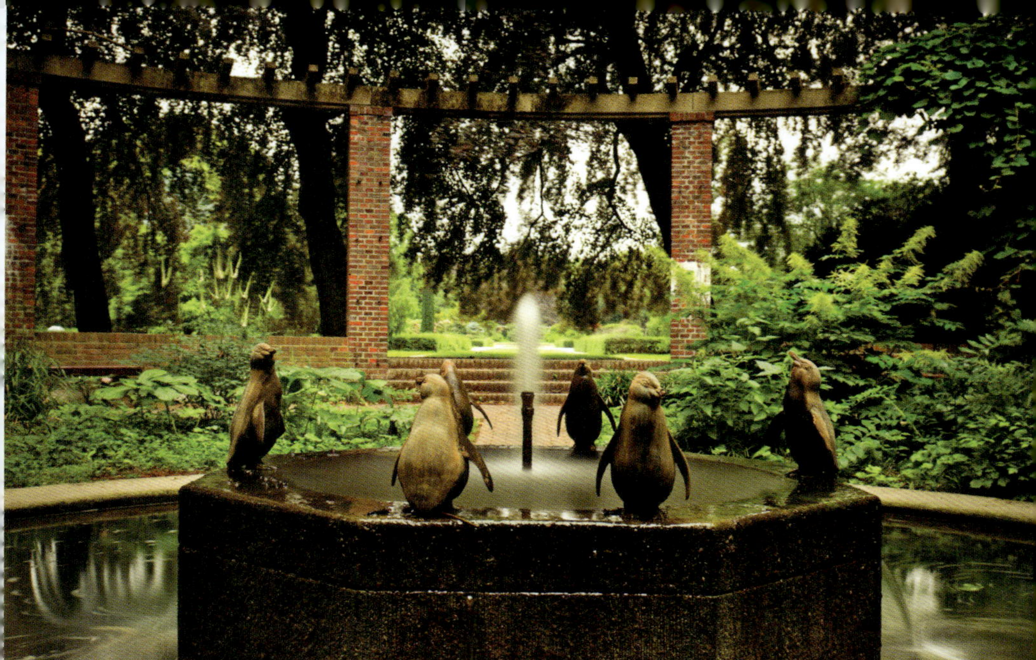

Sechs Besucher aus kalten Regionen der Erde stehen tauchbereit am Beckenrand eines Brunnens, dem Pinguinbrunnen, der 1925 gestiftet wurde und zu den Wahrzeichen des Stadtparks gehört.

Lilien in den Beeten vertreten. Eine Platanenallee führt vorbei am Lese-Café und verschiedenen Sportplätzen zur Freilichtbühne, wo Veranstaltungen unterschiedlichster Art stattfinden.

Der 1912 von August Gaul gefertigte Pinguinbrunnen ist eines der Wahrzeichen des Parks und liegt etwas versteckt abseits vom Rosengarten. Er ist umgeben von einem mächtigen Rondell von Blutbuchen. Die sechs Pinguine am Beckenrand waren ursprünglich in Bronze gefertigt, heute sind sie wegen mehrfacher Diebstähle durch Nachbildungen aus Galvanoplastik ersetzt.

Etwas Wildnis und Naturgenuss bieten der kleine Ententeich und die ausgedehnten, mit alten Bäumen bestandenen Areale im Norden des Parks.

Wer Kinder hat, wird bei schönem Wetter eher das große Planschbecken ansteuern, das von Sand- und Rasenflächen umgeben ist und einem großen Spielareal mit Klettergeräten, einem Schiff, Rutschen und Wippen. Auch Skulpturen dürfen nicht fehlen. So stehen hier neben dem „Fabeltier“ von Richard Haizmann auch die „Mähnenrobbe“ von Karl Opfermann und „Die Badende“ von Reinhold Begas unweit des Planschbeckens. Weitere Sondergärten befinden sich im südlichen Teil des Parks nahe dem Landhaus Walter, an dem die Skulptur „Knabe mit zwei Enten“ von Wilhelm Rex steht, und dem sich im Süden ein Blumen-Rondell mit der Marmorskulptur „Weiblicher Akt“ von Albert Woebcke anschließt. Daneben liegt bis zum roten O'Swaldschen Pavillon mit der hölzernen Frauenfigur von Stefan Albrecht an der Spitze der Steingarten, der 1928 als botanischer Sondergarten angelegt, um die 500 Pflanzenarten der Heide- und Steingärten beherbergte. Zum Jubiläum im Jahre 2014 wurde der Garten in Teilen in seiner alten Pracht wiederhergestellt. Auf der anderen Seite der Otto-Wels-Straße, die den Park als einzige Autostraße in nordsüdlicher Richtung durchzieht, ist noch der Kurgarten zu finden, der sich zwischen der denkmalgeschützten Trinkhalle von 1916 (heute Café) und dem Diana-Brunnen mit der Skulptur „Diana mit Hunden“, auch „Aufbruch zur Jagd“ bezeichnet, von Arthur Bock befindet. In der von Hainbuchenalleen gesäumten, tiefer gelegten Gartenanlage befinden sich Rasenfreiflächen und Staudenbeete.

Baumlehrpfad und Parkökologie

Der Stadtpark lässt sich auch auf ausgearbeiteten Pilgerwegen erkunden oder man folgt dem angelegten Baumlehrpfad, der verschiedene Baumgattungen mit wichtigen vorhandenen Baumgestalten und Neupflanzungen vorstellt wie die Gattungen *Alnus* (Erle), *Abies* (Tanne) *Pinus* (Kiefer), *Acer* (Ahorn), *Sorbus* (Eberesche und Mehlbeere) und *Quercus* (Eiche). So sind im Stadtpark beispielsweise Stein,- Zerr- und Sumpfeichen sowie Kastanienblättrige, Algerische,

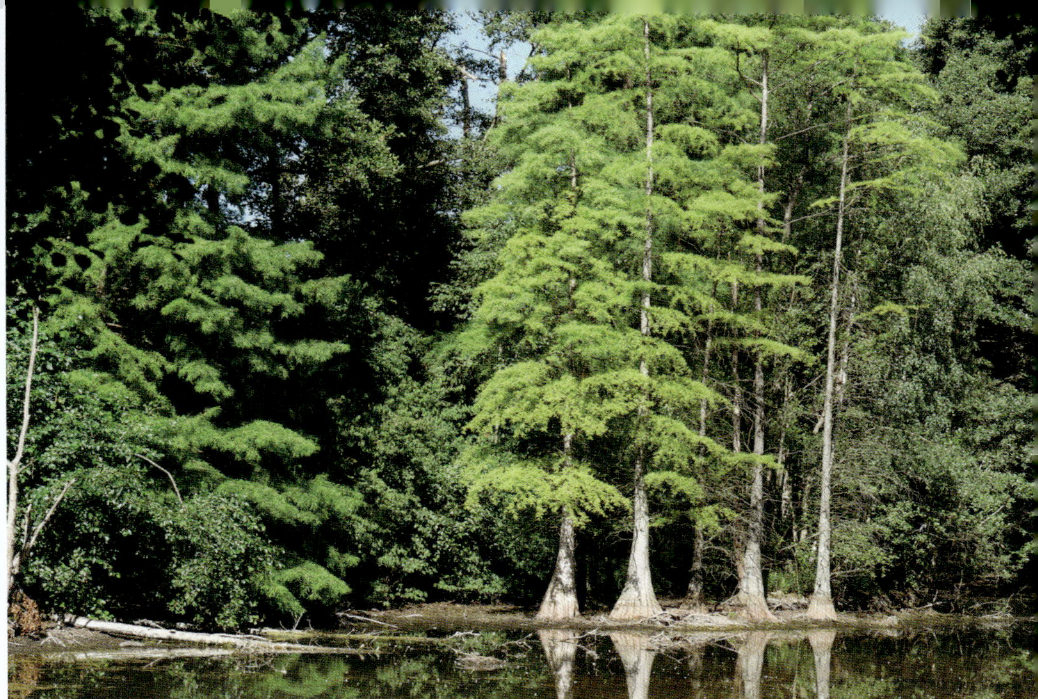

Am Ententeich säumt eine Gruppe von Sumpfzypressen das schlammige Ufer.

Wintergrüne und Schindel-Eiche zu finden; allein insgesamt 14 unterschiedliche Eichenarten wurden angepflanzt. Hinzu kommen verschiedene Zypressengewächse wie die Echte Sumpfzypresse, der Abendländische Lebensbaum oder der Riesen-Mammutbaum. Auch Ziergehölze aus anderen Pflanzenfamilien sind im Stadtpark zu entdecken: Tulpenbaum, Taschentuchbaum, Trompetenbaum, Blauglockenbaum, Ginkgo, Himalayabirke, Robinie, Zaubernuss, Magnolie, Rhododendron, Pfaffenhütchen und viele andere. Ebenso kann man auf ökologischen Pfaden den Stadtpark erkunden, der sich als ein Refugium für Tiere und Pflanzen erweist. Das Projekt „Ökologie im Stadtpark“ sorgt dafür, dass Blumenwiesen für Insekten geschaffen werden, Artenvielfalt sich in den Waldarealen, wie dem 37 ha großen Sierichschen Gehölz, entwickeln kann, Biotope angelegt, Flächen gepflegt und invasive Neophyten in Schach gehalten werden.

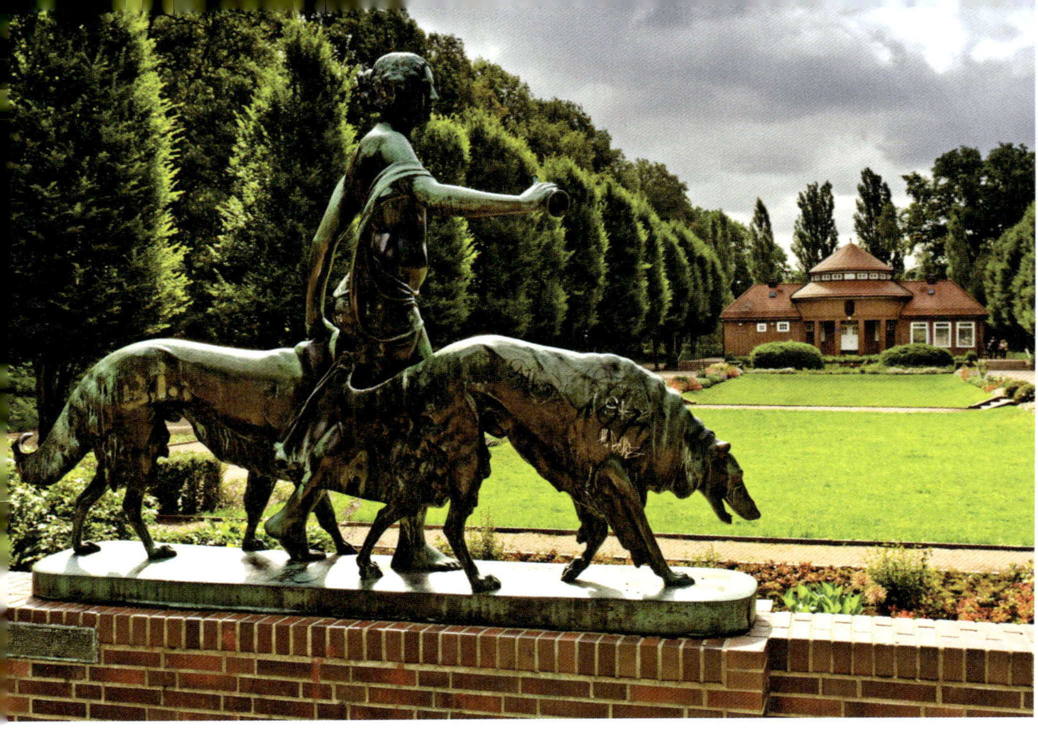

Die bronzene Skulptur „Diana mit Hunden – Aufbruch zur Jagd“ von Arthur Bock steht am Kurgarten mit Blick auf die alte Trinkhalle.

Einkehrmöglichkeiten, Veranstaltungen und Stadtparkverein

Für das leibliche Wohl sorgen allein zehn über das Gelände verteilte gastronomische Einrichtungen vom noblen Landhaus Walter mit Biergarten über das Café an der Trinkhalle und am Planschbecken, dem Lese-Café am Rosengarten bis zum kleinen Kiosk an der Minigolfanlage. Und neben dem Park- und Naturgenuss bietet der Stadtpark auch zahlreiche Freizeit- und Sporteinrichtungen: Hierzu gehören neben diversen Sportplätzen und der Jahn-Kampfbahn eine Minigolfanlage, ein Bootsverleih, Sportanlagen, Grillplätze, Freiluft-Schachplätze, ein Slackline-Parcours, das Naturbad und das Planschbecken. Kulturelle Veranstaltungen wie Konzerte, Lesungen, Musikdarbietungen, Führungen, Theater und weitere finden beispielsweise auf den Freiflächen, im kleinen

Amphitheater, auf der Freilichtbühne oder im Planetarium sowie im Sierichschen Forsthaus statt. In diesem ehemaligen, denkmalgeschützten Forsthaus an der Otto-Wels-Straße hat der Stadtparkverein seinen Sitz. In dem im Jahre 2001 gegründeten Verein mit rund 150 Mitgliedern kümmern sich etwa 40 Aktive um das überregional bedeutsame Garten- und Kulturdenkmal. Verschiedene Arbeitsgruppen befassen sich mit den Themen Forschung, Ausstellungen, Natur, Rundgänge sowie Kinder- und Jugendprojekte. Ein astronomisches Kunstwerk, die Sonnengang-Uhr, soll in Zusammenarbeit mit dem Planetarium vielleicht einst als Modell dauerhaft im Stadtpark aufgestellt werden. Das Forsthaus wird langfristig zu einem Informations- und Kommunikationszentrum und digitalem Stadtpark-Archiv weiterentwickelt.

Der Stadtpark ist ein wichtiges Erholungs-, Natur-, Kultur- und Freizeitareal der Hamburger und der Gäste ihrer Stadt. Dies gilt auch gerade in Zeiten des zunehmenden Klimawandels, in denen städtische Grünflächen das mitunter schwierige Stadtklima einigermaßen erträglich gestalten können. So schreibt der im Jahre 2014 verstorbene, dem Stadtpark verbundene Journalist, Schriftsteller und Publizist Ralph Giordano in einer Würdigung in der Jubiläumsschrift des Stadtparks: „Wer den Stadtpark kartographisch vor sich sieht, entdeckt einen in hundert Jahren gewachsenen Topos von Natur und Kultur, der immer höchst volksverbunden war. Eine Erholungsstätte, die mit Fug und Recht klassisch genannt werden kann.“

Stadtpark, Sierichsches Forsthaus
Stadtparkverein Hamburg e. V.
Otto-Wels-Straße 3, 22303 Hamburg
www.stadtparkverein.de
Stadtverwaltung Hamburg-Nord, 22303 Hamburg
www.hamburg.de/stadtpark

Hamburger Umland

Der Jersbeker Park im Kreis Stormarn

Historische Grünanlage aus barocken Zeiten

Der Jersbeker Park ist der am besten erhaltene barocke Gutspark in Schleswig-Holstein und auch die größte Barockanlage bei Hamburg, von dessen Zentrum der Park etwa 25 km nordöstlich im schleswig-holsteinischen Stormarn liegt. Die barocken Grundformen sind erhalten und das etwa acht Hektar große Gelände beeindruckt durch herrliche Bäume und lange, alte Alleen, während im Frühjahr bunte Frühjahrsblumen wie Hohe Schlüsselblume, Scharbockskraut und Waldgelbstern das Bild prägen. Der Ort eignet sich für ruhige und entspannende Spaziergänge in historischem Ambiente.

Ausgangspunkt für den Parkbesuch ist ein Rondell, von dem verschiedene Wege abzweigen. Geradeaus geht es durch eine Toranlage in den Park, der Weg rechter Hand führt zum Torhaus des Gutsgeländes, hinter dem sich der Zugang zu dem privat genutzten, abgeschirmten Herrenhaus befindet. Das zweigeschossige Torhaus stammt von 1678 und ist der historische Zugang zum Gutsgelände. Im Keller befand sich früher das Gutsgefängnis und die Seitengebäude dienten als Wohnungen für die Gutsarbeiter.
Nach der Abtrennung Jersbeks vom Hauptgut Borstel entwickelte es sich zu einem selbstständigen Gut. Das zugehörige Herrenhaus wurde 1617 bis 1620 errichtet und hernach noch baulich verändert. 1726 wurde der wohl bekannteste Repräsentant des Barocks im Lande, Bendix von Ahlefeld (1678–1757), Besitzer von Jersbek.

Das Grundgerüst der barocken Anlage in Jersbek mit der historischen Quartiereinteilung, dem Heckengang, den Hauptwegen und zwei- und vierreihigen Alleen sowie dem Lindenkreis (Zwölf Apostel) hat sich bis heute erhalten.

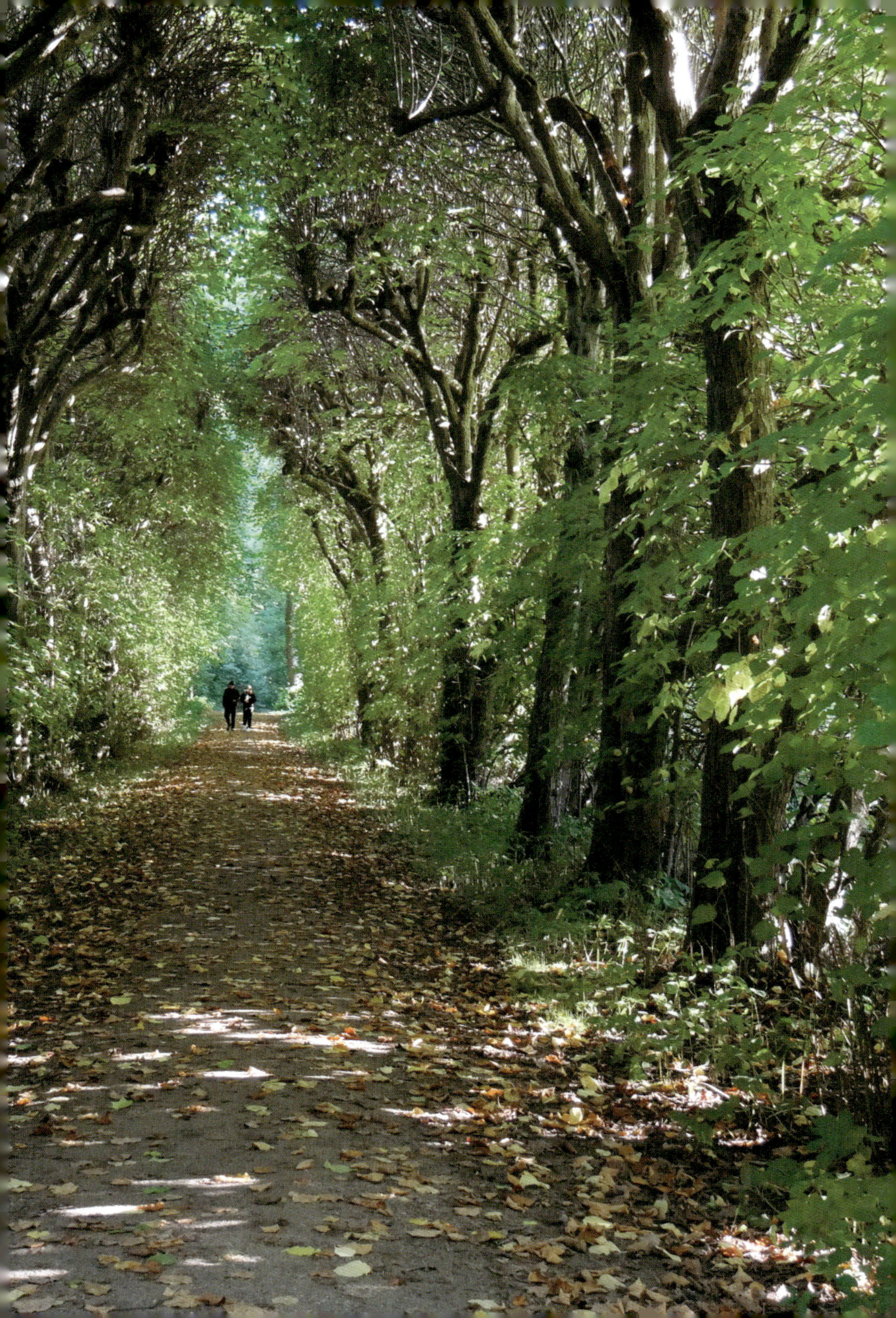

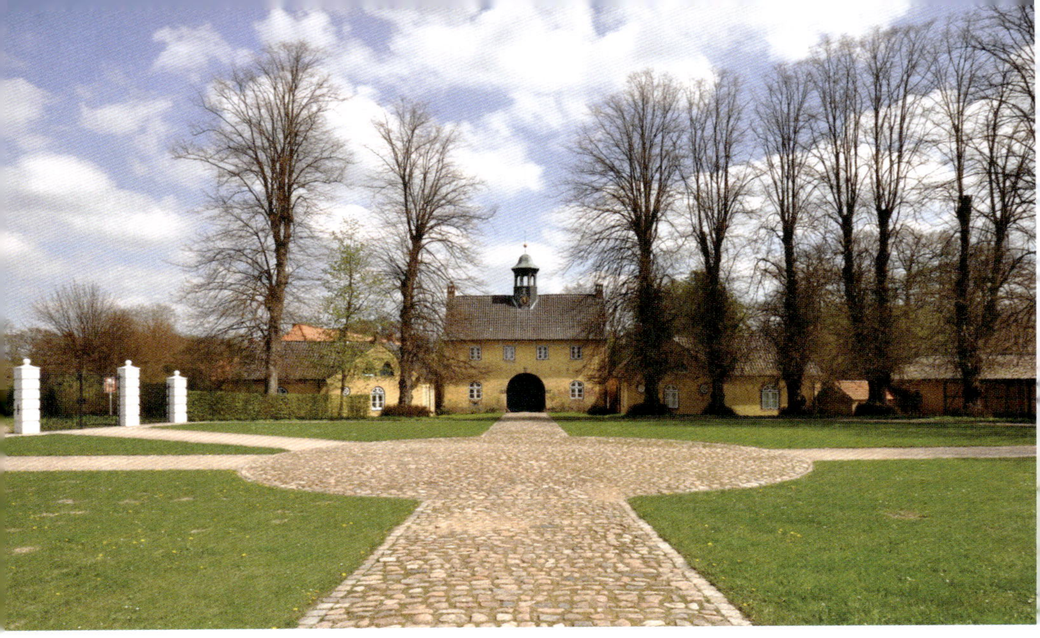

Am Eingangsrondell geht es in den Park und ein Weg führt in Richtung des zweigeschossigen Torhauses, das 1678 errichtet wurde und den historischen und ursprünglich einzigen Zugang zum Herrenhaus und Wirtschaftshof darstellte.

Geschichte des barocken Gartens

1726 gilt auch als das Jahr, in dem mit dem Aufbau des Barockgartens begonnen wurde, dessen Fertigstellung mit dem Jahr 1740 angegeben wird. Ganz im Stile des französischen Barocks entworfen, findet sich die entlang einer großen Hauptachse angeordnete Dreiteilung in Parterre, Boskett und Waldquartier, wie es auf dem Kupferstich von Christian Fritzsch aus dem Jahre 1747 zu sehen ist. Im Parterre befanden sich beispielsweise zentrale Wasserbecken und mit Buchsbaumhecken gesäumte, niedrige, reich verzierte Blumenbeete, während die seitlichen Boskettbereiche mit Heckengärten und halbhoch geschnittenen Bäumen und Sträuchern versehen waren, in denen man Lustwandeln konnte, in denen aber auch Obst, Gemüse und Blumen gezogen wurden. Eine 500 m lange, vierreihige Lindenallee führte zum Waldquartier mit Tiergarten und den Jagdsternen, einem Bereich, der vor allem dem Jagdvergnügen diente.

Wer den Entwurf für die Anlage entwickelt hat, ist unbekannt, allerdings vermutet man, dass auch der Gutsherr von Ahlefeld selbst manches von den Gartenanlagen selbst geplant hat. Jedenfalls war der Park zu seiner Zeit in Deutschland weit über die Region hinaus bekannt und gern besucht.
Das barocke Grundgerüst der Anlage ist bis heute erhalten: die Quartierseinteilung, die vierreihige Lindenallee, die Querallee sowie die zweireihigen Seitenalleen, Seitenhecken, der Heckengang aus Hainbuchen und Linden sowie die kreisförmig gepflanzte Gruppe aus zwölf Linden (Zwölf Apostel).

Entwicklung zum Landschaftspark

Ab 1774 erfolgte wohl die Auflösung der Zieranlagen, allerdings unter Beibehaltung der Alleen und Reihengehölze. Ab 1840 wurde der Park in einen Landschaftspark mit diversen Einzelbäumen umgewandelt, wofür der damalige Besitzer Graf Theodor von Reventlow verantwortlich zeichnete. Der heutige Eigentümer Julius von Bethmann Hollweg ist ein Nachfahre des Grafen. Die damals gepflanzten Solitäre von Eichen, Buchen, Kiefern, Eschen, Linden und Esskastanien sind heute zum Teil zu prächtigen Baumgestalten herangewachsen. Auch neu gepflanzte Robinien, Libanonzedern, Eiben und Sumpfzypressen sind im Gelände zu entdecken.
Nach einem ab 1982 entwickelten Pflege- und Erhaltungskonzept erfolgte eine umfassende Sanierung der Alleen in den Jahren 1984 bis 1987 durch den Kreis Stormarn und seit 1986 steht die Anlage unter Denkmalschutz. Seit 2010 kümmert sich der Förderverein Jersbeker Park um die Pflege- und Entwicklungsmaßnahmen im Park, finanziert durch Mitgliedsbeiträge, Spenden und Baumpatenschaften sowie öffentliche Mittel von Gemeinde, Kreis und

Denkmalschutz sowie der Sparkassen-Stiftung.
Ein schöner Erfolg für das Engagement des Eigentümers und des Fördervereins für dieses einzigartige Kultur- und Naturgut in Schleswig-Holstein ergab sich im Jahre 2022: Beim landesweiten Alleenwettbewerb – veranstaltet vom Schleswig-Holsteinischen Heimatbund e.V. (SHHB) und dem Landesverband deutscher Baumschulen e.V. (BdB) – hat ein Ensemble aus vier historischen Alleen im Jersbeker Park in der Kategorie „Gutsalleen" den ersten Preis gewonnen.

Rundgänge und Besichtigungsstationen

Vom Rondell aus kann man nach Durchschreiten des Parkeingangstores einen kleinen, eineinhalb Kilometer langen Rundweg unternehmen, bei dem sechs der ausgewiesenen Stationen den Weg säumen. Neben der an der Straße gelegenen Station 1 mit dem Parkplatz, dem Fasanenhof und dem ehemaligen Küchengarten stellen das Rondell und das Torhaus Station 2 dar. Die 3. Station folgt sogleich nach dem Passieren des Tores. Hier befindet sich der Standort des ehemaligen 1738 erbauten Gartenhauses, dessen Saalbau für Festivitäten und Veranstaltungen genutzt wurde. Allerdings wurde das Gebäude bereits 1820 wegen Baufälligkeit wieder abgerissen. Der Grundriss des ehemaligen Gartenhauses wurde hier durch Plattenbänder nachgebildet. Von hier kann man die Anlage mit ihren Alleen und Solitärbäumen ganz gut überblicken.
Der Weg führt ins Gelände zur Station 4 mit dem Lindenkreis der Zwölf Apostel, an deren Stelle früher im Boskett sich der sogenannte „Grüne Salon" für den Empfang einer kleineren Gästegruppe befand. Neun der etwa 280 Jahre alten Linden stammen noch aus der ursprünglichen Bepflanzung. Von hier geht es über einen Heckengang aus Linden und Hainbuchen (Station 5) zur alten Hainbuchenhecke, die in Richtung Norden

Neben Neupflanzungen gibt es auch alte Bäume (im Bild eine Robinie), die den Freiflächen heute eher einen Landschaftsparkcharakter verleihen.

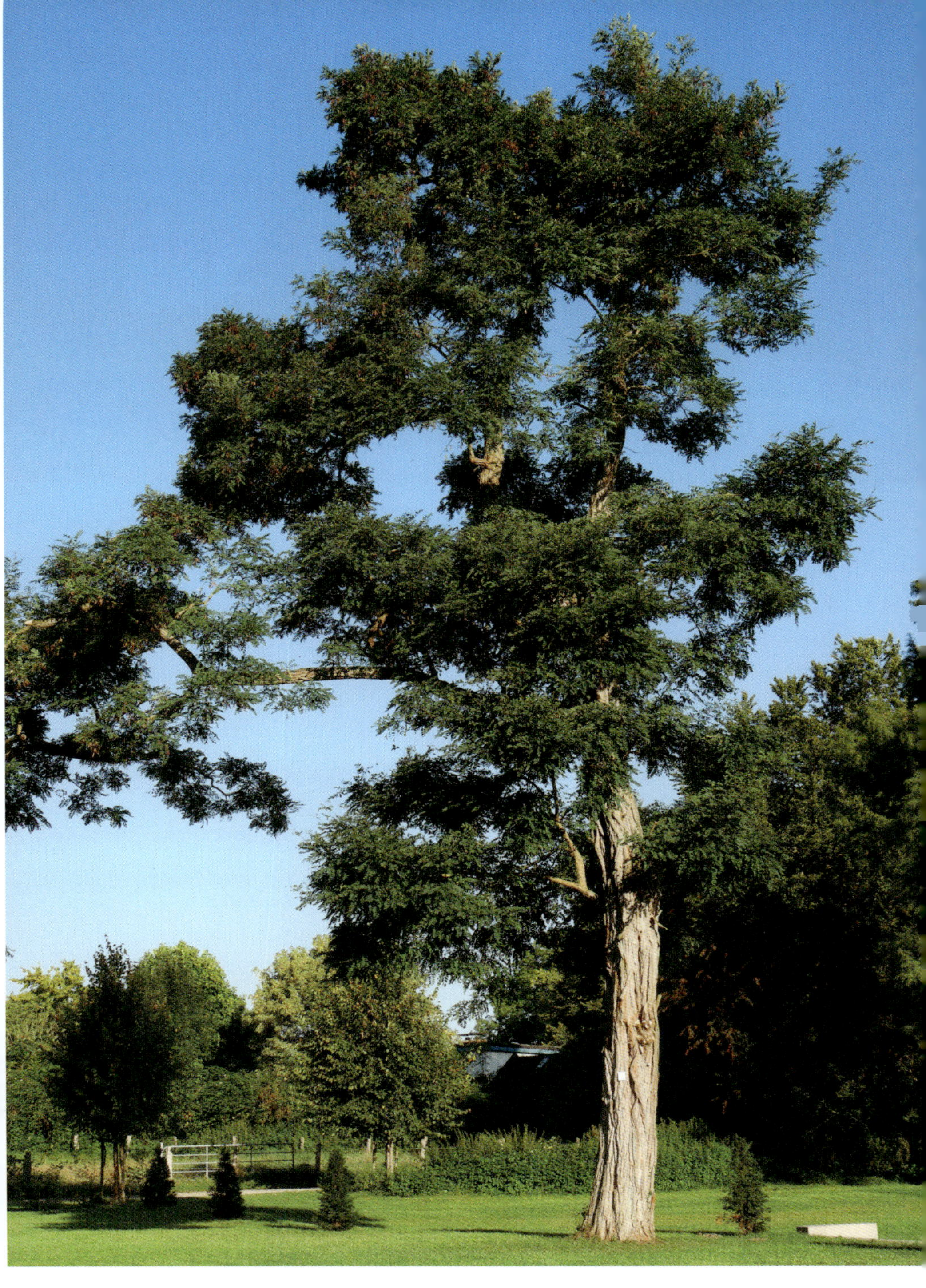

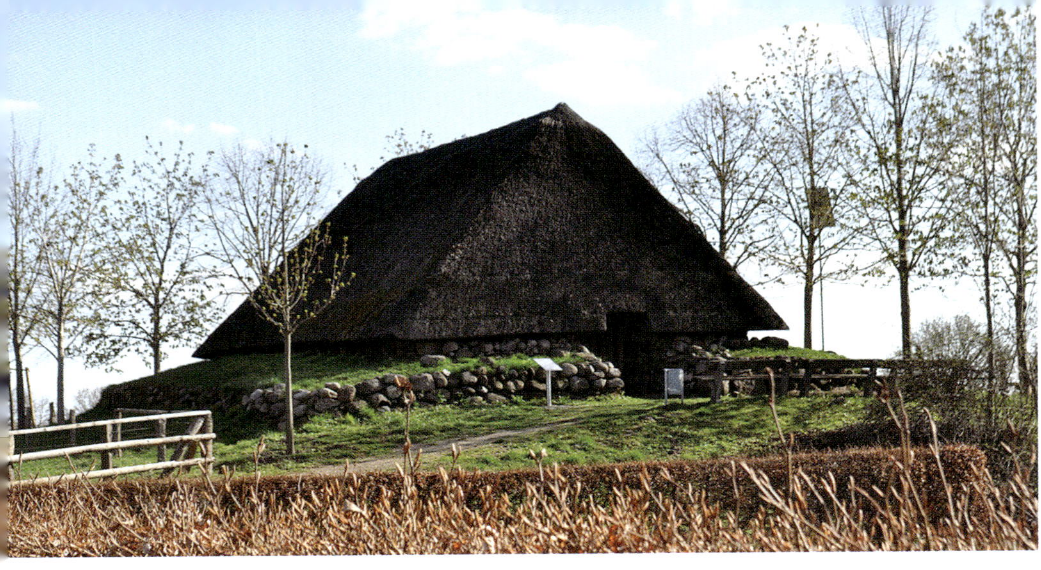

Auf einer natürlichen Anhöhe liegt das reetgedeckte Gebäude des Eiskellers.

zur Querallee führt. Geht man diese mehrreihige Lindenallee ganz durch und biegt am Ende nach links Richtung Süden ab, gelangt man wieder zum Gartenhaus-Standort und die kurze Runde schließt sich.

Vierreihige Lindenallee und Waldquartier

In der Mitte der Querallee (Station 6) biegt die wichtigste Allee des Parks, die 500 m lange, vierreihige Lindenallee, die „Windallee", nach Norden ab in Richtung Waldquartier. Die mittlerweile 300 Jahre alten Linden werden seit 1984 baumchirurgisch und durch Entlastungsschnitte und Kroneneinkürzungen bearbeitet. Bei Nachpflanzungen von Bäumen werden gern Baumpatenschaften vergeben. Von den 600 Linden im Jersbeker Park müssen 10 bis 15 Altbäume jedes Jahr vom Förderverein aus Verkehrssicherheitsgründen abgenommen und nachgepflanzt werden. Hier kann jeder spenden oder eine Baumpatenschaft übernehmen, beispielsweise im Rahmen einer Hochzeits- oder Geburtstagsfeier oder für die Enkelkinder oder die Großeltern.

Am Ende der Windallee stoßen wir auf ein kleines achteckiges Wasserbecken (Station 7), das der nahen Gutsförsterei als Feuerlöschteich dient. In dem Wasserbecken steht seit 2015 ein Obelisk, der sich als „Point de Vue“ am Ende der Hauptsichtachse des Parks befindet. Neben den angrenzenden Jagdsternen bieten sich hier auch noch Wandermöglichkeiten durch den Wald, beispielsweise zur Station 7 mit dem Grabmal eines der ehemaligen Gutsbesitzer, Paschen von Cossel, oder entlang der Eichenallee Oberteicher Weg (Station 9), einer Alleestraße, die bereits auf dem historischen Kupferstich von 1747 abgebildet ist. Im nahe gelegenen Begräbniswald „Waldfrieden am Barockpark“ werden Waldbestattungen durchgeführt.

Eiskeller und Fasanenhof

Die letzte der Stationen mit der Nr. 10 befindet sich vom Rondell ein Stück die Ortsstraße entlang in entgegengesetzter Richtung zum Parkplatz, quasi in Sichtweite des Herrenhauses. Hier liegt auf einer kleinen Anhöhe der 1736 erbaute kleine, reetgedeckte Eiskeller. In einen Kühlraum wurde alljährlich Natureis eingefüllt, um in dem rund 20 m² großen Vorraum Milch, Käse, Butter und andere Produkte kühl lagern zu können; also ein früherer, etwas groß geratener Kühlschrank. Die Wegstrecke über alle 10 Stationen beträgt etwa dreieinhalb Kilometer. Nach der ebenso historisch wie naturerlebnisreich inspirierten Wanderung kann man im Landgasthof „Zum Fasanenhof“ einkehren, der sich 100 m vom Torhaus entfernt am Parkplatz befindet. Es war das Gästehaus des Gutes Jersbek und mittlerweile kann die Gaststätte auf eine 250-jährige Tradition zurückblicken.

Jersbeker Park
Allee 18, 22941 Jersbek
www.jersbeker-park.de

Schloss und Schlosspark Ahrensburg

Verbindung von Vergangenheit und Gegenwart

Nordöstlich von Hamburg liegt das Renaissance-Herrenhaus Schloss Ahrensburg, Wahrzeichen der gleichnamigen Stadt. Das hohe, aber doch schlanke und von gewisser Leichtigkeit erscheinende Gebäude liegt auf einer über Brücken zu erreichenden Schlossinsel und beherbergt ein Museum schleswig-holsteinischer Adelskultur. Der anliegende, sechs Hektar große Schlosspark ist eine öffentliche Grünanlage, die mit ihren Rasenflächen, dem altem Baumbestand und Lindenalleen sowie geschwungenen Wegen zusammen mit dem Schloss ein beliebtes Ausflugs- und Besuchsziel darstellt.

1570 bis 1585 ließ Peter Rantzau das backsteinfarbene, später weiß gestrichene Wasserschloss im Stil der Renaissance errichten. Trotz nachfolgender Umbauten wurde der Grundstil mit drei Parallelhäusern und vier schlanken Ecktürmen mit hohen Laternenaufsätzen aus Metall erhalten. Die Grafen Rantzau bewohnten das Schloss über sieben Generationen bis zum Jahr 1759. Dann erwarb der aus Mecklenburg stammende Kaufmann Heinrich Carl Schimmelmann Dorf und Schloss. Er arbeitete für das dänische Königshaus. Über sechs Generationen blieb das Anwesen im Besitz der Familie Schimmelmann, bis es 1932 aus finanziellen Gründen verkauft werden musste.
Damit endete die Geschichte des Schlosses als adeliger Wohnsitz und nachdem das Land Schleswig-Holstein, der Kreis Stormarn, die damalige Kreissparkasse und

Das Ahrensburger Herrenhaus gilt als eines der Hauptwerke der Renaissance in Schleswig-Holstein und wird wegen seiner Bedeutung bereits seit dem 18. Jahrhundert als Schloss bezeichnet. Es beherbergt heute ein Museum für schleswig-holsteinische Adelskultur.

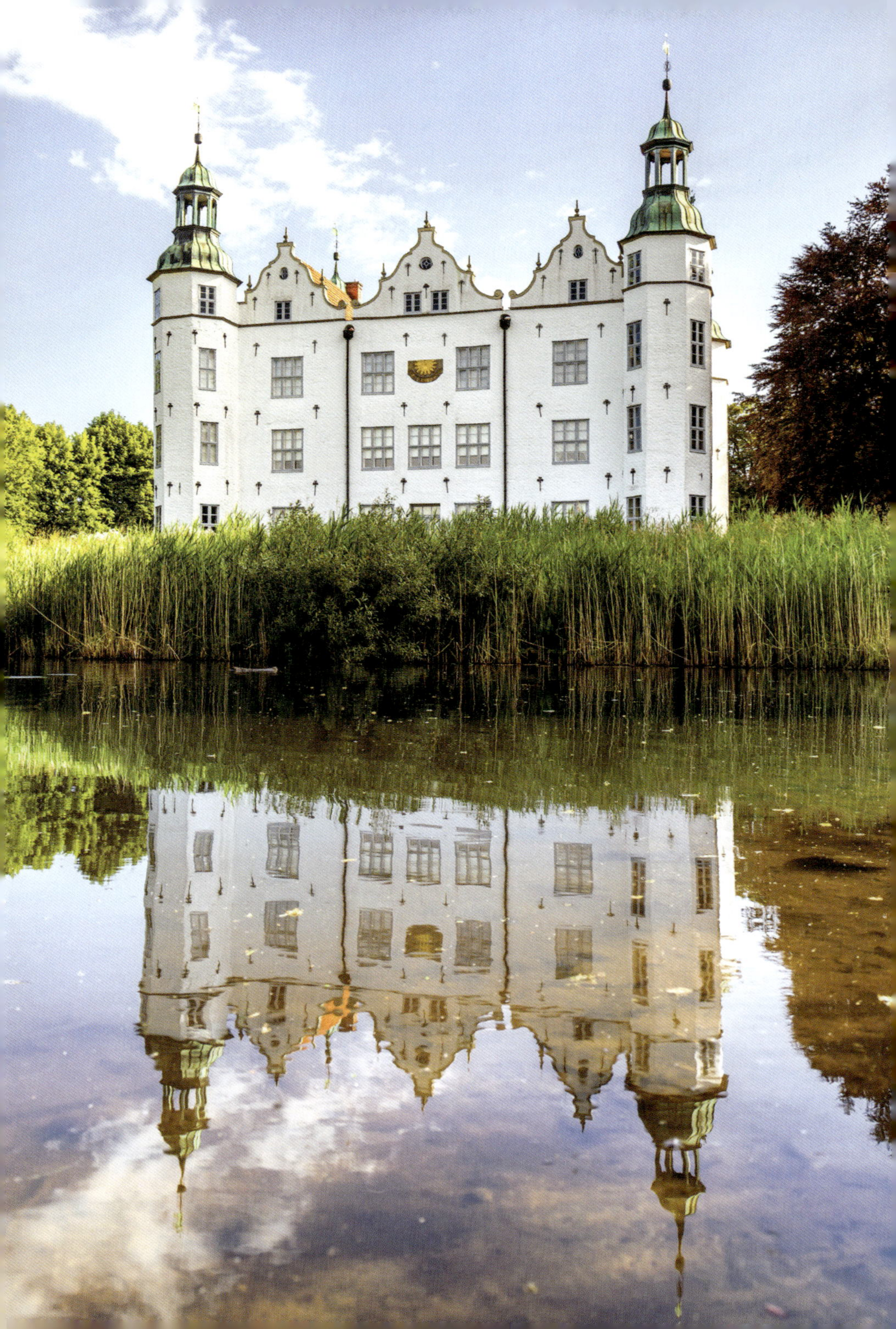

die Stadt Ahrensburg gemeinsam in der Initiative „Verein Schloss Ahrensburg" das Schloss übernommen hatten, konnte in der Trägerschaft des Vereins 1938 das Schlossmuseum eröffnet werden. Nach kriegsbedingter Schließung und zwischenzeitlicher Nutzung als Flüchtlingsheim und Berufsschule wurde das Schloss 1955 als Museum schleswig-holsteinischer Adelskultur wiedereröffnet.

Stiftungsgründung und Sanierungsarbeiten

Seit 2002 ist eine private Stiftung bürgerlichen Rechts im Besitz von Schloss und zugehörigem Inventar sowie des Schlossparks. Zusammen mit dem Glücksburger Schloss gilt das Ahrensburger Schloss als Höhepunkt und gut erhaltenes Beispiel der Renaissance-Baukunst

Ein besonderer Baumsolitär ist die um 1870 gepflanzte Schlitzblättrige Buche (*Fagus sylvatica f. laciniata*), die ein Naturdenkmal ist.

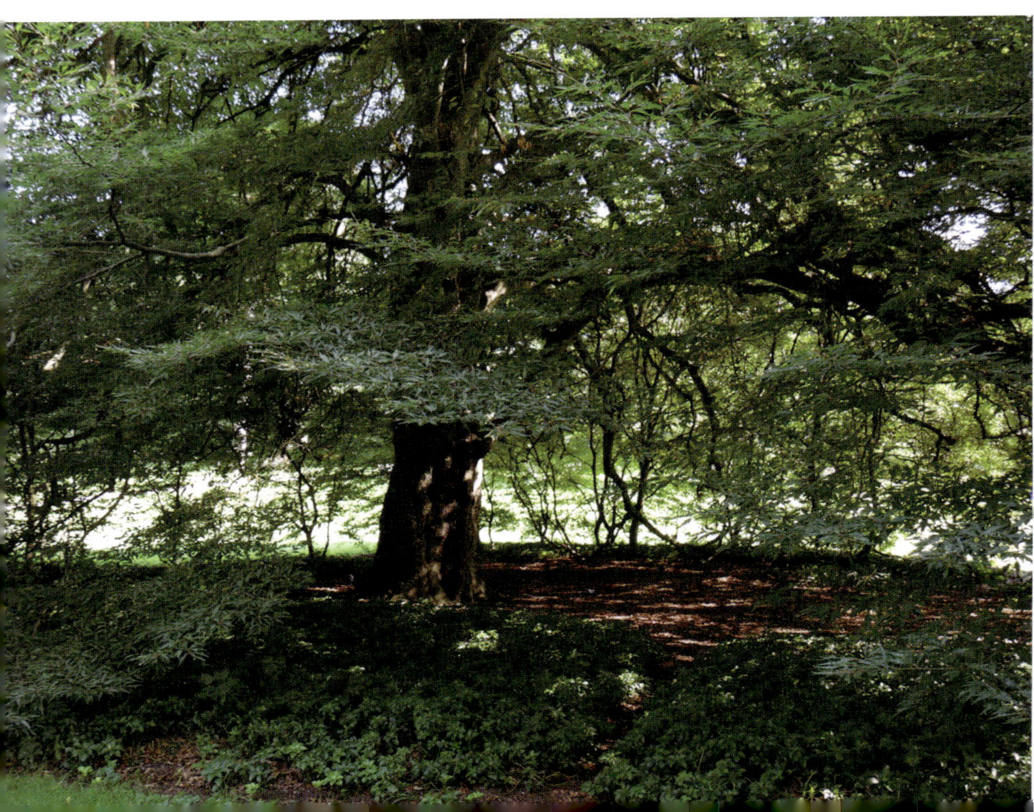

in Schleswig-Holstein. Das Schloss war in den 1960er Jahren Kulisse für einige in Deutsch verfilmte Edgar-Wallace-Filme.
Schloss und Park wurden in den Jahren 2009 bis 2015 in sechs Schritten aufwendig saniert und das Schloss ist nicht nur Museum, sondern auch Ort für Veranstaltungen, darunter Großevents in Schloss und Park, Hochzeiten, Geburtstage und sonstige Feste, Konzerte, Lesungen und Ausstellungen.

Die Entwicklung des Schlossparks

Die beiden Wassergräben der Schlossinsel stammen aus der Anfangszeit des Schlosses, in der auch östlich des äußeren Grabens, wo sich heute der Marstall befindet, auf älteren Karten ein an drei Seiten von einem Lust- und Küchengarten umgebener Hofplatz zu sehen ist. Schimmelmann ließ den Schlosspark im französischen Stil modernisieren mit Zierbeeten und barocken Gartenskulpturen. Das umgebende Bauerndorf Woldenhorn (später Ahrensburg) wurde mit einem barocken Stadtgrundriss in einen residenzartigen Ort überplant, der sich zum Teil bis heute erhalten hat. Weitergehende barocke Ausführungspläne wurden überwiegend nicht realisiert.
Die beiden um 1760 gepflanzten Lindenalleen auf der Ost- und Westseite der Schlossinsel stammen noch aus dieser Zeit ebenso wie die beiden Löwenskulpturen, die den Eingang am inneren Wassergraben flankieren, und die Sandsteinvasen im Park. Unter Heinrich Schimmelmanns Sohn Friedrich Joseph erfolgten ab 1778 dem Zeitgeschmack entsprechend die ersten Umwandlungen in einen Landschaftsgarten und Tiergarten oder Hirschpark. Weitere wesentliche Umgestaltungen in Richtung eines Englischen Landschaftsgartens erfolgten ab 1868 bis 1870 unter dem Grafen Ernst Schimmelmann, der vor allem die

nördliche Inselhälfte unter Beibehaltung der vorhandenen Lindenalleen in einen Landschaftsgarten modellieren ließ. Elemente der Englischen Landschaftsgärten wie der „Belt Walk“, ein umlaufender Weg, und der „Pleasureground“ im Südteil der Schlossinsel wurden angelegt. Die gepflanzten Baumsolitäre sind zum Teil noch heute vorhanden. Neben der Insel gehören auch die umgebenden Gewässer samt Böschungen und die beiden großen freien Wiesen südlich vom Schloss zum Parkgelände. Erwähnte Sanierungsmaßnahmen betreffen vor allem im Jahre 2014 auch den Schlosspark. Brücken- und Wegearbeiten und Neugestaltungen gehörten ebenso dazu wie neue Beleuchtungen, die Neugestaltung des Schlossvorplatzes und neue Parkmöbel. Bereits 1984 bis 1986 erfolgte eine umfassende Sanierung, bei der der Hausgraben, in dem das Schloss steht, wieder freigemacht wurde. Schimmelmann hatte ihn 1759 zuschütten lassen, was allerdings zu Durchfeuchtungen des Kellergewölbes geführt hatte. Seither besitzt das Schloss Ahrensburg wieder einen inneren (den Hausgraben) und einen äußeren Wassergraben. Deren Erhalt und Pflege gehören ebenso zu den Aufgaben der Stiftung wie die Pflege der Rasen- und Beetanlagen und die Begutachtung und den notwendigen Schnitt der alten Parkbäume, wobei es auch um die Verkehrssicherheit im Parkgelände geht.
Bei den Baumarten des Schlossparks handelt es sich vor allem um einheimische Arten wie Eiben, Kiefern, Eschen, Ulmen, Weiden und Ahorne. Einige der Linden stammen von 1765. Ein besonders eindrucksvoller Baum ist die um 1870 gepflanzte Schlitzblättrige Federbuche (*Fagus sylvatica f. laciniata*), die auch als Naturdenkmal ausgewiesen ist. Wenngleich die geschlitzten Blätter wenig an eine typische Rotbuche erinnern, weisen die Rinde, die typischen Fruchtbecher mit den Bucheckern und die Gallen der

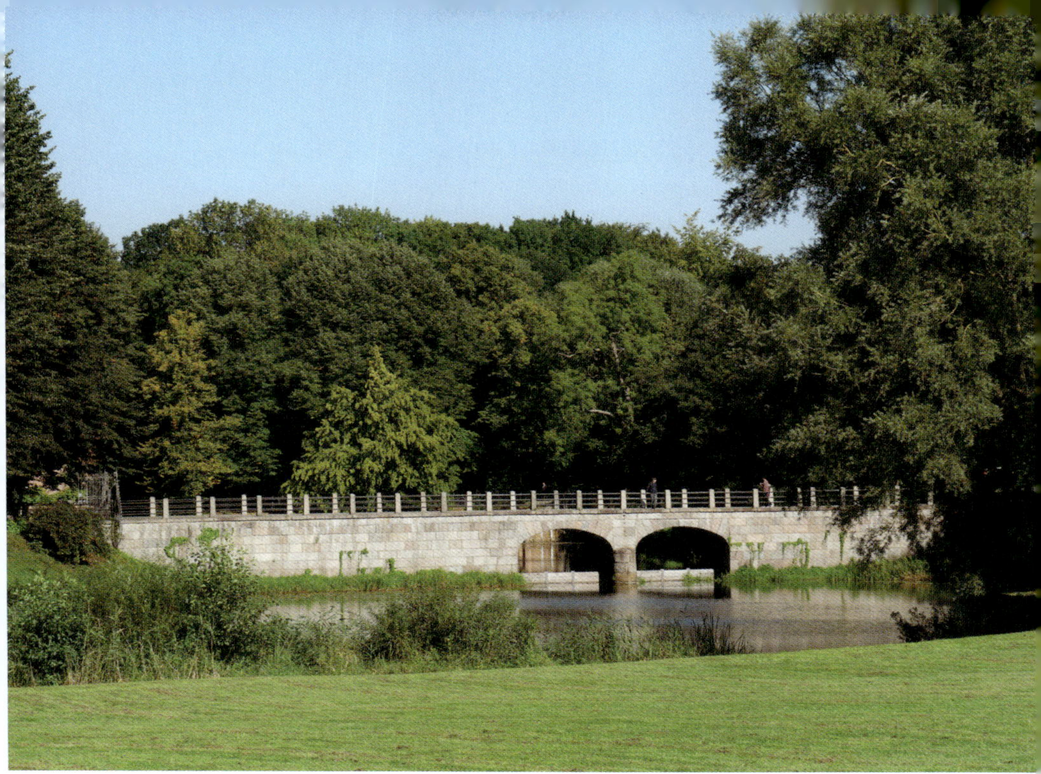

Die Granitbogenbrücke, von 1841 bis 1843 erbaut, führt vom Marstall über den Schlossgraben zur Schlossinsel hinüber.

Buchengallmücken, die nur auf Rotbuchen vorkommen, sogleich darauf hin, dass es sich um eine Rotbuche in einer besonderen Formausprägung handelt. Die zahlreichen, aus herabhängenden Ästen gebildeten kleinen Buchenschösslinge, die sich im Umkreis der Mutterpflanze ausgebildet hatten, sind bei einer Pflegemaßnahme kürzlich vorsichtig entfernt worden.

Gebäude außerhalb der Schlossinsel

Neben den Baumsolitären prägen die Alleen, weite Rasenflächen, geschwungene Wege und einige Blumenbeete die heutige Parkanlage. Im frühen Frühjahr erfreuen zahlreiche blühende Krokusse auf den Flächen der Schlosswiesen die Besucher. Außerhalb der Schlossinsel liegen die Schlossmühle, die schon aus

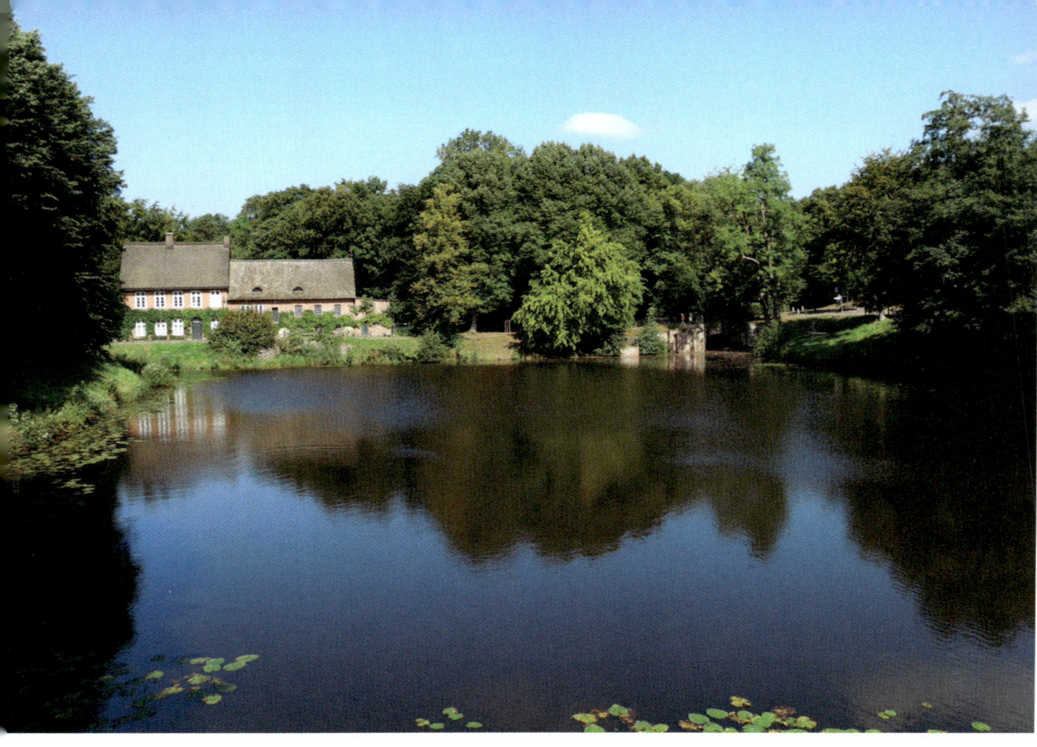

Nördlich der Schlossinsel befindet sich am Schlossgraben die historische Schlossmühle.

dem 17. Jahrhundert belegt ist, und in Richtung der Steinbrücke im Osten der ab 1846 errichtete Marstall, der seit 2000 als Kulturzentrum der Stadt dient. Im Süden in Sichtweite der Schlossinsel in Richtung des Ortes befindet sich die zugehörige Ahrensburger Schlosskirche, die Peter Rantzau bereits 1594 bis 1596 errichten ließ. Sie wird gesäumt durch die sogenannten Gottesbuden, zwei längliche, einstöckige Wohnanlagen, die ehemals als Wohnungen für bedürftige Angehörige des Gutsbetriebes, also zum Beispiel Alte und Kranke, zur Verfügung standen. Für deren Wohlergehen fühlte der Gutsherr sich verantwortlich. Die durch die Kirchengemeinde verwalteten Räumlichkeiten dienen auch heute noch sozialen Zwecken und bieten günstigen Wohnraum für Bedürftige.

Schlossbesichtigung und Bienengarten

Neben dem Besuch der Parkanlage gehört auch eine Besichtigung des Schlosses zu einem Ausflug. Das Schlossmuseum führt durch 400 Jahre wechselvolle Geschichte in Schleswig-Holstein und vermittelt die adelige Wohnkultur vergangener Zeiten in den historischen Schlossräumlichkeiten mit ihren wertvollen alten Möbeln, Gemälden, Porzellanen und besonderen Wand- und Deckenverzierungen.
Auch ein Besuch des nahe gelegenen Bienen-Lehr- und Schaugartens ist lohnend. Hier gibt es an den Öffnungstagen Informationen über die Bedeutung der Bienen nicht nur als Honigproduzenten, sondern auch als Blütenbestäuber, über die Geschichte der Bienenhaltung und Imkerei, bienenfreundliche Gärten und über Wildbienen. Es finden auch Kurse, Führungen und Veranstaltungen statt; für Gruppen auch außerhalb der eigentlichen Öffnungstage. Es wird ebenfalls über die Aktivitäten der Initiative Bienenfreundliches Ahrensburg (InBienA) berichtet, die sich zum Ziel gesetzt hat, die Stadt bienen- und insektenfreundlicher zu gestalten wie zum Beispiel auf den Wiesen zwischen Schloss und Schlosskirche bei den Gottesbuden. Dort ist seit 2015 eine artenreiche Wildblumenwiese mit Wiesenbocksbart, Flockenblume, Schafgarbe, Storchschnabel, Kuckuckslichtnelke, Labkraut, Margerite und anderen Blütenpflanzen angelegt worden. Neben den aufgestellten Infotafeln wurden auch Kleinbiotope, Habitatstrukturen und Nisthilfen für die ebenso nützlichen wie gefährdeten Wildbienen und andere Insekten geschaffen.

Schloss und Schlosspark Ahrensburg
Lübecker Straße 1, 22926 Ahrensburg
www.schloss-ahrensburg.de

Der Reinbeker Schlosspark

Vom Haus- und Lustgarten zum Baumpark

Das im 16. Jahrhundert durch Herzog Adolf von Schleswig-Holstein-Gottorf erbaute Schloss Reinbek war eine der Nebenresidenzen des herzoglichen Hauses. Bereits 1576 ließ der Herzog einen Garten um das Schloss anlegen, der später zu einem Park wurde, in dem heute über 40 verschiedene Baumarten aus Europa, Asien und Nordamerika zu bewundern sind.

Durch eine Allee mit Ungarischen Silberlinden geht der Besucher auf den Innenhof des Schlosses Reinbek zu. Die hellen Arkaden des Innenhofes sind zur Vegetationszeit mit blühendem Oleander in Kübeln bestanden und vermitteln etwas mediterranes Flair und eine heitere Leichtigkeit, wie es so schön heißt. Das 1977 bis 1987 umfassend restaurierte Gebäude dient seither als Kommunikations- und Kulturzentrum der Region. Es finden Kunstausstellungen, Märkte, Konzerte und Lesungen statt und Seminare, Kongresse, Feierlichkeiten und Betriebsveranstaltungen können in den Räumlichkeiten durchgeführt werden. Im Foyer des Schlosses liegt eine Mappe mit Bilddokumenten und Informationen zu den einzelnen Bäumen des Schlossparks aus, die man einsehen kann, ein informativer Flyer hierzu kann mitgenommen werden.

Nördlich vom Schloss befindet sich ein Areal mit verschiedenen Bäumen wie Tulpenbaum, Winterlinde, Chinesischem Rotholz, Griechischer Tanne und Großer Küstentanne sowie Skulpturen.

Schlossgeschichte und Parkentwicklung

Im Stile der niederländischen Renaissance ließ Herzog Adolf I. 1572 bis 1576 das Schloss errichten, das ab

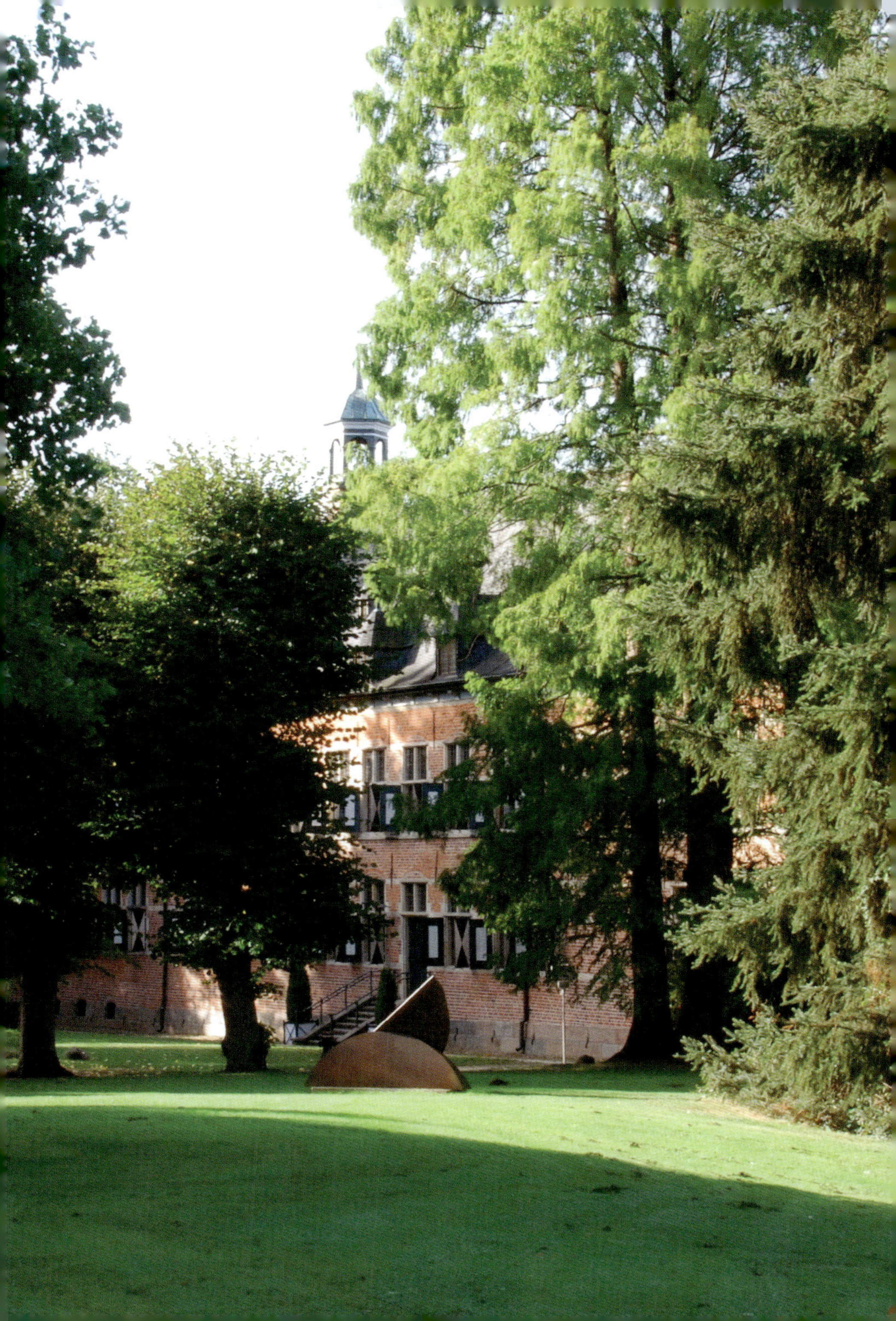

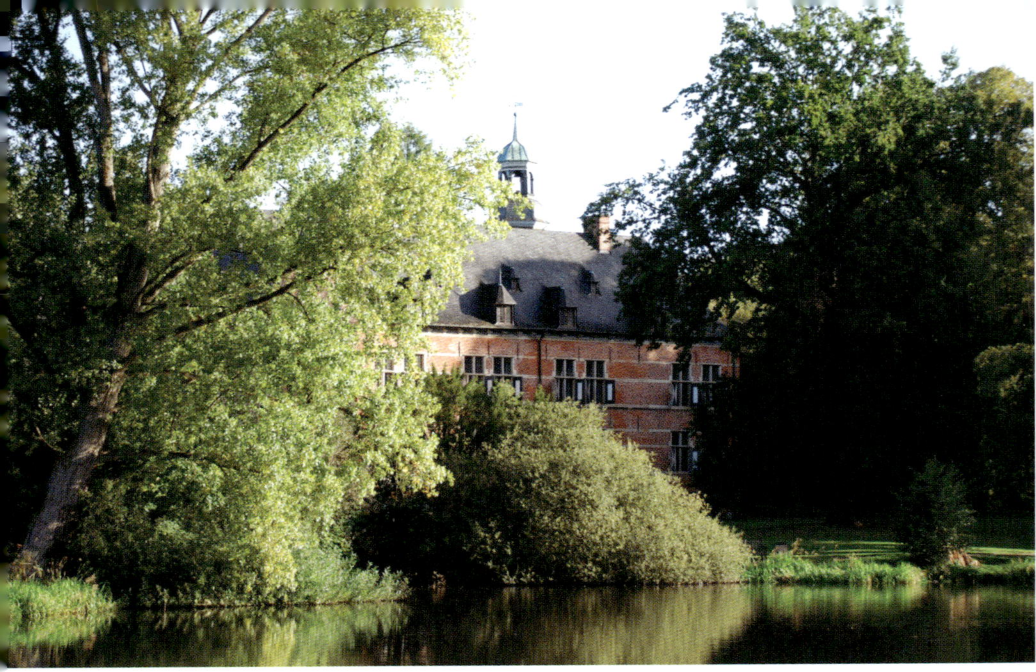

Das Schloss Reinbek und der Park grenzen im Süden an den idyllischen Mühlenteich.

1647 bis 1874 Sitz der herzoglichen und königlich-dänischen Amtmänner und des preußischen Landrates war. Ende des 19. Jahrhunderts wurde das Schloss verkauft und in der Folgezeit als Hotel, christliches Erholungsheim und forstwirtschaftliche Forschungseinrichtung genutzt. 1972 erwarben die Stadt und der Kreis Stormarn das Gebäude und begannen alsbald mit der Restaurierung, die pünktlich zum 750-jährigen Stadtjubiläum von Reinbek im Jahr 1988 fertig war.
Die bereits von Herzog Adolf um das Schloss angelegten Gärten dienten der Versorgung der Küche und als Lustgarten. Später wurde das Gelände als Park umgestaltet und heute zeigt sich das Areal als baumbestandener Park, in dem auch einige Anklänge an den ursprünglichen Renaissance-Lustgarten zu finden sind.
Einen Rundgang durch die Parkanlage kann man gut am Ufer des nahen Mühlenteichs beginnen, das wir von

der Lindenallee, die zum Innenhof des Schlosses führt, vorbei an Bergahorn, Spitzahorn, Robinie und Kaiserlinden in südlicher Richtung erreichen. Am Teichufer stehen Kanadische Pappel und Lorbeerweide. Vorbei an einer Eibe und einer Gruppe von Schwarzerlen erreicht man bei den Sumpfzypressen am Ufer den kleinen Steg, der uns ein Stück auf den Mühlenteich hinausführt, wo wir Enten, Möwen und andere Vögel beobachten können. An den überhängenden Ästen der Sumpfzypressen lassen sich gut die Nadeln und je nach Jahreszeit die Blüten oder Zapfen dieses Nadelbaumes im Detail aus der Nähe betrachten.
In Richtung des Schlosses stehen herrliche Exemplare von Stieleichen, Sommer- und Winterlinden, die mit ihren Pflanzdaten ab 1850 zu den ältesten Bäumen des Parks gehören. Dies gilt auch für die Rosskastanien, die Douglasie und den besonders eindrucksvollen, mehrstämmigen Riesenlebensbaum. Der ebenfalls hier stehende Silberahorn und die Schwarzbirke sind jüngeren Datums.

Ehemaliger Lustgarten und Nutzgarten

Im Osten wird das Areal durch einen Bogengang mit umrankendem Blauregen und Goldregen begrenzt, der zur Blütezeit ein prächtiges Farbenbild abgibt. Das Wegekreuz mit den Buchsbaumhecken und dem Springbrunnen im Zentrum deutet den alten, hinter dem Schloss gelegenen Lustgarten an. Die begrenzende Allee mit Winterlinden, die um 1840 gepflanzt wurden, besteht aus den ältesten erhaltenen Bäumen des Schlossparks und ersetzt vermutlich eine vorher dort vorhandene Lindenallee. Die alte Blutbuche hinter dem Schloss, die in den Baumverzeichnissen noch erwähnt ist, musste gefällt werden und ist nicht mehr vorhanden. Hier wurde kürzlich ein von Buchs gesäumter Weg vom

Springbrunnen in Richtung Allee mit einem ergänzenden Rundbeet zum Schloss hin ergänzt. Das nun in Richtung Norden folgende, dritte Areal des Schlossparks entspricht topografisch dem alten Nutzgartenteil des Schlossgartens. In dem von einem kleinen Bachlauf durchzogenen, abfallenden Gelände mit Rasenflächen und einigen Skulpturen finden wir heute auch eine ganze Reihe weiterer sehenswerter Baumexemplare. Neben einer Gruppe Chinesischer Rotholzbäume stehen hier Tulpenbaum, Ginkgo, Trauerweide, Götterbaum, Österreichische Schwarzkiefer, Roteiche sowie eine Griechische Tanne und eine Große Küstentanne, die alle im vergangenen Jahrhundert gepflanzt worden sind. Deutlich älter mit einem Pflanzdatum um 1850 sind die nahe der Nordseite des Schlosses stehenden Exemplare von Rosskastanie, Zerreiche, Europäischer Lärche und Bergulme. Relativ neu sind die Ergänzungen des Baumbestandes durch Amberbaum und Lebkuchenbaum.

Ganzjährige Attraktion

Der Reinbeker Schlosspark ist ganzjährig öffentlich zugänglich und bietet mit seinem hübschen Bestand alter, das Schloss umgebender Bäume und der malerischen Lage am Mühlenteich gute Möglichkeiten für kontemplative Spaziergänge. Der Park zeigt sich zu jeder Jahreszeit in einem anderen Gesicht und lohnt einen Besuch. Im Herbst färbt sich das Laub und wir erleben die farbenfroheste Zeit mit einem fast täglich wechselnden Farbeindruck der Eichen, Linden und Kastanien, aber auch Tulpenbaum, Lärche und Ginkgo beeindrucken mit wechselnden Grün-, Gelb- und Brauntönen. Im Winter kann man die Stille genießen, die unbelaubten Bäume lassen ihre Strukturen hervortreten und besonders schön wird es, wenn leichter

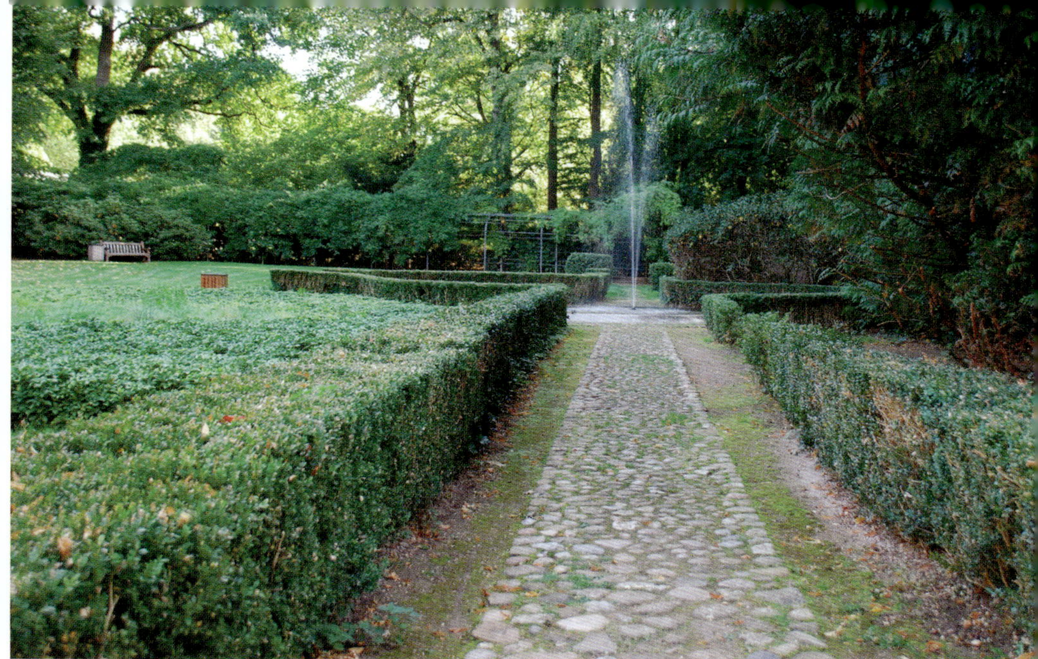

Anklänge des ursprünglichen Lustgartens sind auf der Rückseite des Schlosses angelegt worden.

Schnee sich auf die Zweige und Äste der Bäume gelegt hat. Im Frühjahr erlebt man das frische Grün des austreibenden Laubes und die Blüte einiger Arten, während im Sommer die Bäume im vollen Laub stehen und dem Wanderer an heißen Tagen kühlenden Schatten spenden.

Nach dem Park-Rundgang kann man den Räumlichkeiten des Schlosses noch einen Besuch abstatten oder man genießt die regionalen und saisonalen Spezialitäten der Schlossgastronomie von Bringezu's Restaurant in seinem Gewölbebereich. Vielleicht trinkt man noch einen Kaffee auf der Terrasse mit Blick auf das Schloss, den Mühlenteich und den ufernahen Parkbereich mit den alten Bäumen, die wir uns vorher aus der Nähe angesehen haben.

Schloss und Schlosspark Reinbek
Schlossstraße 5, 21465 Reinbek
www.schloss-reinbek.de/de/schloss/schlosspark

Bildnachweis / Impressum

Die Beiträge sind erstmalig in einer über mehrere Jahre im Bauernblatt für Schleswig-Holstein und Hamburg veröffentlichten Serie über Parks und Gärten erschienen und wurden für dieses Buch aktualisiert, überarbeitet und mit neuem Bildmaterial ergänzt.

Titelabbildungen: mauritius images, Mittenwald: l.o.;
huber images, Garmisch-Partenkirchen

Innenteil: Alle Bilder von Hans-Dieter Reinke außer:
Arboretum Ellerhoop: 239, 240, 241, 242, 243, 245
Böhling, Johann: 215
Föhr Tourismus GmbH/Benjamin Lehmann: 30
huber images, Garmisch-Partenkirchen: 14, 17, 18, 41, 44, 45, 51, 261
imago images, Berlin: 22, 23, 54, 85, 169, 248, 250, 263, 264, 268, 273, 276, 279
mauritius images, Mittenwald: 11, 52, 55, 71, 83, 153, 170, 171, 172, 174, 220, 284, 290, 307, 310
Nordsee Kurpark e.V.: 31
Stiftung Schleswig-Holsteinische Landesmuseen: 53 (Foto: Dewanger)
wikimedia commons: 35, 37, 39, 63, 64, 69, 77, 81, 91, 123, 127, 129, 130, 145, 209, 210, 218, 281, 282, 286, 293, 300, 303, 316, 320, 323
Yves-Raphael Loerke – yorbiter.com: 78
Zapf, Michael: 289

Bibliografische Information der Deutschen Nationalbibliothek
Die Deutsche Nationalbibliothek verzeichnet diese Publikation in der Deutschen Nationalbibliografie; detaillierte bibliografische Daten sind im Internet über http://dnb.d-nb.de abrufbar.

ISBN 978-3-8319-0839-4

Text: Hans-Dieter Reinke,
Gestaltung: BrücknerAping, Büro für Gestaltung, Bremen
Gesamtherstellung: ADverts, Riga, Lettland

www.ellert-richter.de
www.facebook.com/EllertRichterVerlag
www.instagram.com/ellert_richter_verlag

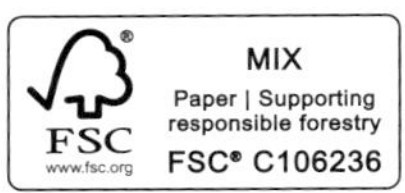